UTB 3142 M

W0191961

Eine Arbeitsgemeinschaft der Verlage

Böhlau Verlag · Köln · Weimar · Wien
Verlag Barbara Budrich · Opladen · Farmington Hills
facultas.wuv · Wien
Wilhelm Fink · München
A. Francke Verlag · Tübingen und Basel
Haupt Verlag · Bern · Stuttgart · Wien
Julius Klinkhardt Verlagsbuchhandlung · Bad Heilbrunn
Lucius & Lucius Verlagsgesellschaft · Stuttgart
Mohr Siebeck · Tübingen
C. F. Müller Verlag · Heidelberg
Orell Füssli Verlag · Zürich
Verlag Recht und Wirtschaft · Frankfurt am Main
Ernst Reinhardt Verlag · München · Basel
Ferdinand Schöningh · Paderborn · München · Wien · Zürich
Eugen Ulmer Verlag · Stuttgart
UVK Verlagsgesellschaft · Konstanz
Vandenhoeck & Ruprecht · Göttingen
vdf Hochschulverlag AG an der ETH Zürich

Rainer Schönhammer

Einführung in die Wahrnehmungspsychologie

Sinne, Körper, Bewegung

facultas.wuv

Rainer Schönhammer, Prof. Dr., Professur für Psychologie der Gestaltung, lehrt an der Burg Giebichenstein Hochschule für Kunst und Design in Halle. Seine Arbeitsgebiete sind Ding-, Technik- und Medienwahrnehmung, Ästhetik sowie Bewusstseinszustände.

Bibliografische Information Der Deutschen Nationalbibliothek

Die Deutsche Nationalbibliothek verzeichnet diese Publikation in der Deutschen Nationalbibliografie; detaillierte bibliografische Daten sind im Internet über http://dnb.d-nb.de abrufbar.

Alle Angaben in diesem Fachbuch erfolgen trotz sorgfältiger Bearbeitung ohne Gewähr, eine Haftung des Autors oder des Verlages ist ausgeschlossen.

1. Auflage 2009
Copyright © 2009 Facultas Verlags- und Buchhandels AG
facultas.wuv Universitätsverlag, Berggasse 5, 1090 Wien, Österreich
Alle Rechte, insbesondere das Recht der Vervielfältigung und der Verbreitung sowie der Übersetzung, sind vorbehalten.
Umschlagfoto: Mund – © istockphoto/Juan Monino
            Beine – © istockphoto/Jacom Stephens
            Hand, Ohr, Auge, Nase – © istockphoto/mammamaart
Illustration: Claudia Maiwald, Berlin
Lektorat: Brigitte Deutschländer-Bauer, Wien
Satz: Facultas Verlags- und Buchhandels AG
Einbandgestaltung: Atelier Reichert, Stuttgart
Druck und Bindung: CPI – Ebner & Spiegel, Ulm
Printed in Germany
ISBN 978-3-8252-3142-2

Inhaltsübersicht

Einführung 13

I Spüren – Körper und Bewegung

1   Körperwahrnehmung 19
2   Berührtwerden – Hautempfindungen (Taktile Wahrnehmung) 32
3   Anfassen und Greifen – Haptische Wahrnehmung 50
4   Der 6. Sinn – Gleichgewicht, Eigenbewegung und Orientierung 67

II Die chemischen Sinne – Riechen und Schmecken

5   Riechen 88
6   Schmecken 110

III Die „höheren Sinne" – Sehen und Hören

7   Sehen 125
8   Hören 188

IV Die Einheit der Sinne

9   Multisensorische Wahrnehmung und Synästhesie 221
10 Ästhetisches Erleben und Atmosphäre 238

Literatur 253

Abbildungsverzeichnis 288

Register 289

Inhaltsverzeichnis im Detail

Einführung 13

Teil I: Spüren – Körper und Bewegung 17

1. Kapitel: Körperwahrnehmung 19

Unterschiedliche Formen von Bewusstheit 19 Gemeingefühl 19 Körperschema – Körperbild 22 Ausfall von Afferenzen 24 Phantomglieder 25 Werkzeuge 26 Gefühle und Stimmungen 27 Körperwahrnehmung und Kultur 28 Körpergefühl und Ästhetik 29 Rückschau in Fragen 31

Neuro-Skizze ▶ Somatosensorik 19
Philosophie ▶ Leib vs. Körper 23
Wahrnehmungsqualitäten ▶ Sensorische Deprivation 25
Wahrnehmungsqualitäten ▶ Körper, Raum und Gefühl 28
Hausapotheke & Gesundheitswesen ▶ Körperwahrnehmung 28
Philosophische Ästhethik ▶ Somästhetik 30

2. Kapitel: Berührtwerden – Hautempfindungen (Taktile Wahrnehmung) 32

Qualitäten 32 Brennpunkte der Sensibilität 33 Thermosensibilität und Energiehaushalt 33 Bipolares Wahrnehmen 34 Nähe/Ferne (taktile Schallwahrnehmung), Überraschung, atmosphärisches Spüren 35 Zwischenmenschliches Berühren 37 Gegenstände und Materialien 39 *Gewicht, Form, Oberfläche 39 Thermische Qualität 41* Taktile Ästhetik – Materialästhetik 41 Taktile Erinnerungen, Vorstellungen, Halluzinationen, Träume und Synästhesien 43 Hautempfindungen und materielle Kultur 45 Resümee zur Hedonik der Hautempfindungen – Selbstberührung 47 Rückschau in Fragen 49

Psychophysik ▶ Adaptation & Habituation bei Berührung, Druck und Vibration 32
Experiment ▶ Drei-Schalen-Versuch 34
Hausapotheke & Gesundheitswesen ▶ Magersucht und Körperfühlbild 37
Kulturvergleich ▶ Zwischenmenschliche Berührung/Ersatzobjekte 38
Experiment ▶ Aristotelische Täuschung 40
Experiment ▶ Webersche Täuschung 41
Philosophische Ästhetik ▶ Schön und hässlich fürs Fühlen 42
Design ▶ Materialästhetik 42
Schlaf und Traum ▶ Angstvolle Berührungsträume 45

3. Kapitel: Anfassen und Greifen – Haptische Wahrnehmung 50

Form, Erkunden, Handhaben 50 Entwicklung des haptischen Wahrnehmens 51 Haptische Vorstellungen, Täuschungen, Halluzinationen und Träume 53 Begreifen und

Betrachten im Vergleich 54 Tastbare Bilder und Karten – Reliefzeichnungen für Blinde
und von Blinden 56 Haptik als Alternative zur visuellen Ästhetik von Plastiken 60
Haptisches Wahrnehmen und materielle Kultur 62 Rückschau in Fragen 65

Philosophie ▶ Betasten vs. Vitalempfindung 50
Experiment ▶ Größen-Gewichts-Täuschung 51
Wahrnehmungsqualitäten ▶ Säuglingsforschung und das Molyneux-Problem 52
Medien ▶ Blinde, Computer und Internet 59
Wahrnehmungsqualitäten ▶ Taktile Vision Substitution System (TVSS) 59
Philosophische Ästhetik ▶ Bildhauerei 60
Design ▶ Ästhetik des Griffigen – Türklinken 62
Kunst, Medien & Werbung ▶ Bilder vom passiven und aktiven Tastsinn 65

4. Kapitel: Der 6. Sinn – Gleichgewicht, Eigenbewegung und Orientierung 67

*Aufrechter Gang, oben/unten, Dreh- oder Geradeaus-Beschleunigung 67 Visuell
induzierte Bewegung 70 (Multi)sensomotorische Integration 70 Vestibulo-okulärer
Reflex 70 Entwicklung der sensomotorischen Integration 72 Bewegungskrankheiten
und andere Irritationen des 6. Sinns 73 Techniken der Beruhigung und Erregung
(Mechanische Drogen) 75 Vertikal und schräg (Gleichgewichtssinn und Architektur) 78 Orientierung, Denken und Emotion 80 Halluzinationen, Schlaf und Traum 81
Kulturgeschichte und Ethnographie des 6. Sinnes 82 Rückschau in Fragen 84*

Neuro-Skizze ▶ Das vestibuläre System 67
Experiment ▶ Bewegungsillusion durch Vibration 69
Experiment ▶ Wackelnde Welt 71
Philosophische Ästhetik ▶ Schwingen vs. Erschrecken 76
Design ▶ Segway & Swingo 76
Experiment ▶ Taub-blinde Orientierung 80
Schlaf und Traum ▶ Fliegen und Fallen im Treppenhaus 82
Kunst, Medien & Werbung ▶ Bilder vom Gleichgewichtssinn 83

Teil 2: Die chemischen Sinne – Riechen und Schmecken 85

*Stoffwechsel & Milieu 86 Makrosmaten & Mikrosmaten 86 „Niedere Sinne", Kunst &
alltägliche Ästhetik 87*

Wissenschaftsgeschichte ▶ Aufrechter Gang & Irmas Nase 87

5. Kapitel: Riechen 88

*Quantität & Qualität, Adaptation 88 Gerüche sind kaum zu beschreiben 90 Klassifika-
tionen 91 Bewertung 91 Mimik und Bewegung 92 Entwicklung der Hedonik des Riechens 93 Sensibilitätsunterschiede 94 Störungen des Geruchssinns 95 Riechen und
Bewusstseinszustand 95 Erinnerung, Vorstellung, Traum, Halluzinationen,
Synästhesien 96 Riechen und Sexualität 98 Sozialpsychologie des Riechens 101*

Orte riechen, Atmosphären 102 *Architektur und Stadtplanung 102 Krankheit 103 Religiöse Zeremonien 103* Riechkulturen 104 *Fremdenfeindlichkeit und kulturelle Neugier 104* Riechen und Medien, Olfaktorik-Design und Marketing mit Duft 105 Geruchskunst und Riechpädagogik 107 Rückschau in Fragen 108

Neuro-Skizze ▶ Geruchssinn 88
Wahrnehmungsqualitäten ▶ Duft-Klassifikationen 90
Design ▶ Parfum-Marketing 92
Wahrnehmungsqualitäten/Sinnesphysiologie ▶ Trigeminale Chemorezeption 93
Kulturvergleich ▶ Fäkalgeruch 94
Hausapotheke & Gesundheitswesen ▶ Aromatherapie 95
Schlaf und Traum ▶ Träume durch Gerüche – Riechen in Träumen 97
Tiervergleich ▶ Vomeronasales Organ 99
Kunst, Medien & Werbung ▶ Achselhöhlen 100
Philosophie ▶ Persönliche Geruchssphäre 101
Kulturgeschichte ▶ Unsensibel und überempfindlich zugleich? 104
Kunst, Medien & Werbung ▶ Riechkino 106
Kunst, Medien & Werbung ▶ Bilder vom Riechen 108

6 Kapitel: Schmecken 110

Grundqualitäten 110 Psychophysik 110 Sensibilitätsunterschiede 112 Hedonik der Grundqualitäten – Ob schmeckt, was man schmeckt 113 *Mimik und Körperbewegung 114* Multisensorisches Schmecken, Kochkulturen und Food Design 115 Schmecken und Sexualität 119 Eat-Art und Schmeck-Pädagogik 119 Rückschau in Fragen 121

Neuro-Skizze ▶ Geschmackssinn 110
Wahrnehmungsqualitäten ▶ bitter/süß 113
Philosophische Ästhetik ▶ Taktile Theorie des Süßen und Bitteren 115
Kulturgeschichte ▶ Ist Kochen Kunst? 117
Kunst, Medien & Werbung ▶ Bilder vom Schmecken 120

Teil III: Die „höheren Sinne" – Hören und Sehen 123
Distanzsinne 124

7. Kapitel: Sehen 125
Lichterscheinungen – Beleuchtungsverhältnisse 128 *Licht-Pathos und Licht-Mystik 129 Glanz 131 Leuchten 132 Glitzern, Funkeln, Flackern, Flimmern 132 Blitze 133 Feuerwerk 133 Nebel 133 Beleuchtungsverhältnisse 134* Farbwahrnehmung 136 *Tiervergleich 138 Kulturvergleich 138 Helligkeits-/Farbkonstanz 139 Amodale Farben 140 Farbordnung, Farbmischung, Farbkontraste 140 Farbe und Affekt 141 Farbgestaltung 143* Etwas sehen: Kontraste, Figuren, Gestalten – Szenen 145 Tiere und Menschen sehen: Bewegung 149 *Orientierungsreaktion 149*

Schnelle Annäherung 149 Charakteristische Bewegung 150 Haltung als potentielle Bewegung 151 Animismus 151 Gestaltfaktoren der durchgehenden Kurve und des gemeinsamen Schicksals 151 Stroboskopische Bewegung 152 Tunnel-Effekt und anschauliche Identität 152 Tiere und Menschen sehen: Gesichter 153 *Augen 153 Gesichtsmodus bzw. -modul 155 Karikatur-Effekt 157 Dauerhafte Züge und Mimik 157 Karikatur-Effekt und Ausdruck 157 Individuelle Mimik 158 Kategoriale Wahrnehmung von Gesichtern 158* Menschen und Tiere sehen: Ästhetik 158 *Mittelmaß ist schön 160 Erklärungen des Prototypen-Effekts 160 Soziale Momente 162 Experimentelle Überbetonung weiblicher und männlicher Züge 162 Mimik und Kopfbewegung 163 Mischlingsgesichter 164 Körpergestalt und Körperbewegung 164 Gesichter und Körper der Dinge 165 Kanonische Ansichten 165 Wertschätzung von Gegenständen 166* Blick in die Szenerie 167 *Ressourcen 167 Aufenthaltsorte 167 Wege 168 Orientierung 169 Entfernung 169 Größenkonstanz 170 Formkonstanz 170* Sehen, ohne zu sehen 173 *Sehen beim Handeln 173 Umkehrbrillen 174 Blindsehen 174 Blinder Fleck 175 Unschärfe im peripheren Gesichtsfeld 175 Doppelbilder 176 Sakkaden 176 Veränderungsblindheit 177* Visuelles Vorstellen, Halluzinieren, Träumen – und (Bild)Wahrnehmung 178 Bildmedien 182 Rückschau in Fragen 186

Neuro-Skizze ▶ Sehen 125

Kunst, Medien & Werbung ▶ Sonne und Gegenlicht 130

Kunst, Medien & Werbung ▶ Bilder-Leuchten 132

Experiment ▶ Ganzfeld 133

Wahrnehmungsqualitäten ▶ Schatten 134

Design & Architektur ▶ Beleuchtung vs. Leuchten 136

Neuro-Skizze ▶ Farben-Sehen 137

Experiment ▶ Helligkeitskonstanz 138

Experiment ▶ Farbausdruck kritzeln 142

Design ▶ Farbe im Büro 144

Wahrnehmungsqualitäten ▶ „Gestaltgesetze" 146

Experiment ▶ Gefühle kritzeln 150

Experiment ▶ Punkt-Blick 153

Experiment ▶ Invertierte Fratze 155

Kunst, Medien & Werbung ▶ Tiergesichter (als Karikaturen) 158

Wahrnehmungsqualitäten ▶ Morphing 159

Wahrnehmungsqualitäten ▶ Kubismus 166

Kulturgeschichte ▶ Fernblick 168

Wahrnehmungsqualitäten ▶ Scheinbare Entfernung und Größe 170

Kulturgeschichte ▶ Perspektive 172

Experiment ▶ Blinder Fleck 175

Wahrnehmungsqualitäten ▶ Mona Lisas Lächeln 176

Schlaf und Traum ▶ Wie sehen Traumbilder aus? 180

Kunst, Medien & Werbung ▶ Bilder vom Sehen 184

8. Kapitel: Hören 188

Geschehenswahrnehmung 188 Kategoriale Wahrnehmung 189 Warnsinn 192 Richtungs-hören 192 Entfernungshören 193 Identifizieren 193 Stimme und Kommunikation 197 Musik und Tanz 199 Lautsphären und Raumakustik 203 Lebensgefühl bei Taub-heit 206 Lärm macht krank, dumm und asozial – und unter Umständen glücklich 207 *Lärmtaubheit 208 Lärmstress 208 Sozialer Lärm 208 Lärmbekämpfung 209* Hör-Medien 210 *Telefon 210 Schallkonserven 210 Radio 211 Film 211 Computerspiele 211 Videoclip 211 Kopfhörer 211* Stimmen der Dinge – Akustisches Produktdesign 213 Auditive Vorstellungen, Halluzinationen, Träume und Synästhesien 215 Rückschau in Fragen 217

Experiment ▶ Versuchsweise blind oder taub (I) 188
Neuro-Skizze ▶ Hören 189
Psychophysik ▶ Psychoakustisches Glossar 195
Philosophie ▶ „Das Wesen des Hörens" 205
Wahrnehmungsqualitäten ▶ Versuchsweise blind oder taub (II) 207
Kunst, Medien & Werbung ▶ Bilder vom Hören 217

Teil IV: Die Einheit der Sinne 219

9. Kapitel: Multisensorische Wahrnehmung und Synästhesie 221

Körper, Raum, Aufmerksamkeit 224 Die relative Dominanz des Sehens 226 *Räum-liches Auflösungsvermögen des Sehens: Bauchrednereffekt 226 Zeitliches Auflösungs-vermögen des Hörens: Doppelblitz-Illusion, Freezing-Phänomen, Prellball Effekt 226* Transmodale Qualitäten 228 *Helligkeit 228 Maluma und Takete 229 Affekte 230 Lernprozesse 231 Synästhesie 231 Phänomenologie 231 Begriffsverirrungen 232 Abgrenzung 232 Glaubwürdigkeit 233 Theorie 234* Rückschau in Fragen 237

Neuro-Skizze ▶ Multisensorisches Wahrnehmen und Synästhesie 221
Kunst, Medien & Werbung ▶ Bilder von der Einheit der Sinne/Synästhesien 236

10. Kapitel: Ästhetisches Erleben und Atmosphäre 238

Bedeutungsfacetten von „ästhetisch Erleben" 238 Erregungsgrad und Komplexität 240 Biologisch bedeutsame Objekte und Situationen 242 Erleichterung des Wahrneh-mens/Erschweren des Wahrnehmens 243 Funktionslust, Einfühlung und Flow 245 Aufmerken 248 Atmosphäre: Milieu-Empfinden 249 Rückschau in Fragen 252

Neuro-Skizze ▶ Ästhetisches Erleben 238
Philosophische Ästhetik ▶ Vom Erhabenen und Schönen 242
Philosophische Ästhetik ▶ Kitsch 244
Wahrnehmungsqualitäten ▶ Sexuelle Lust 247

Einführung

Noch eine Einführung in die Wahrnehmungspsychologie? – Eine, die etwas bietet, das, soweit ich sehe, bislang fehlt. – Ich unterrichte Studenten von Kunst und Design. Vorliegende Lehrtexte zur Wahrnehmungspsychologie gehen insbesondere für diese beiden Studienrichtungen zu sehr ins physiologische, experimentell-methodische und wissenschaftsgeschichtliche Detail. Und lassen zugleich Ästhetik und materielle Kultur (Bauwerke, Konsumgüter, Technik, Medien) weitgehend außer Acht. Bücher zur Kunst-, Architektur- und Medienpsychologie, auf der anderen Seite, konzentrieren sich auf Spezialfragen, erschließen nicht Sinne und Wahrnehmen im Überblick.

Dieses Buch behandelt die Rolle von Fühlen, Riechen, Schmecken, Sehen und Hören im Umgang mit Dingen, Medien, Technik, im Erleben von Natur und gebauter Umwelt sowie im zwischenmenschlichen Miteinander. Es spart sinnesphysiologische, methodische und psychologiegeschichtliche Details aus, die für diesen Zweck verzichtbar erscheinen. Doch es ist keine Sparten-Wahrnehmungspsychologie für angehende Künstler und Gestalter. Es kreist nicht um einige vermeintlich praktisch hilfreiche Evergreens, wie die *Gestaltgesetze*, sondern knüpft – mit Seitenblicken zu Erträgen und Thesen der Kulturwissenschaften und Philosophie – an den Stand der wahrnehmungspsychologischen und neurowissenschaftlichen Forschung an. Es soll ein Wegweiser für Studierende der gestalterischen Fächer sowie für angehende Kultur- und Sozialwissenschaftler ebenso sein wie ein lohnender Ausflug für Studierende der Psychologie bzw. der Neuro- und Kognitionswissenschaften.

Zur Orientierung am Stand der Forschung gehört eine Perspektive, bei der die isolierte Betrachtung der einzelnen Sinneskanäle, die in den meisten wahrnehmungspsychologischen Lehrtexten noch vorherrscht, konsequent überschritten wird: Vom ersten Kapitel an geht es um das Zusammenspiel der Sinnesmodalitäten und darum, wie Bewegung und Affekt ins Wahrnehmen eingebaut sind. So ist der Untertitel *Sinne, Körper und Bewegung* gemeint: Der Text handelt nicht *neben* dem Empfinden und Wahrnehmen auch noch Körper und Bewegung ab, sondern von der innigen Beziehung des Wahrnehmens zum Körper, seinem Befinden und Agieren.

In der heutigen (neurokognitiven) Wahrnehmungsforschung und Wahrnehmungstheorie stehen Begriffe wie *Sensomotorik* (*sensorimotor processes*), *Embodiment* (*embodied cognition*) und gelegentlich auch *enaktives Wahrnehmen* (*enactive perception*) für ein umfassenderes Verständnis der Sinne. Dem ersten Begriff, der Sensomotorik, wird der Leser gelegentlich im Text begegnen. Der Begriff des Embodiment schien mir sprachlich vermeidbar. Die mit dem Begriff des enaktiven Wahrnehmens verbundene Position schließlich ist mir nicht ganz geheuer, weil sie das Subjekt im Übermaß zum Schöpfer seines Erlebens stilisiert und damit aus dem Auge verliert, dass Sinneserfahrung nicht in intentionalen Akten aufgeht, sondern auch eine passive Seite hat. Wenn man die (alltägliche) Ästhetik von Fühlen, Riechen, Schmecken, Sehen und Hören ins Auge fasst, kommt man nicht umhin, diese passive Seite zur Kenntnis zu nehmen.

Was die funktionelle Neuroanatomie der aktuell mit großem Elan erforschten *multi-/intersensorischen* wie *sensomotorischen* Beziehungen angeht, beschränke ich mich auf Skizzen, die das Verständnis wecken sollen und den Weg zu vertiefender Literatur weisen.

Während andere Lehrbücher das Wahrnehmen vom Sehen her aufrollen, geht diese Einführung, im Sinne der eben benannten Perspektive, vom Körper und dem *Spüren* aus – jedoch nicht in der Absicht, den Körper (kulturkritisch) gegen das Sehen auszuspielen. Sowohl die Körpersinne als auch das Riechen und Schmecken stelle ich relativ ausführlich dar. Dem Gleichgewichtssinn ist ein eigenes Kapitel gewidmet. Dennoch ist auch in diesem Buch das Kapitel über das Sehen das längste. An Sehen und Hören schließen eigene Kapitel zu multisensorischem Wahrnehmen und ästhetischem Erleben an. Fäden, die durch das Buch laufen, werden in diesem letzten Teil des Buches miteinander verwoben und derart in einen größeren Zusammenhang gestellt; dabei geht es unter anderem darum, wie sich das ungewöhnliche Phänomen *Synästhesie* zur normalen *Einheit der Sinne* verhält oder wie sich *Atmosphäre*, eine Erscheinung, die in der heutigen philosophischen Ästhetik starke Beachtung findet, aus wahrnehmungspsychologischer Sicht bestimmen lässt.

Die erwähnten aktuellen Tendenzen der Forschung treffen sich mit älteren Theorien und Beobachtungen, die in der Psychologie zwischenzeitlich eher ignoriert worden waren, wie beispielsweise die Gestaltkreislehre (V. v. Weizsäcker), die Einfühlungs- bzw. Mitbewegungsästhetik (R. Vischer, Th. Lipps, K. Groos) und die phänomenologische Psychologie (F. J. J. Buytendijk, D. J. van Lennep, M. Merleau-Ponty, E. Straus). Das sei nur im Vorbeigehen erwähnt, ohne diese Traditionen seligsprechen zu wollen. Auch in dieser Hinsicht werde ich Theoriegeschichte weitestgehend ausklammern. Jedenfalls lehrt die angedeutete Entwicklung, dass beschreibende, erfahrungskundliche und erklärende, naturwissenschaftliche Zugänge sich gegenseitig befruchten können. Der Sache nach ergibt sich im Text mehrfach der Hinweis auf den Grundgedanken der Einfühlungs- bzw. Mitbewegungsästhetik.

Anknüpfungspunkte findet das heutige Bemühen um den *Sinn der Sinne* auch in der Tradition des Umweltdenkens in Verhaltensbiologie und theoretischer Biologie (K. Lorenz, J. v. Uexküll). Dieser Sicht verschaffte James Gibson seit Mitte des vorigen Jahrhunderts mit seiner *ökologischen Wahrnehmungspsychologie* eine dauerhafte Nische. Gibsons *Die Sinne und der Prozeß der Wahrnehmung* (1973; orig.: *The Senses Considered As Perceptual Systems*, 1966) ist auch ein Klassiker der sensomotorischen Perspektive. Gibson macht klar, dass wir nicht nur sehen, um uns bewegen zu können, sondern tatsächlich auch *mit den Beinen* – und was die Augen sonst noch beweglich macht – *sehen*. Dass Gibson sich auch vergaloppiert bei seiner Abrechnung mit so gut wie allem, was sonst je zum Thema gedacht worden ist, steht auf einem anderen Blatt.

Das bleibt hier außer Acht. Verzichtbar erscheinen mir im gegebenen Rahmen auch Details seiner Lehre zum *optischen Fließen*, die – vermutlich wegen ihrer plakativen Illustrationen – inzwischen zum Lehrbuchstandard gehören.

Die vorliegende Einführung ist mit Bedacht relativ sparsam und zurückhaltend bebildert. Alle Skizzen wurden von Claudia Maiwald eigens für dieses Buch erstellt. Farbtafeln fehlen zugunsten einiger weniger Bilder zum Ausmalen (am besten mit Buntstift). In einem Fall verhilft das zu einer Demonstration, die bei vorgegebener Farbe nicht möglich wäre, in anderen trägt es zumindest zur persönlichen Aneignung des Textes bei.

Einem der Wegbereiter der Umweltperspektive in der Wahrnehmungsforschung, dem Buch *Streifzüge durch die Umwelten von Tieren und Menschen. Ein Bilderbuch unsichtbarer Welten* des Biologen Jacob von Uexkülls und seines Kollegen Georg Kriszat (1970/1934), der es illustrierte, entnehme ich das bildliche Motto dieser Einführung. Die These von der Bezogenheit der *Merkwelt* eines Organismus auf dessen *Wirkwelt* wird in den *Streifzügen* durch eine Bildserie illustriert, die ein Zimmer in drei unterschiedlichen Akzentuierungen zeigt. Die Bilder sollen vermitteln, dass die nämlichen physikalisch-chemischen Gegebenheiten drei verschiedene *Umwelten* enthalten: das Zimmer des Menschen, des Hundes und der Fliege – drei *Bedeutungsreliefs*, die sich teils überschneiden. (Unsere Abbildung zeigt nicht das Original; wir haben das Biedermeier-Interieur durch ein modernes Wohnzimmer ersetzt und seine farbliche Akzentuierung, die unbeabsichtigt dazu verleiten kann, über die jeweilige Farbwahl zu grübeln, durch Graustufen.) Der Vergleich macht anschaulich, dass die Sinne nicht neutral abbilden (wie ein Fotoapparat), sondern geprägt sind von dem, was Mensch, Hund und Fliege brauchen, wie sie agieren können bzw. was sie gewohnt sind zu tun. (Wie meist bei erhellenden Vergleichen darf man nicht zu genau über Einzelheiten nachdenken.) Anders gesagt: Sinneserfahrung enthält gattungsspezifische – und besonders beim Menschen auch kulturspezifische – Aufforderungen zum Tun und Lassen.

Eine Bemerkung zu den Literaturhinweisen: In den relativ sparsamen Quellenangaben im Text selbst wie den Hinweisen zur weiterführenden Literatur (an den Enden von Abschnitten in den einzelnen Kapiteln) nenne ich – abgesehen von klassischen Büchern – vorwiegend eher aktuelle oder zusammenfassende Arbeiten als die (normalerweise zitierten) Initialzündungen. Das soll eine Vertiefung auf dem Stand der Diskussion erleichtern. Die Namen, Begriffe und Literaturangaben, die im Text fallen, geben dem Leser Anhalt bei der eigenen Recherche (etwa nach weiteren Illustrationen oder der allerneuesten Literatur) in Suchmaschinen und Datenbanken wie *Psyndex* und *Psychlit* (meist in Universitäts- und Landesbibliotheken frei zugänglich); Letztere führen auch die Arbeitsstätte von Autoren an, die dann im Internet meist einen kurzen Weg zu deren Homepage und damit oft zu vollständigen Texten eröffnet.

Teil I
Spüren – Körper und Bewegung

Traditionell stehen die klassischen fünf Sinne für Fenster des Organismus zur Außenwelt. Nur beim Tastsinn kommen Körper und Bewegungen ins Spiel. Sinnbildlich wird der Tastsinn ja meist durch die Hand oder erotische Szenen dargestellt. Der offensichtlichen Körperlichkeit dieses Sinnes verdankt sich seine traditionelle Bewertung als „niederer Sinn". Wie in der Einführung erwähnt, setzt sich heute in Wahrnehmungstheorie und -forschung zunehmend die Perspektive durch, dass Sinne und Wahrnehmung überhaupt nur im Kontext von Körper und Bewegung bzw. Aktion verständlich sind. Aufgrund der Vernetzung von Körper und Bewegung mit allen Sinnen wird es bereits in den folgenden Kapiteln zur Körperwahrnehmung verschiedentlich Vorgriffe auf die anderen Sinne, nicht zuletzt auf das Sehen, geben.

1   Körperwahrnehmung

Die Frage: „Wie spüren Sie im Moment Ihren Körper?" dürfte Leser, die sich darauf einlassen (und für einen Moment mit dem Lesen innehalten …), dazu bringen, nun erst etwas wahrzunehmen, das ihnen vor dieser Frage nicht gegenwärtig war. Wer also nicht akut unter Schmerzen leidet oder sich z. B. eben unbequem auf seiner Sitz- oder Liegegelegenheit fühlte und die Frage deshalb prompt beantworten kann, wird kurz in sich hineinhorchen und dann vielleicht ein Druckgefühl an Oberschenkeln, Hintern und Rücken registrieren, den leeren oder vollen Magen, den (vielleicht beengt) atmenden Brustkorb, kalte Füße oder irgendwo ein Jucken. – Der eigene Körper bleibt über weite Strecken unseres Daseins im Hintergrund. Wir nehmen ihn nicht aufmerksam wahr.

Wenn wir etwas tun – ob Lesen, Schreiben, Einkaufen oder Autofahren –, ist unsere Aufmerksamkeit nach außen, auf unsere Umwelt gerichtet. Unser Körper kommt uns bei den alltäglichen Aktivitäten nur ausnahmsweise zu Bewusstsein. Etwa dann, wenn besondere Anstrengung oder starke Gefühle im Spiel sind. Dann nehmen wir unwillkürlich beispielsweise schwere Glieder, pochenden Herzschlag, flaue Gefühle im Bauch, Anspannung oder Beschwingtheit wahr. Die offenkundigste Ausnahme von dieser Regel sind Situationen und Handlungen, bei denen es um den Körper und seine Lust geht – vom Entspannen im warmen Bad bis zur Sexualität. Auch beim Erlernen komplexer Bewegungsweisen (z. B. im Sport, beim Musizieren oder beim Autofahren) steht der eigene Körper im Brennpunkt der Aufmerksamkeit; anfänglich ist er sich da sozusagen selbst im Weg, mit einer gewissen Übung wird der erfolgreiche Ablauf der frisch erlernten Bewegung lustvoll wahrgenommen (▶ *Funktionslust*).

Hätte ich die Leser statt nach Körperwahrnehmungen nach der momentanen Befindlichkeit gefragt, müssten viele nicht erst erforschen, ob sie sich frisch, matt, fröhlich, niedergeschlagen, ruhig, aufgeregt usw. fühlen. Nachgefragt, was diese Befindlichkeit oder Stimmung ausmacht, werden sie (zumindest u. a.) auf die eine oder andere Weise umschreiben, wie sich ihr Körper gerade anfühlt. Die Frage, wie es einem im Moment geht, zielt (auch) auf ein beiläufig bewusstes, mehr oder weniger vages Körpergefühl. Das globale Empfinden des Körpers nannte man früher **Gemeingefühl** (*Koinästhesie* oder *Coenästhesie*). Heute spricht man z. B. von Hintergrundgefühlen (Damasio, 2000). – Die Wahrnehmung des eigenen Körpers ist ein vielschichtiges Thema, bei dem mit unterschiedlichen Formen von Bewusstheit zu rechnen ist.

Neuro-Skizze ▶ Somatosensorik

Die Begriffe **Somatosensorik** (*soma*, griech. Körper) oder **somatoviszerale Wahrnehmung** (*viszera*, lat. Eingeweide) fassen das Spüren zusammen. Allerdings ist die Terminologie zur Körperwahrnehmung unscharf bzw. uneinheitlich. Physiologische Grundlagen und (potentiell bewusste) Wahrnehmung gehen in den Begriffen durcheinander. Das Spüren wird differenziert nach:

▮ dem **Ort** der Sensoren bzw. Empfindung: **Oberflächen- vs. Tiefensensibilität** (z. B. Kitzel auf der Haut vs. Muskelkater) Die Rezeptoren an der Oberfläche werden als *Exterozeptoren*, sprich nach außen gerichtete Sensoren, bezeichnet, die in der Tiefe als *Interozeptoren* (Innensensoren, auch *Enterozeption* genannt). Die Innenwahrnehmung wird weiter eingeteilt in *Propriozeption* (lat. Eigenwahrnehmung; Signale aus dem Bewegungsapparat) und *viszerale Sensibilität*.

▮ der **Qualität der Reize**, auf die unterschiedliche Sensoren reagieren: *Mechanorezeptoren* (Druck, Vibration), *Thermorezeptoren* (Temperatur), *Chemorezeptoren* (,brennende Substanzen'; ▶ *trigeminale Chemorezeption*).

▮ der **Funktion** (bspw. Warnung): Schmerz als *Nozizeption* (lat. Schädigungswahrnehmung). Die Informationen aus Skelettmuskulatur, Sehnen und Gelenken (Propriozeption) werden in **Stellungs-, Bewegungs- und Kraftsinn** unterteilt oder auch als **Kinästhesie** (griech. Bewegungswahrnehmung) bezeichnet; Reize aus dem Gleichgewichtsorgan im Innenohr [▶ Kap. 4] werden hier (manchmal) einbezogen.

▮ dem **Verlauf** von Nervenbahnen auf dem Weg zum Gehirn: *Hinterstrang* vs. Vorderseitenstrang des Rückenmarks; das Hinterstrangbündel wird auch als *spezifisches System* bezeichnet (z. B. Wahrnehmung der Stellung von Gliedern mit geschlossenen Augen, Erkennen von auf die Haut gemalten Buchstaben, lokalisierte Schmerzen), das Bündel im Vorderseitenstrang als *unspezifisches System* (z. B. dumpfere Schmerzen, Vibration, Temperatur, Informationen aus den Eingeweiden).

Taktile und *haptische Wahrnehmung* (um die es in den beiden folgenden Kapiteln geht) lassen sich mit dieser Terminologie folgendermaßen umschreiben.

Taktile Wahrnehmung: Wenn wir z. B. von einem Metallstab berührt werden, ist unsere Oberflächensensibilität angesprochen, und zwar Mechanorezeptoren (und damit das spezifische System) und Thermorezeptoren (unspezifisches System) der Haut.

Haptische Wahrnehmung (Haptik): Umfassen und befühlen wir den Stab, käme zu den erwähnten Aspekten noch die Tiefensensibilität hinzu: Propriozeption durch die Mechanorezeptoren in Skelettmuskulatur, Sehnen und Gelenken. Ein wesentlicher Gesichtspunkt der Haptik: Sofern unsere Hand sich dabei aktiv bewegt (also nicht von jemand anderem geführt wird), ist der sensorische Zufluss auf willkürliche Bewegungen bezogen – ist die **Somatosensorik** untrennbar mit **Motorik** verbunden (was im Begriff **Sensomotorik** zum Ausdruck kommt).

Auch jenseits der motorischen Komponente gilt, dass sensorische **Zuflüsse** (*Afferenzen* oder auch *Bottom-up*-Prozesse) nur eine Seite der Körperwahrnehmung sind. Sie werden ergänzt von **nach außen gerichteten Aktivitäten des Gehirns** (*Efferenzen* oder *Top-down*-Prozessen): Vom Gehirn wegführende Bahnen kontrollieren den Zustrom der sensorischen Afferenzen schon in der Peripherie (**efferente Hemmung**). Auf diese Weise kann etwa die Erregung der Schmerzbahnen schon im Rückenmark gedrosselt werden.

Die Stationen der somatischen Sensibilität im Gehirn:

▮ verlängertes Rückenmark, Stamm- und Kleinhirn (u. a. Mitwirkung bei Haltungs- und Blickreflexen und der Feinsteuerung willkürlicher Bewegungen, Regulation des Wachheits- bzw. Erregtheitsgrades; Letzteres durch die formatio reticularis ▶ Abb. S. 68).

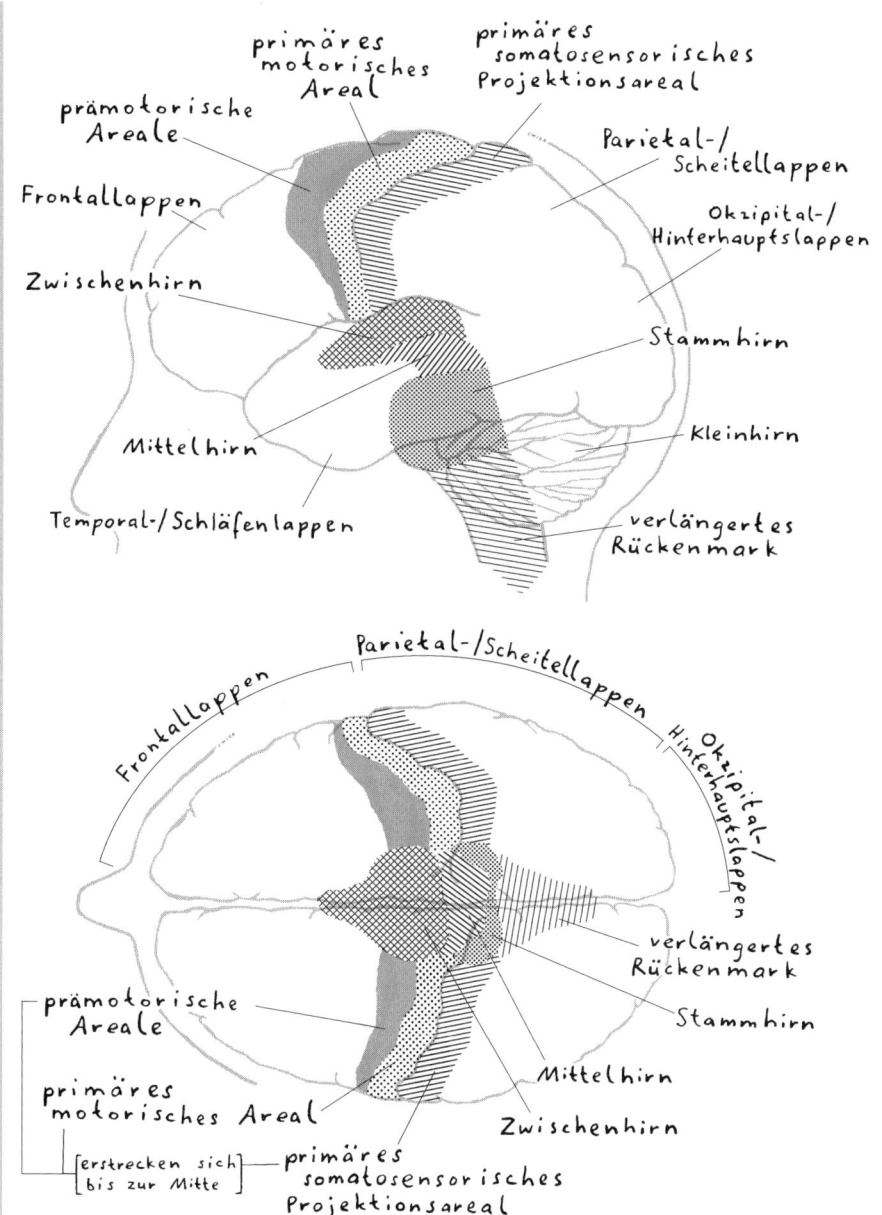

■ Mittel- und Zwischenhirn (u. a. Regulation von Hunger, Durst, Körpertemperatur, Atmung und sexueller Erregung; limbisches System (Gefühle) [▶ Abb. S. 68]).

■ *primäres somatosensorisches Projektionsareal* in der *postzentralen Windung* der Hirnrinde. (Hier ‚liegt‘ der *somatosensorische Homunculus* [▶ Abb.], d. h. eine Nervenlandkarte des Körpers, in der besonders berührungsempfindliche Körperpartien wie Finger, Lippen und Zunge breiter repräsentiert sind als weniger sensible; die kuriosen Verzerrungen der Proportionen des Körpers, mit deren Hilfe man diese Gewichtung meist darstellt, sind eher irreführend, weil sie mit Monstrosität kokettieren, wo es im Grunde nichts zu bestaunen gibt: Den aus der Erfahrung hinlänglich bekannten Unterschieden der Sensibilität entsprechen eben unterschiedlich umfangreiche zentralnervöse Verarbeitungskapazitäten.) In direkter Nachbarschaft (in der *präzentralen Windung*) im Frontallappen findet sich das ähnlich proportionierte primäre motorische Areal.

■ *somatosensorische Assoziationsfelder* im hinteren Scheitellappen (*Parietallappen*), wo das, was wir auf der Haut und in den Gliedern spüren, mit Informationen aus dem Gleichgewichtsorgan sowie Gesehenem und Gehörtem vernetzt wird (Zuflüsse aus den anderen Sinnen ereichen nach neueren Erkenntnissen von dort oder auf anderen Wegen auch das primäre somatosensorische Areal).

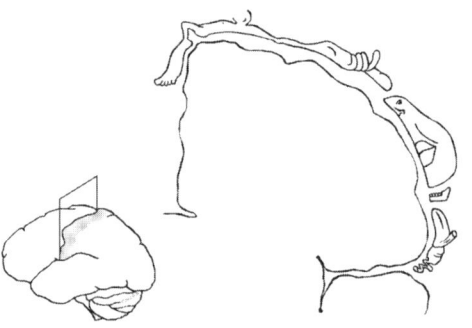

Primärer somatosensorischer Kortex/somatosensorischer Homunculus

■ Gebiete im *prämotorischen Kortex* im Stirnlappen (*Frontallappen*), wo das Gespürte und anderer Sinneseindrücke in die Bewegungsplanung einfließen.

Die multisensorische und sensomotorische Vernetzung bestimmt mit, was man *spürt* [▶ Kap. 9, Neuro-Skizze › Multisensorisches Wahrnehmen und Synästhesie].

   Lesen ▶ Bischof, 1966; Birbaumer & Schmidt, 2006; Bösel, 2006; *zur Rolle der Motorik:* Fogassi & Gallese, 2004; *taktil vs. haptisch:* Grunwald, 2001

Körperschema – Körperbild

Die schillernden Begriffe „Körperschema" und „Körperbild" stehen für ein (**inneres**) **Modell** des eigenen Körpers, in das die verschiedenen Momente des Spürens einfließen. Hier kommt auch die visuelle Wahrnehmung ins Spiel. Das wurde früh schon von manchen Forschern gesehen. Vor etwa hundert Jahren bezogen Head und Holmes den Begriff Haltungsschema (*postural scheme*) auf die **neurophysiologische Repräsentation** des Körpers sowie die Regulation seiner Haltung und Bewegung (unabhängig von Empfindungen), während der tschechische Neurologe Pick den Begriff Körperschema ausdrücklich mit **bewusster Wahrnehmung** und auch **visuellen Vorstellungsbildern** in Verbindung brachte. Der später eingeführte Begriff *Körperbild* steht sogar eher für das **visuelle Erscheinungsbild** als für das Körper*fühl*bild (aber auch für die Verbindung beider Aspekte). In noch weiterer Verwendung des Begriffs, gehen anatomische und physiologische **Kenntnisse** sowie kulturtypische **Konzepte** in das spürbare ‚Bild‘ vom eigenen Körper mit ein.

Ein Spürbild des Körpers, das völlig unabhängig von dessen äußerer Anschauung oder Erfassung zustande käme, ist kaum denkbar. Selbst Menschen, die von Geburt an blind sind, erleben ihren Körper von früh an durch aktives Betasten, also von außen. Was man innerlich spürt, ordnet sich in diesen ‚Rahmen‘ ein. – Stört man das Betasten des eigenen Körpers durch Vibration am Bizeps des *tastenden Armes* (womit man eine Verlängerung der Muskelfasern suggeriert), führt dies zu irritierenden Empfindungen *im ertasteten Körper*: Wenn man mit den Fingern z. B. die eigene Nasenspitze berührt, während durch die Vibration eine Vergrößerung des Winkels zwischen Ober- und Unterarm vorgemacht wird, kann das den Eindruck erzeugen, die eigene Nase verlän-

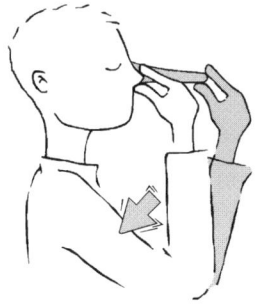

gere sich (**Pinocchio-Illusion** [▶ Abb.]; Lackner, 1988). Schon länger ist bekannt, dass man durch optische Verzerrung die Tastwahrnehmung von Gegenständen beeinflussen kann [▶ Kap. 3]. In jüngerer Zeit wurde nun nachgewiesen, dass optische Irreführung hinsichtlich der Lage eigener Glieder zu illusionären Lageempfindungen führt. Bei Studien zur sogenannten **Gummihand-Illusion** ist Versuchspersonen der Blick auf Hand bzw. Arm verdeckt; in gewisser Nachbarschaft sehen sie eine Gummihand. Diese und die verdeckte Hand werden im Lauf des Versuchs mehrfach gleichzeitig berührt (Botvinick & Cohen, 1998). Das führt dazu, dass sie die Berührung *am Ort der Gummihand spüren*; nach dem Versuch verschiebt sich das Lagegefühl der eigenen Hand in Richtung der Gummihand (die Effekte bleiben aus, wenn die Lage bzw. Ausrichtung der Gummihand mit der realen Körperposition unvereinbar wäre).

Halten wir fest: Das äußere Bild des Körpers – vom Sehen über das Ertasten bis zum Wissen und Vorstellen – beeinflusst das (innerliche) Spüren.

Philosophie ▶ Leib vs. Körper

In der Phänomenologie (philosophische Richtung begründet von Edmund Husserl Anfang des 20. Jh.) steht neben dem Körper der *Leib*: ‚Ich bin Leib und habe (m)einen Körper‘. Die Unterscheidung soll helfen, die Gegenüberstellung von Körper und Seele, die man Descartes vorwirft (kurz: den *Cartesianismus*), zu überwinden. „Leib" steht für die Einheit von Seele bzw. Ich und Körper; der „Körper" dagegen für den Körper als Gegenstand der (wissenschaftlichen) Betrachtung, also z. B. in der Perspektive der Sinnesphysiologie. Diese Gegenüberstellung ist allerdings nicht unproblematisch. In einer strikten Lesart der Entgegensetzung liegt das Paradox, dass der so definierte Leib, der ja ein Synonym fürs Erfahren und Wahrnehmen ist, selbst nicht erfahr- oder wahrnehmbar ist: Erfahre ich ihn, nehme ich ihn wahr, mache ihn automatisch zum Objekt. Oder anders gesagt: Wahrnehmbar ist nur der Körper. Um das Wahrnehmen des Körpers aus der Perspektive der ersten Person von der Perspektive der Naturwissenschaft abzuheben, führen manche Phänomenologen deshalb zusätzlich die Rede vom „Leibkörper" ein.

In einer anderen Lesart, die auch von manchen Psychologen vertreten wird, steht „Leib" schon für die Körperwahrnehmung durch das Subjekt selbst (Leib = phänomenaler vs. physiologisch erklärter Körper). So versucht der Philosoph Hermann Schmitz, den Begriff des Leibes greifbar zu machen, indem er ihn speziell für ausschließlich innerliche Empfindungen reserviert (wie im Text dargelegt, ist ein pures inneres Spürbild indessen kaum vorstellbar).

Was bleibt: Die Diskussion um den „Leib", dieses etwas altbackene Synonym für „Körper", führt vor Augen, dass der Körper sowohl Subjekt als auch – in unterschiedlichen Perspektiven – Objekt der Wahrnehmung ist. Dass man die Erfahrung von Körper und Selbst auch jenseits der Debatte um den Terminus „Leib" differenziert betrachten kann, demonstriert etwa die zeitgenössische neurowissenschaftlich inspirierte Philosophie.

Lesen ▶ *Klassiker:* Merleau-Ponty, 1966; *Neuere Diskussion:* Schmitz, 1998, Waldenfels, 2000; *Neurowissenschaftlich orientierte Philosophie:* Gallagher, 2005; Metzinger, o. J.; 2003

Ausfall von Afferenzen. Unter Umständen, die den Reizzufluss vom Körper zum Gehirn stark vermindern (*sensorische Deprivation*), kann sich das aktuelle Vorstellungsbild des Körpers ändern oder gar auflösen; irritierende Körpererlebnisse im **Traum** gehen vermutlich u. a. auf eine Blockierung von Körperempfindungen während des Schlafes zurück. – I. W., ein Patient, der unter der seltenen *peripheren sensorischen Neuropathie* leidet (einer Krankheit, bei der – oft ausgelöst durch einen Virusinfekt – Propriozeption und Berührungssensibilität, nicht aber Schmerz- und Temperaturempfinden ausfallen), berichtet, er sei zunächst auf seinen Zustand aufmerksam geworden, als er das Bett, auf dem er lag, nicht mehr spürte und ihn ein beängstigendes Schwebegefühl überkam (Cole & Paillard, 1995). Sein Körper sei ihm dann in der ersten Zeit seiner Erkrankung fremd gewesen, bis er schließlich nach einer Periode der Immobilität die fehlenden Empfindungen in Muskeln, Sehnen und Gelenken durch die visuelle Kontrolle seiner Bewegungsimpulse zu ersetzen gelernt hatte. Damit hätte er auch wieder ein einigermaßen vertrautes Körperbild erlangt: Die Somatosensorik ist in diesem Fall zwar bleibend beeinträchtigt, aber gerade deshalb ist der Körper bei jedem Schritt im Brennpunkt der (motorisch-visuellen) Aufmerksamkeit.

Wahrnehmungsqualitäten ▶ Sensorische Deprivation

In dem ursprünglich von John C. Lilly entwickelten – und heute in manchen Großstädten als „Entspannungstank" angebotenen – Isoliertank, in dem man schallisoliert im Dunkeln in körperwarmer Salzlösung schwimmt, können „Transformierungen des Selbst vonstatten gehen, bei denen man keinen Körper mehr hat. Oder man kann eine andere Körperform annehmen." (Lilly, 1988, 109). Bei einer Studie zur Wirkung des Anästhetikums Ketamin, das den Reizzufluss aus dem Körper unterbricht, ohne das Bewusstsein auszuschalten (*dissoziative Anästhesie*), gibt eine Versuchsperson zu Protokoll: „Nach und nach geht die Gefühllosigkeit auf meinen ganzen Körper über. Ich werde immer starrer. (...) Ich komme mir wie eine Eiswaffel vor. Ich habe keinen Körper mehr." (Bolle, 1988, 91).

Beeinträchtigungen des Körperbildes bei Störungen des sensorischen Zuflusses steht die merkwürdige Tatsache gegenüber, dass Menschen Körperteile, die sie nicht (mehr) besitzen, spüren: Amputierte Glieder leben im gefühlten Körperbild der Patienten als sogenannte **Phantomglieder** fort. Das bessere Wissen um den offensichtlichen Defekt ist hier machtlos gegen die – oft schmerzhaften – Empfindungen. Die zentralnervöse Repräsentation des Körpers führt ein gegen sensorische Zuflüsse verselbständigtes Eigenleben. Allerdings kann (auch abgesehen von den Schmerzen) die Art, wie man das Phantom spürt, vom Erleben intakter Glieder abweichen: Es fühlt sich z. B. hohl oder verkürzt an.

Früher lokalisierte man die Basis eines überdauernden Körpergefühls allein im oben erwähnten „somatosensorischen Homunculus", inzwischen geht man von einer umfassenderen *Neuromatrix* aus. Jedenfalls kann der Phantomschmerz in einem Armphantom ausgelöst werden, indem man die Wange berührt, die im Homunculus neben Arm und Hand repräsentiert ist. Die **Grenzen der Arm- und Gesichtsrepräsentation verwischen**. Das könnte an Reizüberflutung bei der Operation und dem späteren Ausbleiben der Reize, die der Gebrauch des Gliedes mit sich brachte, liegen. Therapiesitzungen mit vielfach wiederholter abwechselnder Reizung von Wange und Stumpf wirken der Überlappung und auch dem Phantomschmerz entgegen. Vergleichbare Ergebnisse bringt eine neuromuskuläre Prothese, die es erlaubt, (willkürlich) zu greifen (vgl. Birbaumer & Schmidt, 2006): Die **Körperrepräsentation** hängt offenbar auch vom **sichtbaren Effekt von Bewegungs-/Handlungsabsichten** ab. In Fällen, in denen der Phantomschmerz mit einer Fixierung des virtuellen Gliedes in einer verrenkten Haltung verbunden ist, kann **scheinbare Willkürbewegung** des Phantoms helfen: Patienten, die eine Hand verloren haben, stecken den Stumpf ihres Armes in eine Kiste, die außen verspiegelt ist, legen ihren gesunden Arm neben den Spiegel und konzentrieren sich dann darauf, beide Hände gleichsinnig zu bewegen. Die im wahrsten Sinne (durch die gesunde Hand an Stelle der Phantomhand) **vorgespiegelte** Bewegung kann bei einigem Üben manchen Patienten helfen; möglicherweise wird dabei ein zentralnervöser ‚Krampf' aufgelöst, der aus Bewegungsintentionen ohne jede Rückkopplung resultiert (Ramachandran & Blakeslee, 2001).

Amputationen in der frühen Kindheit führen zu weniger ausgeprägten bzw. dauerhaften Phantomen. Erfahrung ist also für die Bildung eines von aktuellen Reizen unabhängigen Körpergefühls bedeutsam. Aber auch Menschen, die schon mit fehlenden Gliedern geboren wurden, erleben Phantome der Glieder, über die sie nie verfügten (Brugger et al., 2000). Ein Kern wahrnehmbarer Körperrepräsentation ist demnach angeboren.

Der oben erwähnte Fall von Neuropathie unterstreicht die Bedeutung von (hier rein visuell) kontrollierter Bewegung für das Körperselbst. Körpergefühl im Sinne von „das bin ich" oder „das ist ein Teil von mir" lebt also davon, dass die Glieder ihren gewohnten Dienst tun, technisch ausgedrückt: dass motorische Impulse umgesetzt werden. Allgemeiner gesagt: Das **körperliche Selbstgefühl** ist daran gekoppelt, dass der Körper als **Werkzeug des Willens** fungiert. Das zeigt sich auch daran, dass gefundene oder hergestellte Werkzeuge, vom Stock, mit dem man in der Erde stochert, bis zum Automobil, das man steuert, also **Geräte,** die unsere Bewegungsmöglichkeiten über den Körper hinaus erweitern, zeitweise auch das Körperschema (oder *Körperselbst*) erweitern. Man lokalisiert, wie schon Aristoteles festhielt, die Vibration beim Bewegen eines Stockes über eine raue Oberfläche nicht in der Hand, sondern an der Spitze des Stockes. Die Gefühle und auch das Verhalten vieler geübter Autofahrer in der Position als Beifahrer führen vor Augen, dass dieses **erweiterte Körpererleben** auch dann aktiviert werden kann, wenn die Situation die Kontrolle des erweiterten Körpers nahelegt und zugleich verhindert: Viele fahrkundige **Beifahrer** erleben sich als **Marionette** in ihrem gewohnheitsmäßig um das Automobil erweiterten Körper (Schönhammer, 1995). Ähnlich fremdbestimmt fühlt man sich, wenn ein anderer die **Maus des Computers**, an dem man beschäftigt ist, kurz übernimmt, um einem etwas zu demonstrieren. Einige zeitgenössische **Künstler** – nicht zuletzt der Australier Sterlac – erregen Aufsehen, indem sie ihren Körper auf weniger alltägliche Weise erweitern; etwa durch eine mit dem Körper verdrahtete zusätzliche künstliche Hand. Oder der Aktionist setzt sich fremder Kontrolle aus, erlaubt beispielsweise dem Publikum, durch Knopfdruck seine Muskeln zucken zu lassen, womit er zur Marionette (zum Beifahrer) in seinem angeborenen Körper wird.

Lesen ▶ Cahusac, 2002; Bermudez, Marcel & Eilan, 1995; Gallagher, 2005; Grunwald, 2008, Kap. 23 & 24; Joraschky, 1983; Knoblich et al., 2006, Kap. 2–4, 7–9; Lenggenhager et al., 2007; Lyon, 2002; Metzinger, o. J.; 2003; Ramachandran & Blakeslee, 2001; Reed, 2002

Gefühle und Stimmungen

„Ich selbst habe oft bemerkt, dass ich jedesmal, wenn ich die Blicke und Gebärden eines zornigen Menschen nachahme, mein Gemüt unwillkürlich der Leidenschaft zugewandt finde, deren äußere Erscheinung ich nachzuahmen bestrebt bin." (Burke, 1756/1956, 172f)

Körperwahrnehmungen spielen eine Rolle im Haushalt der Gefühle. So kennzeichnet das motorische Erscheinungsbild von Wut, Freude oder Traurigkeit diese Affekte nicht nur für andere (*Ausdruck, Körpersprache*). In Anspannung, Beschwingtheit oder Schwere und Kraftlosigkeit spürt man selbst diese Gefühle.

„Wir weinen nicht, weil wir traurig sind, sondern wir sind traurig, weil wir weinen" formulierte provokativ eine mehr als hundert Jahre alte Theorie der Gefühle (*James-Lange-Theorie*), um die Bedeutung der Körperwahrnehmung für die Affekte zu unterstreichen. Diese Umkehrung der weithin angenommenen Wirkrichtung von der Psyche hin zum Körper ist bis heute erhellend, mag sie auch überspitzt sein. Neurowissenschaftliche Gefühlstheorien kommen auf die James-Lange-Theorie zurück. LeDoux (1998) z. B. hebt hervor, dass bei Wahrnehmungen, die Gefühle auslösen, vorbewusste Bewertungsprozesse in älteren, *subkortikalen* Bereichen des Gehirns, die ihrerseits auf den Körper wirken, bewussten Kognitionen vorhergehen (weshalb der Körper scheinbar das Gefühl erst auslöst). Damasio (1995, 2000) unterstreicht die Rolle „körperlicher Marker", also den Umstand, dass Rückmeldungen über vorbewusst ausgelöste Veränderungen in Haut, Bewegungsapparat und Eingeweiden entscheidend zu dem beitragen, was ein Gefühl jeweils ausmacht. – Damasios *somatopsychologische* Sicht der Gefühle hat zwar wie schon die alte Theorie, die James und Lange unabhängig voneinander formuliert hatten, empirisch fundierten Widerspruch erfahren: Es gäbe keine Haut- oder Eingeweideempfindungen, die notwendig oder hinreichend für bestimmte Gefühle wären (Rolls, 2005). Die Vermutung eines motorischen Beitrags (Haltungen, Mimik) zur Bildung von Gefühlen hat allerdings einen sichereren Stand.

Bis zu einem gewissen Grad kann man Gefühle oder Stimmungen dadurch steuern, dass man willkürlich Haltung oder Mimik verändert (wobei Stimmungen wahrscheinlich eher mit Belebtheit und Spannungsgrad, Gefühle mit spezifischen Bewegungen zusammenhängen). Die Aufforderung „Lass Dich nicht so hängen!" kann – ganz wörtlich genommen – einem niedergeschlagenen Zustand entgegenwirken. Wer (auch nur subvokal) ein „i" artikuliert – und damit nebenbei seiner Gesichtsmuskulatur Züge eines Lächelns aufzwingt („Sagen Sie cheese!") –, kann den leichten Anflug Fröhlichkeit spüren. Für die emotionale Wirksamkeit körperlicher Manipulationen, bei denen, analog zum „i-Gesicht", der Zusammenhang zu Gefühl und Stimmung für die Versuchspersonen nicht ersichtlich ist, gibt es experimentelle Belege.

Vielleicht ist eine motorische Polarität die Basis allen Fühlens: Zuwendung vs. Abwendung (Panksepp, 2000). Jedenfalls hat die motorische Komponente von Gefühlen erhebliche Bedeutung für die (präverbale) Kommunikation von Gefühlen und das Wahrnehmen von Ausdruck in Dingen und Bauwerken (▶ Mitbewegung).

Lesen ▶ Döring-Seipel, 1996; Holodynski, 2006; Storch et al., 2006; Niedenthal et al., 2005; Ziemke, Zlatev & Frank, 2007

Wahrnehmungsqualitäten ▶ Körper, Raum und Gefühl

Körperempfindungen in den Dimensionen eng – weit sowie leicht – schwer (bzw. unten – oben) drängen sich offenbar auf, wenn man sich anschickt, Angst, Euphorie, Depression oder andere Gefühle und Stimmungslagen zu beschreiben. Der Philosoph Hermann Schmitz (1969) hat insbesondere die zuerst genannte Dimension anregend, wenn auch nicht immer nachvollziehbar ausdifferenziert.

Körperwahrnehmung und Kultur

Kulturen unterscheiden sich hinsichtlich der Art, in der sie Individuen zur Wahrnehmung des Körpers anleiten. Nach einer gängigen Klage ist die westliche Kultur übermäßig visuell geprägt. Entsprechend sei auch das Körperbild defizitär. Dabei wird leicht vergessen, dass die herausragende Rolle des Sehens in der menschlichen Wahrnehmung ein Ergebnis der Evolution und in allen Kulturen und Epochen belegt ist. Und dass Sehen zum Körpergefühl beiträgt (siehe oben). Gleichwohl gilt: In fernöstlichen Kulturen wird in der Tat traditionell mehr Wert auf körperliche Innerlichkeit gelegt.

Die Übungen etwa des **Yoga** oder **Tai Chi**, mit denen die **sensomotorische Aufmerksamkeit** geschult wird, fanden in den vergangenen Jahrzehnten eine sich weitende Nische im Alltag westlicher Länder; oft im Zusammenhang religiöser oder therapeutischer Motive. Die körperliche Praxis geht Hand in Hand mit der Vorstellung von miteinander verbundenen Energieknotenpunkten (*Chakren*). Solche Bilder beeinflussen, was spürt, wer sich von ihnen leiten lässt. Auch beim **autogenen Training** wirkt **konzentriertes Vorstellen** auf das Körpergefühl. Bei der im 20. Jh. vom deutschen Mediziner Schultz erfundenen Technik wird die stille Versenkung traditioneller Meditation mit suggestiven Vorstellungen (Wärme- und Schweregefühl, regelmäßiger Herzschlag, ruhige Atmung, kühle Stirn etc.) verbunden. Entsprechende physiologische Veränderungen sind nachweisbar (Luthe, 1965).

Hausapotheke & Gesundheitswesen ▶ Körperwahrnehmung

Beispiele für weitere im Westen entwickelte Techniken zur Sensibilisierung des Gespürs:
Progressive Muskelentspannung (nach Jackobson): Das Gefühl dafür, wie sich ein entspannter Muskel anfühlt, wird durch willkürlich herbeigeführte (isotone) Muskelspannung nahegebracht; bspw. durch Faust machen – loslassen – spüren.

> *Bioenergetik*: Sammlung von Übungen, die u. a. auf kraftvolles, unverkrampftes Stehen und Gehen zielen; entwickelt von Alexander Lowen im Anschluss an Siegfried Reichs Bemühungen, durch Lösung muskulärer Panzerung Orgasmusstörungen zu beseitigen.
> *Feldenkrais-Methode*: Nach ihrem Schöpfer benannte Schule des aufmerksamen Vollzugs einfachster Bewegungsabläufe (z. B. aus der Rückenlage aufstehen); so soll verhindert werden, dass man Bewegungen erzwingt, die letztlich schaden; Zielgruppe sind z. B. Tänzer, bei denen Schädigungen des Bewegungsapparats (durch rücksichtslosen Umgang mit dem Körper) eine Berufskrankheit darstellen.

Beim *Biofeedback* vermittelt ein Apparat das Fühlen. Der Patient erfährt den gemessenen körperlichen Zustand vermittels optischer oder akustischer Signale. Menschen, die unter chronischen Verspannungen leiden, kann dieser Ersatz für das Körpergefühl helfen, ihre Muskeln zu entspannen. Darüber hinaus können selbst physiologische Abläufe wahrnehmbar (und beeinflussbar) gemacht werden, die dem Wahrnehmen auf natürlichem Weg in der Regel nicht zugänglich sind (Birbaumer & Schmidt, 2006).

Eigenheiten der **materiellen Kultur** beeinflussen ebenfalls die alltägliche Erfahrung des Körpers. Stühle und Sessel, die es erlauben, Haltungen passiv über längere Zeit einzunehmen, bringen einen anderen Muskeltonus und damit eine andere Befindlichkeit mit sich (und Rückenschmerzen als eine verbreitete unwillkürliche Körperwahrnehmung) als etwa Formen des Hockens (Rudofski, 1987). Schuh- und Bekleidungsformen wirken sich ihrerseits auf Haltungen und Bewegungsspielräume aus (Holmes & Spence, 2006). Nicht zuletzt die Modalitäten der Fortbewegung – Gehen, Radfahren, Steuern eines motorisierten Fahrzeugs, Passagiersituationen bis zu Lift und Rolltreppe – kultivieren auf unterschiedliche Weise das Wahrnehmen des Körpers.

Körpergefühl und Ästhetik

„Hier war empor zu schreiten, hier mußte man herunter gezogen kommen, nicht geschwind hinauf oder herab steigen über die Hühnerleiter formloser Zwecke. Die Stiegen lagen da für jedermann (…). (…) und sie ermüden nie uns zu sagen, dass jeder Weg seine eigene Würde hat und auf jeden Fall immer mehr ist als das Ziel." (Doderer, 1966/1951, 331)

Auf den ersten Blick scheint ästhetisches Erleben nur am Rande mit dem Spüren des eigenen Körpers zu tun zu haben. Das trifft jedoch nicht zu. Eingangs hatte ich Situationen angesprochen, bei denen Körpergefühl Gegenstand genussvollen Wahrnehmens werden kann: im warmen Bad, beim Sex und beim Lernen von Bewegung. Die Lust an Berührungen und dem Spüren von Wärme, also **Hautgenüsse**, die wir im folgenden Kapitel genauer betrachten, wird wegen ihrer ‚grobsinnlichen' Natur niemand mit Kunstgenuss gleichsetzen. Ebenso das rauschhafte Erlebnis starker **Beschleunigung** auf dem Jahrmarkt oder im Auto [▶ Kap. 4]. Doch fraglos handelt es sich da jeweils um ein Erleben, das aus dem alltäglichen Einerlei heraussticht. Empfinden, das nicht in seiner Funktion für zweckgerichtetes Handeln aufgeht, sondern für das Individuum selbst Zweck ist, also etwas, was man – etwa mit dem amerikanischen Philosophen John Dewey (1988) – als ästhetisches Erlebnis ansprechen kann [▶ Kap. 10].

Philosophische Ästhetik ▶ Somästhetik

Seit den 1990er Jahren plädiert der Philosoph Richard Shusterman (1994, 2005) in der Tradition des sog. *Pragmatismus* (insbesondere in der Nachfolge von John Deweys *Kunst als Erfahrung*) dafür, körperliche Praktiken von Aerobik über Feldenkrais, Bioenergetik und Technotanz bis zu ungewöhnlichen Sexualpraktiken als angewandte Philosophische Ästhetik zu verstehen.

Die ▶ **Funktionslust**, die erfährt, wer einen neuen, komplizierten **Bewegungsablauf** meistert, findet in der traditionellen ästhetischen Theorie immerhin einen respektablen Platz, als sie anerkanntes Moment spielerischer Betätigung ist (und das **Spiel** sozusagen als kleiner Bruder der Kunst gilt). Und mit dem **Tanz** hat körperliche Funktionslust offenbar ein Bein in der Tür zu den Musen. Bei entsprechender Aufmerksamkeit, ob sie sich nun ungefragt einstellt oder Ausdruck einer meditativen Lebenseinstellung ist, kann sich Funktionslust auch bei selbstverständlich beherrschten, automatisierten Bewegungen wie dem **Gehen** einstellen. Eine architektonische Inszenierung des Gehens, etwa der **Rhythmus eines Treppenlaufes**, kann der Auslöser für derartiges Aufmerken sein; anders gesagt: Genuss der Körperbewegung ist ein Moment von **Architekturästhetik** (Wölfflin, 1999/1886; vgl. Gleiter, 2008; Meisenheimer, 2004).

Man muss nicht selbst tanzen, um Tanz zu spüren: **Zuschauen** wird im eigenen Körper spürbar. Droht ein Tänzer oder Akrobat, die Balance zu verlieren, wird das verdeckte Mitmachen des Betrachters oft auch sichtbar. Die Tendenz zur Ausführung einer gesehenen oder nur gedachten Bewegung ist seit langem bekannt (*Carpenter-Effekt*, *Ideo-Real-Effekt*), und auch entsprechende geringfügige Muskelpotentiale konnten bereits vor geraumer Zeit nachgewiesen werden. Seit der Entdeckung der ▶ *Spiegelneurone* Ende des 20. Jh., also dem Nachweis, dass motorische Neurone im Gehirn von Versuchstieren erregt werden, wenn die Tiere lediglich fremde Bewegungen beobachten, stößt dieser körperliche Aspekt des Sehens neuerlich auf breiteres Interesse. Damit gewinnen ältere ästhetische Theorien, die auf dieses der Selbst- wie Fremdbeobachtung ja schon immer zugängliche Phänomen bauen, neue Aktualität (Einfühlungstheorie, Mitbewegungsästhetik).

Künstlerischer Tanz, Akrobatik und Leistungssport ziehen Betrachter in außergewöhnliche Bewegungsabläufe. **Schauspieler** auf der Bühne oder im Film beteiligen Zuschauer durch **Haltung, Bewegung und Mimik** am Innenleben der dargestellten Personen.

Mitbewegungs- und Einfühlungsästhetik reklamieren innere Bewegung auch für die Wahrnehmung statischer Darstellungen. Nicht nur im Hinblick auf **Bilder** oder

Plastiken, die Menschen oder Tiere zeigen und Körperbewegung in Keimform enthalten können (*fruchtbare Momente* im Sinne von Lessing), sondern auch hinsichtlich formaler Qualitäten. Die These: Linien oder Objektformen werden als ausdruckshaltige Bewegungsspuren bzw. Haltungen wahrgenommen [▶ Kap. 7]. Oder: Asymmetrische Kompositionen erzeugen einen Widerhall im **Gleichgewichtssinn** [▶ Kap. 4].

Musik regt bekanntlich zum Bewegen an und wird u. a. im ansatzweisen oder vollzogenen körperlichen Mitgehen genossen. An der Frage, ob das konventionelle Stillsitzen des Publikums bei Darbietungen ernster Musik deren tieferem Verständnis zugute kommt, scheiden sich die Geister [▶ Kap. 8].

Die von **Erzählungen** ausgelösten **Gefühle** und **Stimmungen** sind, wie oben festgehalten, von Körperempfindungen nicht zu trennen. Mit den Worten und Beispielen Kants: „Der Schauer, den Menschen selbst bei der Vorstellung des Erhabenen überläuft, und das Gräuseln, womit Ammenmärchen in später Abendzeit die Kinder zu Bette jagen (…) durchdringen den Körper, soweit als in ihm Leben ist." (1983/1798, 70f).

Rückschau in Fragen

Was ist
- die *Pinocchio-Illusion*?
- die *Gummihand-Illusion*?
- ein *Phantomglied*?
- der *Marionetten-Effekt*?

Was verraten diese Phänomene jeweils im Hinblick auf das *innere Spüren* des eigenen Körpers?

Worauf zielt die Differenzierung von *Körper* und *Leib*?
Wie verhält sie sich zu Bedeutungsfacetten der Begriffe *Körperschema* und *Körperbild*?
Warum ist die Gegenüberstellung von *Körper* und *Leib* nicht der Weisheit letzter Schluss?

Wie lassen sich irritierende Körpererlebnisse im Traum wahrnehmungspsychologisch erklären?

Was besagt die somatopsychologische Sicht von Gefühlen?

Wie regt die *progressive Muskelentspannung (nach Jackobson)* die Körperwahrnehmung an?
Was ist *Biofeedback*?

Inwiefern spielt das Körpergefühl eine Rolle im ästhetischen Erleben?
Wie sieht das beim bloßen Zuschauen bzw. der Bildbetrachtung aus?

2 Berührtwerden – Hautempfindungen (Taktile Wahrnehmung)

In diesem Kapitel geht es um das Gespür an der Oberfläche des Körpers. Diese taktilen Empfindungen sind sowohl bei passiver Berührung als auch beim Erkunden, dem haptischen Wahrnehmen [▶ Kap. 3], präsent. Wenn wir nun die Hautempfindungen hauptsächlich von **passiv** erfahrenen Ereignissen her aufrollen, ist gleichwohl meist **Bewegung** im Spiel.

Qualitäten. Die Haut ist empfindlich für **Druck**, **Temperatur** und **Schmerz** (Letzterer wird durch starken Druck, Hitze, Kälte oder chemische Reize ausgelöst). Mehrere Typen von *Mechanorezeptoren* – in verschiedenen Ebenen der Haut angesiedelt – vermitteln Empfindungen bei Druckreizen unterschiedlicher Ausprägung. Diese Empfindungen werden in Lehrbüchern der Sinnesphysiologie in der Regel in drei Typen unterteilt: **Berührung**, **Druck** und **Vibration**. Temperatur- und Schmerzempfindungen gehen auf Reizung *freier Nervenenden* in der Haut zurück. Freie Nervenenden spielen auch als physiologische Basis der **Kitzelempfindung** (als Sonderfall von Berührung) sowie des **Juckreizes** eine Rolle. (Ob Juckreiz eine Form von Schmerz ist, wird wegen Parallelen, aber auch Differenzen im Erleben ebenso wie auf physiologischer Ebene diskutiert.)

„Bei der taktilen Wahrnehmung äußerer Objekte" ist es, wie der Physiologe Hensel schreibt, „die Regel, dass zugleich mehrere sinnliche Eigenschaften, vor allem mechanischer und thermischer Art, in einer einheitlichen Wahrnehmungsgestalt zusammengefasst sind." (1966, 99). Statt dieser Empfindungskomplexe wird zudem oft nur das, was sie auslöst, also die Gegebenheiten der Umwelt, mit denen man da in Berührung kommt, bewusst wahrgenommen. Um das zu unterstreichen, hat James Gibson (1973), der Vater des *ökologischen Ansatzes* in der Psychologie, *Empfindungen* etwas voreilig aus der Psychologie verbannt.

Psychophysik ▶ Adaptation & Habituation bei Berührung, Druck und Vibration

Unter normalen Umständen kann ein Mensch, dessen Hand unbewegt auf einer Unterlage liegt, den Auflagedruck spüren. Diese Empfindung basiert darauf, dass manche der Mechanorezeptoren in der Haut auch bei unverändertem Druck aktiv sind (man spricht von *langsam adaptierenden Sensoren*). Dass gleichbleibender Druck dennoch über weite Strecken ignoriert wird, liegt daran, dass die eingehenden Reize auf Basis von zentralnervösen Prozessen unter der Bewusstseinsschwelle bleiben. Solche **Gewöhnung auf höherer Ebene** wird als *Habituation* bezeichnet. Anders als die **Ermüdung von Sensoren** (*Adaptation*) kann Habituation durch **absichtliches Aufmerken** durchbrochen werden. Nicht alle Drucksensoren sind dauerhaft sensibel. Manche sind nur aktiv, während sich die Haut unter Druck verformt, wieder andere nur bei Beginn und Vollendung der Verformung. Letztere werden durch pulsierenden Druck (Vibration) dauerhaft erregt. Zu einer leichten Vibration kommt es z. B. dann, wenn eine raue Oberfläche über dem Berührungspunkt verschoben wird.

Den Einfluss mentaler Faktoren für die Sensibilität der Haut demonstriert auf teils spektakuläre Weise die Schmerzwahrnehmung. Der Placebo-Effekt zeigt, dass man kein Fakir sein muss, um durch eine Einstellung – im Fall des Placebo: den Glauben, ein wirksames Medikament zu sich genommen zu haben – Schmerz verringern zu können. Auch absorbierende Beschäftigungen lindern Schmerzen.

Brennpunkte der Sensibilität. Bekanntlich sind verschiedene Bereiche der Körperoberfläche unterschiedlich sensibel für Druck und Berührung. Man misst die Unterschiede der Fühlschärfe durch die *Zwei-Punkte-Schwelle*: Wie nahe können zwei Berührungspunke (z. B. eines Zirkels mit entschärften Spitzen) sein, um noch als zwei Berührungen (statt als eine) wahrgenommen zu werden [▶ Abb.]. Das sprichwörtliche **Fingerspitzengefühl** bewährt sich bei diesem Messverfahren in einem Abstand von 1–3 mm, während die Schwelle im Handteller schon bei ca. 1 cm liegt (die Spitzen zweier aneinandergelegter Bleistifte, die man an den Fingerspitzen verlässlich unterscheidet, verschmelzen im Handteller zu einem Punkt). An Armen und Beinen, Rücken und Bauch wächst der Abstand auf mehrere Zentimeter. Die **Lippen** sind ähnlich sensibel wie die Fingerspitzen, die **Zungenspitze** übertrifft sie noch.

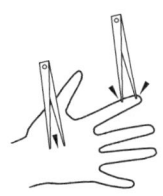 Die **Karte** des Auflösungsvermögens der Körperoberfläche, die sich aus dieser Messung ergibt, basiert sowohl auf der Dichte der Rezeptoren in der Haut als auch der entsprechenden Verarbeitungskapazität im Gehirn. Die monströsen Proportionen des ▶ *somatosensorischen Homunculus* entsprechen der ungleichen Dichte der Rezeptoren an der Körperoberfläche. Das feine Auflösungsvermögen an Fingerspitzen, Lippen und Zungenspitze fügt sich mit der Rolle dieser Körperteile bei Erkunden, Handhaben, Nahrungsaufnahme und Artikulieren.

Durch **Training** kann das Auflösungsvermögen bereits kurzfristig verbessert werden. Dies liegt natürlich nicht an einer Vermehrung der Rezeptoren, sondern geht auf das Konto der zentralen Verarbeitung der Reize (Ausweitung von Arealen im *Homunculus* durch **Rekrutierung benachbarter Neurone**). Auch die gezielte Reizung etwa des für eine Hand oder bestimmte Finger zuständigen Gehirnareals mit pulsierenden Magnetfeldern durch die geschlossene Schädeldecke hindurch (*Transkraniale Magnetische Stimulation, TMS*) beeinflusst die Sensibilität. Die Fingerbeeren (insbesondere der Lesehand) von Geburtsblinden sind deutlich sensibler als die von Sehenden.

Thermosensibilität und Energiehaushalt. Weicht die Umgebungstemperatur nur gering von der Körpertemperatur ab (Bereich von ca. 30°–36° Celsius), vermittelt sie keinen nachhaltigen Eindruck von kalt oder warm. Jenseits dieser Grenzen stellt sich ein dauerhaftes Empfinden von Kälte oder Wärme ein. Im Warmbereich sind wir **sensibler für weitere Temperaturzunahme**, im Kaltbereich für **weitere Temperaturabnahme**. Außerdem ist die Sensibilität für Änderungen der Temperatur abhängig von der **Größe der ausgesetzten Hautfläche**. Bei starker Hitze oder Kälte geht die Temperaturempfindung in **Schmerz** über. All diese Eigenheiten der Temperaturwahrnehmung dienen offensichtlich letztlich dazu, Aktionen einzuleiten, die der Beibehaltung der Körpertemperatur dienen.

Experiment ▶ Drei-Schalen-Versuch

Bei diesem Experiment hält man beide Hände, nachdem eine in kaltes, die andere in warmes Wasser getaucht war, gleichzeitig in eine Schüssel, die Wasser mittlerer Temperatur enthält. Das leicht im Selbstversuch feststellbare Ergebnis kann als **Demonstration des Prinzips** verstanden werden, dass Wahrnehmen eher darauf geeicht ist, festzustellen, **ob sich etwas ändert**, als darauf, die objektiven Gegebenheiten korrekt abzubilden.

Bipolares Wahrnehmen. Werden wir von etwas berührt, fassen wir dies einmal vom Körpergefühl (Empfinden), ein andermal vom Wahrnehmen dessen auf, was uns gerade berührt. Der physiologische Reiz in der Haut birgt für das Wahrnehmen zwei Pole: **etwas in der Welt** (der Reiz wird *objektiviert*) oder **uns selbst** (der Reiz wird *subjektiv* aufgefasst oder *somatisiert*). Insofern ist die im ersten Kapitel erwähnte Etikettierung des taktilen Wahrnehmens als *Exterozeption* missverständlich. David Katz spricht in seinem klassischen Werk *Der Aufbau der Tastwelt* von **Bipolarität** der Tastphänomene. „An Stellen, die weniger zum erkennenden Tasten verwandt werden", so Katz, „tritt das Subjektive stärker hervor." Weiter komme es auf die **Stärke** einer Berührung an: „Energische Bewegung wirkt stärker objektivierend als sanfte von Kitzel begleitete" (1925, 21f). Wesentlicher ist wohl die situationsabhängige **Einstellung:** Eine unerwartete, leichte, von Kitzel begleitete Berührung kann beispielsweise durchaus als ein Etwas, das einem über den Körper läuft, wahrgenommen werden; umgekehrt spürt jemand, der massiert wird, eher sich unter dem kräftigen Druck als die Hände, die ihn bearbeiten. (Bei Massagen spielen neben taktiler Wahrnehmung auch Empfindungen in Muskeln und Sehnen – also Momente der Tiefensensibilität – eine Rolle.)

Berührt man sich an Stellen selbst, die normalerweise dem „erkennenden Tasten" dienen, so tritt die *Bipolarität* in Art einer **Kippfigur** auf. Treffen sich z. B. die Spitzen der Mittelfinger, kann man zwischen der Perspektive des rechten und des linken Fingers springen: Mit jeweils einem von beiden erkunden wir in erster Linie die Kuppe des anderen, wobei der Kundschafter hintergründig selbst spürbar ist, während bei dem anderen, dessen Kuppe wir eben ertasten, das Berührtwerden, also die subjektive Seite dominiert. Im nächsten Moment können wir die Perspektive wechseln (meist – wenn auch nicht zwingend – wechselt dabei die Aktivität: Der erkundende Finger ist eher derjenige, der sich bewegt). Dieses Spiel funktioniert auch zwischen Fingerspitzen und Lippen oder Zungenspitze oder zwischen den Letzteren; fährt die Zungenspitze etwa über die Oberlippe, so kann man abwechselnd die Glätte der Lippe oder die Rauhigkeit der Zungespitze fühlen.

　　Lesen ▶ Birbaumer & Schmidt, 2006; Campenhausen, 1993; Gibson, 1973; Hensel, 1966; Katz, 1925; Roberts, 2002, Kap. 18–22; Röder & Rössler, 2001

Nähe/Ferne (taktile Schallwahrnehmung), Überraschung, atmosphärisches Spüren

Der Tastsinn gilt als **Nahsinn**. Typischerweise wird er angesprochen, wenn ein Lebewesen oder Objekt die Haut berührt. Die **behaarte Haut** ist bereits an den Haarspitzen berührungsempfindlich, da sich an den Haarwurzeln Sensoren befinden, die reagieren, wenn die Haare bewegt werden. Bereits durch einen **Luftzug** können Annäherungen sich Haaren und Haut mitteilen. Der Tastsinn ist hier nicht weniger **Fernsinn** als das **Hören**: Auch das Ohr wird ja durch Schall, also Luftdruckschwankungen, berührt. Luftbewegung kann tatsächlich nicht nur auf unhörbare Bewegungen (eine fächelnde Hand) hinweisen, sondern auch **Schall auf der Haut spürbar** machen (Diskothek). Während das Ohr aber normalerweise etwas hört, statt sich zu spüren, empfindet man starken Schalldruck auf der Haut primär als Vibrationsmassage. Erst in besonderer Einstellung, etwa bei einem tauben Menschen, werden die Hautempfindungen zur Schallwahrnehmung objektiviert: Taube berühren Musikinstrumente oder Lautsprecher, um Musik wahrzunehmen, Hals bzw. Gesicht eines anderen Menschen, um dessen Stimme (*Tadoma-Methode*) zu vernehmen. Auch im sogenannten *Raumsinn der Blinden* vermutete man eine Leistung besonders sensibler taktiler Wahrnehmung: Dass Blinde beim Zugehen auf eine Wand schon in einem gewissen Abstand merken, dass da etwas ist, brachte man mit dem besonders feinen Gespür ihrer Gesichtshaut für Luftbewegung in Verbindung. Tatsächlich handelt es sich aber um eine Art Echoortung (Widerhall der eigenen Schritte), die bei zugestöpselten Ohren ausfällt. Ein anderer Typus von potentieller Ferne-Wahrnehmung über die Haut ist das **thermische Spüren** von Objekten oder Ereignissen (besonders das Gesicht fungiert als Detektor für Kälte- oder Wärmequellen).

Überraschende Berührungen. Wird man unerwartet berührt, fährt man zusammen. – **Bewegung** als Anzeichen anderer Lebewesen lässt auch dann aufmerken, wenn man sie am Rand des Blickfeldes *sieht* oder durch ein *Geräusch* erahnt. Das Aufmerken bedingt (oder ist) eine **Orientierungs-Reaktion**: einen Erregungsschub, der vom Hirnstamm aus zu gesteigerter Wachheit führt (*Arousal*) und zugleich die Sinne motorisch auf das Ereignis richtet. Im Falle der Berührung – das zweifelhafte bewegliche Etwas rückt einem ja schon auf den Pelz – liegt die gesteigerte Form der Hab-Acht-

Reaktion nahe: die **Schreck-Reaktion**, die wegen den Ausweichbewegungen auch *Defensiv-Reaktion* genannt wird. In der unmittelbaren Nähe des Körpers (dem ▶ *peripersonalen Raum*) wirken bemerkenswerterweise visuelle und auditive Reize so wie Berührungen; im Gehirn (Frontal- und Scheitellappen) von Affen hat man Relais-Stationen (▶ *bimodale Zellen*) für diese Äquivalenz gefunden (Graziano et al., 2004).

Auch wenn man sich selbst bewegt, kann eine unerwartete Berührung (in dunkler Szenerie) dazu angetan sein, einen Schreck einzujagen. Die **Geisterbahn** macht sich das ebenso zunutze wie **künstlerische** Installationen; nachtaktiven Raubtieren verhelfen lange Tasthaare zu früher Warnung.

Spüren eines Mediums. „Wenn man gegen die Hand einen kräftigen Luftstrom blasen läßt", schreibt Katz, „so erlebt man ein Tastphänomen, welches die größte Unsicherheit der Formung zu besitzen scheint, die überhaupt erreichbar ist" (1925, 27). Er spricht von einem *raumfüllenden Tastquale*: Gespür für das **Medium**, das unseren Körper ganz oder teilweise umgibt. Bei Wind, auf einer Schaukel, auf dem Fahrrad etc. fühlen wir die Atmosphäre, die uns ansonsten unauffällig umhüllt. Das Spüren von **Luftbewegung** ist der **Prototyp eines medialen Berührungserlebnisses**, wie es auch durch Flüssigkeiten, mehr oder weniger feinkörnigen Feststoff (Sand, Granulate etc.) oder Gewebe mit entsprechenden Eigenschaften (fließende Stoffe) hervorgerufen werden kann. In diesem Sinn bezeichne ich das Spüren eines Mediums als **atmosphärisches Spüren**.

Das Erlebnis des medialen oder atmosphärischen Spürens ist kaum in Worte zu fassen. Jedenfalls verschafft dieses Spüren – wie auch die Empfindung von **Wärmestrahlung** (Sonnenbad) – eine relativ umfassende Empfindung der eigenen Haut, anders gesagt: der Körpergrenze. Im atmosphärischen Spüren entsteht von der Peripherie her ein ausgedehntes oder geschlossenes **Körperfühlbild**. Das kann – unabhängig von der spezifischen Qualität des Mediums (also sowohl bei warmer wie kühler Lufttemperatur) – lustvoll sein (von positiver *hedonischer Qualität*). So erklärt sich die Wertschätzung, der sich Praktiken der **Sauna- und Bäderkultur** unabhängig von Gesichtspunkten der Nützlichkeit (Hygiene, Kosmetik, medizinische Indikationen wie Herz-Kreislauf-Stärkung) erfreuen.

Traditionell wurden Wasserkuren übrigens bei „Irrsinn" eingesetzt. Bei psychotischen Krankheitsbildern wie der Schizophrenie gehen grundlegende Störungen des **Selbstgefühls** ja oft mit gestörtem **Körpergefühl** Hand in Hand. Man versuchte offenbar intuitiv, durch umfassende Berührungserlebnisse dem körperlich verankerten Selbstgefühl auf die Sprünge zu helfen. In den vergangenen 200 Jahren waren die Wechselbäder und andere körperlich aufrüttelnde Therapieformen in Irrenhäusern und den späteren psychiatrischen Kliniken immer wieder heftiger Kritik ausgesetzt: Die Empörung über unwürdigen Umgang mit psychotischen Patienten hatte somatische Behandlungsformen pauschal in Verruf gebracht. Heute, vor dem Hintergrund neurowissenschaftlicher Erkenntnisse, erscheinen solche und andere Formen der körperlichen Therapie von Geisteskrankheiten nicht abwegig. Behutsame Fühlkuren etwa sind Bestandteil der Therapie entwicklungsgestörter Kinder (z. B. in der sog. *sensorischen Integrationstherapie*). Auch Magersucht wird u. a. durch Spürhilfen behandelt.

Hausapotheke & Gesundheitswesen ▶
Magersucht & Körperfühlbild

Der Leipziger Psychologe Martin Grunwald hatte bei Hirnstromableitungen während eines Experiments zur Tasterkundung von Reliefs zufällig festgestellt, dass bei Versuchsteilnehmerinnen, die unter Magersucht leiden, schlechte Ergebnisse mit gehirnelektrischen Anomalien in jenen Bereichen des Parietallappens einhergehen, die vermutlich wesentlich für des Körperschema sind (Grunwald & Gertz, 2001). Die Überlegung, dass Magersucht die Folge eines gestörten Körperschemas sein könnte, die so neurowissenschaftlich untermauert wurde, führte ihn zu der Idee, diesem über verstärkte Hautempfindungen im Alltag auf die Sprünge zu helfen. Durch regelmäßiges Tragen eines Neoprenanzugs, wie ihn Taucher benutzen, scheint es nach ersten Ergebnissen in der klinischen Symptomatik wie im Hirnstrombild wenigstens vorübergehend zu Veränderungen in der gewünschten Richtung zu kommen (Grunwald, 2008, Kap. 28; Henschel & Psihoyos, 2004).

Der subjektive Pol spielt beim atmosphärischen Spüren also offensichtlich eine wichtige Rolle. Der **objektive Pol** dieser Art von Berührung ist durch die **Vagheit** dessen, was einen berührt, gekennzeichnet. Tendiert menschliches Wahrnehmen dazu, äußere **Bewegung** mit **lebendigen Geschöpfen** in Verbindung zu bringen, begegnet ihm im atmosphärischen Spüren das Geheimnis unsichtbaren, formlosen Lebens: **Geister & Gespenster**. „Die bewegte Atmosphäre", schrieb Katz, „dürfte keine geringe Rolle gespielt haben bei der Anregung der Seele des primitiven Menschen zur animistischen Interpretation der Vorgänge der unbelebten Natur" (1925, 28).

Lesen ▶ Graziano et al., 2004; Katz, 1925; Kiese-Himmel, 1998

Zwischenmenschliches Berühren

Ein ausgedehntes, körperwarmes Bad geht der Geburt voraus. Bei fortgeschrittener Schwangerschaft reagiert der Fötus auf leichten Druck, den er durch die Bauchdecke hindurch spürt. Dass Neugeborene Berührung wahrnehmen, ist keine Frage. Dass ihr *Gefühlssinn*, wie man den Tastsinn früher nannte (im Englischen steht *feeling* für den Tastsinn), auf seine Kosten kommt, ist von vitaler Bedeutung. Spüren eines warmen, weichen Körpers ist für den Säugling ein **Grundbedürfnis** – Voraussetzung ungestörter körperlicher und psychischer Entwicklung.

Das demonstrierten eindrücklich Experimente von Harlow an Äffchen, die ohne Muttertiere aufgezogen wurden. Er bot diesen Tieren sowohl eine Drahtattrappe

(„Drahtmutter") als auch ein elektrisch erwärmtes, mit weichem Stoff überzogenes Ersatzobjekt („Frotteemutter") an. Auch wenn die Saugflasche in der „Drahtmutter" platziert wurde, hielten sich die Äffchen hauptsächlich bei der „Frotteemutter" auf. Durch geeignete **Ersatzobjekte** können Entwicklungsstörungen (bis zu einem gewissen Grad) begrenzt werden: „Hat ein Affensäugling nichts zum Anklammern oder Anschmiegen, so schlingt er die Arme reflexhaft um den eigenen Körper und zeigt dabei unnatürliche stereotype Haltungs- und Bewegungsmuster, die ihn massiv in seiner Entwicklung behindern können. Dagegen hält sich das Äffchen an einem mit weichen, griffigen Stoff bezogenen, gewärmten Objekt passender Größe und Form gerne fest und kann sich dort entspannen." (Hopf, 1984, 18)

Kulturvergleich ▶ Zwischenmenschliche Berührung und Ersatzobjekte

Säuglingsmassage, die nach asiatischem Vorbild auch europäischen Eltern nahegelegt wird (Holle, 1988), hat bei Frühgeborenen einen statistisch nachweisbaren Effekt auf die Gewichtszunahme. – **Kuscheldecken** und ähnliche Ersatzobjekte sind bei Kindern in der westlichen Kultur verbreitet (siehe den sprechenden englischen Terminus *security blanket*). Bei Naturvölkern, bei denen ausgeprägter Hautkontakt zwischen Erwachsenen und Kindern üblich ist, fehlen sie (Schleidt, 1989). – **Daumen-** und **Fingerlutschen** sollte man nicht, wie es gelegentlich geschieht, von vornherein mit den genannten Ersatzobjekten gleichsetzten. Diese lustvollen ▶ Selbstberührungen lassen sich schon im Mutterleib beobachten. Was nicht ausschließt, dass sie sekundär Ersatzfunktionen übernehmen.

Im Lauf der weiteren Entwicklung suchen Kinder und Jugendliche Körperkontakt nicht nur durch Anschmiegen bei den Eltern. Wenn sie selbständiger werden, weichen sie deren Berührungsangeboten sogar mehr und mehr aus. Während zumindest in unserer Kultur zärtliche Berührungen zwischen **Mädchen** verbreitet sind (z. B. gegenseitiges Frisieren), suchen **Jungen** die intensive gegenseitige Berührung eher beim Sichbalgen (*rough-and-tumble-play*). Auch der Umgang mit **Haustieren** (und Pferden, deren Nähe bekanntlich viele Mädchen etwa mit Beginn des Schulalters suchen) erlaubt es, sich in selbständiger Weise intensive Berührungserlebnisse zu verschaffen (Gebhard, 2001; Wagenmann & Schönhammer, 1994).

Die Pferdeleidenschaft der Mädchen hat erotische Komponenten, (vor)pubertäre Raufspiele von Jungen kreisen teils offen um das Genital. Wenn Erwachsene sich berühren, dann ist dabei die Frage, wie sich diese Berührung zur **Sexualität** verhält, direkt (in Form von Absichten oder Bedenken) oder indirekt (durch die Einhaltung von Normen und Riten) Thema. Wer darf wen in einer gegebenen Kultur, in welcher Situation, an welcher Stelle des Körpers, auf welche Weise, wie lange berühren, ohne zu weit zu gehen? (Unsere Kultur gilt als *Distanzkultur; Nähe-* und *Distanzkulturen* unterscheidet man in der *Proxemik*, einem von dem Anthropologen Edward T. Hall (1976) begründeten Forschungszweig, der sich mit Stufen der körperlichen Annäherung auch schon im Vorfeld der eigentlichen Berührung beschäftigt.) Sexualität motiviert Berührung, macht den Hautkontakt aber auch kompliziert.

Befragungen zeigen, dass die bei Erwachsenen so oder so ab einem gewissen Punkt gegebene gewissermaßen automatische Verbindung von (heterosexueller) körperlicher Intimität und (genitaler) Sexualität von vielen Frauen (in verschiedenen Kulturen) eher ertragen als gewünscht wird: Sie lassen sich auf Sex ein, weil sie kuscheln wollen (Thayer, 1982); nur ausnahmsweise geben Männer Ähnliches zu Protokoll – wie der Philosoph Jean-Paul Sartre in einem Interview mit seiner Lebensgefährtin Simone de Beauvoir (Beauvoir, 1986, 390). **Sexualtherapeuten** belehren darüber, dass ein Überschreiten der Schwellen zur Intimität genussvolle Berührung nicht garantiert. Sie erachten die übliche Fixierung auf die genitale Vereinigung – sei es wegen der damit verbundenen Leistungsängste, sei es wegen des eingeschränkten Liebesspiels – als problematisch (Seikowski & Gollek, 2001; Coolsaet, 1999).

Vielleicht gehen, wie Morris (1972) vermutet, viele Leute deshalb zur Massage, zum Friseur, zur Kosmetik oder sogar zum Arzt, weil sie auf andere Weise ihren Bedarf an Streicheleinheiten nicht zu decken vermögen. Sie tun das aber wahrscheinlich nicht, weil sie, wie Morris weiter postuliert, auf diese Weise zu frühkindlicher Geborgenheit zurückkehren wollen. Auch in der Primaten-Verwandtschaft ist soziale *Körperpflege*, wie gegenseitiges Lausen, weit verbreitet (und gilt manchen Verhaltensforschern als sozialer Kitt, den beim Menschen der Klatsch teils ersetzt habe; Dunbar, 1996). Die Behauptung, der Wunsch nach Nähe sei eine rückwärts gewandte Sehnsucht, ist so unbeweisbar wie die noch weiter gehende *Regressions-These*, Erwachsene suchten alle möglichen Formen von bergenden Berührungserlebnissen – einschließlich eines warmen Bades – deshalb, weil sie letztlich („unbewusst") in den Mutterbauch zurück wollten (diese These geht auf Überlegungen des Psychoanalytikers Otto Rank (1998/1924) zum *Geburtstrauma* – dem vermutlichen Schreck über das Ende des körperwarmen Bades im Mutterleib – zurück). Halten wir uns an die schlichtere Feststellung, dass das Bedürfnis nach zwischenmenschlichem Körperkontakt in jedem Lebensalter zum menschlichen Gefühlshaushalt gehört.

Lesen ▶ Classen, 2005; Eibl-Eibesfeldt, 1995; Grunwald, 2008, Kap. 11, 12 & 21; Jütte, 2000; Montagu, 1992; Morris, 1972; Riedl, 2008; Thayer, 1982; Wagener, 2000

Gegenstände und Materialien

Gewicht, Form, Oberfläche. Durch passive Berührung kann man nur in sehr beschränktem Maß ein Spürbild von Gegenständen gewinnen. In einer gewissen Größenordnung lassen sich **Gewichte** (z. B. auf der Stirn aufliegender Gegenstände) einigermaßen einschätzen. Werden Gegenstände auf Finger oder den Handteller gedrückt, kann man die **Erstreckung** einer Fläche oder Kante spüren und ob etwas **spitz** bzw. **eckig** oder **stumpf** ist; **abrollende Bewegungen** geben Hinweise auf die dreidimensionale Gestalt von Objekten. Gewissheit über Formen oder Muster erlangt man so jedoch kaum. Eine Ausnahme bilden geübte Leser von Blindenschrift (*Braille*); sie können, anders als Neulinge, diese Schrift bei passiver Berührung gut erkennen. Auch Menschen ohne besonders trainierten Tastsinn können problemlos **Texturen**, die über die Fingerspitzen bewegt werden, wahrnehmen (z. B. glatt bzw. rau). Experimente zeigen, wie schnell und treffsicher Materialqualitäten respektive Oberflächenbeschaffenheiten selbst in komplexen Situationen (bei gleichzeitiger passiver Präsentation unterschiedlicher Proben an mehreren Fingerspitzen) wahrgenommen werden. Bei solchen Studien werden Materialproben (ähnlich wie die Symbole auf Trommeln eines Glücksspielautomaten) immer wieder neu arrangiert und dann kurz an die Finger herangeführt [▶ Abb.].

Bei der taktilen Texturwahrnehmung behauptet sich unser Gespür – anders als bei der

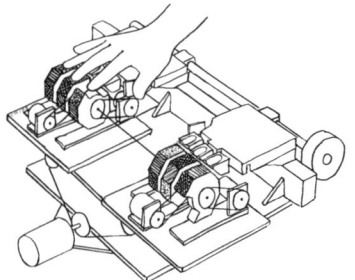

haptischen Formwahrnehmung – gegenüber **visueller Beeinflussung** [▶ Kap. 3]. Die **Geräusche**, die bei der Bewegung über Oberflächen entstehen, gehen (meist unmerklich) in das Gespür ein; wenn man das Geräusch, das beim Reiben der beiden Hände entsteht, experimentell in Richtung Betonung der hohen Frequenzen verändert, *fühlt* sich die Haut trocken an (*Pergamenthaut-Illusion*, Jousmäki & Hari, 1998).

Experiment ▶ Aristotelische Täuschung

Vergleichen Sie, was Sie (am besten bei geschlossenen Augen) spüren, wenn Sie einen Stift, wie in der Abbildung gezeigt, zwischen Zeige- und Mittelfinger – in normaler Position oder überkreuzt – bewegen.

Effekt & Deutung: Überkreuzen wir die Finger und bewegen nun den Stab in der Furche, so entsteht der Eindruck, von zwei Stäben berührt zu werden (führt man selbst den Stab mit der anderen Hand, drängt sich die Vorstellung einer Gabelung auf); selbst die eigene Nase lässt sich so spalten. – Die schon in der Antike diskutierte sogenannte Aristotelische Täuschung beruht darauf, dass bei passiver Berührung die wahrgenommene Gestalt eines Objektes sich allein aus der Topographie unserer Körperoberfläche ergibt: Wir registrieren zwar die ungewohnte Stellung der Finger zueinander, bestimmen jedoch die Gestalt dessen, was uns berührt, auf Basis der gewohnten, nicht verrenkten Stellung der Finger.

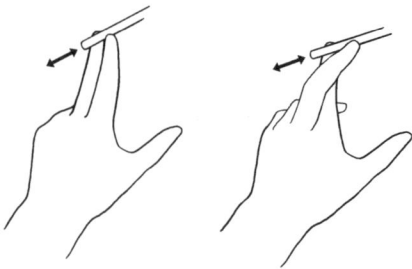

Thermische Qualität. In das Urteil über die Natur von Materialien, mit denen man in Berührung kommt, geht neben mechanischen Eindrücken auch die Wirkung der thermischen Qualität der Stoffe auf den Körper ein: Bei gleicher Temperatur (im Normalfall: der Temperatur des Raumes, in dem sie sich befinden) fühlen sich etwa Metall und Holz, Wasser und Öl nicht gleichermaßen warm oder kalt an. Das liegt daran, dass sie wegen ihrer unterschiedlichen Wärmeleitfähigkeit und Wärmekapazität die Körpertemperatur an der berührten Stelle verschieden schnell ableiten. Da diese Eigenschaft von Materialien potentiell den **Wärmehaushalt des Organismus** beeinflusst, also von vitaler Bedeutung ist, liegt die innige Verbindung entsprechender Wahrnehmung mit Bewertungen nahe: Die Gegenüberstellung warmer und kalter Materalen ist bekanntlich nicht gefühlsneutral. Bei der Prüfung von **Lebensmitteln, Pflanzen** oder auch **Böden** (auf denen etwas angebaut werden soll) gilt ein anderer Maßstab: Kühle als Zeichen von Feuchtigkeit bzw. Frische ist da – anders als bei der Suche nach einem Lagerplatz – in der Regel wünschenswert. So oder so, die biologische Bedeutung der thermischen Beurteilung von Umgebungen und Objekten ist nicht zu übersehen.

Lesen ▶ Campenhausen, 1993; Gibson, 1973; Klatzky & Lederman, 2003; Lederman & Klatzky, 2004; Newell, 2004; Wolfe et al., 2006

Experiment ▶ Webersche Täuschung

Effekt: Der Leipziger Physiologe E. H. Weber stellte fest, dass das Gewicht einer eisgekühlten Münze deutlich größer erscheint als einer etwa auf Körpertemperatur erwärmten: Bringt man abwechselnd eine kalte oder zwei gestapelte warme Münzen auf dieselbe Stelle der Stirn eines liegenden Menschen auf, glaubt der, es mit dem gleichen Gewicht zu tun zu haben.

Deutung: Diese Täuschung wird auf die temperaturabhängige Funktion eines Typus von Mechanorezeptoren zurückgeführt. Eine alternative Erklärung geht davon aus, dass die Druckempfindung gar nicht nur auf der Aktivität der Mechanorezeptoren beruht, sondern dass die Summe der gleichzeitigen lokalen Temperaturreize das subjektive Erleben von Druck mitbestimmt. Da nun die Zahl der Kaltrezeptoren größer ist als die der Warmrezeptoren, wäre nach dieser Theorie verständlich, warum unter sonst gleichen Bedingungen das ‚Reizgewicht' des kalten Gegenstandes größer ist. Schließlich spielt es möglicherweise auch eine Rolle, dass das Experiment die in diesem Abschnitt beschriebene thermische Materialwahrnehmung aushebelt: Die auf Körpertemperatur erwärmten Münzen werden nicht als Metall wahrgenommen (während umgekehrt ein eisgekühltes Stück Holz kurzfristig metallisch wirken kann).

Taktile Ästhetik – Materialästhetik

Manche Materialien fühlen sich gut an, weil sie der Haut verwandt sind oder Eigenschaften mit ihr gemein haben. In Gestalt von Kleidungsstücken oder Oberflächen von

Sitz- und Liegegelegenheiten simulieren Leder, Fell, Wolle, Seide und andere Materialien – abgesehen von ihrem sonstigen Nutzen – Momente von **Haut- oder Körperkontakt.**

Philosophische Ästhetik ▶ Schön und hässlich fürs Fühlen

Edmund Burke (1956/1756) fasste „das Schöne für den Gefühlssinn" in erster Linie von der aktiven Berührung her auf. Schön für das Gespür sei, was **glatt** und **weich** ist, da glatte Oberflächen und Weichheit der eigenen Bewegung geringen Widerstand bieten. Weiter nennt Burke abwechslungsreiche **runde (vs. eckige)** Formen und **Wärme** als Quelle für genussvolle Tast- bzw. Berührungserlebnisse.

Nach dem Philosophen Karl Rosenkranz, dem Autor der 1853 zuerst erschienen *Ästhetik des Hässlichen*, flößt all das **Ekel** ein, „was durch die Auflösung der Form unser ästhetisches Gefühl verletzt" (1990, 252). Er betont – vereinbar mit einer biologisch fundierten Ästhetik –, dass das Ekelhafte „ein Produkt der Natur" sei, nämlich „Schweiß, Schleim, Kot, Geschwüre u. dgl.", also „ein Totes, was der Organismus von sich ausscheidet und damit der Verwesung übergibt. Auch die unorganische Natur kann relativ ekelhaft werden, aber nur relativ, nämlich in Analogie oder in Verbindung mit der organischen" (ebd., 252f). – In einer psychologischen Studie zu Resopal-Möbeln wurden Probanden, die ihre Hand für einige Minuten flach auf eine Materialprobe dieses Kunststoffes gelegt hatten, nach ihrer Anmutung gefragt. Die Ergebnisse bestätigen Rosenkranz' Theorie des Ekels: „Zunächst fühle es sich", werden Versuchspersonen zitiert, „angenehm kühl und glatt an, vielleicht doch eher ein wenig kalt. Bald aber werde es durch die Körperwärme warm und feucht, schließlich klebrig oder ‚fischig' kalt und glitschig. Die längere Berührung sei unangenehm bis eklig, wie die eines Toten." (Heubach, 1987, 127).

Glatte, weiche, warme Oberflächen mögen wegen ihrer Ähnlichkeit mit der menschlichen Körperoberfläche attraktiv sein. Haut auf Haut – das muss indessen, wie etwa längeres Händchenhalten lehrt, auf Dauer gar nicht besonders angenehm sein. Angenehm auf der und für die Haut sind (insbesondere auf längere Sicht) Materialien, die, anders als die Haut selbst, **Feuchtigkeit aufnehmen** und **ableiten**. Feucht-klebrige oder gar glitschige Berührungen lösen jenseits spezieller Situationen – etwa dem Verzehr bestimmter Speisen, dem Küssen oder dem Liebesakt – meist **Ekel** aus. Das erklärt sich wahrscheinlich aus dem Umstand, dass Ausscheidungen von Tieren sowie verwesende Kadaver oder Pflanzen, potentielle Krankheitsherde also, schleimig sind. Hat man es, wie im Falle von **Plastik**, mit einem Material zu tun, das keine Feuchtigkeit aufnimmt und deshalb den, der es berührt, unangenehm mit dem eigenen Schweiß konfrontiert, kann es schon helfen, wenn die Oberfläche nicht zu glatt ist.

Design ▶ Materialästhetik

In dem 2002 erschienenen Handbuch *Materials and Design. The Art and Science of Material Selection in Product Design* ordnen Mike Ashby und Kara Johnson Materialien Werte der Dimensionen *weich – hart (0–10)* und *warm – kalt (0–10)* als „taktile ästhetische Eigenschaften" zu. (Da die Dimension glatt – rau eher von der Oberflächenbearbeitung als vom Material abhängt, bleibt sie bei Ashby & Johnson unerwähnt.) Sie weisen darauf hin, dass eher weiche Materialien eher warm (Kunststoffe, Leder, Holz), eher harte auch eher kalt sind (Glas, Keramik, Metalle). Naturstoffe wie Leder und Hölzer und viele Kunststoffe liegen im mittleren Bereich. Das weich-warme Extrem bilden verschiedene Kunststoffschäume. Die Autoren überlassen den Gestaltern die zweckentsprechende Auswahl. In der „gestalterischen Grundlehre" an Designhochschulen wird

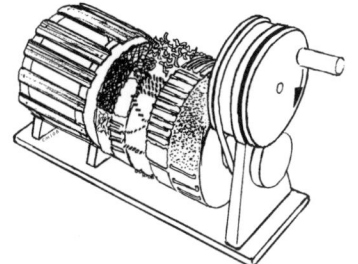

seit dem Bauhaus auf die eine oder andere Weise auf die Sensibilisierung für Materialqualitäten gesetzt. Der Bauhaus-Professor Moholy-Nagy (1968/1929) ließ die Studenten dafür Tasttafeln und Apparate [▶ Abb.] zur aktiven oder passiven Begegnung mit Materialien bzw. Oberflächenstrukturen bauen und die Erlebnisse quasiwissenschaftlich protokollieren. Diese Apparate spielerischer Tastwissenschaft nahmen teils Geräte in heutigen Tastlabors vorweg (siehe oben).

Weiche Materialien sind unabhängig von der Hautanalogie angenehm, weil sie den Auflagedruck des Körpers mildern. **Reizvoll** (aber auch **befremdlich**) kann es sein, wenn man bei solchen Gelegenheiten von diesen Materialen ein wenig **umfasst wird** oder gar mehr oder weniger tief in sie **eintaucht**. In Watte, weichem Gummi, weichem Schaumstoff, einem Wasserbett oder einem Sitzsack zu versinken, kann etwas vom ▶ *atmosphärischen Spüren* haben, aber auch an ekligen Kontakt mit Ausscheidungen oder organischen Zersetzungsprodukten gemahnen (Letzteres insbesondere dann, wenn dabei eine gewisse Kühle ein feuchtes Objekt wahrscheinlich macht); jenseits der taktilen Dimension kann das Versinken ab einem gewissen Punkt auch deshalb bedrohlich werden, weil es die Bewegungsfreiheit einschränkt.

Lesen ▶ Duderstadt, 1997; Meyer, 2001; Morris, 1972; Rübel, Wagner & Wolf, 2005; Schmitz-Maibauer, 1976; Schönhammer, 2001; Soentgen, 1997

Taktile Erinnerungen, Vorstellungen, Halluzinationen, Träume und Synästhesien

„Ohne Zweifel kann man sich von früher getasteten Oberflächen wie Glas, Sandpapier, Samt, Wolle, Holz ein – meist von einem visuellen Vorstellungsbild begleitetes – Tastvorstellungsbild mehr oder weniger deutlich erzeugen." Katz (1925, 44), der das feststellte, nennt solche **aktiven Vorstellungen** auch *Gedächtnistastungen*. Er bemerkt, dass zu entsprechenden Einbildungen meist auch die vorgestellte Aktivität der erkundenden Finger gehört, weil wir Oberflächen durch aktives Betasten optimal erfahren.

Beiläufig ist die Erinnerung, wie sich etwas anfühlt, immer gegenwärtig, wenn man seine Umgebung ins Auge fasst. Gerade weil und wenn diese Anflüge von Spürerinnerungen sämtlicher Oberflächen, über die der Blick schweift, *nicht* fokussiert werden, tragen sie zu einem vagen Gefühl bei, das für die Augen gewissermaßen *in der Luft* liegt: zur **visuell vermittelten Atmosphäre** [▶ Kap. 10]. Professionelle Raumgestalter (Dekorateure, Innenarchitekten und Bühnen-, Film- oder Werbefoto-Szenaristen) zielen bewusst auf diese Wirkung (Schneider, 1995). Privatleute, die eine Wohnung einrichten, haben sie zumindest implizit im Sinn.

In der Regel sind Tasterinnerungen weit von der Intensität tatsächlichen Spürens entfernt. Sehr lebhaft ist das eingebildete Spüren indessen bei den meisten Menschen, wenn sie **Zeugen einer Verletzung** werden. Schneidet sich jemand in den Finger, versetzt dieser Anblick Betrachtern nicht selten einen Stich in die eigene Hand. William James (1890, 66) zitiert die Anekdote von einem Vater, der tagelang Schmerzen in einem Finger hatte, weil er zusehen musste, wie eines seiner Kinder sich den Finger in einer Tür einklemmte. Bei Annäherung einer scharfen Klinge kann ein schrilles Gefühl die Schmerzen einer Verletzung vorwegnehmen. Erzeugt man die ▶ *Gummihand-Illusion*, so führt ein Hammerschlag auf dieses Objekt (ohne Berührung der eigenen Hand) zu einer Veränderung des Hautwiderstandes, die auf ängstliche Erregung hinweist (Ramachandran & Blakeslee, 2001). Heute ordnet man solche stellvertretenden oder vorweggenommenen Empfindungen allerdings eher dem multisensorischen Wahrnehmen als dem Vorstellen zu [▶ Kap. 9].

Passiv werden Erinnerungen an Gespürtes auch dann erweckt, wenn wir **tatsächliche Empfindungen** einzuordnen versuchen. Etwa dann, wenn wir nicht sehen, womit wir in Kontakt kommen. In solchen Fällen klingen leicht ängstliche Erwartungen an. Sachte lokale Berührungen etwa lassen den erschreckenden Verdacht aufkommen, sie rührten von kriechenden oder krabbelnden Lebewesen her. Entsprechende Szenarien sind Inhalt von **Tasthalluzinationen**, die bei verschiedenen zentralnervösen Störungen oder Sonderzuständen vorkommen (Alzheimersche Erkrankung, Parkinson, Formen von Epilepsie, Schlafparalyse, Konsum von Drogen wie Kokain oder Amphetaminen, Psychosen). Beim *Dermatozoenwahn* etwa, einer psychotischen Erscheinung, die sich vorwiegend bei älteren Menschen findet, sind die Patienten der „unerschütterlichen, diskussionsunfähigen wahnhaften Überzeugung, kleinste Lebewesen – kleine Tierchen, Würmchen, Parasiten, Mikroben und anderes Ungeziefer – auf und unter der Haut zu haben" (Huber, 1999, 160).

Auch in bestimmten Momenten des Schlafes kommt es (trotz weitgehender sensorischer Blockade) durch Erregungen, die (nach Art von Halluzinationen) im Gehirn selbst ihren Ursprung haben, oder durch lagebedingte Missempfindungen (eingeschlafene Hand) zu Tastempfindungen. Da in der Vor- und Frühgeschichte der Menschheit die Annäherung von Getier während des **Schlafes** eine reale Gefahr war, könnte sich die Tendenz zu einem weckenden Aufschrecken bei ungewöhnlichen Hautempfindungen herausgebildet haben. Noch die **Träume** zivilisierter Menschen scheinen davon geprägt zu sein.

Schlaf und Traum ▶ Angstvolle Berührungsträume

Träume von Insekten oder Spinnen und Träume von Schlangen zählen zu den sogenannten *typischen Träumen*. Dabei handelt es sich um unalltägliche Traumgeschehnisse, die vielen Menschen in aller Welt schon einmal widerfahren sind. Es lässt sich zeigen, dass solche Episoden im Zusammenhang stark erregter Momente des Schlafs geträumt werden. Tatsächliche oder halluzinierte Körperwahrnehmungen erklären sich aus dem Erregungsschub. Dass befremdliches Kribbeln Phantasien von bedrohlichem Getier erweckt, spricht für eine stammesgeschichtlich verankerte Warnfunktion solcher Empfindungen. Bei solchen Szenen dürfte es sich also nicht um den metaphorischen Ausdruck von anderwärtigen Ängsten der Träumer handeln (Schönhammer, 2004a).

Das 1993 zuerst erschienene Buch *The man who tasted shapes* (Cytowic, 2003) machte einen Fall von ▶ Synästhesie berühmt, in dem Geschmack von Hühnchen zu der deutlichen Empfindung führt, mit der Hand etwas Spitzes zu berühren. Auch die anderen Sinne lösen bei einigen wenigen Individuen synästhetische Tastempfindungen aus (Day, 2006); neben solchen exotischen Querverbindungen steht das Phänomen, dass manche Menschen Berührungen, die sie bei anderen beobachten, am eigenen Leibe spüren [▶ Kap. 9].

Hautempfindungen und materielle Kultur

Kleidung, die *zweite Haut*, hat zwei Seiten. „Spüren für den Blick" bestimmt nicht nur, ob Innen- und Außenseite zum Hautkontakt auffordern (etwa durch Analogien zum Erscheinungsbild von Haut und Fell), sondern geht wahrscheinlich auch in die Empfindung bei Berührung des Materials ein. Bei **Behausungen**, der *dritten Haut* (Gottfried Semper, 1851, leitete „Wand" von „Gewand" ab), spielt tatsächlicher Hautkontakt eine geringere Rolle. Die **visuell suggerierten Berührungsqualitäten** von **Wänden** – z. B. textil anmutender Farbauftrag – müssen nicht unbedingt im Hautkontakt eingelöst werden, um nachhaltig Behaglichkeit zu gewährleisten. In Wohnungen haben die Bewohner allerdings regelmäßig Hautkontakt mit **Böden**, weshalb hier die tatsächliche taktile Qualität eher von Bedeutung ist (z. B. Holz vs. Laminat, Linoleum vs. PVC). Weitere für das Wohlbefinden wichtige Berührungspunkte von Behausung und Körper bzw. Haut ergeben sich beim Gebrauch von **Möbeln**. **Wohnstile** unterscheiden sich nicht zuletzt durch die visuell suggerierten und tatsächlichen taktilen Eigenschaften der Materialien. Wesentlich trägt **Heizung** bzw. **Klimatisierung** zum Behagen in der dritten Haut bei; „warme Farben" ersetzen zwar nicht die Heizung, tragen ihren

Namen aber nicht von ungefähr. **Automobile** sind u. a. enge Behausungen: Sie stellen die Insassen ruhig, nehmen den Körper in ein gepolstertes, temperierbares Futteral auf und geben ihm eine harte, glatte, glänzende „zweite Haut" (Rüstung).

In Spannung zur Schutzfunktion der diversen künstlichen Häute steht das Bedürfnis, Reize wie Luftzirkulation und Sonnenstrahlung auf der Haut zu spüren. Daher das Bemühen um regulierbare **Öffnung der Schutzhäute** oder **Kompensationsmittel** (Ventilatoren, UV-Strahler). Im Falle des **Cabriolets** führt die (reversible) Öffnung des Futerals Automobil zu *atmosphärischem Spüren* besonderer Intensität, das Freiheit und sinnlichen Lebensgenuss symbolisiert (und damit das Luftbad der Freikörperkultur bzw. Wandervögel zu Beginn des 20. Jh. beerbt).

Dem Wohlgefühl und der Wollust dienen **Massagegeräte** von Bürsten über Vibratoren bis zu Apparaten zur Wasseraufwirbelung oder zur elektrischen Stimulation der Haut. Lustvolles Körpergefühl bei Massagen kann – auch jenseits sexueller Erregung – in Trancezustände münden. Vermutlich wegen den starken Verbindungen des ▶ *unspezifischen Systems* zum ▶ *aufsteigenden retikulären Erregungssystem* im Hirnstamm, das die Bewusstseinslage steuert. Geräte zur mechanischen, thermischen oder elektrischen Hautreizung werden auch in der **Schmerztherapie** eingesetzt, da verstärkter Reizzufluss die Weiterleitung von Schmerz-Afferenzen schon im Rückenmark hemmen und auch ins Gehirn gelangende Schmerzerregungen neutralisieren kann. **Rasier-** und **Epiliergeräte,** die – als unerwünschte Nebenwirkung – Schmerzen verursachen, ermöglichen es den Herstellern traditionell, mit den jeweils neuen Modellen Abhilfe in Aussicht zu stellen (neuerdings z. B. – *let's make things better* – durch elektrische Kühlung beim Epilieren).

Vibration von Sesseln, Luftzug, feiner Sprühregen, tieffrequenter Schall, leichte Elektroschocks etc. werden in innovativen **Kinos** (*4D/5D-Kinos*) eingesetzt, um die **Realitätsillusion** herkömmlicher audiovisueller Medien zu übertreffen. Zumindest vorderhand lenken solche Bemühungen, die Zuschauern spürbares Eintauchen (*Immersion*) in die mediale Scheinwelt ermöglichen sollen, indessen vom dargestellten Geschehen eher ab, wirken der mentalen Beteiligung (*Involvierung*) also entgegen (Mikunda, 2002). Zukunftsmusik hinsichtlich der Mediatisierung des Spürens sind **Handschuhe, Kleidungsstücke** oder **Körperanzüge**, die differenzierte taktile und haptische Empfindungen vermitteln können [▶ Kap. 3]. Eine Perspektive, die nicht zuletzt sexuelle Phantasien anregt (*Cyber-Sex*; Rheingold, 1995; Schmauks, 2001), unter dem Banner des *Tangible Design* aber auch Entwürfe für vielfältige andere Anwendungsgebiete digitalisierter Streicheleinheiten mit sich gebracht hat (etwa am *tangible media lab* des MIT).

Die an der Verbreitung gemessen erfolgreichste taktile Apparatur des vergangenen Jahrzehnts dürfte der **Vibrationsalarm** von **Mobiltelefonen** sein; die Aufgabe, Störungen der Umgebung zu vermeiden, erfüllt diese Neuerung allerdings nur in Grenzen, da die Vibration nicht geräuschlos abläuft. Auf anderen möglichen Feldern der Anwendung warnender oder informierender Vibration (z. B. in **Lenkrädern**) muss das Vibrationsgeräusch kein Nachteil sein.

Lesen ▶ Grunwald, 2008, Kap. 1; Grunwald & Krause, 2001; Overbeeke & Forlizzi, 2006; Schifferstein & Hekkert, 2008, Kap. 2; Waubke, 1992; Zwisler, 2001

Resümee zur Hedonik der Hautempfindungen – Selbstberührung

In diesem Kapitel hat sich gezeigt, dass es zwar Wahrnehmungsqualitäten der Berührung gibt, die eher angenehm sind als ihr jeweiliger Gegenpol, dass indessen Bewertungen stark von der jeweiligen **Situation** abhängen. Wenn man also auch in vielen Situationen Oberflächen gerne spürt, die – analog zur unbehaarten Haut des Menschen – glatt, warm, und weich sind, kann etwa die Begegnung mit Weichem unter Umständen auch Ekel erregen. Die Bewertung oder *Hedonik* von Qualitäten der Berührung ist im Zusammenhang mit dem **aktuellen Bedürfnis** und den **Erwartungen**, die sich aus dem (multisensorischen) Kontext ergeben, zu sehen.

Überraschende Berührungen erschrecken. Das schließt nicht aus, dass solche Berührungen zu ästhetischen Zwecken eingesetzt werden, weil das Wahrnehmen in solchen Momenten den beiläufigen, banalen Charakter des Alltäglichen übersteigt. Unter Umständen wird die bloße **Quantität** (nach Stärke und Ausdehnung) der Hautempfindungen, unabhängig von der Qualität, positiv bewertet. Hautästhetik ist nicht zuletzt Lust an ausgedehnten und besonders starken Empfindungen. Sogar an und jenseits der Schmerzgrenze: von brennend scharfen Gaumengenüssen [▶ Kap. 6] bis zur Anwendung von schmerzhaft heißen wie kalten Medien (Sauna); von entsprechenden Sexualpraktiken nicht zu reden. Menschen überlisten in bestimmten Situationen die biologische Funktion von Schmerzen (Aufforderung, dem Reiz auszuweichen), um die schiere Stärke der Empfindung zu genießen bzw. die Veränderung des Bewusstseinszustandes durch reaktiv freigesetzte körpereigene Drogen (Rolls, 2005).

Jenseits solcher extremen Empfindungen liegt das geradezu sprichwörtliche umfassende Spürvergnügen: **das warme Bad** – Inbegriff für entspanntes Wohlgefühl und geläufige Metapher für eine allzu banale ästhetische Freude: ▶ Kitsch.

Selbstberührungen. Wenn man sich selbst berührt, überkreuzen sich taktiles und haptisches Wahrnehmen, Widerfahrnis und Aktion. Das sorgt für Eigenheiten dieser Situation. Weil wir selbst Urheber der Berührung sind, ist Überraschung ausgeschlossen. Deshalb **kitzelt es nicht** (oder nicht so sehr), **wenn man selbst kitzelt** (in der Regel zumindest). Auch dann, wenn man durch eine mechanische Apparatur für konstante physische Qualität der Berührungen sorgt [▶ Abb.], ist es

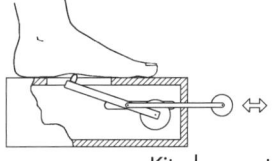

Kitzelapparat

weniger kitzlig, wenn man selbst den Reiz setzt, als wenn das jemand anderes tut. Ausnahmen von dieser Regel finden sich bei Patienten in akuten Psychosen und auch unmittelbar nach dem Erwachen aus dem REM-Schlaf; in diesen Zuständen ist das Verursachergefühl für die eigene Motorik gestört (Jannerod, 2006).

Im normalen Wachzustand ist es umgekehrt befremdlich, wenn eine erwartete Selbstberührung ausbleibt. Diese Erfahrung kann man machen, wenn zwei Personen ihre Hände aneinanderlegen [▶ Abb.] „und dann mit dem Daumen und Zeigefinger der jeweils anderen Hand gleichzeitig am eigenen oder fremden Handrücken entlangstreichen. Die Hand der anderen Person kann man durch einen beliebigen steifen Gegenstand ersetzen" (Campenhausen, 1993, 26).

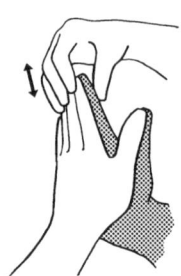

Selbstberührung bedeutet Zuwendung – oder zumindest Ersatz dafür, etwa in angespannten Situationen. In zahlreichen Studien wurde gezeigt, dass Menschen wie auch Angehörige der Primatenverwandtschaft dann, wenn sie unter **Stress**, beispielsweise Leistungsdruck, stehen, sich selbst berühren. (Der Gebrauch von **Gebetsketten**, einer traditionellen Konzentrationshilfe, kann als Selbstberührung mit zwischengeschaltetem Medium verstanden werden.)

Erklärt wird das u. a. mit der Hypothese, die Selbstberührung **verringere die Erregung** und fördere so die **Konzentration** (Thayer, 1982). Liegt das am **Ersatz** für nicht verfügbare anderwärtige Zuwendung? Oder verdankt es sich einer **Einheit von Wirken und Merken**, zu der *andere gar nicht beitragen könnten*? Eine neuropsychologische Entdeckung spricht für die zweite Erklärung: Selbstberührung führt nämlich sogar bei halbseitiger Fühllosigkeit in Folge eines Schlaganfalles zu lokalisierbaren Empfindungen auf der gelähmten Seite (*Selbstberührungseffekt*; Weiskrantz & Zang, zit. n. Cahusac, 2002).

Unter dem Gesichtspunkt der Hedonik ist Selbstberührung zwiespältig. Als Korrelat des Ausbleibens von Kitzelempfindungen bei Selbstberührung hat man verminderte neuronale Erregung im primären somatosensorischen Kortex sowie in Belohnungszentren gefunden (Blakemore, Wolpert & Frith, 1998). Die Erregung durch *Fremdberührung* wird bei Zärtlichkeiten, Balgspielen und in der Sexualität gesucht (Panksepp, 2000). Andererseits fördert Selbstberührung das bewusste Erleben des Körpers, wirkt beruhigend und führt in bestimmter Hinsicht oft zu intensiverer sexueller Lust.

Rückschau in Fragen

Wo liegen Brennpunkte der Sensibilität für Druck? Wie kann man das feststellen? Wie lässt sich eine Sensibilisierung der taktilen Wahrnehmung durch Übung erklären?

Wie lassen sich die Eigentümlichkeiten der Temperatursensibilität verstehen?

Warum spricht man von *Bipolarität* der taktilen Wahrnehmung?

Wie kann über die Haut auch Fernes wahrgenommen werden?

Wann und warum sind passive Berührungen erschreckend?

Was zeichnet großflächige Spürerlebnisse in Medien wie Luft und Wasser (*atmosphärisches Spüren*) aus? Warum werden sie psychotherapeutisch eingesetzt?

Wie lässt sich das Phänomen der *Kuscheldecke* verstehen?

Welche Qualitäten von Objekten sind bei passiver Berührung gut wahrnehmbar, welche schlecht?

Gibt es Regelmäßigkeiten in der taktilen Ästhetik von Materialien?
Was löst taktil Ekel aus? Warum?

Wie spielt das Sehen in die taktile Wahrnehmung hinein?

In welcher Hinsicht kümmert sich Design um taktile Wahrnehmung?

Warum kitzelt Selbstkitzeln nicht richtig?

3 Anfassen und Greifen – Haptische Wahrnehmung

Aktives Tasten erspürt neben Material- und Oberflächenqualitäten auch die **Form** von Objekten. Eigenbewegung kommt hier zu den Hautgefühlen hinzu: Informationen aus Muskeln, Sehnen und Gelenken (**Propriozeption**), die ihrerseits im Normalfall (also dann, wenn unsere Glieder nicht von fremder Hand bewegt werden) auf **motorische Befehle** und deren Umsetzung bezogen sind.

Wie bei jeder Willkürbewegung wird beim Anfassen eine Zielvorstellung mit Rückmeldungen über den Erfolg abgeglichen. – Man nimmt an, dass im zentralen Nervensystem die Bewegungsbefehle (Efferenzen) in Form einer *Efferenzkopie* (eine Art Blaupause der zu den Muskeln geleiteten Nervenimpulse) mit den sensiblen Zuleitungen, die sich aus der Bewegung ergeben (*Reafferenzen*, d. h. Afferenzen, die in Folge der motorischen Efferenzen entstehen), verglichen werden.

Das aktive Berühren spielt traditionell eine wichtige Rolle in **Erkenntnistheorie** sowie **Blindenpsychologie**. Heute ist es zudem Thema von technischen bzw. medialen Entwicklungen (**Teleoperation, virtuelle Realität**). Das Zusammenspiel von taktilem und haptischem Wahrnehmen dient einerseits dem **Erkunden** und ist andererseits Voraussetzung des **Handhabens** von Gegenständen.

Philosophie ▶ Betasten vs. Vitalempfindung

Die auf den ersten Blick vielleicht befremdliche Aufspaltung des Tastsinns in taktiles und haptisches Wahrnehmen, die sich in der Psychologie durchsetzt, ist nicht ohne Vorläufer. Etwa bei Kant, dessen Unterscheidung allerdings eine bewertende Schlagseite hat. – Ob eine „Oberfläche sanft oder unsanft" oder „ob sie warm oder kalt anzufühlen sei", ist bei Kant (1983/1798, 72) eine *Vitalempfindung*, sprich: körperlich verankerte Befindlichkeit. Aus heutiger Sicht entging Kant, dass diese Seite des Tastsinns zugleich wichtige Aufschlüsse über die Umwelt gibt. Er grenzte die Vitalempfindungen vom „Sinne der Betastung" ab, der es erlaube, „durch die Berührung der Oberfläche eines festen Körpers die Gestalt desselben zu erkundigen" (ebd., 71). Als (Form-)Erkundungssinn genießt der Tastsinn seine Wertschätzung, wie die „höheren Sinne" Hören und Sehen. Weil das Betasten unmittelbaren Kontakt zu den Gegenständen habe, sei dieser Sinn sogar der „wichtigste und am sichersten belehrende", zugleich allerdings – aus dem nämlichen Grund: also der Berührung wegen – „aber der gröbste" (ebd., 72).

Der **Umfang** eines Objektes lässt sich bei verbundenen Augen durch Bewegung von Fingern, Händen, Armen feststellen; bei großen Dingen muss man zusätzlich den Oberköper beugen und vielleicht sogar ein paar Schritte gehen. Sehr kleine Dinge nimmt man zwischen Zeigefinger und Daumen **in die Zange** (*Pinzettengriff*), um sie zu untersuchen. *Handliche* Dinge kann man mit der ganzen Hand **umschließen**. (Der Griff von Daumen und Zeigefinger wie das Umschließen setzen den *opponierenden Daumen* voraus, eine Errungenschaft des Menschen und einiger Primatenarten.) Soll die Form handlicher oder größerer Gegenstände (ohne Sicht) *genauer* untersucht werden, folgt man mit einem oder mehreren Finger(n) deren **Konturen** (eine im Vergleich zum Sehen von Formen mühsame Prozedur). Die Art, in der Gegenstände auf die Kraft unserer handelnden oder formerkundenden Bewegungen reagieren, gibt meist nebenbei schon einen Hinweis darauf, ob das Material, mit dem wir es zu tun haben, **weich** oder **hart, elastisch** oder **plastisch** ist. Wird Weichheit beim Berühren oder Erfassen andeutungsweise spürbar, gibt gezieltes **Drücken** und/oder **Biegen** nähere Auskunft. Oberflächentexturen (**glatt/rau**) prüft man durch **Hin- und Herbewegen** der Fingerkuppen (bzw. Lippen, Zunge). Ob ein Material **kalt** oder **warm** ist, wird schon bei **einfachem Kontakt** spürbar.

Experiment ▶ Größen-Gewichts-Täuschung

Effekt: Füllt man zwei deutlich verschieden groß Schachteln von handlichem Umfang [▶ Abb.] so mit einem gut dosierbaren Material (bspw. mit Zucker), dass sie gleich schwer sind, kann man bei wechselndem oder gleichzeitigem Anheben der verschlossenen Schachteln eine verblüffende Feststellung machen. Hält man die Schachteln dagegen

bei geschlossenen Augen jeweils an einem Bindfaden, sodass man die Schachteln weder sieht noch fühlt, entfällt der Effekt.

Deutung: Die Täuschung tritt auch bei Geburtsblinden stabil auf und demonstriert, dass *Erwartungen* – ob durch die gesehene oder begriffene Größe verursacht – das (sensomotorische) Wahrnehmen beeinflussen: Wahrscheinlich ist es der unwillkürlich höhere Kraftaufwand, der die größere Schachtel leichter erscheinen lässt.

Gewicht erkunden wir durch Anheben von Gegenständen. Wissen wir auch über ihre Größe Bescheid, gewinnen wir so einen Eindruck über ihr spezifisches Gewicht. Nur was beweglich ist, können wir überhaupt wiegen. Festzustellen, ob etwas (ganz oder teilweise) **mobil** oder **fixiert** ist, spielt keine ganz unwichtige Rolle für das Handeln. Ebenso wie die Feststellung, ob einer Sache **eigene Bewegungskräfte** innewohnen: Was unserer Bewegung unüberwindlichen Widerstand entgegensetzt, bildet gewissermaßen die Bühne, auf der wir handeln; Objekte mit Eigenbewegung müssen wir als Mitspieler auffassen; was unsere Bewegungen mitmacht oder gar den Bewegungsapparat ergänzt, betrachten wir tendenziell als Teil unseres Selbst [▶ Kap. 1].

Die **Entwicklung des haptischen Wahrnehmens** ist an die der Motorik gekoppelt. Schon **vor der Geburt** sind Ansätze zu **zielgerichtetem** Tun beobachtbar, bei dem taktile Sensibilität mit Bewegungen koordiniert ist. Föten führen die Hand zum Mund, den sie dann, wenn die Hand ihn berührt, öffnen, um an ihren Fingern zu saugen. Bei **Neugeborenen** lässt sich experimentell (über die Dauer des Haltens) nachweisen, dass sie **mit den Händen Formen** (Zylinder und Prisma) **unterscheiden** (sie lassen jenes der beiden verdeckten Objekte, das sie bereits in der Hand hatten, bei erneutem Kontakt schneller los als das jeweils neue). Die **Saugmotorik** folgt keinem fixierten Muster, sondern stellt sich auf **Konsistenz und Form des Schnullers** ein (Neugeborene reagieren eher auf die Konsistenz, etwas ältere Babys erforschen eher die Form). Saugen (besonders dann, wenn Zucker im Spiel ist) erhöht die Kraft, mit der die Neugeborene zugleich etwas greifen; ein umgekehrter Effekt bleibt jedoch aus.

Von Geburt an entwickelt sich bei gesunden Säuglingen die **Zusammenarbeit von Greifen und Sehen**. Gegen Ende des ersten Halbjahres, wenn die Babys sitzen können, erforschen sie gezielt, was sie erreichen, mit Augen, Händen und Mund. Die **Feinmotorik** der Hände und ihre **Abstimmung mit taktilen Empfindungen** entwickeln sich in einem langwierigen Prozess, im Wechselspiel von **Übung** und **Ausreifung** des Nervensystems. Mit zunehmendem Alter geht zunächst die Beteiligung des Mundes am Explorieren zurück. Später verliert sich auch das unablässige Greifen nach allem, was in den Blick kommt. Eltern begrüßen die zunehmende Aktivität der Kleinkinder, sehen sich aber auch genötigt, sie unablässig einzuschränken. Nach einer geläufigen kulturkritischen Klage ist der Rückgang des haptischen Explorierens mit zunehmendem Alter auf die elterlichen Verbote – oder allgemeiner: auf ein kulturelles Berührungstabu – zurückzuführen. Wahrscheinlicher ist indessen, dass die im Zusammenspiel von Händen und Augen gesammelten Erfahrungen es nach einigen Jahren überflüssig machen, *alles* anzufassen.

Lesen ▶ Grunwald, 2008, Kap. 11, 13 & 16; Holle, 1988; Klatzky & Lederman, 2003; Michaelis, 1992, 2003; Streri, 2003a, 2003b; Warren, 1982; Wolfe et al., 2006

Wahrnehmungsqualitäten ▶ Säuglingsforschung und das *Molyneux-Problem*

Die Säuglingsforschung soll eine Antwort auf eine Frage liefern, die in ihrer klassischen philosophischen Form wahrscheinlich nicht beantwortet werden kann. Die lautet: Können Blindgeborene, die durch eine Operation das Augenlicht erlangt haben, auf Anhieb einen Würfel und eine Kugel, die sie ja haptisch kennen, durch bloßes Anschauen wiedererkennen? Der irische Philosoph William Molyneux hatte diese Frage im Jahr 1688 in einem Brief an **John Locke** gestellt, der sie dann 1694 in seinem *Versuch über den menschlichen Verstand* negativ beantwortet, weil er überzeugt war, dass **der Tastsinn das Sehen erziehe**.

Die zahlreichen **Augenoperationen an Geburtsblinden**, die seither stattgefunden haben, konnten keine zweifelsfreie empirische Lösung des Problems liefern (Degenaar, 1996). Die jeweiligen Anhaltspunkte Pro oder Contra bleiben bis heute strittig. Aller Wahrscheinlichkeit nach weicht in Fällen, in denen die Patienten von Geburt an tatsächlich völlig blind waren, die neurologische Entwicklung in den einschlägigen Bereichen des Gehirns irreversibel von der Sehender ab. Das, was erfolgreich operierte Blindgeborene sehen, ist also in sich problematisch – ganz unabhängig vom *Molyneux-Problem*.

Wenn man davon ausgeht, dass bei **Neugeborenen** eine Erziehung des Sehens durch das Tasten noch nicht stattgefunden haben kann, spräche ein visuelles Wiedererkennen von Objekten, die sie nur angefasst aber nicht gesehen haben, dafür, dass beide Sinne unabhängig voneinander Formen wahrnehmen können. Aufsehen erregte eine von Meltzoff & Borton 1979 veröffentlichte Studie, bei der Säuglingen ein glatter und ein genobbter Schnuller visuell präsentiert wurden, nachdem sie einen von beiden zunächst im Mund erkundet hatten, ohne ihn beim Hineinstecken oder Herausnehmen sehen zu können. Daraus, dass die Säuglinge den bereits bekannten Schnuller länger betrachten, schlossen die Autoren auf ein Wiedererkennen, obwohl dieses Verhalten gegen die Erwartung spricht, dass gerade ein unbekanntes Objekt eher die Aufmerksamkeit bindet. – Ob hier der Nachweis äquivalenter unabhängiger Formwahrnehmung in Tasten und Sehen erbracht war, blieb umstritten. In jüngerer Zeit konnten Streri & Genatz als Variante des schon erwähnten Experiments, bei dem Prisma oder Zylinder von Neugeborenen mit den Händen exploriert und dann auch mit den Händen wiedererkannt werden, zeigen, dass der vom Tasten her bekannte Gegenstand auch bei anschließender erster visueller Darbietung weniger beachtet wird als der noch unbekannte.

Haptische Vorstellungen, Täuschungen, Halluzinationen und Träume

Die innere haptische Repräsentation von Form und Raum (die **in reiner Form nur bei Geburtsblinden** vorliegt) kann nur auf den erkundenden Bewegungen basieren, besteht aber wahrscheinlich nicht einfach in Spuren dieser Bewegungen. Haptische Vorstellungen könnten eine aus den konkreten Bewegungen im Raum (respektive entlang von Gegenständen) abgeleitete dynamische Gestalt höherer Ordnung sein. Auch visuelle und auditive Eindrücke sind (teilweise) wahrscheinlich in einem ‚motorischen Format' repräsentiert. (Auf die **Motorik** bezogene Muster erscheinen vielen Psychologen und Neurowissenschaftlern als mögliches **Bindeglied zwischen den Sinnen** – als *amodale* oder *transmodale* Verarbeitungsstufe der Wahrnehmung [▶ Kap. 7–9]).

Ein Indiz für die Existenz solch einer Verbindung von Sehen und Ertasten ist die Tatsache, dass **visuelle Täuschungen** wie die ▶ *Müller-Lyer-Täuschung* ([▶ Abb.] scheinbare Veränderung der Länge mit den Winkeln der Einfassung) oder die *Vertikalen-Täuschung* ([▶ Abb.] bei gleicher Länge erscheint eine vertikale Linie länger als eine horizontale) haptische Analogien haben. (Bei der Untersuchung solcher *haptischen Täuschungen* gilt es zu berücksichtigen, dass bei Sehenden und Späterblindeten, die verdeckte Gegenstände ertasten, sogleich visuelle Vorstellungen auftauchen. Nur bei Geburtsblinden kann man sicher sein, dass nicht visuelle Erfahrungen in entsprechende Täuschungen beim Tasten der Figuren hineinspielen.) Solche Untersuchungen zeigen nun, dass die meisten dieser Täuschungen **beim Tasten nicht so stabil sind wie beim Sehen**, sondern von verschiedenen Umständen (wie Umfang, Übung und Explorationsstrategie) abhängen. Es bleibt zu klären, ob dieser Sachverhalt mit der

These vereinbar ist, dass optische und haptische Repräsentation in einem (eventuell auf die Motorik bezogenen) *a*- oder *transmodalen* Format konvergieren.

Haptische/kinästhetische Halluzinationen. Trügerische Bewegungserlebnisse treten am häufigsten im Alkohol-Delirium und der Schizophrenie auf und kommen auch in der epileptischen Aura vor. Halluzinierte Wahrnehmungen eigener Bewegung bilden in der Schizophrenie den Gegenpol zu der Überzeugung, Bewegungen, die man tatsächlich ausführt, würden von Fremden gesteuert.

　　Haptische/kinästhetische Träume. Lebhaft geträumte Bewegungen der eigenen Gliedmaßen treten regelmäßig in Alpträumen auf. Mühe und Vergeblichkeit kennzeichnen solche Träume: Man versucht zu fliehen – und klebt am Boden fest; man ringt mit jemandem, versucht etwas zu fassen – und hat Glieder wie aus Gummi. Bei solchen Träumen handelt es sich, wie bei den taktilen Alpträumen auch, um Ereignisse in besonders lebhaften Phasen des *REM-Schlafes* (von *rapid eye movements*). Man spricht auch von *paradoxem Schlaf*, weil in diesen Momenten hohe, partiell sogar überwache Erregung des Gehirns mit Lähmung und Fühllosigkeit für den Körper einhergeht. Die Vermutung liegt nahe, dass in solchen Momenten lebhafte Bewegungsimpulse (*motorische Efferenzen*) entstehen, die *Reafferenzen*, welche gemäß der *Efferenzkopie* erwartbar wären, indessen ausbleiben (ebenso wie die Bewegungen). Die erwähnten Alptraumszenen lassen sich als Versuch des träumenden Bewusstseins verstehen, sich einen Reim darauf zu machen, dass Bewegungsimpulse im Sande verlaufen. Gestützt wird diese Erklärung u. a. durch die Tatsache, dass man nicht selten tatsächlich mit einer abrupten Bewegung aus solchen Träumen erwacht. Rein psychologische bzw. metaphorische Deutungen für die Bewegungsalpträume ließen solch ein Ende nicht erwarten.

　　Lesen ▶ *Vorstellungen & Täuschungen:* Cornoldi, Fastame & Vecchi, 2003; Heller, 2003; Witte, 1966; Zimmer, 2001*; Halluzinationen & Träume:* Bleuler, 1993; Hobson, 1990; Janz, 1998; Nielsen, 1993; Schönhammer, 2004a

Begreifen und Betrachten im Vergleich

Dass Blinde es schwer haben, sich zurechtzufinden, rührt nicht nur von der unterschiedlichen Reichweite von Auge und Hand. Ein unvertrautes Umfeld müssen sie, auch sofern es zum Greifen nah ist, erst nach und nach erkunden, während sich für Sehende die ihnen zugewandte Seite der Umgebung meist *augenblicklich* in groben Zügen erschließt. Auf eine einfache Formel gebracht: Haptische Wahrnehmung erfasst **sukzessiv**, Sehen **simultan**. (Sukzessiv nehmen wir auch Gehörtes wahr; allerdings ist hier die Folge vorgegeben. Beim Tasten wird erst im Akt des Wahrnehmens aus einem Nebeneinander ein Nacheinander.)

Bei näherer Untersuchung zeigt sich, dass man recht unterschiedlich mit der Eigenheit des Begreifens umgehen kann:

▮ Sehende kleine Kinder, die man verdeckte Gegenstände ertasten lässt, scheinen auch im haptischen Wahrnehmen ohne Weiteres die vom Sehen gewohnte Simultanität zu erwarten. Sie fassen mal hier, mal dort an, ohne die Gegenstände nach und nach zu erkunden.

▮ Sehende Jugendliche und Erwachsene fahren mit einem oder zwei Finger(n) systematisch Konturen unsichtbarer Objekte ab und kommen so zu besseren Ergebnissen.

▮ Blinde spannen ihre (beiden) Hände auf: So erreichen sie Gleichzeitigkeit von zumindest einigen Eindrücken. Von dieser (effizienteren) Strategie scheinen Sehende zunächst überfordert zu sein; sie können sie aber erfolgreich trainieren.

Wie Untersuchungen belegen, **erkennt man abstrakte dreidimensionale Formen, die man rein haptisch erkundet hat, relativ schlecht wieder** (man spricht hier von *explizitem Gedächtnis*). Gibson (1973) zufolge haben sich die Leistungen seiner Versuchspersonen nach einem gewissen Training allerdings entschieden verbessert. Weiter konnte gezeigt werden, dass kurzfristiges haptisches Erkunden auch in Fällen, in denen Objekte *nicht wiedererkannt* werden, durchaus eine **Spur** hinterlässt: Bei erneuter Erkundung der Gegenstände können Fragen zu ihren Eigenschaften schneller beantwortet werden als noch bei der ersten Begegnung (*implizites Gedächtnis*; Wippich, 2001).

Ungeachtet der in Experimenten feststellbaren Schwäche beim Wiedererkennen ertasteter **abstrakter Objekte** erkennen Sehende **Alltagsgegenstände**, die durch Sichtblenden verdeckt sind, **gut** mit den Händen. Und Blinde müssen in vertrauten Umgebungen die Dinge nicht erst lange erkunden. Neben der Vertrautheit mit den Formen trägt die jeweils geläufige Verbindung der **Gestalt** mit **Material-** bzw. **Oberflächenbeschaffenheit** der Dinge wesentlich dazu bei. Die taktilen Qualitäten etwa eines Schlüssels springen sozusagen schon bei der ersten Berührung in die Fingerspitzen (an welchem Ende man sie auch berührt).

Intersensorische Konkurrenz. Trauen wir eher dem, was wir ertasten, oder dem, was wir sehen? Gemäß Alltagsweisheit ist das Handfeste ganz selbstverständlich das, worauf wir uns im Zweifel verlassen. Versuchspersonen, die das Relief eines Quadrats ertasten, während ihnen dank einer **Zerrlinse** der visuelle Eindruck vermittelt wird, es handele sich um ein gestrecktes Rechteck, halten sich jedoch nicht daran: Sie spüren, was ihre getäuschten Augen sehen. Schon Katz (1924) hatte angemerkt, dass ein oberflächlicher Schnitt in Holz, den man (während man ihn ausführt) durch ein **Vergrößerungsglas** beobachtet, sich wie ein tiefer Schnitt *anfühlt*. Die Dominanz des Sehens in solchen Konkurrenzsituationen wurde vielfach bestätigt (*visual capture*, etwa: visueller Fang); bei schlechter Sicht(barkeit) aber geht sie zurück (Ernst, 2006). Was feine Textu-

ren von Oberflächen angeht, ist das Auge auch eher kleinlaut: Hinsichtlich der Korn-
stärke von Schmirgelpapier lässt sich die taktil-haptische Wahrnehmung nicht so leicht
eine Hundert für eine Achtzig vormachen; unter Umständen beeinflusst in dieser Hinsicht der Tastsinn umgekehrt das, was wir sehen.

Lesen ▶ Genatz & Hatwell, 2003; Hatwell, 2003; Klatzky & Lederman 2003; Lederman & Klatzky, 2004; Newell, 2004; Rock, 1985

Tastbare Bilder und Karten – Reliefzeichnungen für Blinde und von Blinden

Erschließen sich dem Tastsinn Bilder? Für Blinde ist das eine nicht nur akademische
Frage. Wie kommen Blinde etwa mit **Umrisszeichnungen** (in Form erhabener Linien)
zurecht? Solche Linienreliefs von bekannten Gegenständen bereiten von Geburt an
Blinden oder früh Erblindeten erhebliche Schwierigkeiten (auch wenn sie die realen
Objekte selbst problemlos ertasten). Sehende kommen mit den Tastbildern nicht sehr
viel besser zurecht. – Worin liegt das Problem?

Zunächst fehlt in den Bildern der für den Tastsinn so wichtige Materialeindruck. In
Umrisszeichnungen stellt sich darüber hinaus das eben besprochene Problem, sich die
Form zu vergegenwärtigen, in besonderer Weise:

▮ Da die Hand im dreidimensionalen Raum agiert, sind zweidimensionale **Projektionen** von Gegenständen dem Tasten fremd. Blinde, die man ohne weitere Einwei-
sung dazu veranlasst, geometrische Körper, etwa
einen Würfel, abzubilden, neigen dazu, sämtliche Flächen auf dem Papier gewissermaßen aufzuklappen
[▶ Abb.]. – Für das Auge sind Silhouetten selbstverständlich. Dreidimensionalität baut sich für das Sehen
ja immer aus der Veränderung zweidimensionaler Bilder im Zusammenhang mit eigener Bewegung oder

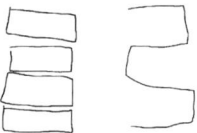

Aufgeklappte Darstellungen
räumlicher Körper

der Bewegung der Dinge auf (die leicht verschoben
Perspektiven der beiden Augen nehmen eine kleine Bewegung sozusagen schon im
Stand vorweg) [▶ Kap. 7]. Wenn sie Objekte in einer für sie charakteristischen
Ansicht zeigen, leisten Umrisszeichnungen für das Sehen eine Reduktion auf das
Wesentliche.

▮ Ein weiteres Problem kommt hinzu: Den erhabenen Linien der Umrisszeichnung
fehlt für die Finger, die sie ertasten, der Hinweis darauf, ob hier etwas beginnt oder
endet. Während sich für das Auge sofort eine *Figur* abhebt und damit Körper von
Leere, ragen beim Ertasten der Kontur die **Linien** zunächst aus umfassender **Leere**
hervor, in der sich bestenfalls im Nachhinein Flächen ergeben. – Diejenigen, die
Unterrichtsmaterialen für Blinde herstellen, tragen dem **Problem der einsamen**

Linie dadurch Rechnung, dass sie *Flächen statt Linien hervorheben* (durch Prägen bzw. Tiefziehen ganzer Flächen, ertastbare Schraffur; Eriksson, 1998 [▶ Abb.]).

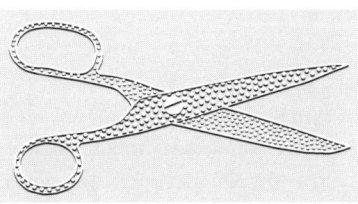

– Die Tatsache, dass Blinde weniger Probleme beim *Anfertigen* als beim Erkennen von Um-

risszeichnungen haben, rührt daher, dass beim Selbermachen klar ist, auf welcher Seite der Linie der Körper zu denken ist, dessen Begrenzung jene darstellt. Gelegentlich liefern Blinde indessen Zeichnungen, bei denen eine Schraffur die Linie sogar ersetzt [▶ Abb.].

Menschen, die erst erblindet sind, nachdem sie mit der sichtbaren Welt vertraut geworden waren, schneiden verständlicherweise beim Ertasten von Umrisszeichnungen am besten ab: Ihnen ist einerseits das Prinzip dieser Darstellungsart vertraut, und andererseits haben sie Übung im sukzessiven Erfassen von Strukturen einschließlich der **Strategie der gespreizten Hand**.

Seit Jahrzehnten bemüht sich John M. Kennedy (1993, 1997) darum zu beweisen, Blinde würden im Hinblick auf ihre bildlichen Fähigkeiten stark unterschätzt. Der Tastsinn erlaube ohne ausdrückliche Erklärungen das Verstehen und Anfertigen von Bildern. Die vorgelegten Belege sind jedoch diskutierbar:

▌ **Perspektive.** Eine gewisse Parallele zur optischen Perspektive liegt im beidarmigen Bestimmen von frontparallelen Strecken gleicher Länge in unterschiedlicher Entfernung (z. B. der Winkeldifferenz der beim Deuten auf die Ecken der näheren bzw. entfernteren Kanten eines Tisches ausgestellten Arme [▶ Abb.]). Wenn von Geburt an blinde Menschen schematische perspektivische Darstellungen von geometrischen Formen oder einfachen Objekten, etwa einem Tisch, als treffend bezeichnen (bei Angebot von Alternativen) oder (in spektakulären Einzelfällen) gar selbst spontan solche Darstellungen

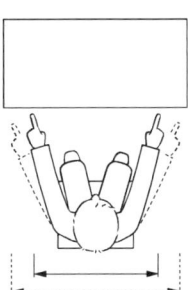

anfertigen, dürfte dabei indessen theoretisches Wissen eine erheblichere Rolle spielen als bei Sehenden (Arnheim, 1992). – Ein anderer oft zitierter Beleg Kennedys für ein vermeintlich spontanes Erkennen und Nutzen von Perspektive durch Blinde beruht offensichtlich auf einer *Äquivokation* (gleicher Name für unterschiedliche Sachverhalte): Wenn „Perspektive" für das Zuordnen oder Darstellen unterschiedlicher Ansichten (von vorne, oben, links, rechts, hinten) einer räumlich gestaffelten Situation von drei verschiedenen Körpern steht [▶ Abb. S. 58] – eine Anforderung, mit der Blinde in Experimenten gut zurechtkommen –, sollte man das nicht

mit *perspektivischer Darstellung räum-*
licher Tiefe verwechseln (der Entwick-
lungspsychologe Jean Piaget hatte den
Vorläufer dieser Aufgabe, den er *3-*
Berge-Versuch nannte, ja auch als Test
für die Entwicklung des räumlichen

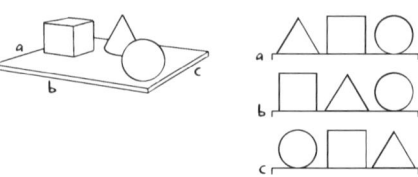

Denkens entworfen, genauer: der Fähigkeit, gedanklich den Standort zu wechseln).

▌ **Verdeckung**. Ohne Zweifel können Blinde *verstehen*, was Verdeckung für das Sehen
bedeutet. Eine annähernd ähnliche Erfahrung (des Nichterreichens) machen sie
aber nur dann, wenn das Verdeckende auf dem Verdeckten direkt aufliegt, die Hand
also tatsächlich nicht dahintergreifen kann: Wenn man etwa Blinde auffordert,
überkreuzende Finger bildlich darzustellen, fertigen sie ähnliche Zeichnungen an
wie Sehende. Daraus lässt sich indessen nicht schließen, Verdeckung in Bildern sei
für sie kein Problem.

Insgesamt muss man davon ausgehen, das Blinde, die nie (Bilder) gesehen haben, zwar
Verständnis für Bilder entwickeln können, diese aber eher als **intellektuelle Herausforderung** denn als Hilfe für das Erfassen von Gegenständen und räumlichen Konstellationen erfahren. Auf alle Fälle ist es für sie hilfreich, wenn Szenerien

▌ **orthogonal** (Aufsicht, Frontalansicht oder Schnitte) statt perspektivisch verzerrt,

▌ in **Flächen-** statt bloß in Linien**reliefs**,

▌ **ohne Verdeckungen**

▌ und in insgesamt **fassbarem Umfang** (max. die Spannweite von zwei Händen) dargestellt sind.

Eine besondere Situation stellt die Übersetzung von **berühmten Werken der Malerei**
in Reliefbilder dar. Hier ist tatsächlich ein *Bild* der zu erfassende *Gegenstand*. Seine
Qualitäten *als Bild* lassen sich bei dieser Übersetzung allerdings kaum vermitteln, auch
wenn mehr oder minder tief gestaffelte Reliefs (verbunden mit verbalen Hinweisen)
Inhalte und Relationen greifbar machen können. Eine Besonderheit bringt die Übersetzung **expressiver ungegenständlicher Bilder** mit sich, da es hier auf **Bewegungs-
suggestionen** von Linien, nicht aber deren abbildende Funktion ankommt. Gemäß der
künstlerischen Forderung, *„sichtbar zu machen, statt abzubilden"*, die sich auch der
Gestaltpsychologe Arnheim zu eigen gemacht hatte, wenn er z. B. in *Anschauliches
Denken* postulierte, der Gehalt von sichtbaren Szenen (und sogar von Begriffen) käme
am besten als „Gefüge wesentlicher dynamischer Formen" (1985, 109) zur Darstellung
– statt in einem fotografischen Realismus oder entsprechenden Bildsymbolen.

Medien ▶ Blinde, Computer und Internet

Am PC haben Blinde Zugang zu allem Geschriebenen. Dank haptischer Displays (in Blindenschrift) und Programmen, die geschriebene Texte hörbar machen. Damit sind Blinde nicht länger auf den relativ beschränkten Bestand von Büchern in Blindenschrift, Hörbüchern oder auf spezielle Geräte (wie das *Optacon*, die Druckbuchstaben in haptischen Displays greifbar machen) angewiesen. Beim Surfen im Internet erfahren Blinde indessen den **graphisch orientierten Seitenaufbau** sowie den **Bilderreichtum** als **Barriere**. Programmiersprachen (wie HTML), die den Seitenaufbau in Textform zugänglich und nachvollziehbar machen, erleichtern Blinden immerhin die Orientierung. Die Möglichkeit, mit speziellen Thermopapieren Reliefausdrucke zu erzeugen, sowie künftig einigermaßen fein auflösende (und zugleich bezahlbare) haptische Displays erlauben es zwar, Graphiken und Bilder zu berühren, helfen aber nicht, sie zu begreifen.

Lesen ▶ Bresser, 2002; Burger, 2003; Fuchs, 2003

Grundrisse und Karten. Das *Prinzip* „Karte" kann man als Abstraktion von Bewegung durch den Raum verstehen [▶ Kap. 4]. Es ist Blinden kaum weniger zugänglich als Sehenden. Um allerdings für Blinde *nützlich* zu sein, müssen Karten die erwähnten **Erleichterungen der Fassbarkeit** berücksichtigen und natürlich **Standort** und **Ausrichtung** deutlich machen. Vor Ort angebrachte Karten sollten relativ kurz gestaffelt wiederkehren. Im Falle von Karten, die man bei sich trägt, sollten **tastbare Anhaltspunkte** in der **realen Umgebung** den regelmäßigen Abgleich mit der Karte erlauben. Elektronische Routenfinder (auf Basis des *Global Positioning System, GPS*) sind – akustisches (oder tastbares) Display vorausgesetzt – im Prinzip auch für Blinde interessant, werden aber kaum kleinräumigere, halböffentliche Bereiche (Einkaufszentren, Behörden, Universitäten) abdecken. Besser orientiert als die passiven Empfänger von Richtungshinweisen des Navigationssystems werden blinde wie sehende aktive Kartenleser ohnehin auch künftig sein.

Lesen ▶ Arnheim, 1985, 1992; Eriksson, 1998; Hatwell & Marinez-Sarrochi, 2003; Katz, 1953; Kennedy, 1982, 1993, 1997; Schiff & Foulke, 1982

Wahrnehmungsqualitäten ▶ Taktile Vision Substitution System (TVSS)

In den 1970er Jahren erregte ein Apparat Aufsehen, der versprach, eine taktile Seh-Prothese zu sein. Das Prinzip des von Bach-y-Rita und Mitarbeitern entwickelten Gerätes ist einfach: Die Signale einer Videokamera werden in einem Tastdisplay dargestellt. Anfangs wurde ein großflächiges Display am Rücken der Nutzer angebracht. Beim Gebrauch erregen die Vibratoren des Displays zunächst – wie bei einer Massage – nur Empfindungen am Rücken. Nach einer gewissen Gewöhnung lokalisiert man die Reizverteilung jedoch im Raum vor der Kamera: Man spürt ‚durch die Vibration hindurch' Objekte und Raumstrukturen, die den Körper nicht berühren. Voraussetzung für dieses Umspringen der Wahrnehmung ist, dass der Nutzer selbst die Kamera bewegt. Nur durch die Verknüpfung mit der zielgerichteten Eigenbewegung des Körpers wird aus dem variierenden Kitzel das Anzeichen für eine Struktur im Umraum (analog zu einer Sonde, beispielsweise dem Blindenstock, wird die Kamera während des aktiven Gebrauchs zum Teil des Körpers [▶ Kap. 1]). Inzwischen konnte nachgewiesen werden, dass bereits der von einer einzelnen Photozelle ausgehende Tastreiz, wenn man die Photozelle selbst ausrichtet, als Anzeichen für Objekte vor dieser ‚Kamera' wahrgenommen wird (Lenay et al., 2003). Die Rolle der Eigenbewegung macht das System eher zu einer *haptischen* als einer rein taktilen Sehprothese.

Blinde, die dieses Gerät ausprobierten, waren teilweise enttäuscht. Sie hatten offenbar zu hohe Erwartungen an den versprochenen Ersatz geknüpft. Bei geübtem Gebrauch hilft der Apparat, sich über entfernte Strukturen und Objektbewegungen zu informieren – mehr nicht. Das dürfte sich auch durch die Miniaturisierung, die heute handhabbare Geräte mit hoher Auflösung (für sensiblere Hautpartien als den Rücken) möglich gemacht hat, nicht ändern.

Konkurrenz erwächst den Tastprothesen für das Sehen in Gestalt von visuellen Neuroprothesen, mit denen man heute experimentiert. Dabei werden elektrische Impulse aus Kameras direkt mit dem Sehhirn verdrahtet oder Photozellen ins Auge implantiert und mit dem Sehnerv verknüpft. Aussichten auf Erfolg bestehen hier aber nur, wenn die Patienten jemals gesehen haben und die Erblindung nicht zu lange zurückliegt.

Haptik als Alternative zur visuellen Ästhetik von Plastiken

Haltung und Bewegung der Hände schmiegen sich beim Greifen und Tasten den gegenständlichen Formen an. Haptische Ästhetik steht für positiv bewertete oder sonst herausgehobene Formerlebnisse beim Begreifen. Hinsichtlich der Formwahrnehmung und -vorstellung muss sich der Tastsinn, wie in diesem Kapitel mehrfach festgestellt, mit dem Sehen messen lassen. In der Geschichte der Wahrnehmungslehre wurde (und wird auch heute noch) gelegentlich argumentiert, der Tastsinn sei gegenüber dem Sehen der grundlegende Formsinn. Davon ausgehend postulierte etwa Johann Gottfried Herder, das Anfassen sei der Wahrnehmungsmodus, welcher am besten in der Lage sei, plastische Kunstwerke zu würdigen. An diese Einschätzung schließt sich heute meist eine Kulturkritik der Dominanz des Visuellen in der Kunstrezeption (und nicht nur da) an.

Philosophische Ästhetik ▶ Bildhauerei

In der Schrift *Plastik* von 1778 schreibt der Philosoph Johann Gottfried Herder: „Es ist erprobte Wahrheit, daß der tastende unzerstreute Blinde sich von den körperlichen Eigenschaften viel vollständigere Begriffe sammelt, als der Sehende, der mit einem Sonnenstrahl hinüber gleitet." (1994, 249f). Und: „Daß man Bildsäulen sehen kann, daran hat niemand gezweifelt; ob aber aus dem Gesicht sich ursprünglich erkennen lasse, was schöne Form ist? (…) Das Gesicht zerstört die schöne Bildsäule, statt daß es sie schaffe:

es verwandelt sie in Ecken und Flächen, bei denen es viel ist, wenn sie nicht das schöns-te Wesen ihrer Innigkeit, Fülle und Runde in lauter Spiegelecken verwandle (…)." (ebd. 253f). – Der Psychologe Révész bezog eine extreme Gegenposition zu Herder. In seiner klassischen Studie *Die Formenwelt des Tastsinnes* sprach er Blinden die Möglichkeit des ästhetischen Genusses von Plastiken ab: „Das haptisch-ästhetische Erlebnis richtet sich (…) im wesentlichen auf einfachste Symmetrie und Ordnung, darüber hinaus nur noch auf Momente, die nicht eigentlich der ästhetischen Sphäre angehören, nämlich auf reine Sinnlichkeit, auf die gefühlserregende Wirkung des Stoffes und Gegenstandes (gelegent-lich auch unter Beteiligung einer erotischen Komponente) und auf die Sauberkeit der Ausführung. Dagegen sind die Mannigfaltigkeit der Formwelt im Kleinen wie im Großen, die grenzenlose Entfaltung neuer Formen und Formgefüge (…) allein den ästhetisch genießenden und sich schöpferisch betätigenden Sehenden vorbehalten." (1938, 71f). In diesem engen Begriff des Ästhetischen hallt die Abhebung des *Schönen* vom bloß *Ange-nehmen* durch Kant nach.

Unbestreitbar fordern viele Plastiken das Anfassen heraus. Oft ist es – abgesehen von der Textur der Oberfläche – die *handliche* und/oder *bewegte* Form, die dazu reizt. Sie verspricht Erlebnisse von **Fülle,** (sanftem) **Schwung** und rhythmischem **Gleiten.** Der klassische Gegenstand der plastischen Kunst – die menschliche Gestalt – deutet auf eine biologische Erklärung dafür, warum solcher Umgang mit gerundeten Volumina lustvoll ist. Sollte das Berühren nicht möglich sein, versucht der Betrachter vielleicht, sich durch *tastende Blicke* schadlos zu halten: visuelles Explorieren, das von vorgestell-tem Abtasten geleitet wird. Die Erkenntnis, dass visuell attraktive Körper das Verlan-gen nach unmittelbarer körperlicher Erfahrung wecken, sollte indessen nicht mit der Vorstellung verwechselt werden, dreidimensionale Gestalten seien dem Sehen nicht oder in geringerem Maße als dem Greifen zugänglich: Das Netzhautbild ist zweidi-mensional, die visuelle Wahrnehmung, die sich aus dem Fluss dieser Bilder ergibt, räumlich. Und sie tut sich mit dem Wahrnehmen von Formen nachweislich leichter, als das beim Anfassen der Fall ist. Die haptische Wahrnehmung und Ästhetik gegen das Betrachten von Plastiken/Skulpturen auszuspielen, verkennt zudem, dass

▮ Sehen selbst, insbesondere Betrachten von dargestellten Lebewesen, kinästhetische Empfindungen mit sich bringt [▶ Kap. 1 & 7]

▮ sich haptische und visuelle Vorstellungen wegen des motorischen Anteils der bei-den Modalitäten überschneiden

▮ sich haptische und visuelle Ästhetik (glücklich) ergänzen: Auf Basis der stammesge-schichtlich und individuell erworbenen Kriterien verspricht das Auge Lust (und warnt vor potentieller Unlust), welche die Hand, von ihm geleitet, einzulösen (oder zu vermeiden) sucht. (Das eingeschränkte Sexualleben vieler Blinder rührt wahr-scheinlich nicht nur von den gesteigerten Problemen intimer Kontaktaufnahme her, sondern auch vom Fehlen visueller Anreize zum Anfassen; Thayer, 1982.)

Was die **plastischen Arbeiten Blinder** angeht, betonte Révész im Anschluss an Münz (1934), dass diese eher expressiven Charakter hätten, als sich an die tastbaren Proportionen zu halten. Besonders auffällig sei der Niederschlag kinästhetischer Empfindungen in den Größenverhältnissen (sehnsüchtig ausgestreckte Hände etwa werden übergroß gebildet). – Im zeitgenössischen Kunstbetrieb sind Arbeiten blinder Bildhauer nach wie vor eine Randerscheinung (Mühleis, 2005).

Klein(st)plastiken, die schon in der Kunst der Vor- und Frühgeschichte und seither in allen Kulturkreisen nachweisbar sind, schmeicheln der Hand sinnlich (Fülle, Rundheit, z. B. Venus von Willendorf) wie kognitiv (simultane Fassbarkeit). Wie Gebetsketten auch vermitteln Handschmeichler zugleich eine *Selbstberührung* [▶ Kap. 2] und motivieren, wie der Paläoanthropologe Leroi-Gourhan (1980) anmerkte, rhythmisches Muskelspiel, das den Gang von Gedanken und Tagträumen begleitet.

Lesen ▶ Diaconu, 2005; Hatwell & Marinez-Sarrochi, 2003; Liebelt, 1990; Mühleis, 2005; Münz, 1934; Révész, 1938; Zeuch, 2000; Naumann-Beyer, 2003

Haptisches Wahrnehmen und materielle Kultur

Die materielle Kultur ist bekanntlich nicht zuletzt ein Werk der Hände. Die handwerklichen Fertigkeiten, aus denen die moderne Produktion von Gütern hervorgegangen ist, wären ohne taktil-haptisches Wahrnehmen nicht möglich. Die Geschichte der Technik ist zwar auch eine Emanzipation technischen Handelns von der Hand, hat allerdings die Hand noch nicht vollends hinter sich gelassen.

Mit zunächst gefundenen Werkzeugen wirkten die Ahnen der Menschen nicht nur – wie andere Tiere – je aktuell auf ihre Umgebung ein. Sie behielten Geröllgeräte und Faustkeile, die gut in der Hand lagen und sich zugleich als wirkungsvoll erwiesen hatten. Dank der aufrechten Fortbewegung hatten sie die Hände dafür frei. Seither haben Handwerker und im Zuge der Industrialisierung auch Ergonomen und Designer dafür gesorgt, dass die Dinge greifbar sind. Griffe sprechen nicht nur die Hände an, sondern auch die Augen: ihr Anblick fordert zum Greifen auf (▶ Affordanz). Im Design von Industrieprodukten ist Griffigkeit ein Qualitätsmerkmal – und demonstrative Griffigkeit gelegentlich Selbstzweck (wie sich bei manch einer Türklinke oder Zahnbürste die Vermutung aufdrängt).

Design ▶ Ästhetik des Griffigen – Türklinken

Handelt es sich bei Zahnbürsten meist um anonymes Design, ist manche Türklinke mit einem (bekannten) Designernamen verknüpft. Ein deutscher Türklinkenhersteller hat aus dieser Tradition ein Markenzeichen gemacht. Die Firma FSB verkauft ihre Produkte nicht nur dank deren individuellen Designs, sondern auch deswegen, weil sie den Trend, mit Türklinken eine Visitenkarte als Gestalter abzugeben, durch eine ungewöhnliche Vielzahl

> von Entwurfsaufträgen an berühmte Designer weiter vorantreibt (vgl. Sulzer, 1992). In Folge steht jede Klinke dieser Firma tendenziell für Design insgesamt. – Der Architektur-kritiker Manfred Sack glossierte die schon älteren theoretischen und praktischen Bemü-hungen von Gestaltern wie Walter Gropius oder Otl Aicher um die „Klinke aller Klinken": „… die Hand läßt sich – gottlob, leider – fast alles gefallen, ob ein Drücker sich in sie schmiegt oder doch lieber mit ‚Schönheit' kokettiert: Mit dem Polster ihrer Muskeln legt sie sich, gutmütig und duldsam, um jeden Griff. Wie beharrlich auch Gestalter glauben, sie seien es, die ihre Klinken der Hand anpassen, ist es in Wirklichkeit die Hand, die sich allen Klinken fügt." (Sack, 1992, 60).

Bewegt man einen **Stock** über eine Oberfläche, spürt man in gewissen Grenzen, wie glatt oder rau diese ist. Vermittelt wird diese Information über die Vibration des Stockes und den Kraftaufwand; in der Wahrnehmung wird die Vibrationen meist auf die Spitze des Stockes und nicht auf die Griffpunkte bezogen (analog zu dem, was man mit dem Fingernagel, der ja auch keine Nerven hat, spüren würde). Gleichzeitig ist die Vibration in der Regel hörbar. Bei heutigen Formen der **Teleoperation** – von der minimal-invasi-ven Chirurgie bis zu ferngesteuerten Arbeiten in Gefahrenzonen – ergeben sich taktil-haptische (und auditive) Wahrnehmungen nicht auf so einfache Weise wie im Falle der Ur-Fernbedienung, dem Stock: Was Druck- und Vibrations-Sensoren im Wirkbereich registrieren, muss auf elektrischem Weg an ein Tastdisplay (z. B. im Fingerspitzenbe-reich eines Handschuhs) übertragen werden; so kann man natürlich mehr spüren als mit einem Stock: Neben feineren mechanischen können auch thermische Eindrücke vermittelt werden. Der Widerstand, auf den die Fernhand stößt, muss, sofern er nicht direkt auf mechanischem Weg übertragbar ist, gemessen und an ein Kraftdisplay (*force-feedback*) übermittelt werden. Bislang setzt man dafür aufwendige Apparaturen (*Exo-skelette*) ein. Künftig werden Spezialtextilien Verwendung finden, die wie Muskelfasern kontrahierbar sind, Widerstand, Gewicht und äußere Kräfte simulieren (Rossi et al., 2003). Ein weiteres Anwendungsgebiet für taktil-haptische Displays ist die *Virtuelle Realität* (*VR*). Bei der ▶ *Immersion* in die 3D-Szenerien der *VR* irritiert bislang u. a. die Diskrepanz von visueller Körperlichkeit und gespenstischer Luftigkeit der Umgebung.

Die Haut der Hand ist beim Greifen, Halten, Drücken usw. Beanspruchungen und Verletzungsgefahren ausgesetzt. Davor schützen nicht nur **Polsterungen** von Griffen, sondern auch **Handschuhe** für alle möglichen Zwecke (von der Arbeit am Hochofen über Möbelpacken, Haushalt und Medizin bis zum Sport). Auch wenn man nur im Winter Handschuhe trägt, weiß man, dass der Schutz durch Sensibilitäts- und Beweg-lichkeitsdefizite erkauft wird. Dünne, „gefühlsechte" Materialen sowie Aussparungen für Fingerglieder bzw. -spitzen sollen dem entgegenwirken. Umgekehrt dienen Hand-schuhe dazu, beim Entwurf von Gebrauchsgegenständen für alte Menschen den Design-nern deren verminderte taktil-haptische Sensibilität vorstellig zu machen. Auch im Fall der Füße führt der hier so naheliegend erscheinende Schutz durch **Schuhe** zu durchaus bedenkenswerten Verlusten an taktiler und haptischer Sensibilität.

Die **Geschicklichkeit** der Hände verdankt sich der Verbindung von vielgliedriger Beweglichkeit von Skelett und Muskulatur sowie hoher taktil-haptischer Sensibilität mit den entsprechenden Verarbeitungskapazitäten im Gehirn (sichtbar im großen Handareal des *sensorischen Homunculus* und auch dessen Gegenstück im *primären motorischen Kortex*). Deswegen konnte man die Hand als *äußeres Gehirn* (Kant) ansprechen. Besondere Geschicklichkeit, wie sie mit dem Beherrschen eines Musikinstrumentes verbunden ist, bringt Veränderungen im neuronalen Substrat mit sich (u. a. einen gewissen räumlichen Imperialismus). Indessen droht auch in dieser Hinsicht eine Art von **Überstrapazierung**: Im Fall der *Musikerkrämpfe*, von denen ein nennenswerter Teil von Berufsinstrumentalisten betroffen ist, führt die sensomotorische Verfeinerung offenbar zu lähmenden Kurzschlüssen, für die es derzeit kein verlässliches Gegenmittel – außer den Wechsel des Broterwerbs – gibt.

Im **technisierten Alltag** werden die Hände eher **unterfordert**. Vielfach agieren Geräte an ihrer Stelle. Lediglich Knöpfe sind noch zu drücken und Schalter umzulegen. Ein Problem für die Sensomotorik der Hand sind da allenfalls die Größenverhältnisse. Die **Verlagerung der Intelligenz** von der Hand auf die Apparate entlässt das Gehirn indessen nicht vollends aus der Pflicht. Im Gegenteil: Diese Entwicklung mutet Denkleistungen jenseits der sensomotorischen Intelligenz zu, deren Widrigkeit im verbreiteten „Leiden an der Gebrauchsanleitung" gegenwärtig ist. Das ruft die **kognitive Ergonomie** auf den Plan. Die bemüht sich um intuitive Benutzbarkeit (**Usability**), also darum, dass trotz der Entkörperung der Technik eine gewisse Anknüpfung an sicht- und greifbare Abläufe hergestellt wird (vgl. den Slogan *sense and simplicity*). Dazu gehören möglichst sprachfreie bildliche Anleitungen mit Pfeilen aller Art ebenso wie die Schnittstellen Computermaus, Touchscreen bzw. Touchpad und Joystick – und mehr oder minder futuristische Designkonzepte (*Tangible Design bzw. Tangible User Interfaces*; Ullmer & Ishii, 2005; Budjko, 2008), die der Ansprechbarkeit des *äußeren Gehirns* weiter entgegenkommen sollen (z. B. handschuhartige Mausnachfolger mit integriertem taktil-haptischen Display oder manipulierbaren Objekten als Ein- bzw. Ausgabemedien von Computern). Der *homo faber*, sprich: die anthropologische Anlage zum Handwerk, hat jenseits solcher Bemühungen längst eine Nische im verbreiteten **Heimwerken** gefunden.

Herausforderungen für Sensibilität und Intelligenz der Hand bergen so einfache Dinge wie **Knopf** bzw. **Knopfloch** und **Schnürsenkel**. Kinder sind von diesen Dingen bekanntlich bis zu einem gewissen Alter überfordert (während Knöpfe und Schalter an Geräten in dieser Lebensphase faszinieren und Quelle von Erfolgserlebnissen sind). Erwachsene haben das Sensibilitätsproblem bei Frost, das Intelligenzproblem vielleicht, wenn sie betrunken sind. Ältere Leute leiden tendenziell unter abstumpfendem Fingerspitzengefühl. **Druckknöpfe**, **Reiß**- und vor allem **Klettverschluss** sorgen für Abhilfe. Kulturkritische Pädagogen fürchten, letztlich bliebe angesichts der Entwicklung von Technik und Medien die *sensomotorische Intelligenz* auf der Strecke. Das wäre in der Tat fatal, spricht doch vieles dafür, dass alles **Denken** auf dem Zusammenspiel **von Wahrnehmung und Bewegung** aufbaut (eine These, die nicht zuletzt mit dem Genfer Entwicklungspsychologen Jean Piaget in Verbindung gebracht wird). *Woran sich die Sensomotorik im Einzelnen schult, ist indessen wohl relativ offen.* Wie es scheint, kann sich selbst in einem früh gelähmten Körper noch ein herausragender Intellekt entwickeln (Michaelis, 1999); in so einem Fall könnten z. B. ein intakter Gleichgewichtssinn und Augenbewegungen zusammen mit Netzhautbildern den grundlegenden Zusammenhang von Bewegung und Wahrnehmen stiften. In der Sorge, die **mediatisierten Erfahrungen** heutiger Kinder und Jugendlicher liefen auf **sensomotorische Verblödung** hinaus, sollte man die Herausforderungen für die Koordination von Hand und Auge nicht übersehen, die beispielsweise Videospiele im Vergleich zum Fernsehen durchaus bieten. Unbestritten ist aber das ererbte Design von Sinnen und Körper auf andere Situationen hin optimiert; das zeigt sich im nächsten Kapitel auch an Bewegungskrankheiten, die moderne Medien mit sich bringen können.

Lesen ▶ Bürdek, 2005; Grunwald, 2008, Kap. 29–38; Holmes & Spence, 2006; Junker, 2006; Leroi-Gourhan, 1980; Norman, 1989; Ritter, 1999; Schifferstein & Hekkert, 2008, Kap. 21; Ullmer & Ishii, 2005; Ungerer, 1992; Wilson, 2000

Kunst, Medien & Werbung ▶ Bilder vom passiven und aktiven Tastsinn

Erfassen, Berühren und Berührtwerden sind in Bildern allgegenwärtig – nicht nur in allegorischen Darstellungen des Tastsinnes, der Werbung für Dinge, die irgendwie zum Kuscheln taugen, und allem, was mit Sexualität zu tun hat. Bilder vom Anfassen und Berührtwerden lassen Betrachter nicht kalt: Für das unsichtbare körperliche Nachvollziehen, das die ▶ *Einfühlungsästhetik* postuliert, sprechen auch neurowissenschaftliche Erkenntnisse (▶ *Spiegelneurone*, ▶ *empathische Schmerzwahrnehmung*). Bereits Objekte, deren ▶ *Aufforderungscharakter* im Berühren und Anfassen liegt, lösen entsprechende innere Handlungen aus (▶ *kanonische Neurone*). – Sinnbilder des Greifens und Handelns sind auch Gebrauchsspuren oder Patina an Gegenständen (Diaconu, 2005; Toshihto & Stotz, 1995).

Lesen ▶ Autelitano, Innocenti & Re, 2005; Benthien, 1999; Freedberg & Gallese, 2007; Jütte, 2000; Kaufmann, 1943; Morris, 1972; Sobchack, 2004

Rückschau in Fragen

Warum unterscheidet man haptische und taktile Wahrnehmung?
Inwiefern hat Kant die Differenz mit einer Bewertung verbunden – und dabei taktiles Wahrnehmen unterschätzt?

Dass die taktil-haptische Erkundung im Laufe des Aufwachsens an Bedeutung verliert, wird gerne mit der Berührungsfeindlichkeit unserer Kultur erklärt. Welche alternative Erklärung ist möglich?

Worauf bezieht sich das *Molyneux-Problem*?
Warum muss es wahrscheinlich bei hypothetischen Antworten auf die von Molyneux gestellte Frage bleiben?
Inwiefern könnte die Säuglingsforschung eine indirekte Antwort geben?

Was versteht man unter *visual capture* im Verhältnis von Sehen und Haptik?

Inwiefern tun Blinde sich schwer beim Wahrnehmen von (ertastbaren) Bildern?
Was folgt daraus für die Gestaltung solcher Vorlagen?

Inwiefern ist das, was beim Gebrauch taktiler Sehprothesen beobachtbar ist, theoretisch aufschlussreich?

Wie ist die Ansicht zurechtzurücken, Bildhauerei sei mit geschlossenen Augen bzw. für Blinde angemessener ästhetisch zu erleben als bei visuellem Wahrnehmen?

Inwiefern steht die Entwicklung der Technik in einem Spannungsverhältnis zum taktil-haptischen Wahrnehmen?
Wie kommen hier *Usability, Teleoperation* und *virtuelle Realität* ins Spiel?
Welche pädagogischen Bedenken sind an die Wirkung der Technikentwicklung auf die taktil-haptische Wahrnehmung geknüpft?
Wie sind diese Bedenken einzuschätzen?

4 Der 6. Sinn – Gleichgewicht, Eigenbewegung und Orientierung

Der *aufrechte Gang* ist eine Eigenheit des Menschen. Ohne Sinn für das Gleichgewicht könnten wir uns nicht aufrecht halten und bewegen. Das Gespür für die Balance speist sich nicht zuletzt aus einem Sinnesorgan, dessen Funktion Ende des 19. Jahrhunderts entschlüsselt wurde. In der traditionellen Betrachtung der Sinne hatte man den Gleichgewichtssinn wohl auch deshalb übersehen, weil seine Dienste – solange er nicht gestört ist – den Menschen, wie er steht und geht, allzu unauffällig begleiten.

Das **Gleichgewichtsorgan** wird nach seiner Vorhof-Lage im Innenohr [▶ Kap. 2] auch *vestibuläres Organ* genannt. Dank der Informationen aus den Bogengängen und Säckchen [▶ Neuro-Skizze]

▌ sind der Schwerkraft ausgesetzte Menschen in jeder Lage auch bei geschlossenen Augen oder im Dunkeln (einigermaßen) über **oben/unten** orientiert;

▌ kann man die Bewegungen des Körpers bei Dreh- oder Geradeausbeschleunigung unabhängig von anderen Sinneseindrücken und von der Muskulatur registrieren (also etwa das Anfahren, Beschleunigen oder Bremsen eines Fahrzeugs, selbst wenn es keine Sicht auf die Außenwelt gibt; z. B. im Lift).

Informationen über oben bzw. unten oder Eigenbewegung werden nicht erst mit dem aufrechten Gang wichtig: Bereits Quallen verfügen über ein einfaches Steinchenorgan, Fische auch über Bogengänge.

Neuro-Skizze ▶ Das vestibuläre System

Im Innenohr auf beiden Seiten des Kopfes findet sich neben der Hörschnecke [▶ Kap. 8] das *vestibuläre Organ* (*vestibulum*: lat. Vorraum) [▶ Abb.]. Es gliedert sich jeweils in drei Bogengänge, welche auf die drei Raumebenen ausgerichtet sind, und zwei Säckchen (*Utriculus* und *Sacculus*, zusammen: *Statotithenorgan(e)* oder *Otolithenorgan(e)*).

Sensoren in den Bogengängen registrieren *Drehbeschleunigungen* des Körpers um die drei Achsen des Raumes. Wirkprinzip ist die Trägheit: Wenn wir etwa den Kopf zur Seite drehen, bleibt die Flüssigkeit in den Bogengängen gegen diese Bewegung zurück und drückt dadurch auf die Sinneshärchen der reizempfindlichen Zellen, die jeweils an einer Stelle in diese Gänge ragen.

Neben den drei Bogengängen finden sich die unscheinbaren Säckchen *Utriculus* und *Sacculus*. Hier sind die Sinneshärchen von Sensorzellen in eine zähe Flüssigkeit gebettet, die von einer (dichteren) kristallhaltigen Schicht bedeckt wird (den Kristallen verdankt sich der Name *Otolithen- respektive Statolithenorgan;* von griechisch Ohr, stellend und Steinchen). Der Dichteunterschied sorgt bei *linearen Beschleunigungen* (etwa beim Gehen oder dem Anfahren, Beschleunigen oder Bremsen eines Fahrzeugs oder Lifts) für eine Verschiebung der oberen gegen die untere Schicht der Gallerte, wodurch die Sinneshärchen wie ein Schalter zur Seite gelegt werden. *Utriculus* und *Sacculus* stehen senkrecht aufeinander. Im Schädel sind sie so ausgerichtet, dass Utriculus bei aufrechter Haltung und leicht nach vorne geneigtem Kopf horizontal liegt – der Haltung, die man beim Gehen einnimmt, um den Boden zwei bis drei Meter vor den Füßen im Auge zu haben. Sacculus ist bei dieser Haltung etwa senkrecht gestellt. Die *Schwerkraft* wirkt wie eine lineare Beschleunigung. Im Stehen und Gehen ist sie ein Dauerreiz für Sacculus, im Liegen für Utriculus.

Die Sinneszellen im Gleichgewichtsorgan sind afferent (Zuleitung der Reize zum Gehirn) und efferent (Regulation der Empfindlichkeit durch das Gehirn) innerviert. Die Nerven sind im *Nervus vestibularis* gebündelt, der sich mit den Nervenverbindungen der Hörschnecke zum *Nervus vestibulocochlearis* verbindet. Im Hirnstamm findet sich in den *Vestibulariskernen* eine erste Schaltstation, die das Gleichgewichtsorgan sensorisch und motorisch mit dem Bewegungsapparat und der Augenmuskulatur verbindet. Der Reizfluss vom und zum Gleichgewichtsorgan ist dort weiter vernetzt

▌ mit dem *Kleinhirn* (Bewegungskontrolle; das Kleinhirn verfügt auch über eine direkte Verbindung zum Gleichgewichtsorgan)

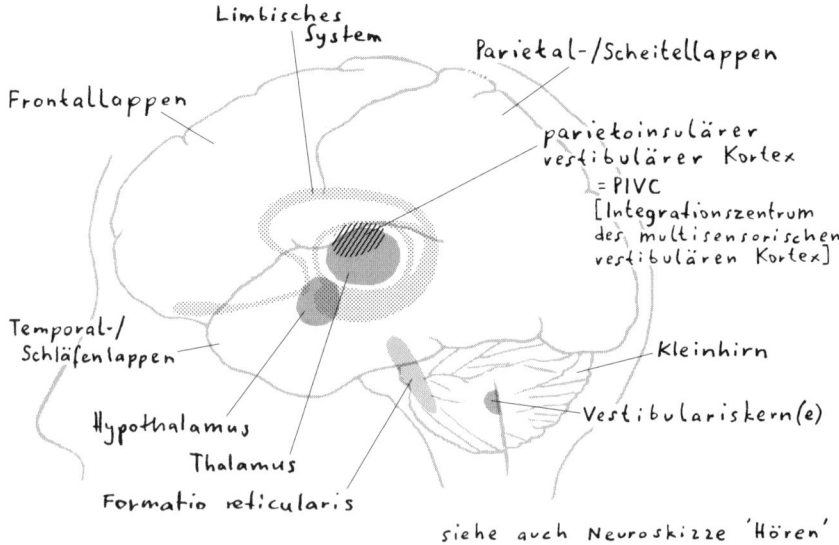

▌ mit dem aufsteigenden retikulären Eregungssystem (*formatio reticularis;* Wachheitsregulation, Orientierungs- bzw. Schreckreaktion)
▌ mit dem autonomen Nervensystem (aufsteigende und absteigende Verbindungen mit den inneren Organen; wahrscheinlich trägt die Sensorik der Verteilung von Flüssigkeiten im Körper zur Lageorientierung bei)

■ mit dem *limbischen System* (Affekte) und *Hypothalamus* (vegetative Funktionen) und über den *Thalamus* mit Arealen der Großhirnrinde.

Im *mulitsensorischen vestibulären Kortex* im Grenzgebiet von Frontal-, Scheitel- und Schläfenlappen (mit dem *parietoinsulären vestibulären Kortex* als Integrationszentrum) treffen die Reize aus dem Gleichgewichtsorgan auf Zuflüsse aus den Projektionsarealen des Sehens, Hörens und der Somatosensorik; auf dem intersensorischen Abgleich im Kortex basieren wahrscheinlich bewusste Orientierung wie auch Schwindelgefühle.

Lesen ▶ Birbaumer & Schmidt, 2006; Bösel, 2006; Brandt, 1999; Dieterich, 2006

Stehen und gehen können wir nur dank der Spannung unserer Muskeln. Von daher ist es nicht rätselhaft, dass unser Gefühl für Balance sich nicht allein aus Reizen aus dem Innenohr speist, sondern auch auf die Sensorik in **Muskeln, Sehnen und Gelenken** (*Propriozeption, Kinästhesie*) baut. Schon über die Raumlage des Oberkörpers können die Gleichgewichtsorgane im Kopf keine hinreichende Information liefern: Erst zusammen mit dem Gespür dafür, wie man den Kopf hält, orientieren der Schwerkraftkompass und Bewegungsmelder im Ohr über die Lage und Bewegung des Körpers im Raum. Beim Stehen und Gehen wird die komplexe sensomotorische Gesamtsituation in Rumpf und Gliedern mit den Informationen aus dem Innenohr abgeglichen.

Experiment ▶ Bewegungsillusion durch Vibration

Den somatosensorischen Beitrag zu Gleichgewichtsempfinden und faktischer Balance kann man durch **Vibrationsreize** eindrucksvoll demonstrieren:

Effekt: Legt man beispielsweise Vibratoren an die Achillessehnen eines aufrecht stehenden Menschen (dessen Augen geschlossen sind) an, wird der sich nach hinten neigen und in Gefahr geraten umzukippen. Dabei fühlt er sich komisch, d. h. schummerig, schwindelig.

Deutung: Die Vibration wird illusorisch als Dehnung des Wadenmuskels wahrgenommen [analog zu Bizepsdehnung bei der ▶ *Pinocchio-Illusion*] und ruft eine kompensatorische Kontraktion respektive Gewichtsverlagerung nach hinten hervor, was dann tatsächlich tendenziell zum Verlust des Gleichgewichts führt. Das Bewegungsgefühl, das die illusorische Dehnungswahrnehmung vermittelt, widerspricht zugleich der vom Innenohr signalisierten Ruhe. Damit wird die Lage des Körpers im Raum zweifelhaft: Desorientierung bzw. Schwindel.

Varianten: 1. Sofern die Versuchspersonen ihre **Umgebung sehen** können, bleibt der Effekt aus: Der Blick sorgt für **Stabilität**, die widersprüchlichen Sinneseindrücke irritieren nur hintergründig. 2. Wenn lediglich **isolierte Lichtpunkte** in einer verdunkelten Umgebung zu sehen sind, scheinen diese die illusorischen Bewegungen **mitzumachen**.

(Weitere Beispiele von Bewegungsillusionen durch Vibration: Einseitige Vibration der Nackenmuskulatur vermittelt den illusionären Eindruck, dass sich der Kopf dreht; oder wenn bspw. die Hand an einer Wand fixiert ist, gewinnt man durch die Vibration am Handgelenk den Eindruck, als bewege sich der Körper – je nach Ausrichtung der Hand – nach vorne oder hinten.)

Visuelle Eindrücke können einem tatsächlich unbewegten Menschen vormachen, er bewege sich – und ihn dadurch aus dem Gleichgewicht bringen. Solche **visuell induzierten Bewegungserlebnisse** (*Vektion*) stellen sich für einen kurzen Moment ein, wenn beispielsweise am Bahnhof der Zug auf dem Nachbargleis anfährt. Hier bleibt es in der Regel bei einem leichten Ruck, da man der Täuschung schnell gewahr wird und nur ein Teil des Sehfeldes in Bewegung gerät. Wenn man eine gestreifte Trommel um den Kopf unbeweglicher Versuchspersonen rotieren lässt, während sie eine Marke

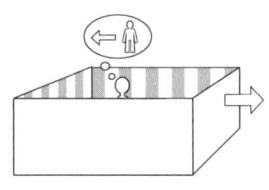

fixieren, die sie unbewegt vor die Streifen halten, scheint es ihnen, die Marke drehe sich (entgegengesetzt) in der fixen Trommel. Stellt man jemanden in eine zimmergroße Kiste ohne Boden, deren Innenwände eine deutliche optische Struktur besitzen, und verschiebt diesen Raum, so gewinnt der Insasse den Eindruck, sich in die entgegengesetzte Richtung zu bewegen [▶ Abb.], und gerät aus dem Gleichgewicht. Besonders drastisch ist der Effekt, wenn ein Raum, in dessen Mitte man auf einer horizontalen Stange sitzt, als Achse um diese Stange rotiert: Ist man nicht auf

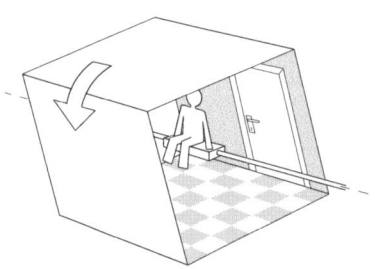

dem Sitzplatz festgeschnallt, droht man in der **Hexenschaukel**, wie diese Installation auf Jahrmärkten genannt wird, vom Stuhl zu fallen [▶ Abb.]. Voraussetzung dieser Effekte ist, dass die Bewegung auch in der Peripherie der Netzhaut registriert wird [▶ Kap. 7] und nicht nur im zentralen Bereich des scharfen Sehens (wie es beim Blick durch eine schmale Röhre der Fall wäre). – Die Illusion von Eigenbewegung kann analog durch rotierende oder linear bewegte **akustische Reize** ausgelöst werden.

Kurz: Die Empfindung, sich selbst zu bewegen, und die Balance ergeben sich aus der Abstimmung von Innenohrreizen, Propriozeption sowie visuellem und auditivem Fluss (auch Hautempfindungen – Konsistenz des Bodens, Strömung von Luft oder Wasser – und olfaktorische Wahrnehmungen gehen in die dynamische Verortung des Körpers ein). **Der menschliche Gleichgewichtssinn, gelegentlich „6. Sinn" genannt, lässt sich überhaupt nur aus dieser (multi)sensomotorischen Integration heraus verstehen.**

Auf dem gewohnten Zusammenspiel von vestibulären, kinästhetischen und visuellen Eindrücken beruht auch das Gegenstück zur Wahrnehmung der Eigenbewegung: die Wahrnehmung einer **ruhenden Umgebung, in der wir uns bewegen**. Diese Wahrnehmung ist angesichts der Bildverschiebungen während des sich Bewegens ja keineswegs selbstverständlich [▶ Experiment 1 und 2]. Dank der Abstimmung von Innenohrreizen und Blicksteuerung (*Vestibulo-okulärer Reflex*) sind wir außerdem bei schnellen Kopfbewegungen in der Lage, im Blick zu halten, was wir gerade fixieren [▶ Experiment 3].

Lesen ▶ Bischof, 1966; Brandt, 1999; Campenhausen, 1993; Gibson, 1973, Kap. 4; Goldstein, 2002, Kap. 8 & 13 (fehlen in der Neuauflage von 2008); Mast, 2005; Scott, 2002

Experiment ▶ Wackelnde Welt

Exp. (1). Sehen Sie, was passiert, wenn Sie ein Auge schließen und das andere vorsichtig am unteren Lid mit der Kuppe des Zeigefingers stupsen.

Effekt & Deutung: Unsere Umgebung wackelt – wie ein altes Homevideo oder ein Film, der nach den Regeln des „Dogma"-Manifestes gedreht wurde. Die Umgebung erscheint nur deshalb gewöhnlich in Ruhe, wenn die Augen sich allein oder mit Kopf und Körper bewegen, weil der Organismus der eigenen Bewegung inne ist, also Fluss oder Stillstand der visuellen Erscheinungen immer im Verhältnis zu seiner intendierten sowie kinästhetisch und vestibulär registrierten Eigenbewegung wahrnimmt. Die unphysiologische Bewegung des Augapfels durch das Stupsen zerreißt den eingespielten Zusammenhang.

Exp. (2). Sind Sie schon einmal eine Weile auf einem Laufband (wie man sie in Fitness-Studios findet) gelaufen?

Effekt: Nach einer gewissen Zeit kann es zu dem Eindruck kommen, man betrachte einen im Laufen aufgezeichneten Film: Die Szenerie hüpft auf und ab. (Nach Ende des Laufes scheint für kurze Zeit die Umgebung nach vorne zu ziehen bzw. man selbst nach hinten.)

Deutung: Einerseits führt die Verbindung von Laufbewegung und statischer Umgebung dazu, dass die kinästhetisch-vestibuläre Sensomotorik tendenziell ausgeblendet wird; die vertikalen Verschiebungen von Umwelt und Auge des Läufers werden damit nicht mehr hinreichend auf die eigene Bewegung zurückgeführt. Dass die Umgebung sich nach Ende des Laufes nach vorne zu entziehen scheint, weist darauf hin, dass die Ausblendung der eigenen Bewegung nicht vollständig war, sondern dass die Verbindung von Laufbewegung und statischer Umgebung gewissermaßen durch die Unterstellung, man laufe parallel zu einer selbst bewegten Szenerie, plausibel gemacht wurde.

Exp. (3). Fixieren Sie ein Wort in einem Text in normalem Leseabstand. Nun bewegen Sie den Kopf erst langsam, dann schneller hin und her, während Sie versuchen, das fixierte Wort im Blick zu behalten. Nehmen Sie dann den Text in die Hand und bewegen nun den Text statt des Kopfes. Lassen Sie schließlich den Text von jemand anderem bewegen.

Effekt: Das Fixieren gelingt bei Kopfbewegung am besten, bei Fremdbewegung am schlechtesten.

Deutung: Bei Kopfbewegung sorgt die verbuchte Bewegungsintention zusammen mit den Informationen aus Nackenmuskeln und Innenohr für optimales Gegensteuern der Augenbewegung. Die Armbewegung ist schwächer mit der Augenbewegung koordiniert. Bei Fremdbewegung kann sich die Augenbewegung nur nach der Verschiebung des Netzhautbildes richten, um gegenzusteuern.

Die Entwicklung der sensomotorischen Integration

Schon vor der Geburt ist das Gleichgewichtsorgan ansprechbar. Säuglinge werden indessen – wie Menschen mit beidseitig defekten Innenohrorganen – nicht seekrank. Das liegt wahrscheinlich an der bei ihnen wenig entwickelten Integration von Sehen, Körpergefühl und Innenohrreizen. Im späteren Kindesalter steigt die Tendenz, an Bewegungskrankheiten (*Kinetosen*) zu leiden.

Die Entwicklung des Gleichgewichtssinnes ist ein langwieriger Prozess, der noch ins Jugendalter hineinreicht. Bei der komplexen sensomotorischen Integration, die der Balance zugrunde liegt, spielt neben Übung, besonders in den ersten Lebensjahren, die Reifung des Nervensystems eine wesentliche Rolle. Die regelmäßige Stimulation des Gleichgewichtsorgans vor der Geburt und im Säuglingsalter durch passive Bewegung regt das Reifen der zentralnervösen Basis von Körperschema, Balance und Orientierung an. (Bei Frühgeborenen führt regelmäßiges sanftes Schaukeln ebenso wie Massage zu beschleunigter Gewichtszunahme.)

Nach 12–18 Monaten erleben die meisten Kinder ihre „zweite Geburt": die Fähigkeit, sich – wenn auch noch tapsig – frei auf den eigenen Beinen zu bewegen. Bewegliche Gestelle, die das Gehenlernen beschleunigen sollen (Lauflernhilfen), bergen nicht nur Unfallrisiken und orthopädische Gefahren (krumme Beine). Sie sind auch deshalb problematisch, weil sie – wie Drei- oder Vierräder auch – das Balancieren ersetzen. Das Abheben beider Beine vom Boden für den Balanceakt des Radfahrens („dritte Geburt") wird durch Zweiräder, bei denen die Füße stützbereit bleiben (Roller, Laufrad), eher gefördert als durch Fahrräder mit Stützrädern.

Turnen und Gymnastik sind der optimalen Entwicklung des Gleichgewichtssinnes in Kindheit und Jugend förderlich. Pädiater und Bewegungswissenschaftler haben Übungssequenzen und Geräte ersonnen, die dazu geeignet sind, einer *verzögerten* Entwicklung entgegenzuwirken. Dabei wird meist davon ausgegangen, dass ein Training der sensomotorischen Integration auch die kognitive und sozial-emotionale Entwicklung fördert (Ayres, 1979, 1984; Kiese-Himmel, 1998).

Auch bei Erwachsenen ist Balance keine fixe Größe. Wer die Koordination von Sinnen und Motorik durch Yoga oder Sportarten wie Aerobic, Wasserski usw. herausfordert, entwickelt ein überlegenes Gespür für das Gleichgewicht. Im Alter leidet der Gleichgewichtssinn besonders bei jenen, die ein bewegungsarmes Leben führen. Training führt nachweislich noch in höherem Alter relativ kurzfristig zu Verbesserungen der Balance.

Lesen ▶ Hirtz, Hotz & Ludwig, 2000; R. Zimmer, 2001

Bewegungskrankheiten und andere Irritationen des 6. Sinns

Seekrankheit ist eine altbekannte Bewegungskrankheit (*Kinetose*). Sie tritt insbesondere dann auf, wenn man bei bewegter See visuell auf das unbewegliche Bezugssystem (Inneres einer Kajüte, Deckaufbauten) fixiert ist. Dann nämlich gerät der visuelle Eindruck von Ruhe in Konflikt mit den Bewegungsreizen im Innenohr. Neben Schwindel, Schweißausbruch, Kopfschmerz, Störungen des Herzkreislaufsystems und der Atmung gehören bekanntlich Übelkeit und Erbrechen zu den Symptomen von Seekrankheit. Im Begriff *Nausea* hat die Seekrankheit Übelkeit und Ekel sogar einen Namen gegeben. – Nach einer einleuchtenden Hypothese kommt es bei Kinetosen deshalb zu Übelkeit und Brechreiz, weil der Organismus angesichts des Durcheinanders in der Wahrnehmung reagiert, als ob er ein Nervengift konsumiert hätte, dessen Reste im Magen er schnell wieder loswerden sollte.

In Analogie zur Seekrankheit kommt es in Kutschen und Automobilen zur Reisekrankheit. Der Fahrer ist dabei weniger gefährdet als die **Passagiere**, weil bei Letzteren visuelle Eindrücke eher ohne Bezug zu den Innenohrreizen auftreten.

Bei einer Geradeausbewegung mit gleichmäßiger Geschwindigkeit kann es im Zug, Automobil oder Flugzeug zu der **Illusion** kommen, **man stehe still**. Insbesondere im Fall des Zugfahrens stellt sich die Illusion ein, die Landschaft fliege vorbei (beim Blick nach vorne, also etwa auf die Straße, ist die visuelle Bewegungsinduktion meist zu wirksam; in einigem Abstand zu einer homogenen Wolkendecke kann beim Fliegen der Eindruck allseitiger Ruhe entstehen). Beim Gehen wird dagegen das Gleichgewichtsorgan, das ja nur auf Veränderungen der Geschwindigkeit bzw. Richtung reagiert, wegen der beständigen rhythmischen Schwankungen in alle Raumrichtungen, die der Kopf dabei erfährt, auch bei gleichmäßiger Geschwindigkeit ständig angesprochen. Je glatter die Bewegung in einem Fahrzeug, desto gewisser der illusorische Stillstand, der tendenziell mit einem entrückten Bewusstseinszustand einhergeht (z. B. *Highway-Trance*).

Der Verlust kontinuierlicher rhythmischer Schwankungen ist prinzipiell eine Mitgift des **Rades**. Bei der Bewegung mit Zweirädern, wie Roller oder Fahrrad, schwankt man immerhin quer zur Bewegungsrichtung, um die Balance zu halten. Eine betont bzw. übermäßig dynamische Fahrweise von Autofahrern lässt sich als berauschende Überkompensation der relativen vestibulären Reizarmut (Unsinnlichkeit) dieser Fortbewegungsweise verstehen (siehe unten).

Starke Beschleunigungskräfte bringen scheinbare **Veränderungen der Schwerkraftachse** mit sich. So empfindet man die Neigung eines Flugzeugs beim Start übertrieben und gewinnt bei Kurvenflügen den Eindruck, die durch das Fenster beobachtete Erdoberfläche sei geneigt. (Schon wenn man mit verbundenen Augen auf Skiern bergab fährt, kann man der Täuschung erliegen, bergauf zu fahren; Kohl, 1956). **Pilo-**

ten müssen lernen, sich nicht auf ihre Sinne, sondern auf die Anzeigen ihrer Instrumente zu verlassen.

Die meisten Astronauten leiden zu Beginn der **Schwerelosigkeit** unter dem Wegfall des Dauerreizes, den die Gravitation dem Gleichgewichtsorgan ansonsten bietet. Die *Space-Motion-Sickness* legt sich in der Regel nach einigen Tagen, um erneut bei Wiederanpassung an die Schwerkraft aufzutreten.

Auch bei den berühmt-berüchtigten Experimenten mit ▶ **Umkehrbrillen** kommt es zu einer gewissen Anpassung an die hier nun widersprüchlichen Informationen über oben und unten. Nach ein paar Tagen der Hilflosigkeit kommen die Versuchspersonen mit der Situation ganz gut zurecht, bewältigen sie leidlich Aufgaben wie Schreiben oder sogar Fahrradfahren. Nach dem Ende des Experiments kommt es zu einer neuerlichen (wenn auch kürzeren) Phase weitgehender Handlungsunfähigkeit. Eine gewisse Desorientierung und Störung der Befindlichkeit hält das ganze Experiment über an und wirkt noch lange nach. Unzutreffend ist die weit verbreitete Darstellung, dass nach einer Gewöhnung an die Brille der visuelle Eindruck wieder richtig herum erscheine, und dass nach Ende des Experiments die Welt dann erneut für eine gewisse Zeit auf dem Kopf stehe [▶ Kap. 7].

Medienkrankheiten & Gegenmittel. Auch in Flug- und Fahrsimulatoren und in Rundum- oder Imax-Kinos etc. kommt es regelmäßig zu Bewegungskrankheiten: Durch **Kamerabewegung** (oder digitale Äquivalente dazu) wird den Betrachtern visuell suggeriert, sie seien in Bewegung geraten, während sie zugleich somatosensorisch und vestibulär Ruhe empfinden. Sogar bei normaler Kinoleinwand und beim Blick auf Bildschirme, insbesondere wenn man, wie etwa bei Videospielen, dem Bildschirm nahe ist, kann es derart zu widersprüchlichen Reizen kommen. So verursachte Kinetosen werden *Simulator-*, *Cyber-* und *Gamingsickness* genannt. Mit verschiedenen Methoden bemüht man sich darum, die sensomotorische Unstimmigkeit zu verringern:

▌ Bei **Flug- und Fahrsimulatoren** suggeriert man durch **Neigung** Beschleunigung (setzt also auf die Umkehrung der oben erwähnten Illusion, sich bei Beschleunigung zu neigen): Man kippt z. B. die Zuschauerkabine beim visuell suggerierten Beschleunigen nach hinten und beim Bremsen nach vorn.

▌ **Fixierte Fahrräder** oder **Laufbänder** nutzt man in anderen Szenerien **virtueller Realität**. Mit diesen Hilfsmitteln soll beispielsweise die simulierte Begehung eines virtuellen Bauwerks oder einer virtuellen Stadt ohne Störungen des Wohlbefindens über die Bühne gebracht werden. Dabei spielt es keine Rolle, ob die bewegten Bilder nun mit 3D-Brillen, durch Projektion auf mehrere Wände (*Cave*) oder auch nur über Leinwände oder Bildschirme, die mehr oder weniger das Gesichtsfeld füllen, vermittelt werden. Die Art, in der so Körperbewegung mit der visuell induzierten Bewegung verbunden wird, birgt indessen Probleme. So fehlt die Drehung beim Richtungswechsel, da man auf den Bändern nur geradeaus gehen kann. Platt-formen mit Kugelboden sollen künftig beliebige Wendungen erlauben und damit Körperbewegung realistischer mit der Bewegung des Bildes verbinden; oder man gibt behelmten Cybernauten Auslauf in Hallen (siehe unten).

▌ Auch illusorische Muskelbewegungen durch **Vibration** kommen als Ergänzung der visuell erzeugten Bewegungsempfindungen in Betracht.

Alternativen zu den technisch aufwendigen Gegenmitteln zu Simulator-, Cyber- oder Gaming-Sickness liegen u. a. in klassischen **Mitteln der Raum- und Bewegungsdar-stellung des Kinos.** Dort ist die Vermittlung von Raumgefühl durch induzierte Bewe-gung erst mit der Verbreitung entsprechender digitaler Bilder sowie neuen Techniken zur Mobilisierung der Aufnahmeapparatur in Mode gekommen. Traditionell wurde Raumgefühl nicht primär über Kamerabewegung erzeugt (*Immersion*), sondern durch das Ablichten bewegter Menschen und Objekte (*Mitbewegung, Involvierung*). Das kann man an zahllosen Beispielen des klassischen Filmthemas *Verfolgungsjagd* nachvollzie-hen: Bewegungsinduktion durch Kamerafahrten wird da durch entsprechende Schnit-te, aber auch Verbindungen beider Formen der Bewegung im selben Bild relativiert. Aufdringlichere Passagen schwindelerregender Kamerabewegungen werden traditio-nell hauptsächlich eingesetzt, um ein gestörtes Raumgefühl (Verwirrung, Panik, Traum) bei den Protagonisten nachempfindbar zu machen. Ein anderes, bei Video-spielen regelmäßig angebotenes Gegenmittel zu Kinetose und Desorientierung ist die Verbindung der simulierten Szenerie mit **Plänen** bzw. **Karten.**

Lesen ▶ Brandt, 1999; Gibson, 1973, Kap. 4; Goldstein, 2002, Kap. 8 & 13 (fehlen in der Neuauflage von 2008); Scott, 2002; *Schwerelosigkeit:* Oman, 2007; Walter, 1997; *Umkehrbrillen:* Dolezal, 1982; Kohler, 1951, 1966; Kottenhoff, 1961; Rock, 1985; *Medienkrankheiten & Gegenmittel:* Biocca, 1992; Durlach et al., 2000; Lagny, 2005; Schönhammer, 2005b; Whyte, 2002

Techniken der Beruhigung und Erregung (Mechanische Drogen)

Um Säuglinge zu beruhigen, wiegt man sie im Arm. Auch **Wiege** und **Schaukel** wirken offensichtlich über die rhythmische Folge von Beschleunigungskräften auf die Bewusstseinslage. Dass Bewegung dabei ähnlich treffsicher wie psychoaktive Drogen auf die Gehirne von jung und alt wirkt, hat manche skeptische Betrachtung des Gebrauchs dieser Geräte veranlasst; so waren sich die Aufklärer Rousseau und Kant in ihrer Ablehnung des Wiegens von Kindern einig.

Inzwischen hat man in Tierversuchen und in Schlaflabors nachgewiesen, dass leich-tes Schaukeln dem Schlaf förderlich ist. Die Stimulation des Innenohres scheint dabei über die Anregung des ▶ *aufsteigenden retikulären Systems* insbesondere den ▶ *para-*

doxen Schlaf zu unterstützen, welcher mit Zuständen *veränderten Wachbewusstseins* (*Trance*) verwandt ist (McGinty, 1985; Woodward et al., 1990).

Philosophische Ästhetik ▶ Schwingen vs. Erschrecken

Nichts könne „eine bessere Idee vom Schönen geben", stellte Edmund Burke in *Vom Erhabenen und Schönen* fest, als die Empfindung, die man habe, „wenn man in einem bequemen Wagen schnell auf weichem Rasen fährt, bald allmählich aufsteigend, bald leicht abfallend". (1956, 199). Ebenso wie beim Wiegen sieht er hier das Schönheits-Prinzip „allmählicher Änderung" am Werk. Den erhabenen, durch Schreck beeindruckenden Gegenpol bildet etwa das Erlebnis, ins Leere zu treten, wenn man beim Treppensteigen eine Stufe mehr als vorhanden unterstellt (ebd., 189).

Der Effekt einer Beruhigung durch leichte Erregung, den Menschen durch die Schwingungen von Wiegen, Schaukelstühlen, Hängematten oder Wasserbetten erzielen, ist übrigens auch mit dem Gattungskennzeichen *aufrechter Gang* verbunden, bei dem der Kopf rhythmisch in allen Ebenen des Raumes schwingt. Dass Gehen belebt und zugleich beruhigt, haben zahlreiche Dichter und Philosophen an sich und anderen beobachtet. Die traditionelle Praxis, Säuglinge mit Tragetüchern am Körper zu tragen, erlaubt es, wache erwachsene Aktivität einschließlich des nomadischen Herumziehens mit beiläufiger Beruhigung des Nachwuchses zu verbinden. Man kann spekulieren, ob hier – evolutionär gesehen – der Grund für die mentale Wirkung der Pendelbewegungen des Gehens liegt.

Im Kontrast zu sanften mechanischen Drogen, wie Gehen oder Wiegen, stehen Praktiken, die, wie intensives Schaukeln, der Kavalierstart mit dem Automobil oder das Bungeejumping, durch **exzessive Beschleunigung** berauschen. Zum „Kick" solcher **starken Reize** trägt die **existentielle Verunsicherung** bzw. **Angst** angesichts des (drohenden) Stürzens bei.

Design ▶ Segway & Swingo

Der von Dean Kamen entwickelte *Segway* ist ein ungewöhnliches *Hightech*-Zweirad, das zu Beginn des neuen Jahrhunderts mit dem Versprechen lanciert wurde, den Stadtverkehr zu revolutionieren. Die Räder stehen nebeneinander wie bei alten mechanischen Rasenmähern [▶ Abb.]. Man stellt sich zwischen die Räder auf eine Plattform, lässt sich nach vorne kippen – und fährt los, anstatt hinzufallen. Der Zauber, der den Sturz verhindert, wird von *Gyroskopen* vollbracht, die für die Maschine leisten, was bei uns der Gleichgewichtssinn vollbringt. Das drohende und doch verhinderte Fallen begeistert viele beim Ausprobieren: ein (flug)traumhaftes Erlebnis.

Der *Swingo* (Entwurf: Axel Bossert) ist ein *lowtech*-Gerät ohne Räder, das aus einem Semesterprojekt von Designstudenten in Halle hervorging, bei dem nach radfreien Alternativen zum Rollstuhl

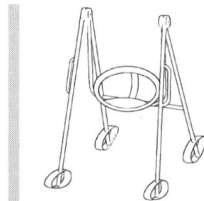

gesucht werden sollte (in Afrika werden Rollstühle der Räder wegen allzu oft gestohlen). Auf dem Swingo kommt man durch die Verbindung von Schaukeln und Armbewegung vorwärts [▶ Abb.]. Aus Schaukeln, das ebenfalls ein abgefangenes Fallen ist, wird hier verblüffenderweise Gehen. Eigenes Geschick ist gefordert und die Sensomotorik wird trainiert. Die Fortbewegung ist rhythmisch. Ein Hilfsmittel für Gehbehinderte, das auch für andere reizvoll ist.

Einen eigenen – offen auf Schwindel zielenden – Untertypus von Rauschtechniken bilden Drehspiele, -tänze und -geräte. An diese knüpft der vom Kulturanthropologen Roger Caillois (1982) geprägte Begriff *Ilinx* (griechisch für Wasserstrudel) an. Gedacht ist dieses Etikett für alle Formen rauschhafter Bewegung von kindlichen Taumelspielen über Tänze wie den Walzer und Sportarten wie Skifahren bis hin zu solchen Erlebnissen, wie sie Apparate auf Jahrmärkten oder der entsprechende Gebrauch von privaten Motorfahrzeugen ermöglichen.

Regelmäßig wird starke Erregung des Gleichgewichtsorgans auch im Unterleib spürbar. So berichteten Militärpiloten dem Wiener Neurologen Josef Wilder (1931), dass sie bei Sturzflügen (und wenn sie in Luftlöcher gerieten), sexuell erregt wurden. Der Designtheoretiker Bernhard Rudofsky (1987) sieht hier ein Moment der „Pathologie des Schaukelns", für das er seinerseits historische Belege nennt. Sexuelle Erregung als Folge rhythmischer Bewegung in religiösen Ritualen und profanen Ekstase-Praktiken konstatiert auch der Neurologe Siegel (1979/80).

Schon die Wahrnehmung, sich auf spiegelglattem (Eis-)Boden zu befinden, also die Aussicht darauf, in freies Gleiten zu geraten, oder der Blick aus ungesicherter Position (frei stehend) in einen Abgrund kann als bedrohlicher aber auch berauschender Strudel oder Sog wahrgenommen werden (siehe unten). Dass Existenzbedrohung eingesetzt werden kann, um die Lebensgeister zu wecken, ist in den Begriffen *Wonneangst* und *Angstlust* (*Thrill*) gegenwärtig. Persönlichkeitstheorien versuchen zu erklären, warum nicht alle Menschen gleichermaßen entsprechende Herausforderungen suchen. Eine Denkrichtung, die Thrill-Theorie des Psychoanalytikers Balint (1960), ebenso wie moderne motivationspsychologische Konzepte (Göring, 2006), macht Unterschiede im Bedürfnis, sich zu beweisen, namhaft. Angstlust sucht demnach, wer sehen will, ob er auch in einem Strudel letztlich die Kontrolle behält. Das leuchtet ein, wenn es beispielsweise um Snowboardvirtuosen oder Wildwasserkanuten geht. Im Hinblick auf Jahrmarktsvergnügen ist die Argumentation mit einem Kontrollbedürfnis, das Herausforderungen sucht, weniger plausibel. Eine andere, von Marvin Zuckerman (1983) konzipierte, physiologisch orientierte Theorie geht davon aus, dass es Menschen gibt (*sensation seeker*), deren Nervenkostüm so (grob) gestrickt ist, dass sie starke Reize brauchen, um sich lebendig zu fühlen. Das Konzept eines besonderen Reizhungers trifft sich mit der Hypothese, dass *Hyperaktivität* als Reaktion auf eine verminderte zentralnervöse Erregbarkeit zu verstehen sei (tatsächlich therapiert man „Zappelkinder" u. a. mit Stimulantien).

Die vormalige therapeutische Überstimulation des Gleichgewichtsorgans von Geisteskranken in sogenannten „Irrenschleudern" gilt als ein Schandfleck in der Geschichte der Psychiatrie (Langegger, 1983). Im Vergleich mit den Nebenwirkungen moderner Therapieformen einerseits und der freiwilligen vestibulären Schocktherapie andererseits, der sich viele Menschen auf dem Jahrmarkt unterziehen, erscheinen solche Praktiken vielleicht nicht ganz so außergewöhnlich brutal bzw. so absurd, wie sie auf den ersten Blick anmuten (Jütte, 2007).

Lesen ▶ Caillois, 1982; Siegel, 1979/80, 1995; Slunecko, 2007; Virilio, 1978; Zglinicki, 1979

Vertikal und schräg (Gleichgewichtssinn und Architektur)

Bewegung des sichtbaren Umfeldes kann, wie dargelegt, suggerieren, man selbst sei in Bewegung geraten. Ebenso kann das visuelle Bezugssystem darüber täuschen, ob Gegenstände oder wir selbst im Lot sind. Witkin und Kollegen wiesen in einem klassischen Experiment die **Abweichung der subjektiven Vertikale** von der physikalischen bei einer täuschenden optischen Anordnung nach: Sie platzierten Versuchspersonen in einen in unterschiedlichem Maß schräg gestellten Raum auf einen Sitz, dessen Neigung

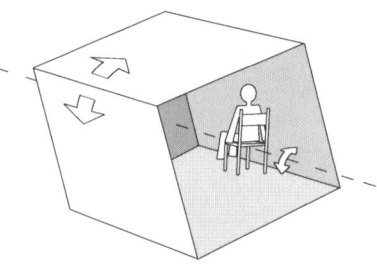

seinerseits auf der Drehachse des Raumes verstellbar war; aufgefordert, den Sitz in die Vertikale zu bringen, wählten die Versuchspersonen in der Regel eine Position, die mehr oder weniger in Richtung dessen, was sie vor Augen hatten, vom Lot abwich [▶ Abb.]. Dass sich dabei manche stärker auf ihr Gefühl für Schwerkraft verließen als andere, wurde als Persönlichkeitseigenschaft gedeutet (*Feldunabhängigkeit* vs. *Feldabhängigkeit*). In stilisierter, weniger aufwendiger Weise lässt sich der Einfluss der Ausrichtung des sichtbaren Bezugssystems auf das Gefühl für die Vertikale durch einen **drehbaren Leuchtstab** demonstrieren, den man im Dunkeln in einem **drehbaren Leuchtrahmen** präsentiert (*rod & frame* [▶ Abb.]).

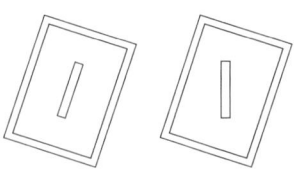

Was im Lot ist, steht sicher. Im Wahrnehmen machen wir offenbar implizit den Umkehrschluss von der vorherrschenden Ausrichtung des sichtbaren Umfeldes auf die Vertikale („Was steht, muss im Lot sein"). Wegen der Reize aus dem Innenohr, die eher die physikalischen Verhältnisse registrieren, pendelt sich die empfundene Vertikale zwischen täuschender visueller Suggestion und tatsächlicher Schwerkraftrichtung ein. Konsequent **schräg gebaute Häuser** bringen Besucher tendenziell aus dem Gleichgewicht. Was als architektonische Spielerei (wie etwa in Gebäuden der manieristischen Gartenanlage im Park von Bomarzo von 1580) eine gewisse Tradition hat, ist in der jüngeren Vergangenheit zu einem stilistischen Trend geworden (u. a. Zaha Hadid, Daniel Libeskind, Frank O. Gehry): Verunsicherung über Lage des Lotes als ästhetisches Erlebnis.

Versetzt man in einem Gedankenexperiment Versuchspersonen *dauerhaft* in eine Umgebung mit umfassender variabler optischer Schräge, könnte es nach einer Phase von Schwindel – die viele Besucher solcher Bauwerke tatsächlich schnell erfasst und auch nach Verlassen der Gebäude nicht so bald loslässt – zu einer verstärkten Gewichtung von Innenohrreizen und Kinästhesie im intermodalen Konzert des Gleichgewichtssinnes kommen (Stärkung der *Feldunabhängigkeit*).

Auch durch Wegführungen, die Besucher überraschend oder ohne subjektiv ausreichenden Halt dem Blick auf **Abgründe** aussetzen, sorgen Architekten gelegentlich für Nervenkitzel. Für Verunsicherung sorgen beispielsweise transparente Böden oder Gitter (analog zu den bekannten Experimenten mit dem ▶ *visuellen Kliff*, jener Inszenierung eines Tiefblicks, die neugeborene Säugetiere und unter gewissen Bedingungen auch Krabbelkinder von der Bewegung über eine Glasscheibe abschreckt [▶ Abb.]). Die Wirkung von Tiefblicken, die Treppenanlagen regelmäßig freigeben, relativiert sich an der Sicherung (Höhe und anschauliche Vertrauenswürdigkeit von Balustraden).

Einzelne Schrägen in einem Umfeld, das insgesamt nicht über die Lage der Vertikalen verunsichert, wirken, wie Arnheim (1978) betont, **dynamisch**. Eventuell deshalb, weil solche Strukturen beim Betrachter einen Stütz- bzw. Bewegungsimpuls auslösen, wie man mit der *Einfühlungs- oder Mitbewegungsästhetik* vermuten könnte. Debattiert wird (Miller, 2007), wie sich diese Wirkung von Schrägen zum Schräge-Effekt (*oblique effect*) verhält: Dem Umstand, dass man sich bei einer Reihe von Wahrnehmungsaufgaben bei schrägen Vorlagen schwerer tut als bei vertikalen oder horizontalen; dieser Effekt wird darauf zurückgeführt, dass die Richtungsdetektoren im visuellen Kortex auf horizontale und vertikale Konturen eingestellt seien, weshalb weiter Schrägheit auch ästhetisch weniger eingängig sei.

Treppenläufe jedenfalls sind ein dynamisches Element im Erscheinungsbild von Bauwerken. In diesem Fall ist die Schräge fraglos eine Einladung zur Bewegung (sofern die Treppe nicht zu steil ansteigt). Treppen greifen in den Rhythmus des Gehens ein – auch diese Modulation der Bewegung nimmt man bei ihrem Anblick potentiell vorweg. Flüssig treppab zu gehen – in kleinen Etappen zu fallen –, bietet zudem Momente von Schwerelosigkeit.

Nach einer weitergehenden These sprechen sämtliche Strukturen, die bezogen auf eine vertikale Achse symmetrisch oder asymmetrisch sind, prinzipiell den Gleichgewichtssinn der Betrachter an. Die Symmetrieachse würde mit der Körperachse identifiziert und die optischen Verteilungen als Gewichte aufgefasst (Schmarsow, Klee, Arnheim). Als ästhetisches Optimum gilt dabei meist eine leichte Abweichung vom „Gleichgewicht".

Lesen ▶ Arnheim, 1978, 1980a; Auer, 1993; Bloomer & Moore, 1980; Johnson, 1996; Meisenheimer, 2004; Miller, 2007; Rittelmeyer, 1994, 2007; Rock, 1985; Seyler, 2003

Orientierung, Denken und Emotion

Wie am Ende des vorigen Kapitels schon angesprochen, bildet die sensomotorische Integration vermutlich die Basis der kognitiven Entwicklung. In diesem Kapitel hat sich nun gezeigt, dass das, was man *Gleichgewichtssinn* nennt, die Wahrnehmung der eigenen Lage und Bewegung im Raum, als Zentrum dieser Integration aufgefasst werden kann.

Die Hirnforschung belegt, dass bei Aufgaben, die räumliches Denken bzw. Vorstellen erfordern, tatsächlich Bereiche im Scheitellappen, genauer in Übergangsbereichen von diesem zu Frontal-, Schläfen- und Hinterhauptslappen des Gehirns aktiv sind, in denen somatosensorische, vestibuläre, akustische und visuelle Reizzuflüsse und auch Bewegungssteuerung aufeinander bezogen werden.

Wir orientieren uns normalerweise durch das Zusammenspiel von Sehen, Körpergefühl und Innenohrreizen (sowie Hören und – weniger dominant – Riechen). Auch bei einem Ausfall der Seh- und Hörfunktion können wir einen Punkt im Raum, von dem wir uns entfernt haben, relativ treffsicher direkt ansteuern (*Pfad-* bzw. *Weginte-gration*).

Experiment ▶ Taub-blinde Orientierung

Lassen Sie sich mit verbundenen Augen und verstopften Ohren einen Ihnen nicht vorweg bekannten Weg entlang führen, der ein offenes Dreieck ergibt [▶ Abb.]. Vervollständigen Sie das Dreieck, indem Sie nun selbständig den direkten Weg (Richtung und Entfernung) zum Ausgangspunkt gehen. Nehmen Sie die Binde ab, um zu sehen, wie gut Sie den (markierten) Ausgangspunkt getroffen haben.

Variation: Lassen Sie sich auf einem Bürostuhl schieben, ohne mit den Füßen den Boden zu berühren.

Effekt & Deutung: Dank Kinästhesie und vestibulärer Information gelingt die *Pfad-* bzw. *Wegintegration*, also das Zurückfinden, vielen Versuchspersonen gut. Selbst bei passiver Bewegung kann man dem Ausgangspunkt nahe kommen.

Sehende orientieren sich stark an herausragenden Erscheinungen (Wahr- bzw. Wegzeichen; heute meist mit den Anglizismus *Landmarken* etikettiert) sowie dem Erscheinungsbild von Weggabelungen [▶ Kap. 7].

Orientiert zu sein, ist von existenieller Bedeutung für Mensch und Tier. **Desorientierung** verunsichert. Sich zu verlaufen, ist bekanntlich nicht nur ein kognitives Problem, sondern macht auch **Angst**. Dabei kann einem – ganz ohne Beschleunigung, Schräge oder Drehung – schwindelig werden. **Schwindel** bei Desorientierung – und allgemeiner: bei Verwirrung – verrät die sensomotorische Basis von Orientierung und Denken. Desorientierende Sinnesreize oder Schilderungen erzeugen eine **unheimliche Atmosphäre**.

Bei der Untersuchung von Raumorientierung und Ortsgedächtnis werden heute Szenarien virtueller Realität eingesetzt, um das Reizmaterial beliebig manipulieren zu können. Bei der Bewertung der Ergebnisse solcher Untersuchungen ist zu bedenken, dass die Bewegung in Szenarien virtueller Realität, wie oben dargestellt, ohnehin wegen des Widerspruchs der somatosensorischen, vestibulären und visuellen Bewegungsindikatoren ein Verwirrungspotential in sich birgt, das man nicht unterschätzen sollte („lost in cyberspace"); man versucht dem in jüngster Zeit (etwa im *Cyberneum* des Max-Planck-Instituts für Biologische Kybernetik in Tübingen) durch die Kombination von virtueller Szenerie und möglichst realistischer freier Bewegung im Raum entgegenzuwirken.

Lesen ▶ Dietrich, 2006; Downs & Stea, 1982; Kerkhoff, 2006; Lehwald, 2006; Mallot, 2006; Mast, Bamert & Newby, 2007; Schönfelder, 2008

Halluzinationen, Schlaf und Traum

Reize aus dem Gleichgewichtsorgan sind auf verschiedenen zentralnervösen Ebenen stark mit anderen Sinnen, Motorik, autonomen Funktionen wie Kreislauf, Atmung und Verdauung, und schließlich mit Affekten und Wachheitsregulation vernetzt. Das hat zur Folge, dass viele Erkrankungen von Körper, Gehirn und Psyche Schwindel mit sich bringen. In manchen Fällen, insbesondere bei verschiedenen neurologischen oder psychiatrischen Krankheitsbildern, wird der Schwindel nicht nur als Wahrnehmungs- oder Befindlichkeitsstörung erlebt, sondern die von ihm vermittelte Scheinbewegung des eigenen Körpers oder der Umwelt – halluzinatorisch – für bare Münze genommen. Solche Patienten glauben etwa **zu fliegen** oder **zu schweben**. Auch psychoaktive Drogen oder Trancetechniken können zu solchen Erlebnissen verhelfen.

Weil Gleichgewichtsempfinden und Körperbild eng verknüpft sind (auf höchster Ebene durch ein multimodales kortikales Netz vermittelt), gehen Flug- bzw. Schwebe-Halluzinationen nicht selten mit **Störungen des Körperbewusstseins** einher (*außerkörperliche Erfahrungen, Doppelgängererlebnisse, Erlebnisse unheimlicher Nähe*).

Schwindel und **außer sich sein** (die Wortbedeutung von *Ekstase*) sind zwei Seiten derselben Medaille. Affektiv sind solche Zustände labil, d. h. abhängig von Kontextbedingungen sorgen sie für **Euphorie** (Gefühl absoluter Freiheit) oder **Panik** (Erschrecken über die Haltlosigkeit).

Viele Menschen kennen Schwebe- oder Fallmomente beim Einschlafen oder Aufwachen sowie aus gelegentlichen oder phasenweise wiederholten, eindrücklichen Träumen. Auf einen einfachen Nenner gebracht, rühren solche Einschlaf- bzw. Aufwacherlebnisse und Träume vom Fliegen und Fallen (sowie solche von Doppelgängern und anderen Gespenstern) daher, dass in manchen Momenten des Schlafes Schwindel sowie gestörtes Körpergefühl passende Vorstellungen wecken. Da in Momenten des ▶ *paradoxen Schlafes* die tatsächliche augenblickliche Lähmung des Körpers zugleich mit Schwindel empfunden werden kann, sind abrupte Übergänge zwischen Bewegungshemmung und Fliegen (oder die Kombinationen beider) im Traum nicht verwunderlich.

Lesen ▶ Blanke et al., 2004; Brugger et al., 1996; Menninger-Lerchenthal, 1935; Schilder, 1942; Schönhammer, 2004a

Schlaf und Traum ▶ Fliegen und Fallen im Treppenhaus

Treppen sind ein verbreitetes Szenario in Flug- und Fallträumen; insbesondere bei Kindern und Jugendlichen (Schönhammer, 2004a). Eine Erklärung ergibt sich aus dem Umstand, dass Treppen sowohl wegen der auf ihnen vollzogenen Bewegungen (Momente von Schwerelosigkeit) als auch wegen schwindelerregender Tiefblicke und schreckhafter Momente des Stolperns und Strauchelns für Wahrnehmungen sorgen, die Empfindungen in erregten Momenten des Schlafs entsprechen: Treppenszenarien sind also eine naheliegende Möglichkeit für das Bewusstsein, im Traumzustand die aktuellen Körperempfindungen plausibel zu machen.

Kulturgeschichte und Ethnographie des 6. Sinnes

In der gegenwärtigen zivilisierten Lebensweise macht das Sitzen dem Gehen, das unsere Gattung kennzeichnet, erhebliche Konkurrenz. Viele Menschen bewegen sich regelmäßig sitzend fort und lassen auf Bildschirmen realistische, bewegte Bilder der Welt sitzend oder liegend mit starr ausgerichtetem Kopf und eingeschränkter Blickbewegung Revue passieren. Das menschliche Gehirn, das sich passend zum zweibeinigen Herumstreifen entwickelt hat, ist offenbar flexibel genug, auch unter den veränderten Bedingungen – mit gewissen Einschränkungen – seinen Dienst zu tun.

Technische Geräte, die Menschen das Balancieren und Sichorientieren abnehmen, ergänzen den Körper, indem sie nach außen verlagern, was in ihm angelegt ist. Marshall McLuhan (1994) charakterisierte diesen Vorgang, ohne dabei speziell den Gleichgewichtssinn beim Namen zu nennen, als *Selbstamputation*. – Es stellt sich die Frage: Führt die sitzende Lebensweise bzw. Unterforderung des Gleichgewichtssinnes **längerfristig** zu sensomotorischen, kognitiven und affektiven **Defiziten** (Kückelhaus & zur Lippe, 1982)? Oder erzeugt das Fehlen jener Stimulation, die das Gehen mit sich bringt, einen **kompensatorischen Erlebnishunger** (Liedloff, 1980; Rudofski, 1987)? Sind mit Schwindel liebäugelnde Ansätze in Kunst, Architektur, Design und Medien die Folge einer **veränderten Sensibilität**, die ihrerseits aus der technischen Entwicklung bzw. einem epochalen Mentalitätswandel resultiert (Asendorf, 1997)?

Insbesondere in der Kunstgeschichte hat die Frage nach dem historischen Wandel von Körper- und Raumwahrnehmung eine längere Tradition. Daran knüpften Untersuchungen auch im Hinblick auf technische Neuerungen wie Eisenbahntransport im 19. Jh. oder das Fliegen an der Wende zum 20. Jh. an. Nur gelegentlich stehen aber Schwindel und/oder Balance im Zentrum kunsthistorischer (Asendorf, 1997, Simmen, 1990), kulturgeschichtlicher (Janz, Stroemer & Hiepko, 2003; Hagner, 2001) und ethnographischer (Geurts, 2002) Studien.

Naturgemäß bergen Untersuchungen zur Beziehung von Technik, Kunst, Wahrnehmung und Befindlichkeit viele Unwägbarkeiten in sich. Mit welchem Recht kann man etwa von Veränderungen in Stilen bzw. Themen von Malerei und Architektur auf den Wandel alltäglichen Erlebens schließen? Statt eine Änderung von Wahrnehmungsweisen oder Mentalitäten zum Ausdruck zu bringen, verrät ein Trend zu schwindelerregender Gestaltung womöglich eher die banale künstlerische Not, originell sein zu wollen bzw. zu müssen, in Verbund mit der Bereitschaft, auszureizen, was neueste Technik (bspw. in der Architektur) erlaubt. – Weiter mag der Gebrauch „mechanischer Drogen" im vergangenen Jahrhundert explosiv zugenommen haben. Daraus lässt sich aber nicht ohne Weiteres schließen, dass Menschen nicht auch in früheren Kulturen entsprechenden Wirkungen zugänglich waren und sie mit bescheideneren Mitteln auch gesucht haben (Caillois, 1983; Schönhammer, 1991). Nur in breiter historischer und ethnographischer Perspektive ist man davor gefeit, Kontinuitäten im Erleben zu übersehen. Ohne Zweifel bringt der heutige Alltag in der technisierten Gesellschaft spezifische Anforderungen an den 6. Sinn mit sich. Das impliziert Zumutungen und Risiken, die es wert wären, auf ihre langfristigen Effekte hin untersucht zu werden.

Kunst, Medien & Werbung ▶ Bilder vom Gleichgewichtssinn

Der spät entdeckte 6. Sinn fehlt in den traditionellen allegorischen Darstellungen der Sinne. Allerdings finden sich schon in Höhlenzeichnungen Darstellungen, die möglicherweise schwebende Menschen darstellen. Schweben und (apokalyptisches) Stürzen gehören zu den Bilderwelten verschiedener Religionen und – eng damit verbunden – zur Illustration von Ekstase und Traum. (Drohendes) Stürzen bzw. Balance unter erschwerten Bedingungen boten traditionell Akrobatik und (Ballett-)Tanz; seit den Frühzeiten des Kinos sind sie ein beliebtes Filmthema; ebenso wie hohe Geschwindigkeit, die in Werbespots für

Automobile nicht fehlt. Nur gelegentlich findet man auch jenseits medizinischer Literatur Abbildungen der Innenohrstrukturen; für die meisten Laien sind diese nicht als solche zu erkennen. Die Lokalisierung der Schwindelempfindung im Kopf wird in Comics und Cartoons durch Spiralen (und Sternchen) um den Kopf angedeutet. Bilder von Schrägen, labilem Gleichgewicht, Abgründen und schnelle, saltoartige Bewegung können Schwindelgefühle beim Betrachten auslösen. Das gilt auch für verwirrende, desorientierende, konkrete oder abstrakte Szenarien (z. B. Opart); ▶ *perzeptive Deprivation*; ▶ Ganzfeld. Im Film wird Schwindel durch irritierende Kamerabewegungen (unsichere und schnelle Bewegung, Drehen, Rollen) dargestellt und zugleich wirkungsvoll auf die Zuschauer übertragen.

Lesen ▶ Asendorf, 1997; Bezzola et al., 1993; Koebner, 2003; Kreitler & Kreitler, 1980, Kap. 8; Lagny, 2005; Simmen, 1990

Rückschau in Fragen

Was registriert das Gleichgewichtsorgan im Innenohr?

Inwiefern umschließt der Gleichgewichts*sinn* mehr als die Verarbeitung von Informationen des Gleichgewichts*organs*?

Was bedeutet das für die Entwicklung des Gleichgewichtssinns in Kindheit und Jugend sowie im höheren Alter?

Warum kann in bewegten Fahrzeugen die Empfindung entstehen, man (das Fahrzeug) befinde sich im Stillstand?

Wie kommt es, dass Fortbewegungsmittel, aber auch Bildmedien zu Bewegungskrankheiten führen können?

Wie versucht man dem beizukommen?

Inwiefern kann man die Stimulation des Gleichgewichtsorgans als „mechanische Droge" ansprechen?

Wie lassen sich die unterschiedlichen Wirkungen der Stimulation auf den Bewusstseinszustand verstehen?

Wie kann die visuelle Wahrnehmung von Architektur den Gleichgewichtssinn ansprechen?

Was versteht man unter *Weg*- bzw. *Pfadintegration*?

Warum kann Desorientierung Schwindel erregen?

Was haben *außerkörperliche Erlebnisse* mit dem Gleichgewichtssinn zu tun?

Welche kulturellen Einflüsse auf das Fungieren des Gleichgewichtssinns sind denkbar bzw. werden diskutiert?

Teil II
Die chemischen Sinne – Riechen und Schmecken

Leben bedeutet **Stoffwechsel** von Organismen mit ihrer Umwelt. Sehr früh in der Evolution spezialisierten sich Teile von einfachen Lebewesen darauf, zu **prüfen**, ob die dem Organismus in seinem Milieu begegnenden Stoffe ihm **zu- oder abträglich** sind.

Erst allmählich differenzierte sich diese chemische Wahrnehmung in Riechen und Schmecken. Manche Fische und Würmer besitzen Rezeptoren der chemischen Wahrnehmung an der gesamten Körperoberfläche, Insekten an Fühlern oder Beinen. Bei Säugetieren prüft der Geschmackssinn, dessen Rezeptorzellen sich in der Mundhöhle, hauptsächlich auf der Zunge, befinden, die Nahrung, bevor der Organismus sie weiter einverleibt. Der Geschmackssinn wird deshalb als *Nahsinn* bezeichnet; genau genommen bedeutet Nähe hier bereits **Eindringen** in den Randbereich des Verdauungstraktes.

So gesehen, ist auch das Riechen ein *Ultra-Nahsinn*. Anders als beim Schmecken reagieren die Sinneszellen in der Nasenhöhle auf flüchtige Bestandteile von Objekten, die vom Organismus weit entfernt sein können. Das Riechen ist eindringlich wie das Schmecken und zugleich ein *Fernsinn*. Da Riechen bei Säugetieren mit Atmen verknüpft ist, sind sie dem, was für sie wahrnehmbar in der Luft liegt, auf besondere Weise **ausgeliefert**. Einen üblen Geschmack dagegen können sie, haben sie ihn einmal dingfest gemacht, leichter vermeiden.

Riechen schließt die Bewertung von Objekten und Orten ein – entscheidet über **Zu- oder Abwendung**, so wie Schmecken darüber, ob sich der Organismus Angeboten der Umwelt endgültig **öffnet**, um sie in sich aufzunehmen. Neben der riech- und schmeckbaren Qualität von Nahrungsmitteln tragen die chemischen Sinne zur Anziehung und Abstoßung zwischen den Individuen derselben und verschiedener Arten bei (Wittern von Beute oder Feinden, Attraktion von Sexualpartnern, gegenseitiges Erkennen in der Brutpflege, Abgrenzung von Territorien), erlauben Orientierung in der „Geruchslandschaft" (*Smellscape*) und können jenseits der Warnung vor Feinden und ungenießbaren Nahrungsmitteln auch auf Gefahren wie Feuer hinweisen. Der unmittelbar existentiellen Bedeutung solcher Wahrnehmungen entspricht ihre unvermeidliche affektive Färbung.

Riechen und Schmecken sind bei Säugetieren besonders hoch entwickelt. Bei einigen Arten, wie dem Menschen und anderen Primaten, sind die chemischen Sinnessysteme und ihre Leistungen allerdings rückläufig: Schweine, Rinder und Hunde haben feinere chemische Sinne als Menschen und Schimpansen. Erstere werden als *Makrosmaten* bezeichnet, Letztere zählen zu den *Mikrosmaten*. Diese Etikettierung sollte nicht dazu verleiten, den menschlichen Geruchssinn zu unterschätzen; einzelne Forscher schlagen neuerdings Menschen sogar eher den *Makrosmaten* zu (Shepherd, 2004).

Wissenschaftsgeschichte ▶ Aufrechter Gang & Irmas Nase

Spekulativ wird der aufrechte Gang dafür verantwortlich gemacht, dass beim Menschen die Bedeutung der chemischen Sinne ab- und die des Sehens zugenommen habe. Sigmund Freud sah hier den Grund für eine Verschiebung von der olfaktorischen zur visuellen sexuellen Stimulation beim Menschen – einschließlich der Bevorzugung des frontalen Geschlechtsverkehrs. Diese These passt allerdings nicht ganz zur bleibenden (wenn auch gegenüber anderen Säugetieren veränderten) Bedeutung des Riechens für die menschliche Sexualität.

Der Kulturanthropologe David Howes (2003) führt Freuds Geringschätzung des Geruchssinnes auf *Verdrängung* seitens des Gründers der Psychoanalyse zurück: Wegen eines so peinlichen wie schwerwiegenden Kunstfehlers seines Freundes Fließ bei einer Nasenoperation an der gemeinsamen Patientin Fräulein Eckstein (Freuds berühmter, in seiner *Traumdeutung* nachlesbarer Traum von „Irmas Injektion") habe sich Freuds frühere Anhängerschaft an die Fließsche Theorie vom Zusammenhang von Nase und Sexualität ins Gegenteil verkehrt. (Freud hatte der Patientin auf Grundlage dieser Theorie zur Operation geraten und sie an Fließ vermittelt.)

Die Tatsache, dass sich die chemische Wahrnehmung bereits in einem frühen Stadium der Evolution entwickelte und bei Säugetieren mit grundlegenden Lebensprozessen wie Ernährung, Fortpflanzung und Brutpflege verknüpft ist, spiegelt sich in der **zwiespältigen Bedeutung** von Schmecken und Riechen in unserer Kultur. So werden diese Sinne im philosophischen Denken und den Morallehren der westlichen Tradition auf der untersten Stufe einer Hierarchie der Sinne platziert. Entsprechend der theoretischen Bewertung als **niedere Sinne** finden Riechen und Schmecken traditionell keinen Zugang zu den **schönen Künsten**: Kochkunst und Parfumerie gelten nicht als gleichrangig mit Malerei oder Musik. Zugleich spielen die chemischen Sinne jedoch eine wichtige Rolle in der **alltäglichen Ästhetik** moderner Gesellschaften.

Lesen ▶ Hass, 1987; Hatt, 1996; Ingensiep, 2005; Leroi-Gourhan, 1988; Wilson & Stevenson, 2006; Wyatt, 2003

5   Riechen

„Versuchte man, sich einen Hund vorzustellen, der ein Gehirn vom gleichen Entwicklungs-
stand wie das unsere besäße, so stieße man auf ein gewaltiges Riechhirn, in dem sich Instrumente zu einer außergewöhnlich feinen Wahrnehmung der Welt durch deren Gerüche
herausgebildet hätten und zugleich damit eine Hyperaffektivität, die ihm anstelle unserer
rationalen eine ‚empfindsame' Intelligenz verliehe." (Loroi-Gourhan, 1988, 366)

Menschen können einige Tausend Gerüche unterscheiden. Schon bei relativ geringen
Konzentrationen von Duftstoffen riecht man „etwas" (*Wahrnehmungsschwelle* oder
unspezifische Reizschwelle), bei höheren Konzentrationen werden Düfte unterscheid-
bar (*Erkennungsschwelle*). Allerdings bedeutet Unterscheidbarkeit nicht zugleich
Identifikation: Man kann riechen, dass man es etwa bei zwei Geruchsproben mit verschiedenen Düften zu tun hat, ohne sagen zu können, um welche Düfte es sich handelt. Bei zunehmender Konzentration nimmt man relativ grob gestuft zunehmende
Intensität wahr (*Unterschiedsschwelle*) – es kommt indes auch zu **konzentrationsbe-
dingten Änderungen** der Geruchs**qualität**. Beim Riechen tritt relativ schnell weitgehende ▶ *Adaptation* ein: Geringere Konzentrationen vieler Duftstoffe werden schon
bald nicht mehr wahrgenommen, bei höheren Konzentrationen verliert die Wahrnehmung an Intensität. Die Nase bleibt so frei für Neues.

Neuro-Skizze ▶ Geruchssinn

Die Nasenhöhle ist durch die Nasenscheidewand zweigeteilt. Beide Teile durchziehen
muschelartige Gebilde (*Conchen*), die den Luftstrom kanalisieren. Die Riechzellen befinden sich jeweils in der Riechschleimhaut (*olfaktorischen Region*) nahe dem Nasendach.
Dort bewirken unterschiedliche chemische Reize spezifische Entladungsmuster von Kombinationen der Rezeptoren (das Spektrum unterscheidbarer Reize übertrifft die Zahl der
unterschiedlichen Rezeptoren bei weitem). Durch kleine Löcher im Schädelknochen (*Siebbein*) dringen Fortsätze der Riechzellen in den linken und rechten *Riechkolben* (*bulbus
olfactorius*). Die Riechzellen sowie die Zellen im Riechkolben werden in relativ kurzen
Zeiträumen (von einigen Wochen) erneuert (*Neurogenese*). Die Riechkolben weisen neu-
rologisch gewisse Ähnlichkeiten mit der Netzhaut des Auges auf. Da diese erste Schalt-
stelle des Riechsystems aber (anders als die Netzhaut) auch zahlreiche Zuflüsse (*Efferenzen*) aus zentraleren Bereichen des Gehirns erhält, welche die Reizaufnahme modulieren, wird sie selbst schon als Teil des Gehirns betrachtet (meist werden die Riechkolben
dem *limbischen System* zugerechnet). Von da ziehen die Nerven des Riechsystems zu
stammesgeschichtlich alten Bereichen des Kortex an der Basis von Frontal- und Schläfenlappen (u. a. den *piriformen Kortex*), die als *Riechhirn* (*primärer olfaktorischer Kortex*)
bezeichnet werden. Einen wesentlichen Beitrag zu Differenzierung und emotionaler
Bewertung von Gerüchen leisten (weitere) Bereiche des limbischen Systems (*Amygdala,
Hippocampus*) bzw. Verbindungen zum *Hypothalamus* (Regulation vegetativer Körper-

funktionen, u. a. als Moment von Emotionen und Stimmungen) und zur *Formatio reticula-ris* (Regulation des Wachheitsgrades, Orientierungs- und Schreckreaktion). Daneben laufen Nervenimpulse vom Riechhirn direkt sowie über den *Thalamus* (den zentralen Verteiler aller sensorischen Zuflüsse auf dem Weg zum Neokortex) zum *orbitofrontalen Neokortex*, der seinerseits eng mit limbischen Strukturen und Hypothalamus verbunden ist. In diesem Bereich der Hirnrinde, der direkt über den Augenhöhlen liegt, treffen durch Gerüche ausgelöste Nervenimpulse auf Erregungen, die auf Geschmacksreize und Zuflüsse aus den anderen Sinnen zurückgehen [▶ Kap. 9].

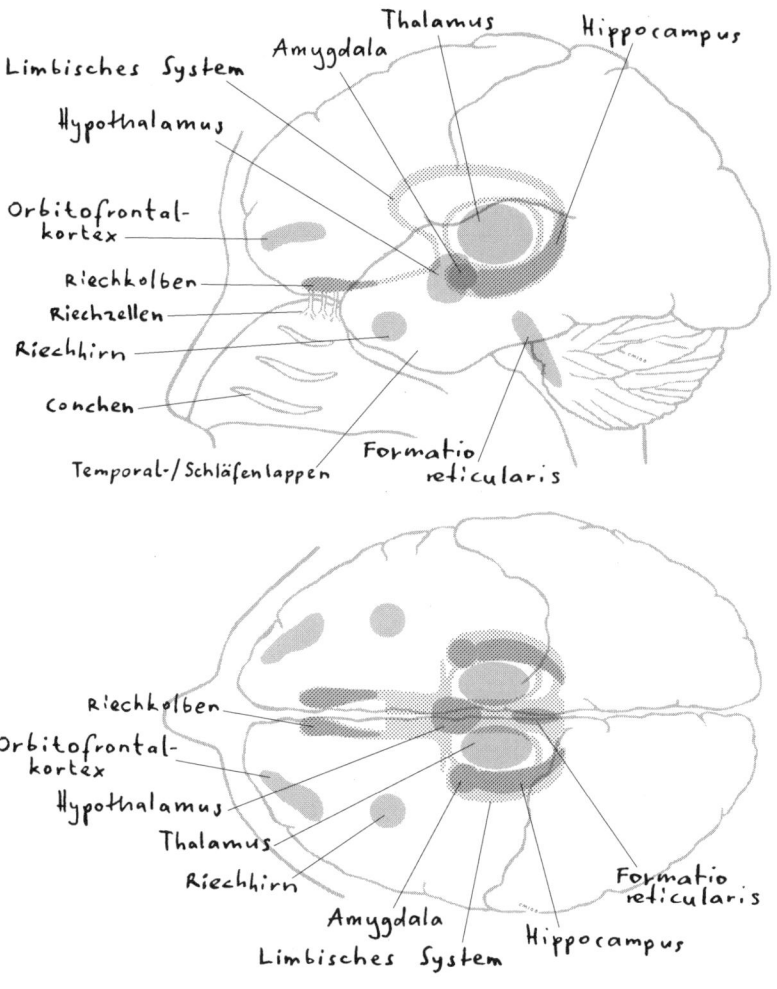

Lesen ▶ Birbaumer & Schmidt, 2006; Bösel, 2006; Hatt, 1996; Jacob, 2002a; Lorig, 2002; Rolls, 2002, 2005; Wilson & Stevenson, 2006

Gerüche entziehen sich weitgehend der Beschreibung. Der Name der Duftquelle ‚beschreibt' oft schon den Geruch: Rosen riechen nach – Rosen. Weiter wird Rosenduft vielleicht noch als „blumig" bezeichnet. Was blumige Düfte ausmacht, lässt sich allerdings wieder nur dadurch beschreiben, dass man auf die Quellen deutet (Veilchen, Maiglöckchen etc. und nicht zuletzt Rosen) und etwa mit Gerüchen anderer Herkunft kontrastiert (beispielsweise Früchten oder tierischen Sekreten).

Nur ein kleiner Teil der unterscheidbaren Gerüche ist für den Durchschnittsmenschen überhaupt benennbar. Identifizierbarkeit aber erhöht die Sicherheit von Unterscheidungen. Chemiker, Botaniker, Parfumeure, Köche oder Weinkenner können Gerüche besser identifizieren, weil ihnen ungleich mehr Zuordnungen von Gerüchen und ihren Quellen (oder – wie im Falle von Weinaromen – zu vergleichbaren Gerüchen) bewusst und sprachlich fassbar sind (in Weinkarten dokumentierte Bemühungen, Aromen durch Vergleiche zu benennen, wirken indes auf den Uneingeweihten eher gespreizt denn kompetent). Analog zur **professionellen Steigerung** der Fähigkeit, Gerüche zu benennen (und in der Folge auch sicherer zu unterscheiden), können sich (als Konsequenz unterschiedlicher Lebensbedingungen) auch **Kulturen** und Subkulturen in dieser Hinsicht unterscheiden.

Wahrnehmungsqualitäten ▶ Duft-Klassifikationen

Kategorien aus diversen Duft-Klassifikationen: Aldehydisch, ambrosisch, animalisch, aromatisch *ätherisch*, balsamisch, basisch, beißend, bitter, *blumig*, blutig, (ziegen)bocksartig, brenzlig, *campherartig*, ekelerregend, erdig, fäkalienartig, *faulig*, fischig, fruchtig, grün, harzig, holzig, honigartig, koniferig, krautig, kühl, (knob)lauchartig, ledrig, leicht, malzig, mandelartig, metallisch, *minzig*, moosig, *moschusartig*, nelkenartig, ölig, ranzig, sauer, schweflig, schweißig, schwer, nach Sperma, seifenartig, staubig, *stechend*, süß, tabakartig, urinartig, vanilleartig, wässrig, warm, widerwärtig, würzig, zitrusartig.

Burdach (1988) erwähnt Einteilungsversuche, die mit vier Klassen (blumig, brenzlig, bocksartig, beißend) auskommen, und solche, die über 40 Duftklassen aufweisen. Durch die sieben oben *kursiv* gesetzten Qualitäten versuchte Amoore Mitte des vorigen Jahrhunderts, die Welt der Gerüche zu ordnen. 30 Jahre zuvor hatte Henning ein Prisma entworfen, in dessen Raum sich sämtliche Gerüche einordnen lassen sollten [▶ Abb.]. Paul Jellinek (1994) ordnete auf Basis seiner Erfahrungen als Parfumeur Geruchsqualitäten zweidimensional nach süß – bitter (narkorisch – stimulierend) und basisch – sauer (animalisch/erogen – vegetabilisch/antierogen) [▶ Abb.]. Sein Sohn J. Stephan Jellinek (1997) verortet in seiner *Landkarte des Parfums* pragmatisch sämtliche Parfums mit Hilfe der Dimensionen blumig – nichtblumig und kühl – warm [▶ Abb.]. Es werden also u. a. ▶ *transmodale Qualitäten* zur Beschreibung von Düften herangezogen.

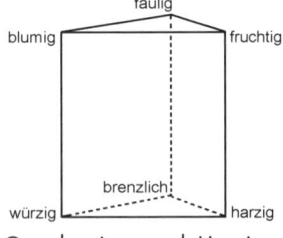

Geruchsprisma nach Henning

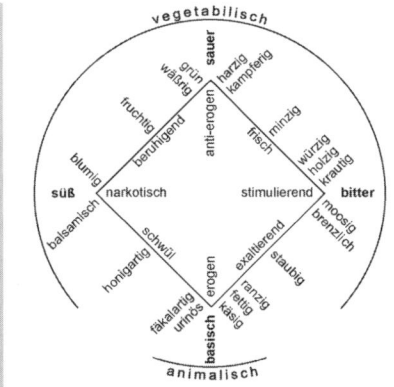

Duftkreis nach P. Jellinek

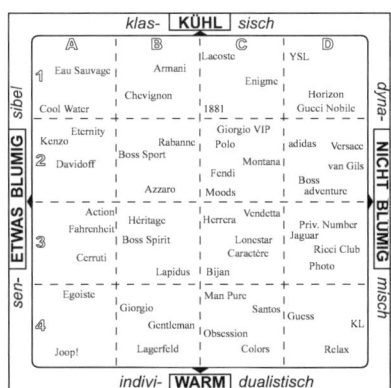

Landkarte der Männerdüfte nach J. S. Jellinek

Klassifikationen etwa nach „blumigen" und „animalischen" Gerüchen sind weniger eindeutig, als es auf den ersten Blick scheinen mag: Schon seit langem ist bekannt, dass manche Düfte von Blüten sich mit Gerüchen überschneiden, die von Tieren rühren. Auch systematische Untersuchungen zu Ähnlichkeitsurteilen verschiedener Düfte belegen, dass die bekannten Klassifikationen problematisch sind. Was alle Studien demonstrieren ist, dass ein durchgängiges Kriterium der Differenzierung von Düften die **Bewertung** ist, die Frage also, ob man sie als **angenehm** oder **unangenehm** empfindet (die *hedonische* Dimension). Entsprechend sind die für Emotionen relevanten Bereiche ihres Gehirns (anders als bei Hören und Sehen) grundsätzlich aktiv, wenn Menschen Gerüche wahrnehmen (Phillips & Heining, 2002): **Riechen und Affektleben** sind nicht zu trennen. Auch Forscher, die vermuten, dass eine analytische Verarbeitungsstufe dem Bewerten von Gerüchen vorausgeht (Wilson & Stevenson, 2006), bezweifeln nicht die besonders innige Beziehung von olfaktorischer Wahrnehmung und Gefühl.

Nur ungefähr ein Fünftel aller bekannten Duftkomponenten werden als angenehm erlebt. Bei einem gegebenen Duft werden meist **schwächere Konzentrationen** als **angenehm**, starke als unangenehm wahrgenommen. Die Bewertung von Gerüchen hängt auch vom **momentanen Zustand** des Individuums ab. So riechen Nahrungsmittel für Hungrige bekanntlich besser als für Satte. Insbesondere bei mittleren Konzentrationen kann das Urteil von Versuchspersonen über Duftstoffe, die im Labor mehrfach dargeboten werden, erheblich schwanken. Neben Veränderungen in der **sensorischen Empfindlichkeit** können – wegen der angesprochenen Vernetzung von Riechen und Affektregulation – auch vom Riechen unabhängige **Fluktuationen der Stimmung** und **emotional wirksame Eindrücke** zu diesem Schwanken des Urteils beitragen.

Design ▶ Parfum-Marketing

Parfum-Marketing – von der Namensgebung über die (Farbe der) Verpackung bis zum Image – bestimmt mit, was Kunden *riechen*. Untersuchungsergebnisse, die je nach Präsentation einen verblüffenden Wandel der wahrgenommenen Qualität belegen (J. S. Jellinek, 1997), lassen sich wahrscheinlich damit erklären, dass es einerseits prinzipiell schwierig ist, Duft*gemische* zu beschreiben oder zu identifizieren, und dass andererseits Emotionen integraler Bestandteil der Geruchswahrnehmung sind.

Die Nähe zu Affekten sowie die Schwierigkeit, Gerüche zu beschreiben, lässt das Riechen gemeinhin als **anti-intellektuellen Sinn** erscheinen. Einige Schriftsteller und Philosophen (u. a. Heimito von Doderer, Friedrich Nietzsche) haben sich indessen gerade deshalb der „Weisheit der Nase" verschrieben, weil Urteile des Geruchssinnes von der Macht des Gefühls getragen werden. Der Roman *Das Parfum* von Patrick Süßkind, der viele Informationen über das Riechen verarbeitet und in der wissenschaftlichen Literatur gelegentlich beifällig zitiert wird, weicht in dieser Hinsicht entschieden von der Wirklichkeit des Geruchssinnes ab: Der Held der Schauergeschichte, ein Mann mit phantastisch hoch entwickeltem Geruchssinn, wird als vollkommen gefühlskalt dargestellt, was den fundamentalen Zusammenhang von Geruch und Gefühl völlig ignoriert.

Mimik und Bewegung. Ein angenehmer Duft reizt dazu, sich der (appetitlichen, begehrenswerten oder Geborgenheit versprechenden) Geruchsquelle **zuzuwenden**, während Gerüche, die Widerwille, Ekel oder Angst auslösen, **Abwehr** oder **Rückzug** hervorrufen.

Bewegungen der Nasenflügel haben beim Menschen zwar nur unerheblichen Einfluss auf den Luftstrom, gleichwohl weiten sich bei prüfendem oder genussvollem Riechen die Nüstern, während man bei ekelhaften Gerüchen die Nase rümpft. Beide Mimiken und die mit ihnen jeweils verbundenen Bewegungen von Kopf und Körper stehen auch über das Riechen hinaus für **Aufmerksamkeit** oder **Ekel**. Die Mimik des **Ekels** ist dem **weinerlichen** Gesicht nahe, die des **Wohlgeruchs** deutet ein **Lächeln** an.

Bewegungen des Mundes leisten in beiden Fällen einen wesentlichen oder vielleicht den entscheidenden Beitrag zum Gesichtsausdruck: Einmal geht er geschlossen genießerisch (auskostend) in die Breite (wie bei der Mimik des Süßen), das andere Mal scheint er etwas loswerden zu wollen (analog zur Mimik des Bitteren). Die gemeinsamen Wurzeln und Funktionen von Riechen und Schmecken schließen also auch motorische („körpersprachliche") Überschneidungen ein. Der Blick auf einen angeekelten Gesichtsausdruck kann beim Betrachter selbst Ekel hervorrufen; neuerdings wurden entsprechende Überschneidungen in der kortikalen Aktivität des Frontallappens (*Insula*) nachgewiesen (Jabbi, Swart & Keysers, 2007).

Sich die Nase zuzuhalten, ist nicht zuletzt eine kommunikative Geste: „Es stinkt!" Schon wenn man mit offenem Mund atmet, leitet man den Luftstrom weitgehend an der Nase respektive der Riechschleimhaut vorbei. Allerdings bereitet das Bewusstsein, Gestank in sich aufzunehmen, auch dann Unbehagen, wenn dieser gar nicht mehr gerochen wird. Deshalb wird man versucht sein, sich der Zumutung durch kurzzeitiges Luftanhalten und eiliges Sichentfernen zu entziehen. Bei **stechenden Gerüchen** kann es gar zu reflektorischem **Aussetzen des Atmens** kommen.

Wahrnehmungsqualitäten/Sinnesphysiologie ▶ Trigeminale Chemorezeption

Trigeminale Chemorezeption oder auch *allgemeiner chemischer Sinn*: Es gibt chemische Qualitäten, die beim Menschen nicht von den spezifischen Geruchs- und Geschmacksrezeptoren, sondern von freien Nervenenden in der Haut (insbesondere in den Schleimhäuten) vermittelt werden. Im gesamten Mund und Nasenraum sind die aufgefächerten Spitzen des *Nervus Trigeminus* für diese Empfindungen verantwortlich. **Scharfen** Geschmack oder **stechenden** Geruch etwa empfinden wir dann, wenn diese freien Nervenenden in den Schleimhäuten von Mund, Nase und Rachen gereizt werden. Chemisch verursachte Empfindungen benennen wir hier mit Begriffen für Berührungsqualitäten. Das ist nicht so rätselhaft, da der Nervus Trigeminus ansonsten Berührungsempfindungen (sowie Temperatur- und Schmerzempfindungen) in der Mund- und Gesichtsregion vermittelt.

Entwicklung der Hedonik des Riechens. Riechen und Schmecken sind bei der Geburt weit entwickelt. Umstritten ist, ob die **Bewertung** von Gerüchen **angeboren** oder **erlernt** ist. Für die Vermutung, dass *manche* Bewertungen angeboren sind,

spricht neben ihrer universellen Verbreitung die Beobachtung, dass **Neugeborene** auf das Aroma von faulen Eiern (etwa im Kontrast zu dem von Vanille) mimisch **ähnlich reagieren wie Erwachsene** [▶ Abb.]; die Parallele von Säuglingen und Erwachsenen ist hier allerdings nicht so eindeutig und durchgängig wie bei den Geschmacks-Mimiken (etwa süß oder bitter). Wenn man dafür sorgt, dass Spielzeug von Krabbelkindern (in erwachsenen Nasen) stinkt oder angenehm riecht, können Beobachter angesichts des gefilmten Spielverhaltens relativ treffsicher die entsprechende hedonische Qualität des Spielzeugs für das Kind einschätzen.

Oft wird indes eine Toleranz von Kleinkindern gegenüber Fäkalgeruch erwähnt, um zu belegen, dass die Hedonik des Riechens allein eine Frage von (relativ langwierigen) Lernprozessen sei – und damit beliebig kulturell formbar. Wenn Aversionen gegen manche Gerüche erst ab einem bestimmten Lebensalter auftreten, bleibt indes die Frage offen, ob dieser Umstand *lern-* oder nicht eher *reifungsbedingt* ist: Kinder haben nach Untersuchungsbefunden eine größere Affinität zu Fruchtdüften als Erwachsene und eine geringere zu Blütendüften; Moschuskomponenten werden offenbar mit der sexuellen Reifung, also ab der Pubertät, attraktiver.

Die Abneigung von Kindern gegen Parfums ihrer Eltern spricht gegen die These, Kinder stünden Gerüchen neutral gegenüber, bevor sie die Bewertungen der Erwachsenen übernähmen. Umgekehrt lehrt die in zahlreichen Parfums enthaltene Fäkalnote, dass die Neutralitätsthese auch hinsichtlich der diesbezüglich unterstellten Abneigung zivilisierter Erwachsener problematisch ist (einer psychoanalytischen Theorie gilt das Parfumieren gar als *sublimierte*, also kulturverträglich gemachte Wiederkehr des kindlichen Kotschmierens; vgl. Ebberfeld, 1999).

Kulturvergleich ▶ Fäkalgeruch

In ihrer Kulturgeschichte der Sinne schreibt Diane Ackerman: „Westeuropäer fühlen sich vom Geruch von Fäkalien abgestoßen, doch die Massai schmücken ihr Haar mit Kuhdung, was ihm einen orangebraunen Schimmer und einen starken Geruch verleiht. Kinder mögen die meisten Gerüche, bis es ihnen aberzogen wird." (1991, 40) Vroon und Mitautoren relativieren indirekt diese Perspektive auf Kultur- und Altersunterschiede: „Viele Parfums enthalten sogar ein wenig Kotgeruch. Das klingt merkwürdiger, als es ist. Menschen haben keine so intensive Abneigung gegen ihre Exkremente. Kinder schmieren sich oft damit ein, und Erwachsene sitzen nicht selten ein wenig länger auf der Toilette, als notwendig wäre" (1996, 189).

Teils vollzieht sich das Erlernen von Geruchspräferenzen tatsächlich einfach durch **Gewöhnung** an die (frühe) olfaktorische Umgebung („**Stallgeruch**"); Aromen in der Nahrung der Mutter prägen sogar schon vorgeburtlich. Bald nach der Geburt erkennen und bevorzugen Säuglinge den Geruch der mütterlichen Brust. Das vertraute Milieu riecht auch im weiteren Leben eher angenehm (sofern man das – ausnahmsweise – bewusst wahrnimmt), weil es für Sicherheit bzw. Geborgenheit steht. Unvertraute Gerüche fallen oft unangenehm auf, beunruhigen und werden tendenziell als ekelhaft bewertet – *Fremde stinken*.

Sensibilitätsunterschiede. Weibliche Säuglinge haben bereits feinere Nasen als männliche. Für Geruchstests der **Marktforschung** und auch bei der olfaktorischen Vermessung von Städten oder Landschaften (*Smellscapes*) werden **Frauen** wegen ihrer größeren Sensibilität bevorzugt eingesetzt. Die Sensibilität für Gerüche nimmt bei Frauen wie Männern mit dem **Alter** ab (markant ab etwa dem 70. Lebensjahr). Weil Wohlgeruch auch eine Frage der Duftstoffkonzentration ist, kann die verminderte Sensibilität negative soziale Effekte der Parfumierung des eigenen Körpers verstärken.

Störungen des Geruchssinns. Völliger **Ausfall** des Geruchssinns (*generelle Anosmie*) kann mechanisch bedingt sein (Riss von Rezeptorbahnen am Siebbein des Schädelknochens z. B. in Folge des Rückpralls bei einem Auffahrunfall) oder durch eine neurodegenerative Erkrankung (z. B. als Komplikation eines Virusinfekts). Menschen, denen so etwas zustößt, wird die von Gesunden meist unterschätzte Bedeutung des Riechens schmerzlich bewusst. Über die Einbuße der vom Geruchssinn vermittelten Wahrnehmung und Bewertung von Umweltqualitäten hinaus beklagen *Anosmatiker* vor allem den Verlust an **Vitalqualität**. Ihr affektives Leben ist einer wesentlichen Quelle beraubt: „Die Gegenwart kommt mir blass und unauffällig vor", beschreibt etwa die Journalistin Daniela Weingärtner ihre eigenen Erfahrungen (SZ-Mag. 33, 1995). Anosmie führt leicht zu depressiven Verstimmungen. – Dank der relativ starken Neubildung von Nervengewebe im Riechorgan und neuerdings entwickelter Trainingsverfahren ist Anosmie in manchen Fällen (teilweise) reversibel.

Dass Menschen *einzelne* Gerüche, etwa den von Urin oder Malz, nicht wahrnehmen können (*partielle Anosmie*), ist relativ verbreitet und zum Teil **genetisch** bedingt. Krankhafte **Verminderung der Sensibilität** (*Hypoosmie*) tritt etwa bei Schizophrenie auf. Epilepsie und Migräne dagegen bringen oft **Überempfindlichkeiten** des Geruchssinnes (*Hyperosmie*) mit sich (mit Ekel, Übelkeit, Kopfschmerz und Schwindel – Symptomen, die auch bei Gesundenden durch **Überstimulation** des Geruchssinns, z. B. in Kirchen oder Parfümerien, hervorgerufen werden können).

Hausapotheke & Gesundheitswesen ▶ Aromatherapie

Aromatherapie ist – was ihre konkreten therapeutischen Versprechungen angeht – eine Glaubensfrage. *Spezifische* Effekte, deren Nachweis aussteht, könnten eventuell auf pharmakologischem Weg zustande kommen. Dass Düfte in Verbindung mit Massage und einer Verwöhnatmosphäre das *Wohlbefinden* steigern, also als körperorientierte ästhetische Praxis auf *unspezifischem* Weg zur Heilung von Krankheiten beitragen können, ist auch in der Schulmedizin unstrittig.

Riechen und Bewusstseinszustand. Die Frage, ob und wie Gerüche die Stimmung beeinflussen, ist nicht klar von ihrer **belebenden** oder **dämpfenden** Wirkung, also dem Effekt auf den Bewusstseinszustand, zu trennen. Wenn Gerüche beleben, wecken oder umgekehrt betäuben, in Trance versetzen, ist es nicht unbedingt der Duft im engeren Sinn, der wirkt. So kann ein Wohlgeruch belebend wirken, weil er die **Atmung** intensiviert (hastiges Einatmen, *Hyperventilation*, führt zu Benommenheit oder Ohnmacht und ist als Technik der Tranceinduktion Teil von religiösen Riten). Weiter beeinflussen möglicherweise manche inhalierte Substanzen auf **pharmakologischem Weg** ebenso den Bewusstseinszustand wie die Stimmung (ein Inhaltsstoff von Weihrauch etwa ist dem Wirkstoff von Haschisch, THC, verwandt (Martinez, Lohs & Janzen, 1989, 138); ägyptische Fresken weisen auf Tranceinduktion durch Ausdünstungen der blauen Wasserlilie bzw. des „blauen Lotos" hin, um deren giftige Wirkung man weiß): „Besonders ‚schwere', süßliche, betäubende Blütendüfte ‚legen sich auf die Nerven'. Sie erzeugen, individuell wieder sehr verschieden, nach einiger Zeit Kopfdruck, Benommenheit, Übelkeit, selbst betäubungsartige Zustände. Tödliche Ausgänge (etwa beim Schlafen in Lupinienfeldern, in frischem Heu) werden immer wieder behauptet, sind aber schwerlich einwandfrei nachgewiesen. In allen Krankenhäusern werden jedenfalls Blumen über Nacht aus den Zimmern entfernt. Zahlreiche Menschen vertragen auch in Studierzimmern keine." (Hellpach, 1977, 41f) Die weckende Wirkung von *Riechsalz* (in der Regel parfumierten Ammoniakverbindungen), das früher zur Hausapotheke gehörte, verdankt(e) sich wahrscheinlich dem Schreck durch die starke Reizung der ▶ *trigeminalen Chemorezeption.*

Lesen ▶ Campenhausen, 1993; Dietz, 2002; Burdach, 1988; Hummel & Welge-Lüssen, 2006; Herz, 2002; Jellinek, 1994; Ohlhoff, 2004; Wilson & Stevenson, 2006; *Mimik/Bewegung:* Darwin, 2000; Schmidt & Beauchamp, 1992; *Entwicklung:* Laing, Doty & Breipohl, 1991, Kap. 7–9; Schmidt & Beauchamp, 1992; *Störungen:* Sherby & Chobor, 1992, Kap. 16–21; *Bewusstseinszustand:* Lawless, 1991

Erinnerung, Vorstellung, Traum, Halluzinationen, Synästhesien

> „Gerüche sind oft wie platzende Blasen der Erinnerung aus der Tiefe der Zeiten, wenn sie uns unvermutet anfliegen und man kaum recht weiß, ob von innen oder von außen." (Doderer, 1966, 231)

Gerüche sind sehr einprägsam. Sie werden nach längerer Zeit noch relativ gut wiedererkannt (im Experiment verläuft bspw. die Vergessenskurve flacher als etwa bei visuellen Reizen). Gerüche rufen unwillkürlich **Erinnerungen an die Situation** hervor, in der sie zuerst erfahren wurden. Meist wird das durch die *Madeleine-Episode* aus Marcel Prousts Roman *Auf der Suche nach der verlorenen Zeit* illustriert. Dem Protagonisten dämmert nach einigem Nachsinnen, warum das momentan wahrgenommene Aroma von Tee und Gebäck ihn so merkwürdig berührt. Der *Proust-Effekt* steht dafür, dass Gerüche bzw. Aromen den räumlichen und affektiven Kontext vergangener Geruchswahrnehmungen wachrufen (das *episodische* Gedächtnis aktivieren). Nach dem Paläoanthropologen André Leroi-Gourhan kommt es zu dieser Wirkung „gerade weil die Geruchswahrnehmung physiologische Zonen mobilisiert, die mit der Reflexion in keinem Zusammenhang stehen"; dies verleihe den auftauchenden Bildern „beträchtliche Tiefe und Intensität." (1988, 358f) – Derart nostalgisch wirken indes nicht nur Gerüche, sondern auch Musik (*Oldies;* Lawless, 1991) [▶ Kap. 8].

Umgekehrt gelingt es einer Mehrheit von Menschen **nicht,** sich Gerüche **vorzustellen.** Zu der Minderheit, die dazu in der Lage ist, zählen Parfumeure, die berichten, dass sie Düfte in der geistigen Nase mischen können. Auch Ergebnisse von Untersuchungen mit bildgebenden Verfahren werden als Beleg für die Möglichkeit von Geruchsvorstellungen gedeutet (Kettenmann, Hummel & Kobal, 2002). Der stammesgeschichtlich alte Wahrnehmungsmodus Riechen löst zwar regelmäßig unwillkürlich szenische Vorstellungen aus, ist aber seinerseits bei einer Mehrheit von Menschen dem absichtlichen Vorstellen nicht zugänglich. Auch die Traumforschung spricht für ein eher einseitiges Verhältnis von Riechen und mentalen Bildern. Unter verschiedenen Bedingungen sind allerdings vermehrt erträumte Gerüche zu verzeichnen.

Schlaf und Traum ▶ Träume durch Gerüche – Riechen in Träumen

Bereits im 19. Jh. untersuchten Alfred Maury und Hervey de Saint Denis die **Wirkung von Geruchsreizen**, die sie sich während des Schlafs unter die Nase halten ließen. Sie berichten davon, dass diese Reize sie in ihren Träumen **an Orte versetzten**, an denen sie die Düfte regelmäßig wahrgenommen hatten (etwa eine Parfumerie, einen Urlaubsort oder ein Atelier; VandeCastle, 1994). Auch in modernen Schlaflabors wurde die sogenannte *Inkorporierung* von Geruchsreizen in Träume nachgewiesen (Zitronengeruch bspw. ließ von einem Park mit duftenden Blumen träumen). Der deutsche Mediziner Hans Hatt löste nach einer Mitteilung der deutschen Forschungsgemeinschaft von 1994 durch Orangenduft gesteigerte Herz- und Atemfrequenz und (nicht näher spezifizierte) „positive Trauminhalte" aus; Fäkalgeruch (Skatol) erhöhte die Herzfrequenz bei unveränderter Atemfrequenz; die registrierten Trauminhalte wurden als negativ bewertet; Vaginalsekret ließ Männer bei gesteigerter Herzfrequenz „etwas Positives" träumen. In manchen indigenen Kulturen versucht man durch Gerüche (etwa von Ingwer), wünschenswerte Träume herbeizuführen; das Riechen ist hier in Riten der *Trauminkubation* einbezogen.

Spontan riechen und schmecken zivilisierte Durchschnittsmenschen vergleichsweise **selten** im Traum (Männer noch seltener als Frauen). So sieht es zumindest aus, wenn man nach den frischen Erinnerungen, die in Schlaflabors abgefragt werden, und nach systematischen Traumtagebüchern geht (Strauch & Meier, 2004). Nach einer Fragebogenstudie (die Befragten blicken da aus größerem zeitlichen Abstand auf ihr Traumleben, können also eher Erinnerungstäuschungen unterliegen) träumt indessen immerhin jenes Fünftel der Befragten, das bei Tests zur **Vorstellungsfähigkeit hohe Werte** erzielte, auch regelmäßig in allen Sinnen (Okada, Matsuoka & Hatakeyama, 2005). In einer anderen Studie zeigte sich, dass diejenigen, die bei einem Test **Gerüche besser identifizieren** konnten, auch eher von Riechträumen berichten (Stevenson & Case, 2004/05).

Der Psychiater Wolfgang Klages konstatiert in seinem Buch *Der sensible Mensch*, dass ein **überempfindlicher Geruchssinn** mit lebhaften Geruchsvorstellungen sowie Geruchsträumen verbunden sein kann. Parfumeure berichten von erträumten Duftgemischen. Auch für **Blinde**, die ja im wachen Leben verstärkt auf Gerüche achten, kann das Riechen fester Bestandteil ihrer Träume sein. So schreibt die taubblinde Helen Keller in *The world I live in*: „I smell and taste much as in my waking hours." (2003/1908, 94) Und ein als Erwachsener erblindeter Mann träumte im achten Jahr seiner Blindheit im Schlaflabor der Universität Zürich, wie Strauch und Meier in *Den Träumen auf der Spur* berichten, regelmäßig in allen Sinnesmodalitäten gleichermaßen. Ein intensiv trainierter Geruchssinn in früheren oder indigenen Kulturen könnte demnach mit einer starken Präsenz des Riechens in Träumen verbunden (gewesen) sein.

Speziell in **außergewöhnlich intensiven Träumen**, also vor allem **Alpträumen**, scheinen auch bei modernen Menschen (eher unangenehme) Gerüche nicht allzu selten gegenwärtig zu sein. Der infernalische Gestank einer bedrohlichen Traumszenerie etwa dürfte allerdings weniger mit einem im Traum aktivierten lebhaften (olfaktorischen) Vorstellungsleben zu tun haben als mit Halluzinationen, wie sie auch bei einem Horrortrip unter Drogen oder in epileptischen Zuständen auftreten (Ohlhoff, 2004; Schönhammer 2004a). Zumindest ein Teil der Geruchsträume von Schamanen, die Constance Classen und Kollegen in *Aroma. The cultural history of smell* den weitgehend geruchlosen Normalträumen in modernen Zivilisationen entgegenhalten, verdankt sich ganz ausdrücklich halluzinogenen Drogen.

Geruchshalluzinationen (*Parosmien*) treten auf bei Epilepsien (in der *Aura* und bei *partiell komplexen Anfällen*), bei Migräne, Schizophrenie (hier als Kehrseite von defizitärem Riechen), bei endogenen Depressionen, gelegentlich beim posttraumatischen Belastungssyndrom und bei Intoxikation mit psychoaktiven Drogen. Campenhausen (1993) berichtet davon, dass auch die **Suggestion**, es verbreite sich ein ekelhafter Geruch, zu halluzinatorischen Geruchswahrnehmungen führen kann. Auf affektivem Weg lassen sich offenbar täuschend lebhafte unwillkürliche Geruchsvorstellungen auslösen, während der bloße Vorsatz, sich einen Geruch vorzustellen, bei einer Mehrzahl von Menschen keinerlei Wirkung zeigt. Im Spektrum der insgesamt seltenen ▶ **synästhetischen Wahrnehmungen** finden sich gelegentlich durch Gerüche ausgelöste visuelle, akustische und andere Mitwahrnehmungen und (offenbar besonders selten) umgekehrt auch durch Reize anderer Modalität bedingte olfaktorische Wahrnehmungen (Day, 2006).

Lesen ▶ Holley, 2002; Greenberg, 1992; Ohlhoff, 2004; Wilson & Stevenson, 2006

Riechen und Sexualität

„In einigen Gebieten Österreichs und im Mittelmeerraum schwenken die Burschen beim Tanz vor den Mädchen Tücher, die sie zuvor in ihrer Achselhöhle geruchlich imprägniert haben." (Eibl-Eibesfeldt, 1995, 604)

„Die spezifisch sexuellen Gerüche (Brunstgerüche) nehmen eine seltsame Zwischenstellung ein: gierig eingesogen im Zustande der Libido (geschlechtlichen Begierde), wirken sie widerlich nach erfolgter Brunststillung. Auch der bloße Schweißgeruch kann in dieser zwiespältigen Art sich geltend machen, namentlich als Achselschweiß." (Hellpach, 1977, 42)

„Bei Insekten bis hin zu Vertebraten wird die Partnererkennung und Kopulation durch sog. Sexualpheromone reflektorisch gesteuert." (Hatt, 1996, 315) Noch in der Säugetierverwandtschaft des Menschen wird **Empfänglichkeit** chemisch signalisiert. Beim Menschen hat sich die Sexualität gegenüber dem Zyklus verselbständigt – mit Folgen nicht nur für die Psychologie der Partnerwerbung, sondern auch für Geruchssinn und -organe (Rückbildung des vomeronasalen Organs, s. Kasten). Auch wenn Männer die Kopulationsbereitschaft von Frauen nicht an deren Urin erschnuppern, spielen beim Menschen Gerüche von Körpersekreten wahrscheinlich doch eine gewisse Rolle als **chemische Kommunikationsmittel** (*Pheromone*) in ihrem Sexualleben. Vor und während der Ovulation scheinen Frauen männlichen **Achselschweiß** anziehender zu finden; umgekehrt soll das in diesem Zeitraum produzierte Vaginalsekret für Männer am ehesten attraktiv riechen; Androstenon, im männlichen Achselschweiß reichlicher vorhanden als im weiblichen, machte bei experimenteller Beduftung von Telefonzellen oder Wartezimmerbereichen diese Orte eher für Frauen als für Männer attraktiv; auf etwas anderer Ebene (jenseits von Erleben und Verhalten) liegen Befunde, nach denen Bestandteile von männlichem und weiblichem Achselschweiß den weiblichen Zyklus beeinflussen können.

Tiervergleich ▶ Vomeronasales Organ

Viele Arten von Reptilien und Säugetieren besitzen zusätzlich zur Nase das *Vomeronasale Organ*: Ein Verband von Sensorzellen im vorderen Bereich der Nasenhöhle (nach ihrem Entdecker *Jacobsonsches Organ* genannt), der auf große, schwere, flüchtige

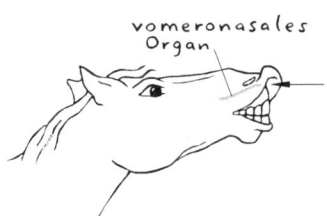

vomeronasales Organ

Moleküle anspricht (manche Körpergerüche, besonders Bestandteile im Urin, die die sexuelle Empfänglichkeit signalisieren). Oft (etwa bei Pferden, Hunden, Katzen und Mäusen) existiert ein Verbindungskanal zum Mundraum. Geruchsträger werden durch Züngeln (bei Schlangen) oder Flehmen (Ansaugen mit hochgezogener Oberlippe [▶ Abb.]) zugeführt. Die ausgelösten Nervenimpulse werden teils in einem *Nebenriechkolben* weiterverarbeitet. Bei erwachsenen Menschen und Menschenaffen finden sich Spuren des Organs im Bereich der unteren Nasenscheidewand, aber keine Verbindungen zum Gehirn; vor der Geburt scheint das vomeronasale Organ auch beim Menschen (zumindest ansatzweise) funktionsfähig zu sein (Evans, 2003).

Nach einer nichtrepräsentativen Fragebogenuntersuchung empfindet etwa je die Hälfte der befragten Frauen und Männer Körpergeruch ohne Parfum als sexuell stimulierend; ein knappes Viertel der Befragten wird **durch Achselgeruch erregt** (Ebberfeld, 1999). Der britische Biologe Michael Stoddart (1990) vertritt die These, die sexuell stimulierende Wirkung von Ausscheidungen der Achselhöhle (*Axilla*) hätte sich gewissermaßen als **Ersatz für die Brunftgerüche** anderer Säugetiere entwickelt; beides – der Verlust wie der relativ verborgene, also eher in intimen Situationen erfahrbare Zugewinn – stehe im Dienste der beim Menschen (wegen der langwierigen Aufzucht des Nachwuchses) evolutionär vorteilhaften (zumindest vorübergehenden) Monogamie.

Menschen stehen ihren Körpergerüchen, insbesondere den Ausdünstungen ihrer Achseln, offensichtlich zwiespältig gegenüber; neben situativen Faktoren und Zersetzungsprozessen (frischer vs. alter Schweiß) beeinflusst womöglich auch die je individuelle Duftnote die Attraktivität (Partnerwahl nach Geruch; speziell die These der genetisch günstigen Partnerselektion nach riechbaren Immunfaktoren).

Kunst, Medien & Werbung ▶ Achselhöhlen

In der Präsentation von Achselhöhlen in Kunst und Werbung sieht Stoddart (1997) eine relativ unanstößige sexuelle Anspielung; meist seien die abgebildeten Achseln rasiert, um ein zu aufdringliches Zeichen olfaktorischer sexueller Stimulation zu vermeiden (Haare sind Geruchsträger). Ob geöffnete Achseln auf Geruch anspielen oder (besonders bei liegenden Akten) nur ein Nebeneffekt der – als Zeichen der Hingabe – hinter dem Kopf ausgestreckten Arme sind, ist, ohne eine verführte Nase im Bild, schwer zu entscheiden; in der Werbung für Parfum führt ohnehin beides zum Ziel. Jedenfalls ist die Axilla bei der Ikonographie des Geruchs zu berücksichtigen.

Zur **Parfumierung**, also dem Überdecken (aber auch: Verstärken) der eigenen Körpergerüche, werden einerseits traditionell tierische (Sexual-)Sekrete wie Moschus, Ambra oder Bibergeil genutzt, andererseits Blütendüfte, also Lockstoffe, die die Fortpflanzung von Pflanzen zu vermitteln helfen (Komponenten mancher Pflanzendüfte, wie das in Jasmin enthaltene Indol, haben ihrerseits Fäkalgeruch). Schließlich dienen in gewissem Umfang auch Düfte von Früchten und anderen Nahrungsmitteln respektive Gewürzen der Parfumierung.

Die Praxis der Parfumierung ist alt und universell, die Gepflogenheiten variieren. Die seit einiger Zeit virulenten Phantasien von einem „Pheromon-Parfum" mit märchenhafter Anziehungskraft aktualisieren zeitgemäß den offenbar alten Wunschtraum, die schwer wägbaren Kräfte der zwischenmenschlichen ‚Sexualchemie' durch eine (dem Willen unterworfene) übermächtige Naturgewalt zu ersetzen. – Nicht verschwiegen sei Stoddarts Vermutung, Parfumierung sei ursprünglich kein Mittel gewesen, um attraktiv zu wirken, sondern aufgekommen, um den in Vorzeiten noch wahrnehmbaren Geruch der Empfänglichkeit zu kaschieren (um die Monogamie zu sichern), und erst später habe sich eine den Achselgeruch unterstützende erogene Wirkung des Parfums entwickelt. Vroom und seine Mitautoren spielen mit dem Gedanken, Parfumierung diene Frauen auch heute eher dazu, sich Männer **vom Leib zu halten**, als sie einzufangen.

Lesen ▶ Ebberfeld, 1999; J. S. Jellinek, 1994; P. Jellinek, 1994; Stoddart, 1990, 1997; Vroom et al., 1996; Wyatt, 2003

Sozialpsychologie des Riechens

Individuen tragen olfaktorische Atmosphären oder Auren mit sich herum und kommen sich damit nahe – oder zu nahe. Riechbare Anwesenheit wird selten neutral empfunden: Der Geruch, der Individuen umhüllt, vermittelt Nachwuchs, Eltern und Partnern Vertrautheit sowie Geborgenheit und lässt sie Fremden begehrenswert oder widerwärtig erscheinen.

Philosophie ▶ Persönliche Geruchssphäre

Der Philosoph Georg Simmel formulierte in seiner *Soziologie* prägnant: „Daß wir die Atmosphäre jemandes riechen, ist die intimste Wahrnehmung seiner, er dringt sozusagen in luftförmiger Gestalt in unser Sinnlich-Innerstes ein." Und: „Das Parfum (…) vergrößert die Sphäre der Person, wie die Strahlen des Goldes und des Diamanten, der in der Nähe Befindliche taucht darein ein und ist gewissermaßen so in der Sphäre der Persönlichkeit gefangen." (1983/1908, 490) Gute hundert Jahre vor Simmel begründete Kant seine Vorbehalte gegen den Geruchssinn gerade mit den Widrigkeiten in Folge der Überlappung der Sphären vieler Menschen: „Welcher Organsinn ist der undankbarste und scheint auch der entbehrlichste zu sein? Der des Geruchs. Es belohnt nicht, ihn zu kultivieren oder wohl gar zu verfeinern, um zu genießen; denn es gibt mehr Gegenstände des Ekels (vornehmlich in volkreichern Örtern), als der Annehmlichkeit, die er verschaffen kann (…)" (Kant, 1983/1798, 76).

Parfumierte werden – was sie sich wohl nur ausnahmsweise vergegenwärtigen – von einer erheblichen Zahl derer, denen sie begegnen, als ähnlich unangenehm erlebt wie Menschen mit starkem Körpergeruch. Bei einem Feldexperiment, bei der man eine parfumierte Testperson in eine Warteschlange vor einer Kirmesattraktion platzierte, hielten die Eintrittswilligen zu dieser einen größeren Abstand als zu einer unparfumierten Kontrollperson.

Auch beim modernen Menschen gehört Sichriechenlassen zum **Territorialverhalten** (sprich: wird potentiell als Aggression erlebt). Und gerade im modernen städtischen Leben rücken sich viele Menschen regelrecht auf den Pelz. Die angemessenen räumlichen Abstände für verschiedene Typen von sozialen Situationen (von intimer bis anonym-öffentlicher Begegnung), die von der ▶ Proxemik beschrieben werden, sind etwa in öffentlichen Verkehrsmitteln oftmals nicht einzuhalten. Umso mehr wäre olfaktorische Zurückhaltung gefragt. Eine aggressive Geruchsaura verwandelt umgekehrt selbst einen komfortablen metrischen Abstand gegenüber Fremden in aufdringliche Intimität.

Neben Körpergerüchen oder Parfumierung führt eine Reihe alltäglicher individueller Aktivitäten oder deren Folgen (Rauchen, Kochen, Auspuffgase, Müll) zu **erweiterten persönlichen Geruchs-Auren** und riechbedingten **sozialen Spannungen**. Die Marktforschung berichtet (was aus bestimmten Segmenten der Parfumwerbung widerhallt), Frauen parfumierten sich in erster Linie, um **sich selbst zu verwöhnen.** Dabei mag auch das Bedürfnis, die olfaktorischen Auren ihrer Mitmenschen sowie die unumgänglichen Geruchsatmosphären des städtischen Lebens zu **maskieren,** eine Rolle spielen. Auch die bereits angesprochene These, Parfumierung diene Frauen – vielleicht unbewusst – dazu, **sich Männer vom Leib zu halten,** erscheint im angesprochenen sozialpsychologischen Zusammenhang in einem anderen Licht.

    Lesen ▶ Classen, Howes & Synnott, 1994; Dollase, 1994; Hauskeller, 1995; Raab, 2001

Orte riechen, Atmosphären

Manche Orte oder Bauwerke, etwa Schulen oder Krankenhäuser, erkennt man an ihrem Geruch, der sogleich Erinnerung an den affektiven Gehalt von Lebenssituationen weckt. In der **Architektur** ist der olfaktorische Beitrag zur Ästhetik von Orten und Räumen nur selten ausdrücklich Thema, obgleich schon in der Antike gelegentlich Putz parfumiert und edle Hölzer bisweilen wegen ihres Geruches eingesetzt worden sein sollen. In seinen *Zehn Büchern über Architektur* sagt der Baumeister Vitruv dem Harz des Lärchenholzes bzw. dessen Ausdünstungen eine heilende Wirkung nach. Der Renaissancearchitekt Leon Battista Alberti erwähnt in *Zehn Bücher über die Baukunst* Installationen für Räucherwerk in antiken Tempeln und erläutert, wie man durch Gerüche Ungeziefer vertreiben kann.

    Allerdings haben Fragen der angemessenen Be- und Durchlüftung sowie der Entwässerung und Hygiene, die ein traditionelles Thema von Architektur und Stadtplanung darstellen, Konsequenzen für den Übel- oder Wohlgeruch der gebauten Umwelt:

- Seit früher Zeit (und auch bei Alberti) waren Fäulnisgerüche, etwa von Sümpfen, ein Thema für die Stadtplanung.
- In westeuropäischen Städten riecht es im „Westend" besser, da mit Rücksicht auf die vorherrschende Windrichtung Fabriken im Osten, Villenviertel dagegen im Westen angelegt wurden.
- Die Kritik der architektonischen Neuerer in den 1920er Jahren richtete sich unter anderem gegen den „Mief", den herkömmliche Mietskasernen aufgrund ihrer Bauweise verströmten [▶ Abb.].
- Badezimmer oder Toiletten ohne Fenster gelten als Kennzeichen eines minderen Wohnstandards oder zumindest als ein gewisser Makel.

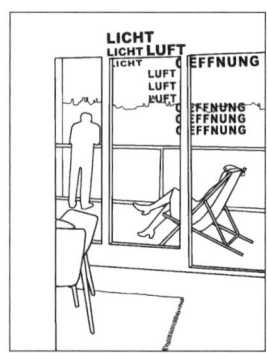

Nach dem Titelbild von
S. Giedion:
Befreites Wohnen, 1929

Steigendes Bewusstsein für Baubiologie und Umweltqualität könnten zur verstärkten impliziten, aber auch expliziten Bemühung um die Geruchsqualität von Bauwerken und Städten beitragen. Neben gezielter **Bestandsaufnahme** von *Smellscapes* (so wurde etwa in den 1990er Jahren eine Geruchskarte der Stadt München angelegt) und deren Folgen für Wohlbefinden und Gesundheit fördert ökologische Reflexion olfaktorischer Emissionen und Immissionen eine tendenziell **nachhaltige Gestaltung** in dieser Hinsicht: Wohlgeruch durch gesunde Materialen, Bepflanzung und Frischluft statt vordergründiger Behaglichkeit durch (verdeckte) Beduftung der Raumluft etwa über Klimaanlagen.

Da die chemischen Sinne schon bei einfachen Lebewesen der Milieuprüfung dienen, kann es nicht verwundern, dass Menschen von alters her **Gestank** (Verwesungsgeruch) mit **Krankheiten** wie der Pest in Verbindung brachten – und versuchten, derart **bedrohliche Atmosphären** durch **Ausräuchern** (*per fumum*: lat. durch Rauch; davon leitet sich „Parfum" ab) oder **Maskierung** durch Wohlgerüche (z. B. in den Schnabelmasken der Pestärzte [▶ Abb.]) zu verdrängen (wegen der desinfizierenden Wirkung mancher der benutzen Räuchersubstanzen hatte das sogar gewissen Erfolg gegenüber den noch unbekannten Krankheitskeimen).

Umgekehrt gehören Rauch und Wohlgeruch traditionell zu **religiösen Zeremonien** und den zugehörigen Orten und Bauwerken. Zur **heiligen Atmosphäre** trägt bei:

▌ das *Aufsteigen* von Rauch und Dämpfen (also die himmlische Orientierung)

▌ der Eindruck, dass mit dem Wohlgeruch die höheren Mächte („das Gute") den Raum erfüllend gewissermaßen ungreifbar *anwesend* sind (Duft als *Epiphanie*) und damit das Böse *vertrieben* wird

▌ das *Eindringen* des Wohlgeruchs (des Guten) in alle Anwesenden, die damit zugleich *vereint* werden

▌ die bewusstseinsverändernde Wirkung der Düfte (sei es durch Überreizung, sei es auf pharmakologischem Weg)

Solche Eindrücke und Effekte stellen sich offenbar kulturübergreifend, unabhängig von spezifischen religiösen Kontexten ein und werden in der westlichen Kultur heute nicht zuletzt von der Esoterikszene kultiviert (Räucherstäbchen-Atmosphäre).

Lesen ▶ Ackerman, 1991; Crunelle, 1995; Kennedy, 1995; Pallasmaa, 2005; Reinsch, 1993; *Religion:* Kügler, 2000; Pfeifer, 1997

Riechkulturen

Dass die *soziale Frage*, wie Simmel es vor hundert Jahren formulierte, auch eine *Nasenfrage* ist, gilt ungeachtet der verbesserten Wohn- und Lebensbedingungen von Arbeitern wie Arbeitslosen und des damit verschwindenden „Proletariergeruches" in gewissem Maß noch hier und heute. So machen sich nach Ergebnissen der Konsumforschung *Luftverbesserer* aus dem Drogeriemarkt hauptsächlich in Haushalten breit, deren Bewohner zuhause rauchen, deftig kochen und keine Hochschulreife vorweisen können; in gebildeten Nasen riecht die derart verbesserte Luft billig (Raab, 2001).

Ess-, Parfumierungs- und sonstige Lebensgewohnheiten bilden den „Stallgeruch" von Kulturen und Subkulturen und sorgen wegen der nachhaltigen Wirkungen von Gerüchen in der persönlichen Entwicklung dafür, dass die kulturelle Identität bzw. kulturspezifische Mentalität olfaktorisch imprägniert ist. **Fremdenfeindlichkei**t ebenso wie (oft ums Gastronomische kreisende) **kulturelle Neugier** sind nicht zuletzt *Nasenfragen*.

Kulturgeschichte und Ethnographie bzw. Kulturanthropologie erforschen Art und Ausmaß kultureller Differenzen von Smellscapes und Riechgewohnheiten. Dabei ist oft eine Tendenz zur Überbetonung von Unterschieden hinsichtlich der **Bewertung** von und der **Sensibilität** gegenüber Gerüchen zu verzeichnen. Zudem greifen derartige Studien meist auf Ideologien (z. B. Äußerungen von Philosophen) zurück, die ja auch über die Zeiten hinweg leicht zugänglich sind. Dass die herbeizitierten Meinungen nicht unbedingt auf die jeweilige tatsächliche Riechwelt schließen lassen, fällt dabei oft unter den Tisch.

Kulturgeschichte ▶ Unsensibel und überempfindlich zugleich?

Nicht erst neuerdings steht die westliche Welt im Bann von Berichten über vergangene und ferne Riechwelten. Jean-Jaques Rousseau bemerkte in seinem 1762 zuerst erschienenem pädagogischen Klassiker *Emil oder Über die Erziehung*: „Man behauptet, dass die Eingeborenen Kanadas schon von Kindheit an so einen feinen Geruch haben, daß sie sich auf der Jagd nicht ihrer Hunde, sondern ihrer eigenen Nase bedienen." (1985, 148) Zu Beginn des 20. Jh. stellte der Philosoph und Soziologe Georg Simmel die These auf, dass wir Zivilisationsmenschen mit unserem Geruchssinn „nicht mehr so viel objektiv wahrnehmen können, wie manche Naturvölker", aber „subjektiv um so heftiger auf seine Eindrücke" reagierten (1983/1908, 490). (Hintergrund für Simmels These ist Kants Unterscheidung von „Organsinn" oder „Empfindungsfähigkeit aus Stärke" [*sensibilitas sthenica*] und „Vitalsinn" oder „zärtliche Empfindlichkeit" [*sensibilitas asthenica*]; wobei die zarte Empfindsamkeit nach Kant unglücklich macht.)

Alain Corbin, Autor des einflussreichen Buches *Pesthauch und Blütenduft. Eine Geschichte des Geruchs* (1984), das hauptsächlich die jüngere Kulturgeschichte der Theorien über Gerüche behandelt, versteigt sich im Fortspinnen von Simmels These zu der Behauptung, der heutige Mensch lebe nunmehr „in einer desodorierten Umgebung", in der „sämtliche Gerüche zum Schweigen gebracht sind" (304). Annick le Guérer, Verfasserin des historisch ausgreifenderen Buches *Die Macht der Gerüche. Eine Philosophie der Nase* (1992), fragte angesichts des nachhaltigen Echos dieser Art Geruchsgeschichte: „Ist der moderne Mensch geruchsbehindert?" (1995) und gibt eine abgewogene Antwort, die zeigt, dass der moderne Mensch mit seinen spezifischen Be- und Empfindlichkeiten nicht radikal aus dem Zwiespalt von Lust und Ekel fällt, der sich als roter Faden durch die Geschichte des Riechens zieht.

Simmels These einer Dialektik von verminderter Wahrnehmungsschärfe des Riechens bei zugleich gesteigerter emotionaler Empfindlichkeit gegenüber Gerüchen ist angesichts der grundsätzlichen innigen Verbindung von Wahrnehmung und Wertung von Gerüchen problematisch. Die Idee von vergangenen und entfernten Kulturen, in denen die Menschen höchst feinsinnig und zugleich überaus tolerant von ihrem Geruchssinn Gebrauch gemacht hätten, dürfte übertrieben sein. Die Kulturkritik des Riechens ist also zu relativieren. Damit soll nicht in Abrede gestellt werden, dass der Geruchssinn (auch noch bei heutigen Erwachsenen) insgesamt (etwa nach Erblindung) oder für spezielle (berufliche) Erfordernisse trainiert werden kann und analoge Verfeinerungen auch in vergangenen oder heutigen indigenen Kulturen vorstellbar oder wahrscheinlich sind. Ohne Frage dient zudem beim modernen Stadtbewohner der Geruchssinn nicht der lebensnotwendigen Orientierung in der ‚freien Wildbahn', sondern konzentriert sich zwangsläufig auf die (vorwiegend widrigen) Anflüge im übermäßig dichten urbanen Miteinander. Gleichwohl realisiert sich so unter den gegebenen Umständen die angestammte milieuprüfende Funktion dieses Sinnes.

Lesen ▶ Aichinger, 2003; Classen, Howes & Synnott, 1994; Guerer, 1992, 1995

Riechen und Medien, Olfaktorik-Design und Marketing mit Duft

Die Geruchlosigkeit der modernen Medienwelt erscheint den Anthropologen Classen, Howes und Synnott (1994) symptomatisch für die moderne Kultur. Dabei hat es nicht an Versuchen in diese Richtung gefehlt. Heute haben, dank Chip-Technologie, die in der zweiten Hälfte des vergangenen Jahrhunderts gescheiterten Pilotprojekte für Geruchskino und -fernsehen (*AromaRama; smell-o-vision; Sensorama*) Nachfolger, denen eher Erfolg beschieden sein könnte. So erlaubt z. B. der als Accessoire mitführbare (und auch für Geruchskino einsetzbare) *Sniffman* es, Beduftung eher individuell zu adressieren, relativ fein zu dosieren und im zügigen Wechsel aus einer Geruchspalette zu wählen. In Verbindung mit Internet oder Mobilfunk wird private und kommerzielle Duftkommunikation auf breiter Front für die nähere Zukunft angepriesen (als Ergänzung zur Beduftung von Räumen, Waren und Presseerzeugnissen).

Kunst, Medien & Werbung ▶ Riechkino

In *Schöne neue Welt* spinnt Aldous Huxley Kino mit „synchronisierter Duftorgelbeglei-tung" aus. Als Ouvertüre liefert die Duftorgel „ein köstlich erfrischendes Kräutercapric-cio", das eine „Folge kühner Modulationen durch die Aromen der Gewürze" bietet, den Duft von Sandelholz, Kampfer, Zedernholz und frisch gemähtem Heu verbreitet und auch mit „zart angedeuteten Dissonanzen" spielt: „einer Nase voll Sauerkraut und einem dis-kreten Geruch nach Rossäpfeln" (1981, 168f).

In einem Interview (taz, 14. 9. 2006) anlässlich der Premiere der Verfilmung von Süß-kinds *Das Parfum* wurde der Regisseur Tom Tykwer gefragt, ob er mit dem Gedanken gespielt habe, hier Riechkino zu realisieren. Tykwer kommt in seiner verneinenden Ant-wort auf die Geruchskarten zu sprechen, mit deren Hilfe zwanzig Jahre zuvor die Zuschauer des Filmes *Polyester* sich in den Genuss von riechenden Filmszenen brachten: „In den Achtzigern, als ich Filmvorführer war, habe ich ‚Polyester' noch selbst vorgeführt und durfte diese Karten abends immer wieder einsammeln, in total verpesteten Kinos. Das war ekelhaft. Ehrlich gesagt, ich finde es eine ziemlich fantasielose und langweilige Vorstellung, hinzugehen und zu sagen, weil ‚Das Parfum' von Geruch handelt, soll der Film irgendwie riechen."

Die Beduftung von **Arbeits- und Geschäftsräumen** scheint eine verlockende Strategie der Beeinflussung von Stimmungen und indirekt auch der Verhaltensteuerung zu sein. In der Regel wird wohl mit recht geringen Konzentrationen (nahe oder unter der Erkennungsschwelle) gearbeitet. Das soll Befindlichkeitsstörungen bei manchen Indi-viduen verhindern. Außerdem könnte eine bewusst wahrgenommene Beduftung Betroffene nachdenklich stimmen. Von Belegen für gesteigerte Arbeitseffizienz res-pektive höhere Aufenthaltsdauer von Kunden in Geschäftsräumen ist die Rede. Nega-tive Effekte bei einem Teil der Betroffenen – von leichtem Unwohlsein über Kopf-schmerz bis zu allergischen Reaktionen – sind nicht auszuschließen. Hinsichtlich der Frage nach möglichen Wirkungen bleibt, so oder so, viel der Phantasie überlassen – nicht zum Schaden der Anbieter solcher Dienste.

Konzepte zur Beduftung der **Innenräume von Automobilen** werden u. a. unter dem Aspekt des allgemeinen Erregungszustandes des Fahrers vertreten. Gemeinsam mit Beleuchtung und Beschallung sollen Düfte den Menschen am Steuer etwa stimu-lieren oder beruhigen (womöglich automatisch, ausgelöst durch den auf die eine oder andere Weise gemessenen physiologischen Zustand des Fahrers). So etwas klingt zugleich sinnenfroh und futuristisch (das Auto als Wellness-Raumschiff), wird also von den Medien registriert, wenngleich frische Luft und eventuell öfter mal eine Pause dem Wohlbefinden des Fahrers (und der Verkehrssicherheit) fraglos zuträglicher sind. – Die Autoindustrie hält Distanz und bietet bislang nur ausnahmsweise Klimaanlagen mit (ausschaltbaren) Duftmischern an. In vielen Taxen sind Kunden heute (deutlich *über* der Wahrnehmungsschwelle) duftenden „Luftverbesserern" aus dem Zubehör-handel hilflos ausgesetzt.

Beduftung mag als verlockende Strategie emotional wirksamer Gestaltung erscheinen, ist jedoch nicht nur aus ethischen, sondern in Rücksicht auf das Wohlbefinden unfreiwillig Betroffener problematisch. Einen anderen Sinn bekommt Geruch als Thema des Design, wenn es darum geht, beim Gestalten (etwa hinsichtlich der Materialwahl) das Riechen überhaupt in Betracht zu ziehen, also jenseits von Beduftungstechniken die olfaktorische Prüfung von Materialien im Entwurfsprozess zu berücksichtigen. Angesichts bereits existierender problematischer Gepflogenheiten ist weiterhin Design (auch von sozialen Prozessen) gefragt, dass hilft, Belästigungen zu vermindern, ohne in einen Teufelkreis des dagegen ‚Anstinkens' zu verfallen. Schließlich ist daran zu erinnern, dass wegen der innigen Verbindung von Gefühl und Geruch Momente der visuellen, akustischen und taktil-haptischen Gestaltung indirekt auch auf das Riechen wirken [▶ Kap. 9].

Lesen ▶ *Riechkino*: Paech, 2000; *Olfaktorik-Design*: Hanke, 1995; Götz, 2002; *Marketing mit Duft*: Knoblich, Scharf & Schubert, 2003; *Beiträge zu div. Aspekten in*: Kunst- und Ausstellungshalle der BRD, 1995, sowie in Luckner, 2002

Geruchskunst und Riechpädagogik

„Wären an unserer Stelle Schweine zu ich-bewußter Intelligenz gelangt, dann hätten ihre Komponisten Symphonien nicht in Schallwellen, sondern in Molekularabstrahlungen komponiert." (Hass, 1987, 216)

Es ist möglich, die affektiven Wirkungen von Düften und Aromen bis zu einem gewissen Grad durch geruchslose Medien sinnfällig zu vermitteln (▶ Bilder vom Riechen). Gerüche selbst sind traditionell kein Darstellungsmittel der Künste. Zeitgenössische **Konzept-Künstler** profilieren sich gelegentlich durch die Kreation wohl- oder (eher) überriechender Objekte oder Räume. Allein die Tatsache, dass der „geschmähte" Geruchssinn zum Thema gemacht wird, verbürgt hier eine gewisse künstlerische Ausstrahlung unabhängig von der konkreten „sinnlichen Erkenntnis", die vermittelt werden soll.

Auf der anderen Seite wünschen nicht nur Parfumeure, ihre Schöpfungen sollten ohne Anführungszeichen als Kunst betrachtet werden. Gesteigerte Aufmerksamkeit und Kultivierung (etwa Besprechungen im Feuilleton analog zu Literatur- oder Musikkritiken) verdienen Parfums auch der Philosophin Mădălina Diaconu zufolge (2005). Gerade nicht die Wirkung auf Triebe, Gefühl, Stimmung und Gedächtnis gelte es zu würdigen, sondern die formale Komposition (welche gerne mit Anleihen bei der Musiksprache beschrieben wird). **Riechpädagogik** nach dem Vorbild der Ausbildung von Parfumeuren soll ein Publikum heranbilden, welches Duftgemische aus ästhetischer Distanz zu würdigen verstehe. Weniger ambitioniert, aber vielleicht erstrebenswerter erscheint das Vorhaben, mit Schulkindern die Identifikation von regionalen Naturgerüchen zu üben (allgemeiner: *Smellscapes* zu erkunden) und sie zu befähigen, über Gerüche des Alltags und Geruchswelten anderer Kulturen zu kommunizieren [▶ Kap. 6].

Lesen ▶ Bergius & Herbrich, 2002; Diaconu, 2005; Holley, 2002

Kunst, Medien & Werbung ▶ Bilder vom Riechen

Bilder können das Thema *Riechen* nicht nur **bezeichnen**, sondern über die Präsentation von Geruchsobjekten oder dem Verhalten (Mimik etc.) von riechenden Mitmenschen auch **Affekte** (Begehren, Ekel) **auslösen**, die denen bei tatsächlichem Riechen nahekommen. Mitempfindungen können auf unterschiedliche Art ausgelöst werden: durch geblähte Nüstern oder gerümpfte Nase, entspannten Gesichtsausdruck oder Zeichen von Ekel (extrem: Sichübergeben), wenn jemand etwas an die Nase führt, sie in einer Geruchsquelle vergräbt oder aber sich abwendet, abwehrend gestikuliert oder sich die Nase zuhält. Neben einzelnen mit Wohl- oder Übelgerüchen assoziierten Objekten oder Situationen kann man in der Werbung für Parfums oder Lebensmittel Bemühungen feststellen, **Atmosphäre sichtbar zu machen**; so wird z. B. der Raum durch Rauch, Dampf, Nebel, Gischt, Schleier oder mit aufgelöstem bzw. wehendem Haar gefüllt (oder dies durch Lichtführung, Farbe und unscharfe Konturen suggeriert).

Lesen ▶ Jütte, 2000; Kaufmann, 1943

Rückschau in Fragen

Auf welche Anhaltspunkte stützt sich die klassische Einschätzung, der Geruchssinn sei ein *niederer Sinn*?

Inwiefern entsprechen diese Eigenheiten dem, was man über die funktionelle Neuroanatomie des Riechens weiß?

Wie verläuft die *Adaptation* beim Riechen?
Welche Bedeutung hat das?

Welche psychischen Auswirkungen hat der Verlust des Geruchssinnes?

Inwiefern ist das Verhältnis von Riechen und Erinnern bzw. Vorstellen asymmetrisch?

Wie ist Riechen im Traumleben gegenwärtig?

Inwiefern ist Riechen ein sozialer Sinn?

Worin liegt die Bedeutung von Weihrauch und anderem Räucherwerk für traditionell religiöse Inszenierungen?

Welche Bedeutungsfacetten hat die Rede von der Kulturgeschichte des Riechens?

Worin sind die Schwachstellen in der Beweisführung kulturgeschichtlicher Thesen zur Entwicklung des Geruchssinns zu sehen?

Inwiefern kann *Marketing durch Duft* eine verlockende Perspektive sein? Warum ist es problematisch?

Welche Perspektiven gibt es jenseits von Beduftungsstrategien für *Olfaktorik-Design*? Inwiefern ist Geruchsdesign traditionell in Stadtplanung und Architektur gegenwärtig?

Wie lässt sich verstehen, dass visuelle Gestaltung modifizieren kann, was man riecht?

Welche visuellen Mittel bemühen Kunst und Werbung, um Düfte darzustellen?

6   Schmecken

Die Empfindungen von süß, sauer etc. auf der Zunge sind das, was man in der Sinnesphysiologie traditionell als Geschmackssinn oder *gustatorische* Wahrnehmung etikettiert. Schmecken geht darin nicht auf. Schmecken ist ein multisensorisches Phänomen, zu dem bekanntlich nicht zuletzt auch Aromen gehören. Die erschließen sich
nicht der Zunge, sondern der Nase. Selbst gustatorische Wahrnehmungen, wie die
Süße, bleiben, wie man heute weiß, in ihrer *Psychophysik*, also der Relation von Reiz-
und Empfindungsstärke, vom Geruch nicht unberührt.

Neuro-Skizze ▶ Geschmackssinn

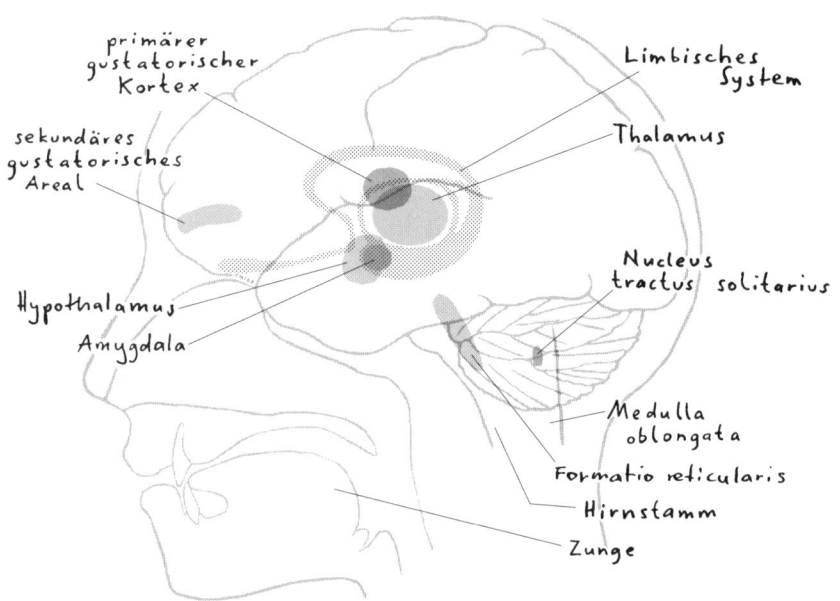

Die Sinneszellen des Geschmackssinnes finden sich in ca. 2.000 blütenkelchartigen Zell-
verbänden (*Geschmacksknospen*), die ihrerseits Teil verschiedener warzenartiger Strukturen (*Geschmackspapillen*) auf der Zunge sind. Diese Schmeckzellen

▪ werden ca. alle 10–14 Tage erneuert;
▪ tragen Rezeptoren für mehrere Geschmacksrichtungen (anders, als man früher
  annahm, sind die Rezeptoren für süß, sauer, salzig und bitter relativ gleichmäßig über
  die Zunge verteilt; deutlich ist nur die besondere Bitterempfindlichkeit des hinteren
  Zungenabschnittes);
▪ sind (ohne eigene Nervenfortsätze) mit den Fasern verschiedener Hirnnerven (*Nervus*

vagus, N. glossopharyngeus, N. facialis) verbunden, die gebündelt (im *Tractus solita-rius*) zum verlängerten Rückenmark (*Medulla oblongata*) führen.

Von da verlaufen die Bahnen des Geschmackssinnes

▪ über den *Thalamus* zur Hirnrinde; zum *primären gustatorischen Kortex* im seitlichen *Gyrus postcentralis* (neben der Zunge des *somatosensorischen Homunculus*) und der *Insula* im *Frontalkortex* und weiter zum *sekundären gustatorischen* Areal im *orbito-frontalen Kortex*, wo Informationen von den Geschmacksrezeptoren der Zunge auf solche aus der Nase und den anderen Sinnesgebieten treffen [▶ Kap. 9].

▪ zum Riechhirn bzw. dem *limbischen System* (*Amygdala*) und dem *Hypothalamus* (vegetative Reaktionen wie Speichelfluss), die ihrerseits direkt mit der multisensori-schen Drehscheibe des orbitofrontalen Kortex verbunden sind (Bewertung von Geschmacksempfindungen).

Lesen ▶ Birbaumer & Schmidt, 2006; Bösel, 2006; Brenslin & Huang, 2006; Hatt, 1996; Jacob, 2002b; Lorig, 2002; Rolls, 2002, 2004, 2005

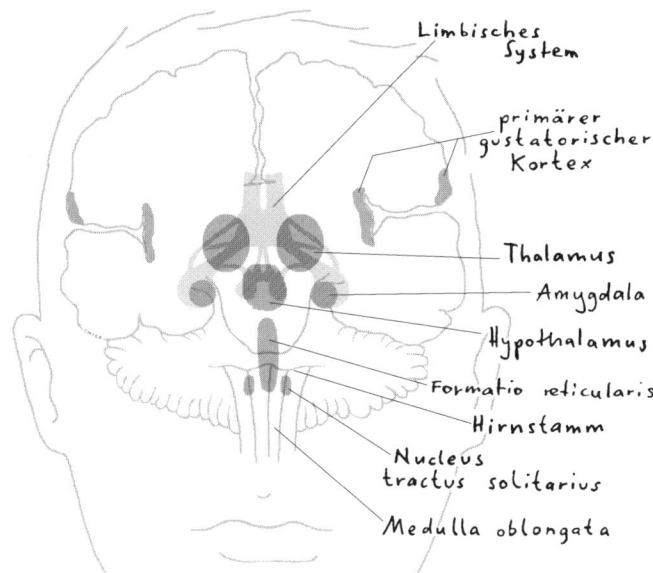

Neben den vier Grundqualitäten **süß, sauer, salzig und bitter** werden seit langem auch **alkalisch** und **metallisch** als eigene Geschmacksqualitäten angeführt. In den letzten Jahrzehnten importierte die Geschmacksforschung aus Japan den (schon seit Anfang des 20. Jh. bekannten) „**Umami**-Geschmack", der durch Rezeptoren für Aminosäuren vermittelt wird (prototypisch: Glutamin), als **fünfte Grundqualität.** Das japanische Wort „umami" steht für wohlschmeckend/lecker. Neben Sojasauce und anderen Würz-mitteln bzw. Geschmacksverstärkern schmecken auch Tomaten, Fleisch und Käse umami. Asiaten scheinen differenzierter als Europäer über diesen Geschmack Auskunft geben zu können. In jüngster Zeit wurden auf der Zunge auch Rezeptoren für **Fett**-Geschmack gefunden; bislang war man davon ausgegangen, dass die Zunge Fett lediglich taktil bzw. haptisch wahrnimmt.

Psychophysik. Bevor man schmeckt, ob eine stark verdünnte Lösung, süß, salzig, sauer oder bitter ist, schmeckt man, dass sie überhaupt einen Geschmack hat (*unspezifische Geschmacksschwelle*). Bei weiterer Zunahme der Konzentration kann sich der Geschmack (teils mehrfach) ändern. So schmeckt Kochsalz beim Überschreiten der *spezifischen Geschmacksschwelle* süß und erst bei weiter zunehmender Konzentration salzig. Bei nicht zu großen Konzentrationen von Kochsalz kommt es dann nach wenigen Sekunden zu einer vollständigen *Adaptation* einzelner Rezeptoren. Nach Aussetzen des Reizes erholt sich die Sensibilität geschwind. Solche Befunde erzielt man durch lokale Reizung bei fixierter Zunge. Beim Essen und Trinken sorgt die Bewegung der Zunge – verbunden mit der Architektur der *Geschmackspapillen* und den zugehörigen kleinen Spüldrüsen – dafür, dass immer genügend Rezeptoren ansprechbar sind. Für die Empfindungen sauer und bitter kommt es selbst bei isolierter Untersuchung einzelner Rezeptoren zu keiner vollständigen Adaptation.

Wie Empfindungen in anderen Sinnesgebieten auch, hängen Geschmacksempfindungen von aktuellen Vorerfahrungen ab:

- Zuckerlösungen mittlerer Konzentrationen werden nach vorhergehenden schwächeren als intensiver empfunden als nach höher konzentrierten.
- Auf einer süß gespülten Zunge schmeckt destilliertes Wasser sauer und Saures saurer, umgekehrt nimmt eine sauer eingestellte Zunge illusorische Süße wahr.

Wenn man die Sinnesleistungen der Rezeptoren auf der Zunge für süß, sauer etc. isoliert untersucht (wie dies lange geschehen ist), kommt man naturgemäß zu Ergebnissen, die nicht sehr viel über das alltägliche Schmecken verraten (solche Forschung hat geringe *ökologische Validität*). Die heutige *Flavor*-Forschung untersucht hingegen das Zusammenwirken der Sinne beim Schmecken – insbesondere die Rolle der Aromen. Diese können etwa die Wahrnehmungsschwelle für Süß herabsetzen und die wahrgenommene Intensität von Süßgeschmack steigern. Vanille, die in vielen Nasen süß riecht, wirkt tatsächlich als Versüßer [▶ Kap. 9].

Sensibilitätsunterschiede. Schon länger ist bekannt, dass sich Individuen hinsichtlich ihrer gustatorischen Schwellen und überschwelligen Intensitätswahrnehmung teils erheblich unterscheiden. Auch eine verbreitete erbliche Minderempfindlichkeit speziell für bestimmte bittere Substanzen wurde nachgewiesen. Populär wurde in den letzten Jahren die Gegenüberstellung von *Superschmeckern* und *Nichtschmeckern*: Wegen unterschiedlicher Bitter-Sensibilität in Verbindung mit ungleicher Segnung mit *Geschmackspapillen* ordnet man je ein Viertel der Bevölkerung einer dieser beiden Gruppen zu. Die plakative Etikettierung verrät indes mehr über den medialen Bedarf an Sensationsmeldungen als darüber, was Betroffene schmecken (im engeren wie im weiteren Sinn). – Wer gerne ein Pils trinkt, landet bei den Tests, zu denen man etwa im Internet geladen wird, unversehens in der Rubrik der *Nichtschmecker*.

Vollständiges Nichtschmecken (*Ageusie*) – wie es vorübergehend bei Betäubung der gesamten Zunge eintritt – ist anders als generelles Nichtriechen (*Anosmie*) äußerst selten. Allerdings klagen Anosmatiker nicht selten über eine Beeinträchtigung auch ihrer gustatorischen Wahrnehmung: Fehlt das Aroma, dann fehlt mehr als nur das; offenbar addieren sich die Empfindungen von Zunge und Nase nicht nur. Verringerte Sensibilität (*Hypogeusie*), wie sie etwa fortgeschrittenes Alter mit sich bringt, macht nicht nur toleranter gegenüber Bitterstoffen, sondern auch besonders hohe Konzentrationen von Salz und Zucker schmackhaft.

Hedonik der Grundqualitäten – Ob schmeckt, was man schmeckt

Angeboren sind offenbar die positive Bewertung des Süßen und die Abneigung gegenüber dem Bitteren. Nach einer einleuchtenden Erklärung liegt der biologische Sinn dieser Geschmacksaffekte darin, dass Stoffe, die süß schmecken, meist viel zur Energieversorgung des Organismus (erforderlich nicht zuletzt für dessen Fortbewegung) beitragen, während viele bittere Substanzen giftig sind.

Wahrnehmungsqualitäten ▶ bitter/süß

Süß ist ein Synonym für eingängig. Als ästhetische Kategorie steht „süß" heute im Alltag für niedlich oder liebenswert, im anspruchsvollen Diskurs für distanzlosen Genuss – für Kitsch. Was bitter *ist*, vermindert den Lebensgenuss, *macht* bitter, lässt schließlich „verbittern". Edmund Burke, der 1756 in *Vom Erhabenen und Schönen* ganz ungebrochen „die Süße als das Schöne des Geschmacks" (1956, 198) schätzte, sah im Bitteren eine potentielle Quelle erhabener Empfindungen („den bitteren Kelch des Schicksals austrinken"; 124).

„Bittersüß" ist der Prototyp des *Oxymorons*, wie man die Verbindung sich widersprechender Begriffe nennt, und manche Arznei (um Gifte in nützlicher Dosierung schmackhaft zu machen). Dass auch eine ganze Reihe von Genussmitteln, die Erwachsene zu sich nehmen, bitter oder zumindest bittersüß schmecken (Kaffee, Bier, „Herrenschokolade"), könnte sich einem oralen **Reizhunger** verdanken, der – ähnlich wie beim brennend Scharfen – in Grenzen auch Unangenehmes vereinnahmt. Auch **altersbedingte Sensibilitätsminderung** mag eine Rolle spielen. Manche Forscher vermuten, dass sich die Lust am Bitteren nur dank der verführerischen **Verbindung mit dem Süßen** allmählich herausbilden kann. Andere glauben, die einmal entdeckte **angenehme Wirkung** gewisser bitterer Substanzen (etwa Koffein, Magenbitter) verführe zum Akzeptieren ihres Geschmacks.

Jedenfalls sind Kinder für das Bittere nicht zu haben, was u. a. damit zusammenhängt, dass sie sensibler für Bitteres sind (*Superschmecker*), es deshalb auch aus Kohl und anderem Gemüse herausschmecken, das ihre diesbezüglich inzwischen ahnungslosen Eltern ihnen vorsetzen.

In relativ engen Grenzen schmecken auch salzig und sauer gut. Die Lust am Salzigen dürfte auf den Bedarf des Organismus an Elektrolyten zurückgehen. Die Wertschätzung von Saurem gibt eher ein Rätsel auf. Vielleicht unterstützt sie die Versorgung mit der in manchen Früchten vermehrt enthaltenen Ascorbinsäure (Vitamin C). Bei Umami, dem Wohlgeschmack von Aminosäuren, ist die Verbindung zum physiologischen Bedarf wiederum offensichtlich (Eiweiß). Die Lust am Fett in Speisen, die ja eventuell nicht nur mit angenehmen Mundgefühlen, sondern auch mit Fettrezeptoren zu tun hat, vervollständigt das Bild einer chemischen Zungensensorik, die in Wahrnehmungsspektrum und Bewertung an dem ausgerichtet ist, was für den menschlichen Stoffwechsel erforderlich ist – besser: unter den Bedingungen der Evolution dieses Stoffwechsels erforderlich war.

Biologisch sinnvoll erscheint auch die Abhängigkeit der Hedonik vom vorherigen spezifischen Konsum. Wer etwa mit Zucker ‚abgefüllt' ist, bewertet Süßes nicht mehr so positiv wie im nüchternen Zustand (*Alloästhesie*), während seine Wertschätzung einer salzigen Speise von der Zuckersättigung nicht berührt wird; auch die Umkehrung gilt. Diese Voraussetzung für einen abwechslungsreichen Speisezettel führt (wie schon die besondere Lust am Süßen) unter den Bedingungen von Wohlstand (Überangebot von Nahrungsmitteln und gleichzeitiger Bewegungsarmut) zu verbreitetem Übergewicht – und zu industriellen Angeboten, die versprechen, die gustatorische Hedonik zu überlisten.

Mimik und Körperbewegung. Die angesprochenen Bewertungen von süß und bitter spiegeln sich im Gesicht (*gustofaziale Reflexe*): Dem (wohl des Auskostens wegen) lächelnden Süßgesicht steht die bittere Miene gegenüber, die sich des Gekosteten zu entledigen scheint. Diese jedermann geläufigen Mimiken zeigen bereits Neugeborene [▶ Abb.] (ebenso wie die hier nicht abgebildete Mimik des Sauren). Dass die Mimik des Bitteren Teil einer umfassenderen Bewegung der Distanzierung darstellt, hatte schon der Philosoph Bacon (1870, 347) beobachtet; nach seinem Eindruck wird „das Bittere und widerlich Schmeckende" derart zurückgestoßen, „dass es durch Übereinstimmung selbst ein Schütteln und Schaudern des Kopfes veranlasst". Die Anzeichen von Ekel wirken ansteckend; neuerdings hat man die dazu passenden Aktivierungen im Gehirn sichtbar gemacht (Jabbi, Swart & Keysers, 2007).

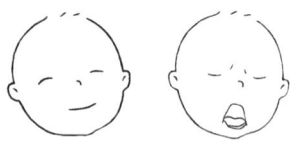

Lesen ▶ Burdach, 1988; Campenhausen, 1993; Deibler & Delwiche, 2004; Faurion et al., 2002; Jacob, 2002b; Logue, 1995; *Mimik:* Chiva, 1985; Darwin, 2002; Piderit, 1867

Multisensorisches Schmecken, Kochkulturen und Food-Design

„Schmetterlinge haben sowohl auf ihrem Rüssel als auch auf den Beinen Sinnesorgane der Geschmackswahrnehmung. Wäre es bei uns ebenso, dann hätten sich unsere Eßsitten wohl noch komplexer gestaltet." (Hass, 1987, 218)

Ein Schnupfen oder das beliebte Demonstrationsexperiment, Speisen und Getränke mit zugehaltener Nase zu verköstigen, belehren über den entscheidenden Beitrag des Riechens zum Geschmack (im Sinne des allgemeinen Sprachgebrauchs): Ist die Nase verstopft, wird die sonst gegebene Luftbewegung im Mund- und Nasenraum, dank derer die **Aromen** von hinten in die Nase steigen (*retronasales* Riechen), unterbunden. Da Menschen ungleich mehr Gerüche wahrnehmen, als ihnen die Zungenchemie Geschmacksrichtungen vermittelt, lebt der Nuancenreichtum unterschiedlicher Kochkulturen in erster Linie von dem, was sie der Nase bieten.

Aroma und *Geschmackssinn* (im Sinn von Chemosensorik der Zunge) ergänzen einander nicht nur. Wie bereits erwähnt, beeinflussen Aromen etwa die Wahrnehmung von Süße. Und auch die Umkehrung gilt: Die Intensität des Minzaromas von Kaugummi etwa hängt davon ab, wie süß er ist. Derartige **gegenseitige Aroma- und Geschmackssteigerungen** scheinen aber nur einzutreten, wenn es um gewohnte Kombinationen geht.

Die **Schärfe** von Chili und das **Brennen** konzentrierter alkoholischer Getränke verdanken sich der ▶ *trigeminalen Chemorezeption* in Mund- und Nasenraum. Auch die physikalischen Gegebenheiten von Speisen und Getränken tragen nicht unwesentlich zu ihrem Geschmack bei. Neben der **Temperatur** sind das Qualitäten, die **taktil** und durch die **Haptik** von Kauen und Schlucken (die Zunge selbst ist ja ein Muskel) wahrgenommen werden: glatt – rau, weich – hart, bissig – zäh, feucht – trocken, wässrig vs. ölig/sämig/zähflüssig.

Philosophische Ästhetik ▶ Taktile Theorie des Süßen und Bitteren

Vielleicht brachte die deutliche Teilhabe des Gespürs am Schmecken den griechischen Philosophen Demokrit auf die Idee, süß, sauer, salzig und bitter auf die Berührung durch unterschiedliche Formen zurückzuführen. In *Über die Natur der Dinge* schloss sich dann der römische Schriftsteller Lukrez der Ansicht an, dass „Milch und Honigseim" wie „alles, was unseren Sinn wohltuend berührt", aus „glatten, runden Atomen besteht", während alles, was bitter erscheint, von Atomen rührt, die „Haken besitzen" (1957, 72f). Noch Edmund Burke führt die entspannende Wirkung des Süßen darauf zurück, dass die runden Zuckerpartikel die Geschmackswärzchen umschmeicheln.

Die taktil-haptischen Wahrnehmungen im Mund sind auch beeinflusst davon, wie sich die Speise anfühlt, bevor sie in den Mund gelangt; je nach Speisesitten also beispielsweise vom Spüren der Speisen mit den **Fingern** oder der um **Besteck** erweiterten Hand und schließlich dem Gefühl der **Lippen**. Auch **visuelle Anzeichen** für Konsistenz, Form und Textur wirken auf die **Mundgefühle**: zum einen, indem sie beim vorbereitenden Fühlen und Handhaben mitspielen, zum anderen, weil sie für sich genommen (also selbst, wenn man gefüttert wird) Erwartungen wecken. Zudem steht der taktil-haptische Beitrag zum Schmecken in enger Beziehung zu **Geräuschen**, die beim **Handhaben** der Speise und beim **Beißen** und **Kauen** entstehen oder ausbleiben (wie das berühmte Knacken frischer Kartoffelchips).

In den vergangenen Jahren wurde experimentell nachgewiesen, dass **taktil-haptische Eindrücke**, wie der Grad an Zähflüssigkeit (*Viskosität*), ihrerseits die wahrgenommene **Intensität von Aromen** verändern können (man stellt dabei sicher, dass der *retronasale Gasdruck* sich nicht mit dem Viskositätsgrad ändert, also die Geruchsrezeptoren jeweils den gleichen Input erhalten).

Schon der **Anblick** von Speisen kann bekanntlich „das Wasser im Munde zusammenlaufen" oder würgen lassen (etwa nach Ekelkonditionierung in Folge einer Lebensmittelvergiftung). Form und Farbe lassen Lebensmittel appetitlich oder widerwärtig erscheinen. Nachweislich wirkt **Farbe** auf die Wahrnehmung von **Aromen** (orange gefärbter Kirschsaft schmeckt nach Orangensaft; rot gefärbter Weißwein schmeckt tendenziell nach Rotwein). Wie im vorigen Kapitel bereits erwähnt, kann Ekel auch **stellvertretend über Mimik** erzeugt werden. Das gilt z. B. auch für Laute des Erbrechens. Umgekehrt wirken bekanntlich auch Mimiken und Geräusche des oralen Genießens und begleitende Laute des Wohlbehagens ansteckend. – Schließlich formen Wissen oder Vermutungen über Herkunft und Zubereitung des Aufgetischten, also **Vorstellungsbilder** – und damit nicht zuletzt verbale Informationen – Geschmackserwartungen und -wahrnehmung. Nach Befunden der Neurowissenschaft spielt der ▶ *orbitofrontale Kortex* eine wesentliche Rolle bei der multisensorischen Hedonik des Schmeckens.

Kochkulturen. Im Rahmen der biologischen Voraussetzungen bleibt den Kulturen erheblicher Spielraum für Nahrungsangebote. Die aus den jeweils regional verfügbaren Rohstoffen ausgewählten, zubereiteten und (in bestimmter räumlicher Ordnung und/oder Abfolge) präsentierten Nahrungsmittel machen die spezifische lokale Kochtradition aus, die bekanntlich entschieden dazu beiträgt, das Typische einer Kultur zu charakterisieren. Die Besonderheiten von Essen und Trinken sind **zentral für kulturspezifisches Wahrnehmen** und Handeln, weil sie eine **alle Sinne umfassende sensomotorische Prägung** bedeuten:

▌ Hier verweben sich die um Lust und Unlust kreisenden **chemischen Sinne**, die Zu-, Abwendung, Einvernahme und Ausstoßen vorbereiten (in der Sprache des Behaviorismus: die *primären Verstärker*), mit den Eindrücken der anderen Sinne; hier wird nicht zuletzt das, was die „niederen", ins Milieu eingetauchten Sinne signalisieren, zu **Wertungen des Sehens**.

▌ Die Gewöhnung an die Aromen einer Ernährungskultur erfolgt bereits im pränatalen Stadium (sofern sie ins Fruchtwasser gelangen) und setzt sich nach der Geburt über die sprichwörtliche Muttermilch fort (Prägungen, die auch im Tierexperiment nachweisbar sind); wegen des nachhaltigen passiven Gedächtnisses für Gerüche und ihrer Potenz, Kontexte zu vergegenwärtigen, vermittelt das weitere Hineinwachsen in die Gewohnheiten von Essen und Trinken dauerhafte innere Bilder; Teil dieser Kultivierung von Vorstellungen, in denen sich die Individuen geborgen wissen, sind die **materiellen Hilfsmittel** (Tafel, Geschirr, Besteck), das **soziale Arrangement** und das **Gebaren** bei Mahlzeiten.

Demnach ist es nicht abwegig, wenn das **Interesse an fremden Kulturen** sich nicht zuletzt auf deren Küche richtet. Gleichzeitig vermag niemand die eigene diesbezügliche Prägung abzustreifen. Auf Reisen und bei sonstigen Kulturkontakten wird Nahrungs-**Neophobie**, Widerwille gegen neue Nahrungsangebote, virulent (auch wenn heute in der westlichen Zivilisation eine nivellierte gastronomische Multikulturalität verbreitet ist). Interesse am Fremden verlangt noch immer hier und da willentliche Überwindung solcher Abneigungen. Wenn man sich aber erst einmal an fremden Geschmack herangewagt hat, wird der regelmäßig mit **zunehmender Bekanntschaft** nicht nur **attraktiver**, sondern, wie in der Flavour-Forschung exemplarisch nachgewiesen, nach und nach auch **sensibler wahrgenommen**.

„Geschmack haben" steht bekanntlich für einen in Fleisch und Blut übergegangenen anspruchsvollen oder gehobenen **Lebensstil** auch jenseits der Essgewohnheiten (soziale Aufsteiger ringen mit großer Mühe und zweifelhaftem Erfolg um einen „sicheren Geschmack"). Diese Metaphorik bringt die hier angedeutete Rolle der „niederen Sinne" für die *zweite Natur* des **ästhetischen Urteilens** sinnfällig zum Ausdruck. Im Fall der gastronomischen Kolumnen in der Tages- und Wochenpresse geht die Abhandlung von Mahlzeiten nicht selten fließend in Belehrung über, die den Lebensstil betreffen.

Kulturgeschichte ▶ Ist Kochen Kunst?

Wenn diese Frage aufgeworfen wird, folgt in der Regel eine Aufzählung von verneinenden und bejahenden Antworten großer Denker und Dichter. Den Anfang macht meist Platons „Nein", das für sich schon verschmerzbar scheint, weil sein Bannstrahl auch die Redekunst trifft. Die Revue von Autoritäten soll offenbar ungeachtet des offenen Ausgangs von Für und Wider beweisen, dass zumindest die Frage nicht ganz abwegig ist. Menü-Besprechungen im Feuilleton, die dazu anleiten wollen, Speisen als Kochkunstwerke angemessen zu würdigen, ist meist ebenfalls eine gewisse Bemühtheit eigen: Jürgen Dollase etwa schreibt in einer „Gourmetvision" der Frankfurter Allgemeinen Zeitung (216/2006) unter anderem von „Langustinen-Variation, bei der die Langustinen zur Verstärkung ihrer aromatischen Präsenz einseitig angeröstet sind. Bei der ersten Variation wird mit Hilfe einer Frischkäsecreme plus Langustinenjus eine sehr homogene Verbindung zu einem kalten Gurkengelee installiert (...) Die zweite Variante (...) klingt vergleichsweise normal, ergibt aber durch die genannten Röstnoten einen originellen, additiven Akkord mit der Oliven-Tomaten-Emulsion." Eine „geradezu pädagogische Austernvariante" hat es ihm angetan, weil man hier nicht den Eindruck habe, „die Auster würde hier irgendwie begleitet." „Sie wird – wie das auch bei der ersten Langustinen-Variation der Fall ist – spektral in ihrem Aroma verstärkt."

Food Design. Der Entwurf von Produkten für die Nahrungsmittelindustrie wird als Food Design bezeichnet. Gestaltung bezieht sich hier auf Erfindungen der **Lebensmittelchemie**, also etwa gänzlich neue Roh- und Zwischenprodukte (wie ‚schön fettig' schmeckende Lightkost), Hilfsmittel der **Produktion** oder Techniken der **Konservierung**. Gestaltung umfasst weiterhin – wie bei der handwerklichen Kochkunst – **das gesamte Spektrum der Sinne**, einschließlich der visuellen Erscheinung, also dem, was man gemeinhin unter Design versteht, und erstreckt sich auch auf **Namensgebung**, **Verpackung** und **Image**, geht also fließend in Verpackungsdesign, Markendesign und Werbung über.

Auch traditionelle Köche, Bäcker, Konditoren usf. gaben und geben ihren Produkten (jenseits des Rezepts im engeren Sinn) Formen und Farben, die Konsumenten ansprechen sollen. Handwerklich wie industriell reicht die Gestaltung vom kapriziös Verspielten bis zur möglichst einfachen geometrischen Form, wobei Ersteres vielleicht eher das **Interesse**, Letzteres (von der Mozart- oder Halloren*kugel* bis zum Fisch*stäbchen*) **Vertrauen** gegenüber einem eventuell noch unbekannten Innenleben bzw. Geschmack zu wecken vermag. Unabhängig von der spezifischen Wirkung von Form und Farbe wird ein Geschmack auf einen Blick **wiedererkennbar**, wenn er stets das gleiche **Gesicht** hat. In seiner äußeren Form ist das Lebensmittel gewissermaßen Verpackung seiner selbst. Im Falle von Restaurants, Cafés und sonstigen gastronomischen Betrieben (ob herkömmlich organisiert oder als globale Kette betrieben) leisten **Interior Design**, die **Gestaltung von Abläufen, Service, Geschirr** und schließlich die eben schon erwähnte Namensgebung (für das Lokal wie die Angebote auf der Speisekarte) ihren Beitrag zum Design des Schmeckens.

Lesen ▶ *Multisensorik:* Burdach, 1988; Deibler & Delwiche, 2004, Kap. 7–9; Van Toller, 2002; *Kochkultur:* Engelhardt & Wild, 2005; Le Breton, 2006, Kap. 8; Leroi-Gourhan, 1980; Rigotti, 2003; Teuteberg, 1996; Wierlacher, 2005; *Food Design:* Diaconu, 2005; Gniech, 1995; Schifferstein & Hekkert, 2008, Kap. 4 & 24; Stummerer & Hablesreiter, 2005

Schmecken und Sexualität

Hinweise auf eine innige Verbindung von Schmecken, Nahrungsaufnahme und Sexualität fehlen nie, wenn die Kulturgeschichte der Sinne oder die von Essen und Trinken abgehandelt wird. Diese Verknüpfung wurzelt in dem, was die **chemischen Sinne im Tierreich** leisten. Riechen hat auch beim Menschen eine Doppelfunktion. Zudem macht die besondere taktil-haptische Sensibilität Lippen, Mundhöhle und Zunge gleichermaßen zu möglichen **Lustquellen** beim Essen, Trinken wie auch im sexuellen Kontakt. Auf diese Seite der oralen Sinnlichkeit bezieht sich (neben dem Trieb, einzuverleiben) das Freudsche Postulat einer frühkindlichen „oralen Phase" der Sexualität.

Auf abstrakter Ebene ist eine gewisse Parallele von Nahrungsaufnahme und Sexualität darin zu sehen, dass Menschen sich hier wie da **körperlich öffnen**. Mit den Worten des Psychiaters Hubertus Tellenbach: „Im Riechen und Schmecken verschmilzt das Subjekt mit der in Duft und Geschmack sich präsentierenden Welt. Weil im Oralsinn die Kommunikation am unmittelbarsten und entschiedensten gesetzt ist, zeigen die in seinem Zeichen erfolgenden menschlichen Begegnungen die Merkmale einer besonderen Intimität, wie sie sich vor allem im Kulinarischen und im Erotischen ereignet." (1987, 292).

Nach den nüchterneren Begriffen des Behaviorismus liegt die Verbindung von Nahrungsaufnahme und Sexualität darin, dass beide **primäre Lustquellen bzw. Verstärker** sind, deren Wirkung von **gemeinsamen Nervennetzen** vermittelt wird (Rolls, 2005).

Weniger um das Schmecken oder körperliche Öffnung, sondern um (magische) nährende Wirkungen des Aufgenommenen geht es, wenn Nahrungsmittel zu Aphrodisiaka, sexuellen Stimulantien, erklärt werden. Der Glaube an solche Wirkungen verdankt sich aber wahrscheinlich nicht zuletzt sinnlich erfahrbaren Analogien zu Sexualorganen und -sekreten.

Eat-Art und Schmeck-Pädagogik

In der zeitgenössischen Kunst sind seit Mitte des vergangenen Jahrhunderts Experimente mit Lebensmitteln, deren Zubereitung und Verzehr heimisch geworden. Zum einen werden **Kochen und Essen selbst zu Kunst in Aktion** (*Happening*), zum anderen werden gegenständliche Werke rund um das Thema Ernährung geschaffen, in denen **Lebensmittel** selbst sowie **Gerätschaften** des Kochens, Geschirr, Besteck etc. **als Medien** genutzt werden. Teils verstehen die Künstler, wie etwa Daniel Spoerri, einer der Erfinder und wohl der erfolgreichste Vertreter der *Eat-Art*, ihre Bemühungen als Hommage an die (in ihren Augen nicht hinreichend gewürdigte) Kochkunst. Zugleich beabsichtigen sie mit ihren vergänglichen Werken Sozial- und Kulturkritik;

schließlich stellen sie auch – mehr oder minder selbstironisch – Kunst und Kunstbetrieb in Frage.

Neben inszeniertem Genuss und gefälligen Produkten vergangenen Tafelns (wie Spoerris nach dem Essen fixierte Esstische, die, als Reliefs an die Wand gehängt, Spuren gelebten Lebens vermitteln, die atmosphärisch wirken) bringen die provokatorischen Intentionen dieser Kunst manches **Ekelhafte** mit sich. Einiges kreist handfest um **Sexualität und Tod** – Themen, die auch **traditionellen bildnerischen Darstellungen oraler Genüsse** nicht fremd waren (als moralischer Kommentar zum Genießen).

In ihrer Tätigkeit als Kunstprofessoren initiierten Ess-Künstler wie Spoerri oder auch Peter Kubelka **Rekonstruktionen vergangener oder fremder Kochkulturen**. Dabei wird u. a. mit der ▶ *Neophobie* des Publikums gespielt. Dies, wie auch Momente der Verfremdung der gewohnten Praxis von Kochen und Essen, schließt Belehrungen ein, die sich mit Ansätzen zu einer Pädagogik des Schmeckens treffen.

Bei **Schmeck-Pädagogik** geht es, auf einen einfachen Nenner gebracht, darum, einen analytischen Zugang zu den multisensorischen Komponenten der Gaumengenüsse einzuüben. U. a. werden die sprachlichen Voraussetzungen für eine differenzierte Wahrnehmung geschaffen. Dabei gilt es zu bedenken, dass das Aufwachsen in einem bestimmten Milieu eine Prägung darstellt, die mit einzelnen Unterrichtseinheiten nur schwer zu korrigieren ist. Da die sprachliche Fassbarkeit von Wohlgeschmack auch bei einem weiten Horizont, also vielen benennbaren Vergleichen, beschränkt bleibt, sollte im Feinschmecker-Lehrprogramm ein gewisser Humor gegenüber den Gespreiztheiten, die da drohen, nicht fehlen.

Lesen ▶ Diaconu, 2005; Heindl, 2005; Meier-Ploeger, 2005; Kunstforum, 159/160, 2002; Neumann, 2005; Puisais, 1996

Kunst, Medien & Werbung ▶ Bilder vom Schmecken

Bilder vom Schmecken sind meist **Bilder vom prallen Leben**: Sie suggerieren umfassenden (tendenziell maßlosen) Sinnengenuss und Lebensfreude (überbordende Tafel, prall gefüllter Kühlschrank, kollektives Genießen, Gelage bzw. Orgie, Spuren hemmungslosen Genusses wie verschmierte Münder). Und/oder eben die Kehrseite davon, je nachdem, ob nun – wie regelmäßig bei traditionellen allegorischen Darstellungen und auch bei zeitgenössischer Kunst – ein *moralischer Zeigefinger* im Spiel ist oder, wie im Fall der Nahrungsmittelwerbung, ungetrübtes Glück zur Anschauung gebracht werden soll. Opulenz (Buntheit, Vielfalt) vs. Kargheit kennzeichnet Bilder vom Schmecken (Essen & Trinken) auch formal (im Werbespot durch entsprechende ▶ *Atmo* unterstrichen). Wegen der Rolle des Riechens beim Schmecken verstehen sich Überschneidungen mit der Ikonographie des Riechens [▶ Kap. 5] von selbst: (begieriges/hingegebenes) Fixieren, Aufnehmen bzw. Sichöffnen vs. (angeekeltes) Ausstoßen bzw. Sichabwenden.

Lesen ▶ Jütte, 2000; Kanz, 2004; Kaufmann, 1943; Kunstforum international, 159 & 160, 2002

Rückschau in Fragen

Welches sind die Geschmacksqualitäten, die auf Verarbeitung der Reizung der chemischen Rezeptoren auf der Zunge zurückgehen?
Wie nimmt man das *Aroma* von Speisen und Getränken wahr?
Wie lässt sich das demonstrieren?
Wie und wo werden Reize registriert, die den Qualitäten *scharf* und *brennend* zugrunde liegen?

Wie lässt sich die *Hedonik* der geschmacklichen Grundqualitäten (der Zunge) verstehen? Warum ist das eine Herausforderung für das *Food-Design*?

Was sind *gustofaziale Reflexe*?
Wie fügen sie sich in eine *somatopsychologische* Sicht [▶ Kap. 1] von Gefühlen ein?

Wie entwickelt sich die Hedonik des Bitteren im Lebenslauf?
Wie erklärt man diese Entwicklung?

Was heißt konkret: *Essen und Trinken betreffen alle Sinne*?
Welche Wechselwirkungen zwischen den geschmacklichen Grundqualitäten (der Zunge) und Aromen bzw. zwischen Aromen und anderen Sinnesmodaltäten sind bekannt?
Inwiefern spiegelt sich die Multisensualität des Schmeckens in der funktionellen Neuroanatomie?

Wie erklärt sich, dass Kultur(zugehörigkeit) nicht zuletzt „Geschmackssache" ist?
Was ist *Neophobie*?

Warum spielen Sexualität und Tod eine wichtige Rolle in allegorischen Darstellungen des Geschmackssinnes?
Was sind typische Anliegen von *Eat-Art*?
Wie verhalten sie sich zu den Intentionen von *Food-Design*?
Was bezweckt *Schmeckpädagogik*?
Mit welchen Schwierigkeiten, die in der Natur der chemischen Sinne liegen, hat Letztere zu kämpfen?

Teil III
Die „höheren Sinne" – Sehen und Hören

Hören und Sehen sind **Distanzsinne**. Mit dieser Bezeichnung wird nicht nur das Wahrnehmen von entfernten Gegebenheiten verbunden, sondern auch ein besonderer **psychischer Abstand**: Anders als Riechen, Schmecken und Spüren stehen Hören und Sehen für **Freiheit** (vs. animalische Notwendigkeit) und **Intellekt** (vs. Gefühl). Für Philosophen wie Kant rechtfertigt das die Etikettierung von Hören und Sehen als *höhere Sinne*. Manchem heutigen Kulturkritiker gilt umgekehrt dieser Abstand als Verlust von Sinnlichkeit, der erst relativ spät in der Geschichte über die (westliche) Menschheit hereingebrochen sei und dem entgegenzuwirken es gelte – etwa durch die künstlerische Aufwertung der anderen Sinne.

Ohne Zweifel tragen Hören und Sehen eine besondere Nähe zur Vergeistigung (Abstraktion, Imagination) in sich. Die Bedeutung dieser Sinne in Alltag wie auch Kunst dürfte indessen im Wesentlichen eine anthropologische Konstante sein, nicht ein kultureller Sonderweg der westlichen Kultur. – Was bei Lob wie Tadel der *höheren Sinne* übersehen wird: Auch Hören und Sehen tragen Züge, die durch **unwillkürliche affektive Involvierung** statt psychische Distanz gekennzeichnet sind. Das liegt, wie die beiden folgenden Kapitel zeigen, an der engen Beziehung von Sehen und Hören zur körperlichen Bewegung.

Lesen ▶ Aichinger, Eder & Leitner, 2003; Finnegan, 2002; Howes, 2005

7 Sehen

Das Auge ist so gebaut, dass die Netzhaut spiegelt, wie elektromagnetische Strahlung in einem bestimmten Frequenzbereich – **Licht** – von der Umgebung reflektiert wird. Für bewegliche Organismen ist das sehr hilfreich. Dank der Lichtverteilung, den Reflexionen des sichtbaren Teils der Sonnenstrahlung an den Oberflächen der Welt, erfährt das Augentier Mensch nicht zuletzt, **wo** sich **was** in **Distanz bewegt** und welche Bahnen der **eigenen Bewegung** sich anbieten (Freunde, Feinde, Beute, sichere, schnelle Annäherung oder Flucht). Visuelle Wahrnehmung von **Bewegung** spielt weiter eine Rolle bei der **Kommunikation mit Artgenossen**.

Der menschliche Organismus nutzt Licht nicht nur zum Erkennen von Objekten und Szenen, sondern schätzt die Strahlung, die das Auge aufnimmt, auch als solche: **Licht für sich** ist eine **affektiv höchst wirksame Empfindung**. In diesem Kapitel gehen wir vom Empfinden von Licht als solchem aus, um anschließend zu betrachten, was Licht wahrnehmbar macht.

Neuro-Skizze ▶ Sehen

Im Hintergrund des Auges, dessen Bau dem einer Kamera ähnelt (*Iris* als Blende, Linse, Projektion auf die Rückwand), befindet sich die **Netzhaut** [▶ Abb.] mit den lichtempfindlichen Zellen (drei Typen von *Zäpfchen*- sowie die *Stäbchenzellen*; Erstere mit einem Empfindlichkeitsmaximum jeweils bei kurz-, mittel- und langwelliger Strahlung, Letztere besonders empfindlich im Bereich zwischen den Kurz- und Mittelwellenzapfen; die Stäbchen sind nur in der Dämmerung und bei Mondlicht aktiv, während bei dieser schwachen Beleuchtung die Zapfen ihre Arbeit einstellen).

In der **Mitte** des Augenhintergrunds findet sich eine Stelle, an der die Zapfen sehr dicht nebeneinanderliegen, während Stäbchen fehlen. Dieser **grubenartige Bereich** (*fovea centralis*) und etwas eingeschränkt auch dessen nähere Umgebung (*macula*) ermöglichen **scharfes Sehen** (das nur bei Tageslicht bzw. hinreichender Beleuchtung möglich ist). In der **Peripherie der Netzhaut** finden sich lockerer gepackt sowohl Stäbchen als auch Zapfen.

Hinter (oder besser: vor) Zapfen und Stäbchen liegt eine Schicht verschiedener Nervenzelltypen, die die Erregung fortleiten bzw. durch Kombination einer ersten Verarbeitung unter-

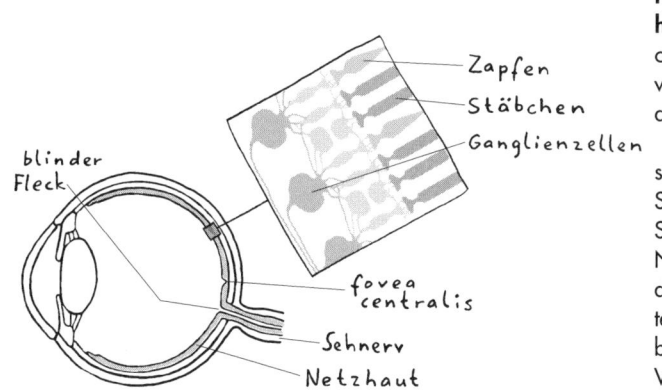

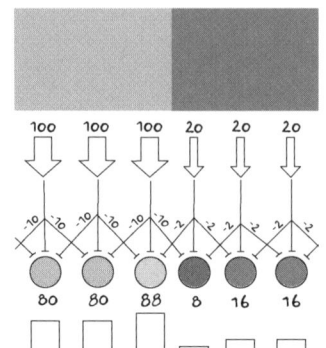

ziehen. Sammelpunkte sind die *Ganglienzellen*. Deren Ausgänge bilden die Fasern des **Sehnervs**. Da dieses Netzwerk auf der Lichtseite der Netzhaut liegt (insofern *vor* den Zapfen und Stäbchen), hat die Netzhaut einen **blinden Fleck**: An jener Stelle, an der die gebündelten Fasern des Sehnervs die Netzhaut verlassen, muss der Teppich von Zapfen und Stäbchen unterbrochen werden. (Eine neuerdings entdeckte Art von Lichttrichterzellen scheint dafür zu sorgen, dass hinreichend Licht durch die ‚verkehrt' konstruierte Netzhaut dringt.)

Ein Prinzip bei der Bündelung von Sensorzellen (und auch auf höheren Stufen der Verarbeitung) ist die Kontrastverstärkung durch **seitliche (laterale) Hemmung** [▶ Abb.]: Jeder lokale Lichtreiz hemmt, vereinfacht gesagt, die Weitergabe der benachbarten Lichtreize, was an Übergängen von hell zu weniger hell zu einer Verstärkung der Differenz führt (**Simultankontrast**; *Machbänder*).

Ein Typ von (größeren) Ganglienzellen erhält Zufluss von vielen Sensorzellen im Randbereich der Netzhaut (großes *rezeptives Feld*), ein kleinerer Typus sammelt die Erregung von wenigeren zentralen Sensorzellen. Erstere leiten die Erregung etwas schneller weiter und reagieren eher auf Bewegung (und münden letztlich in die *Wo-Bahn* des Kortex; siehe unten), Letztere geben stationäre Details wieder (und speisen in die *Was-Bahn* ein).

Die Sehnerven aus rechtem und linkem Auge führen zur jeweils anderen Seite des Gehirns [▶ Abb.]. Da, wo sie sich überkreuzen (*Chiasma opticum*), verteilen sich die Fasern so, dass jeweils die rechte und linke Hälfte des *Gesichtsfeldes* aus beiden Augen verbunden werden und dann zur jeweils der Gesichtsfeldhälfte gegenüberliegenden Seite des Gehirns weiterführen: zunächst in den sogenannten *seitlichen Kniehöcker* (*corpus geniculatum laterale*) des **Thalamus**; von dort aufgefächert in der *Sehstrahlung* **zur primären Sehrinde im Hinterhauptslappen** (*Okzipitallappen*).

Noch vor dem Thalamus führen Abzweigungen der Sehnerven in Zentren, die für die **Bewegung der Augen** zuständig sind (*Colliculi superiores*). Ein eigener Trakt, der stammesgeschichtlich wahrscheinlich älter ist als das restliche visuelle System, führt zum **Zwischenhirn** (mit den *suprachiasmatischen Kernen* des *Hypothalamus* als Verteilerstation), wo **Wirkung von Licht auf den Schlaf-Wach-Rhythmus** (u. a. über die Melatoninausschüttung der Zirbeldrüse bei Dunkelheit) und Stimmung vermittelt wird, und zum aufsteigenden Erregungssystem im Hirnstamm (*formatio reticularis*; Wachheitsgrad, Orientierungsreaktion). Auf die Regulation von Erregung, Stimmung sowie Gefühlen in tieferen Schichten des Gehirns, insbesondere dem **limbischen System**, nehmen auch Bahnen aus Thalamus und Sehrinde Einfluss (Informationen von verschiedenen Stufen der Interpretation des Netzhautbildes kommen hier zusammen).

Im **primären visuellen Kortex** im Hinterhauptslappen (*V1*) ist **das Netzhautbild repräsentiert** (*Retinotopie*). Allerdings **entsprechend der Sensordichte verzerrt**: Der zentrale Bereich des Netzhautbildes ist deutlich überrepräsentiert (vergleichbar den sensibilitätsabhängigen Proportionen des ▶ *somatosensorischen Homunculus*). Hier finden sich Zellen, die auf **elementare Aspekte von Formen**, etwa nur auf **Konturen bestimmter Ausrichtung**

(z. B. vertikal oder horizontal), ansprechen. Die anschließenden visuellen Bereiche zeigen zum Teil gewisse Spezialisierungen bei der weiteren Verarbeitung des Netzhautbildes etwa nach Form oder Farbe. Daran schließen Areale des **assoziativen visuellen Kortex** an, die Bereiche von Schläfen- und Scheitellappen einschließen. Diese spielen auch beim Abgleich mit Reizen der **anderen Sinne** eine wichtige Rolle [▸ Kap. 9].

Man unterscheidet zwei hauptsächliche Wege der kortikalen visuellen Analyse: die **Wo-** und die **Was-Bahn**. Erstere, wegen ihrer anatomischen Lage auch *dorsaler Pfad* genannt (vom Hinterhauptslappen über den „Rücken" des Gehirns zum Scheitel- und weiter zum Frontallappen), sorgt für die Lokalisierung des visuellen Eindrucks im Raum bzw. im Verhältnis zum eigenen Körper und vermittelt weiter über motorische Module im

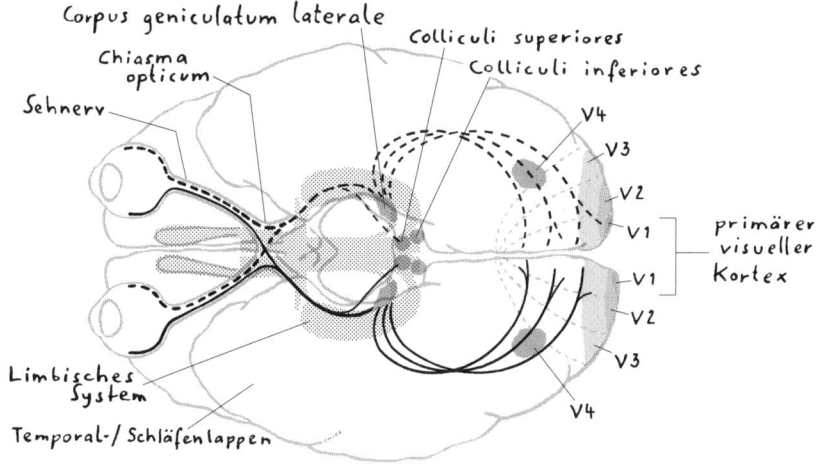

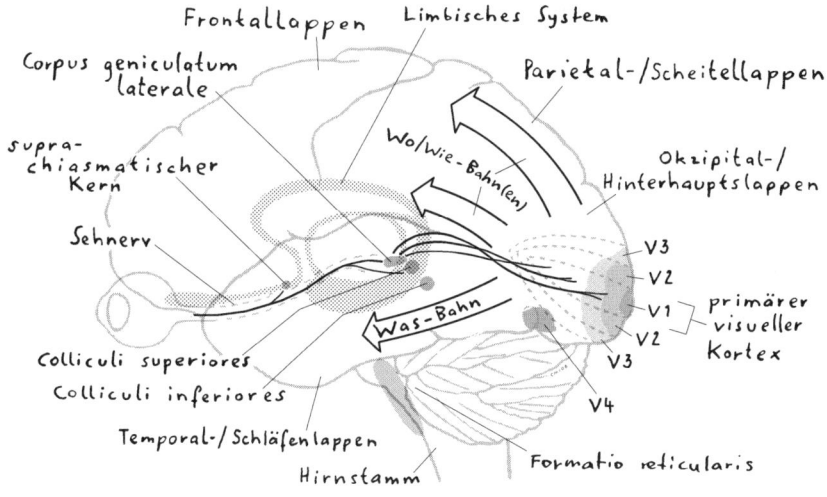

Frontallappen zielsicheres Agieren (deshalb manchmal auch als **Wie-Bahn** bezeichnet); diese Bahn scheint bei geringer Auflösung, ‚Farbenblindheit' und hoher Sensibilität für Kontraste besonders schnell zu arbeiten.

Die *Was-Bahn* wird auch ventraler Pfad genannt (vom Hinterhauptslappen auf der „Bauchseite" des Gehirns zu Bereichen des Temporallappens wie der *fusiformen Windung*); diese Bahn wird mit Erkennen und Benennen von Objekten und Gesichtern in Verbindung gebracht; hier werden Farben unterschieden, die Sensibilität für Kontraste ist relativ gering, die Arbeitsweise trennscharf, aber relativ langsam.

Man darf aus dieser nicht unumstrittenen Unterscheidung aber nicht folgern, dass es keine Wechselbeziehungen zwischen den beiden Nervenverbänden gäbe. Manche Forscher postulieren neuerdings einen weiteren, vermittelnden (*ventro-dorsalen*) Pfad (Gallese, 2007).

Das (bei Affen durch Ableitung von einzelnen Zellen nachgewiesene) System von **Spiegelneuronen** im Scheitellappen und im prämotorischen Areal F5 im Frontallappen, die sowohl bei eigenem Agieren wie beim Beobachten von Handlungen anderer aktiv sind, ist der Wo/Wie-Bahn bzw. dem ventro-dorsalen Pfad zuzurechnen. Neben den Spiegelneuronen finden sich in den genannten Bereichen auch sogenannte **kanonische Neurone**, die sowohl bei eigenen objektbezogenen Aktionen als auch beim *Anblick der Objekte* aktiv sind.

Da die Reize aus dem Auge in unterschiedlichen Modulen des visuellen Systems verarbeitet werden (z. B. hinsichtlich Form, Farbe und Bewegung), stellt sich prinzipiell die Frage, warum unser Weltbild nicht fragmentiert ist, sondern sich Farb-, Form- und Lokalisierungsinformationen zu einheitlichen Anschauungen verbinden (▶ *Bindungsproblem* [▶ Kap. 9]).

Lesen ▶ Birbaumer & Schmidt, 2006; Bösel, 2006; Boyce, 2003; Rizzolatti & Sinigaglia, 2008; Rizzolatti, Fogassi & Gallese, 2000; Roberts, 2002, Kap. 10, 12, 13

Lichterscheinungen – Beleuchtungsverhältnisse

„Unter allen Objekten der Wahrnehmung ist das Licht dasjenige, welches die höchste Lust erregt." („Lux inter omni apprehensioni est maxime delectabile"; der mittelalterliche Philosoph und Naturforscher Witelo, zit. nach Schöne, 1954, 66)

In der Wahrnehmungspsychologie werden seit langem Variationen des Helligkeitseindrucks (Kontrastphänomene, Helligkeitskonstanz etc.) experimentell untersucht (Rock, 1985; Gilchrist, 2006). Die biologische Psychologie interessiert Licht als Taktgeber für Wachen und Schlafen; die *Winterdepression* (*SAD, Seasonal Affective Disorder*) gilt als Störung dieser Periodik und wird durch *Lichtduschen* behandelt (Kasper & Möller, 2004). Wie Licht als solches *erlebt* wird, beschäftigt heute weniger Psychologen als Kultur-, Religions- und Kunstwissenschaftler sowie Künstler, Architekten und Designer; lediglich einige Arbeits- und Umweltpsychologen greifen dieses Thema auf.

Licht-Pathos/Licht-Mystik. Die Faszination durch Licht ist ein vielbeschriebenes Phänomen. Was die bewusste Wahrnehmung von Licht angeht, konstatiert etwa der Kulturwissenschaftler Wolfgang Schievelbusch: „Einer der ältesten Menschheitsvorstellungen zufolge bringt Licht Erlösung." (1992, 86) Die Religionen aller Zeiten und Völker ließen sich, so Schievelbusch weiter, als Versuch verstehen, das „Urerlebnis" der „Wiedergeburt der Welt", das jeder Sonnenaufgang mit sich bringe, zu verarbeiten. Die Verzückung durch Licht ist indessen durch Freude über die Vertreibung der Finsternis – also die vom Licht vermittelte **Sichtbarkeit der Welt** – wohl nicht (hinreichend) erklärt. Sichtbarkeit hat zweifellos einen emotionalen Wert, schafft Sicherheit, vertreibt Gespenster. Aber auch von gleißendem Licht sind Menschen unter Umständen fasziniert, obwohl es **blendet**, also Sichtbarkeit überstrahlt.

Die in der Psychologie seit geraumer Zeit in Ungnade gefallene Unterscheidung von **Empfinden** und **Wahrnehmen** drängt sich in diesem Zusammenhang auf: Der Reiz zählt unabhängig davon, ob er zur Orientierung über die Welt beiträgt. Die Lust am Licht ist offenbar unabhängig von gegenständlichem Wahrnehmen. Heinz Werner (1966) kennzeichnete solches Erleben – wie man es ähnlich bei der ekstatischen Hingabe an intensive Reize aller Sinne beobachten kann [▶ Kap. 10] – als *Vitalempfindung*.

Aus der Forschung über *veränderte Wachbewusstseinszustände*, also Erlebnissen bei Konsum psychoaktiver Drogen, dem Praktizieren von Meditations- oder Trancetechniken (Dittrich, 1985; Austin, 1999), aus der Beschreibung von epileptischen Zuständen (Janz, 1998) sowie intensiven Träumen (Hunt, 1989) ist bekannt, dass es zu faszinierenden Erfahrungen von strahlendem Licht auch ohne äußeren Reiz kommen kann. Ob nun durch Lichtreize im Auge oder auf anderem Weg verursacht, scheint in der beglückenden Leuchtempfindung regelmäßig **Transzendenz** (die *Vision* von etwas, was die beschränkte menschliche Existenz übersteigt) zur konkreten sinnlichen Erfahrung zu werden. Damit weist die Lust an Licht als solchem auf die Verwurzelung **religiöser Gefühle** in besonderer zentralnervöser Erregung, die aus intensiven sensorischen Erlebnissen resultiert oder mit entsprechenden Halluzinationen einhergeht (Persinger, 1987).

Die affektive Bedeutung von Licht zeigt sich auch in weniger spektakulären Befindlichkeiten: „Hell" und „dunkel" (und Synonyme) sind gängige metaphorische Umschreibungen von **Stimmungen**. Der antike Begriff **Melancholie** (griech.: Schwarzgalligkeit) führt mangelnde Lebensfreude auf eine körperliche Konstitution zurück, die als Art innerer Finsternis dem positiven Effekt von Licht entgegenwirkt. Stimmung steht für den diffus gefühlten momentanen psychophysischen Zustand [▶ Kap. 10]. Willy Hellpach, der Begründer der **Umweltpsychologie**, hatte in *Geopsyche* (1977) die erregende Wirkung von Licht auf die Gesamtverfassung des Organismus thematisiert (er nannte die globale Befindlichkeit *Tonus* und einschlägige Effekte von Sinnesreizen *sensutonische* Wirkungen): „Jedes Licht in seiner natürlichen Erscheinungsform, also als strahlendes oder zerstreutes (diffuses) oder gespiegeltes Sonnenlicht wirkt auf den

Organismus erregend, dasselbe gilt für jede Lichtvermehrung, sei es der Menge oder der Stärke nach (…)." (43). Die Abhängigkeit der Stimmung von optimaler Versorgung mit Tageslicht ist heute ein gesicherter Befund der **Arbeitswissenschaft** (Küller et al., 2006).

Verantwortlich für die erregende Wirkung von Licht sind wahrscheinlich Verbindungen von der Netzhaut zu den Zwischenhirnmodulen (*Hypothalmus, Zirbeldrüse*), die über Hormonausschüttungen die Tagesperiodik steuern, und zum retikulären (Weck-)System im Hirnstamm. Darüber hinaus wirkt Sonnenstrahlung auch in ihren unsichtbaren Frequenzbereichen (UV, Infrarot) über die Haut auf Tonus und Stimmung ein (Küller, 1990, 2006).

Helligkeit ist eine **transmodale Qualität**: Als „hell" oder „dunkel" werden auch Empfindungen in anderen Sinnesmodalitäten charakterisiert (helle bzw. dunkle Klänge oder Düfte). Dies wird mit der erregenden Wirkungen von Licht in Verbindung gebracht [▶ Kap. 9].

Licht begeistert, ist aber – unabhängig von möglicher Einschränkung des Wahrnehmens durch Blendung – **nur in Grenzen genießbar**. Der Blick in starke Strahlung – etwa direktes, ungetrübtes Mittagssonnenlicht – ist bekanntlich kaum für Momente erträglich (und schädigt schnell das Auge). An intensives indirektes Sonnenlicht kann sich das menschliche Auge bis zu einem gewissen Grad durch **Verengung der Iris** und **Verringerung der Lichtempfindlichkeit** (*Adaptation*) der Sensorzellen in der Netzhaut anpassen.

Kunst, Medien & Werbung ▶ Sonne und Gegenlicht

Sonnenauf- und -untergang: In diesen Situationen kann das Auge einen Blick in die übermächtige Lichtquelle wagen, weil der lange Weg durch die Atmosphäre die Strahlung filtert. Der energiereichere kurzwellige (blaue) Anteil wird prinzipiell **stärker an Luftmolekülen gestreut**, weshalb der Himmel blau erscheint. Morgens und abends erhöht sich wegen des längeren Wegs durch die Luft der relative Anteil der langwelligen Strahlung auf der Erdoberfläche: Die Sonne und der von ihr erleuchtete Staub und Dunst der Atmosphäre sind in Rottöne getaucht. Dieses Leuchten und die davon beschienenen Objekte auf der Erdoberfläche wie die Wolken, die schon vor oder noch nach Sonnenauf- bzw. -untergang von unten beleuchtet werden, kontrastieren in solchen Momenten mit der noch oder schon herrschenden Dämmerung. Universell schlägt dieses Schauspiel Betrachter in Bann. Bildlich wird es von Menschen nicht erst seit der Geburt der Postkarte festgehalten, mit der es zum Emblem für primitiven ästhetischen Genuss (▶ Kitsch) geworden ist.

Wolken im Gegenlicht. Im Fall von Sonnenstrahlen, die sich am Rand einer Wolke Bahn brechen, lässt sich ein verkraftbarer Vorschein der taghellen Sonne erhaschen. Das Durchleuchtetwerden (*Transluzenz*) (des Randes) der Wolke macht diese selbst zum himmlischen Leuchtkörper. Die Wolke erlangt so eine geheimnisvolle **Aura**. Zugleich werden oft

– im Kontrast zu verschatteten Bereichen der Atmosphäre – Strahlen sichtbar, die nicht das Auge treffen. Diese Lichtkanäle machen die Luft ausnahmsweise zum sichtbaren Medium bzw. füllen den Raum mit ‚Lichtmaterie'. Auch weil sich das Ganze am Himmel abspielt, liegt eine religiöse Auffassung dieser Erscheinungen (*Herrgottsstrahlen*), wie sie sich in Darstellung des Motivs in der **religiösen Kunst** zeigt, nahe. Selbst bei erdnäheren Objekten im Gegenlicht, etwa dem Laubwerk von Bäumen, dem Haar oder der Bekleidung von Personen, beeindrucken das scheinbare Selbstleuchten bzw. der Lichtkranz an den Konturen (Aura) sowie eventuell sichtbar werdende Strahlen (Lichtkanäle). Für religiöse und politische **Rituale** (*Nimbus* von Priestern und Herrschern), **Feste**, **Theater** und **Kino** werden Gegenlichtsituationen bzw. deren Effekte (Konturbeleuchtung, radiale Strahlen) durch Bauweise oder Beleuchtungstechnik inszeniert, um ein Publikum in den Bann zu ziehen.

Glanz. Glanz entsteht durch einen relativ hohen Anteil gerichteter (im Unterschied zu diffuser) Reflexion. Spiegelglanz ist ein Sonderfall, bei dem der Anteil diffuser Reflexion besonders klein ist. Glänzende Flächen sind ein Blickfang. Glanz vermittelt – sofern man nicht auf die Wahrnehmung benachbarter Gegebenheiten oder der Oberflächen (Bilder, Schrift), auf denen er liegt, aus ist – lustvolle Empfindungen. Glanz liefert eine Metapher auch für besonders beeindruckende Erscheinungen jenseits von Licht und Beleuchtung („ein glanzvoller Auftritt").

In der älteren Wahrnehmungspsychologie wurden Entstehungsbedingungen und Formen von Glanz sowie die Abgrenzung von Glanz und Leuchten lebhaft diskutiert (u. a. Hering, Katz, Bühler, teils in Fortführung von Beobachtungen von Leonardo da Vinci). Als Besonderheit von **Metallglanz** wurde aufgewiesen, dass hier der Glanz von der Eigenfarbe des Materials imprägniert ist. Dieses Phänomen geht Hand in Hand damit, dass im Fall von Metallen der Glanz *hinter* bzw. *unter* der Oberfläche erscheint, während er sonst *auf* der Oberfläche der Gegenstände liegt und ihre Eigenfarbe verdeckt. Glanz hat im Falle von Metallen also Tiefe, statt ein Überzug zu sein. Das trägt zur Faszination durch glänzende metallische Oberflächen bei (Lichtmaterie, Aura). Entsprechende Anwendungen reichen vom Goldgrund der frühmittelalterlichen Ikonenmalerei bis zum zeitgenössischen Design, etwa dem Metallic-Lack-Glanz, in den Automobile gehüllt werden.

Erforscht wird Glanz heute hauptsächlich unter dem Gesichtspunkt der **Blendung**, also hinderlicher Wahrnehmungs- bzw. Arbeitsbedingungen (*Ergonmomie* bzw. *Human-Factors*-Forschung). Nach Befunden einschlägiger Untersuchungen von **Bildschirmarbeitsplätzen** sind etwa helle Schrift auf dunklem Grund sowie schwarze Tastaturen problematisch (Cakir & Cakir, 2006). Eine bemerkenswerte Ironie der Verwendung von Glanzpapier für **Druckerzeugnisse** ist darin zu sehen, dass dieses Papier zum Zweck der Optimierung der Bildqualität eingesetzt wird, die Wahrnehmung des Gedruckten aber sehr mühsam machen kann. Vielleicht toleriert man die Störung durch Glanz in diesem Fall nicht nur wegen der besseren Bildwiedergabe, sondern auch deshalb, weil der Glanz den edlen, repräsentativen Charakter des Objekts unterstreicht.

In *Bild und Betrachter* (2006) zeigt Günther Kebeck anhand der Manipulation von Kunstwerken, dass gemalte Reflexionen und Glanzlichter wesentlich zum **plastischen Eindruck** zweidimensionaler Darstellung beitragen. Insofern ist Glanz mehr als nur eine faszinierende Licht-Erscheinung, die dem Wahrnehmen eher im Wege steht: Komplementär zu ▶ Schatten trägt er zum Erfassen von Raum und Form bei.

Leuchten. Lichtquellen wie Sonne, Flammen oder Glühbirnen leuchten; weiter transluzente Materialen im Gegenlicht und Flächen mit starker diffuser Reflexion (z. B. Schneelandschaften). Im **Kontrast zu dunkler Umgebung** reichen schon relativ geringe Lichtmengen, um Bereiche leuchtend erscheinen zu lassen. Deshalb kann auch schwach beleuchtete Ölmalerei ein Leuchten zur Darstellung bringen (Katz, 1930; hängen solche Bilder auf weißen Wänden, beeinträchtigt das die Leuchtwirkung; Schöne, 1954). Ein dunkles Umfeld steigert nicht nur die Wirkung von Licht geringer Ausbreitung und Intensität (▶ *Simultankontrast*), sondern beeinflusst auch die Stimmung, die das Licht vermittelt (siehe unten).

Kunst, Medien & Werbung ▶ Bilder-Leuchten

In *Über das Licht in der Malerei* stellt der Kunsthistoriker Wolfgang Schöne (1954) dem *Eigenlicht* der schattenlosen mittelalterlichen Malerei (verstanden als *Sendelicht*, das geheimnisvoll und überirdisch aus der Szenerie erstrahlt) das *Beleuchtungslicht* späterer Epochen gegenüber, bei dem die Szenerie durch Schattierung auf eine oder mehrere Lichtquellen verweist und diese eventuell auch im Bild zeigt. Exemplarisch für die mittelalterliche Lichtmagie sind der **Goldgrund** von Bildern und die bemalten **Glasfenster** gotischer Kathedralen. Wie Schöne einräumt, ist indessen Lichtmagie nicht auf das Mittelalter beschränkt, sondern auch im Helldunkel der Renaissancemalerei oder dem Lichtflirren des Impressionismus gegenwärtig. An die Faszination leuchtender Kirchenfenster knüpfen Leuchtreklame wie zeitgenössische Lichtkunst an. Auch Dia- und Filmprojektionen verleihen Bildern eine Leuchtkraft, die der eines gemalten Bildes oder eines fotografischen Abzugs überlegen ist (was bei Studierenden der Kunstgeschichte zu Enttäuschungen bei der Begegnung mit Originalen führen konnte – ein Effekt, der sich wegen der geringeren Brillanz und Schärfe bei den gegenwärtigen digitalisierten Projektionen abschwächen dürfte).

Glitzern, Funkeln, Flackern, Flimmern. Bewegen sich kleine glänzende Flächen (Wasser, Laub) oder verändern sich Lichtreize aus anderen Gründen in kurzen Zeitabschnitten, glitzert, funkelt, flackert, flirrt oder flimmert es. Diese Erscheinungen werden unwillkürlich als Aktivitäten und tendenziell als ausdruckshaltig aufgefasst (z. B. „nervöses Flimmern", „munteres Glitzern", ebensolches oder „müdes Flackern"; ▶ *Animismus*). Wegen der zum Wesen von Glitzern, Funkeln etc. gehörenden Veränderung erregen diese Erscheinungen unwillkürlich Aufmerksamkeit (Orientierungsreaktion). Da die Veränderung keine Information enthält, hat die Bindung der Aufmerksamkeit einen hypnotischen oder meditativen Effekt, wie er vielen Menschen vom Blick in ein Kaminfeuer vertraut ist.

Blitze. Wenn es blitzt, tritt bewegtes Licht plötzlich, raumgreifend und bizarr auf den Plan, um sogleich wieder zu verschwinden. Bezeichnend ist die Auffassung in Mythen, der Blitz würde als Waffe und in Wut „geschleudert". Am Nachthimmel unterstreicht die Verbindung mit Finsternis den *erhabenen* Charakter des Schauspiels.

Feuerwerk. Auch hier erscheint Licht plötzlich und raumgreifend. Weil aber die Bewegung aufsteigend ist, sich eher geschwungen und ausweitend (blühend, sprühend, schwellend) vollzieht als bizarr und im zeitlichen Verlauf relativ gedehnt ist, wird diese Lichtbewegung als heiter oder fröhlich wahrgenommen (die ▶ Buntheit kommt hinzu).

Nebel. Wie Glanz ist auch Nebel Licht, das unsichtbar macht; allerdings nicht (oder nicht unbedingt) durch Blendung, sondern in Form eines Mediums, das sich zwischen Auge und Dinge schiebt. Nebelschleier tragen bekanntlich zur ästhetischen Wahrnehmung von landschaftlichen Situationen bei. Die ästhetische (atmosphärische) Wirkung verdankt sich der Verbindung von räumlichem Leuchten mit der spezifischen (umhüllenden) Art der teilweisen Verdeckung der gegenständlichen Umgebung, die die Szenerie interessant oder auch unheimlich macht, unter Umständen aber auch Weichheit bzw. Anschmiegsamkeit suggeriert. Der gängige ironische Gebrauch des Begriffs *Theaternebel* steht dafür, dass Nebel ein wenig subtiles, aber wirkmächtiges Mittel der Inszenierung von (dramatischer) Atmosphäre ist.

Völlig homogenes Licht bei Nebel, der das Gesichtsfeld ausfüllt, oder in einem homogen ausgeleuchteten weißen Schirm, der um den Betrachter gewölbt ist (*Ganzfeld*) und den Eindruck erweckt, in Nebel zu blicken, führt nach relativ kurzer Zeit zu erheblichen Irritationen, ähnlich den Befindlichkeitsstörungen und Halluzinationen bei völligem Reizentzug (*sensorischer Deprivation*); weil im Falle des Nebels nicht sensorische Reize, sondern wahrnehmbare Strukturen fehlen, etikettiert man diese Situation als *perzeptuelle Deprivation*.

Experiment ▶ Ganzfeld

Befestigen Sie halbierte Tischtennisbälle (die nicht bedruckt sein dürfen) mit Pflasterstreifen vor den Augen [▶ Abb.]. Mit dieser transluzenten Brille schauen Sie dann eine gute Viertelstunde lang in Richtung einer homogen beleuchteten Fläche. *Effekt & Deutung:* siehe Text.

Manche Lichtkunst-Installation (z. B. Werke von James Turell) spielt mit der im Ganzfeld erlebten Irritation.

Beleuchtungsverhältnisse. Beim Blick in die Umgebung nehmen wir beiläufig immer die Art der Beleuchtung wahr, und gelegentlich erscheint sie uns erwähnenswert. In *Der Aufbau der Farbwelt* postulierte David Katz (1930) ein Primat der Wahrnehmung von Beleuchtung (des globalen Wahrnehmens der Sichtbarkeit von Dingen und Räumen) gegenüber dem Wahrnehmen einzelner Aspekte der Gegenstandswelt. Im Einzelnen hängt die Beleuchtung davon ab,

- ob Lichtstrahlung direkt oder diffus einfällt (z. B. direktes Sonnenlicht vs. Licht bei geschlossener Wolkendecke, Tischleuchte vs. Deckenfluter), bzw. davon, wie sich direktes und diffuses Licht mischen;
- in welchem Winkel die Strahlung (evtl. aus verschiedenen Lichtquellen) einfällt;
- ob die Luft klar oder trübe ist (abhängig von lokalem Klima, Tages- und Jahreszeit);
- wie hell und in welchem Farbton die Lichtquellen oder reflektierenden Flächen leuchten (bei Tageslicht u. a. abhängig von Tages- und Jahreszeit).

Aus der Kombination der verschiedenen Faktoren ergeben sich unterschiedliche Gewichtungen von Gegenständlichkeit oder Medium (Luft), der Konturierungen von Objekten sowie der Verteilungen von Hell und Dunkel (Umfang und relative Helligkeit von Schatten).

Wahrnehmungsqualitäten ▶ Schatten

Man kann mit Karl Bühler *anhängende Schatten* (auf der weniger beleuchteten Seite von Körpern), *Luftschatten* (weniger heller Luftraum hinter beleuchteten Körpern) und *Schlagschatten* unterscheiden. Nach Katz sorgt hauptsächlich die zuerst genannte Art von Schatten, er spricht von *anhaftenden* Schatten, dafür, „dass uns die Dinge plastisch erscheinen"; sie sei „der eigentliche Modelleur der Gegenstände" (1930, 59). Das helle Bauchfell vieler Tierarten arbeitet der Lokalisierung anhaftender Schatten, die sich an ihren Körpern bei natürlicher Beleuchtung (sprich: von oben) abzeichnen, entgegen. Das deutet auf die  Tarnungsfunktion dieser Färbung. Durch Schattierung können gezeichnete Kreis- oder Ellipsenflächen Aus- oder Einbuchtungen suggerieren [▶ Abb.]. Ob ein konvexer oder konkaver Eindruck entsteht, hängt von der unterstellten Lage der Lichtquelle ab und davon, ob man die schattierten Flächen auf einer horizontal oder vertikal gedachten Grundfläche verortet (die Vorannahme, dass Licht von oben kommt, hat nur Bedeutung, wenn eine vertikale Grundfläche unterstellt wird). Bei Drehung der Vorlage um 180 Grad kehrt sich der Eindruck um. Bei mehreren gegensätzlich schattierten Flächen beeinflusst das Einschnappen der Sicht bei einer Variante den Eindruck der anderen.

Bei von unten beleuchteten Gesichtern lässt sich nicht der Eindruck einer Einwölbung hervorrufen. Gesichter wirken bei solcher Beleuchtung zwar befremdlich (unheimlich), bleiben aber Gesichter – alles andere erscheint im Hinblick auf diesen herausragenden Gegenstand des Sehens (siehe unten) offenbar allzu unwahrscheinlich. Selbst die (konkave) Innenseite einer Maske erscheint (bei einäugiger Betrachtung) als (konvexes) Gesicht und eine von oben beleuchtete konkave Innenseite als von unten angestrahltes Gesicht.

Lesen ▶ Ramachandran, 1995; Kebeck, 2006

Der resultierende Gesamteindruck der Beleuchtung vermittelt meist eine spezifische **Stimmung**. So tragen die vielfältigen Konstellationen von Beleuchtungsfaktoren nicht unwesentlich zur Vielfalt **landschaftlicher Erlebnisse** bei. Visuelle Umweltästhetik ist also keineswegs nur eine Frage der gegenständlichen bzw. formalen Gegebenheiten. Der Architekturtheoretiker Christian Norberg-Schulz leitet in *Genius Loci* (1982) eine Landschaftstypologie (Wüste, Mittelmeerlandschaft, nordische Landschaft) nicht zuletzt aus Beleuchtungsverhältnissen ab. Auch **architektonische Stile** sind vom Umgang mit Licht geprägt: Die räumliche Wirkung gebauter Strukturen ist eine Frage der erzeugten Beleuchtungsverhältnisse („Bauen mit Licht"; Rassmussen, 1995).

Eine grobe Einteilung von Beleuchtungsverhältnissen (und ihrer Stimmungswirkung) ist in der Praxis und Theorie des **Films** gebräuchlich: High-Key- vs. **Low-Key**-Beleuchtung; gleichmäßige, schattenarme Ausleuchtung durch mehrere Lichtquellen (high key), die eine unbeschwerte Stimmung vermittelt, aber tendenziell flach wirkt, gegenüber schattenreicher Beleuchtung durch wenige Lichtquellen (low key), die Situationen plastischer, aber potentiell auch verwirrend und zugleich spannungsgeladen oder gar dramatisch zeichnet (meist mit dem **Ciaroscuro**, ital. Helldunkel, von Malern wie Caravaggio oder Rembrandt gleichgesetzt). Ob Kombinationen von Licht und Dunkel eher anheimelnd oder unheimlich wirken, eher Vertrauen erwecken oder Angst, hängt, abgesehen von gegenständlichen Aspekten bzw. dem Kontext, von der Farbe des Lichts ab (warme Farben in der *Ciaroscuro*-Malerei vs. das Schwarz-weiß im *Film noir*). Edmund Burke hatte 1756 mit der Beschreibung von schönem vs. erhabenem Licht bereits die Effekte von High-Key- und Low-Key-Beleuchtung in etwa vorweggenommen.

Sieht man Filme mit kritischer Aufmerksamkeit für die Beleuchtung, wird man feststellen, dass sie (unabhängig von high- und low-key) oft kaum realistisch auf Lichtquellen der dargestellten Szenerie bezogen werden kann. **Unerklärliche Beleuchtung** wirkt, wie Katz konstatierte, bei gemalten Bildern tendenziell **magisch**. Dank der Flüchtigkeit filmischer Bilder entgeht die Beleuchtungszauberei des Films normalerweise weitgehend der bewussten Wahrnehmung.

Das Sehen bei **Dämmerung** ist ein Fall für sich. Der Kunsthistoriker Heinrich Wölfflin bemerkte über den Effekt der „malerischen Dämmerstunde" in *Kunstgeschichtliche Grundbegriffe*: „Die Formen lösen sich auf in der lichtschwachen Atmosphäre, und statt einer Anzahl von isolierten Körpern sieht man unbestimmte hellere und dunklere Massen, die zu einer gemeinsamen Tonbewegung zusammenfließen." (1991, 41) Zu der Auflösung von Konturen – wie auch zum Grau-in-Grau – kommt es in der Dämmerung deshalb, weil der Bereich des scharfen Sehens der Netzhaut (*Fovea centralis*) von dicht gepackten Zäpfchenzellen gebildet wird, die bei schwacher Beleuchtung ihren Dienst versagen, während die schwarz-weiß-empfindlichen Stäbchenzellen in der Peripherie der Netzhaut, die kein scharfes Sehen ermöglicht, gerade bei sehr geringer Helligkeit arbeiten. Die nahe Umgebung erscheint in der Dämmerung ähnlich unscharf wie die vom Dunst verschleierte Ferne bei Tage. Daher vielleicht der geläufige Eindruck, von der Dämmerung wie von einem Medium umhüllt zu werden.

Lesen ▶ Arnheim, 1978; Bühler, 1922b; Kanizsa, 1966; Katz, 1930; Kebeck, 2006; *Umweltpsychologie/Arbeitswissenschaft*: Cakir & Cakir, 2006; Boyce, 2003; Flynn, 1988; Hellpach, 1977; Küller, 1990; Küller et al., 2006; *Naturästhetik*: Böhme, 1998; Norberg-Schulz, 1982; *Kulturgeschichte*: Perkowitz, 1998; Zajonc, 1994; *Kunstgeschichte*: Schöne, 1954; *Theater-/Filmbeleuchtung*: Keller, 2004; Millerson, 1991; Wiese, 1996

Design & Architektur ▶ Beleuchtung vs. Leuchten

Lichtgestalter prangern regelmäßig die Neigung von Designern an, größeres Gewicht auf die beeindruckende **Form von Leuchten** als auf deren **Beleuchtungseffekte** zu legen. Dass bei Gestaltung und Installation von Lampen bis heute immer wieder gegen die alte und grundlegende Forderung verstoßen wird, Beleuchtung solle tunlichst **blendfrei** sein, verdankt sich vielleicht nicht nur entsprechender Unbedachtheit, sondern auch tief verwurzelter Faszination durch glänzende und blendende Lichter. In der zeitgenössischen Diskussion der Beziehung von **Lichtgestaltung und Architektur** wird unabhängig von der Verpflichtung auf einen bestimmten Stil die Rolle des Tageslichts und seiner Veränderungen im Tages- und Jahreslauf sowie der Vorsatz hervorgehoben, Lichtplanung respektive -design müsse integraler Bestandteil des architektonischen Entwurfes sein (statt bloß nachträgliche Verzierung). Eine Unzahl schwergewichtiger Glanzpapier-Bücher, die meist der Eigenwerbung von Gestaltungsbüros dienen, bemüht sich darum, vermeintlich überzeugende Umsetzungen dieser Maximen ins Bild zu setzen. – Die moderne Tendenz der weitgehenden Ausleuchtung von Räumen mit Tages- und Kunstlicht ist in der ästhetischen Theorie und Praxis nicht unangefochten; die beruhigende bzw. konzentrierende Wirkung spärlicher Beleuchtung wird z. B. an der traditionellen japanischen Bau- und Lebensweise geschätzt.

Lesen ▶ Adam, 1995; Angerer, 1995; Alexander et al., 1995; Rassmussen, 1995; Zumthor, 2006b; *Ästhetik spärlicher Beleuchtung*: Tanizaki Jun'ichirō, 1993; Zumthor et al., 2006a

Farbwahrnehmung

Farbe liegt im Auge und Gehirn des Betrachters. Mit einem gewissen Vorbehalt kann man sagen, dass es sich bei den äußeren Reizen, die das Wahrnehmen von Farben auslösen, um elektromagnetische Schwingungen in einem bestimmten Frequenzbereich handelt. Diese Feststellung ist insofern einzuschränken, als das Erlebnis einer bestimmten Farbe nicht eindeutig dem Licht einer bestimmten Wellenlänge zugeordnet werden kann. Das visuelle System des Menschen setzt – wie etwa *Simultan-* und *Sukzessivkontrast* oder *Farb-* bzw. *Hellikeitskonstanz* und *amodale Farben* zeigen – Wellenlängen nicht 1:1 in Farberlebnisse um.

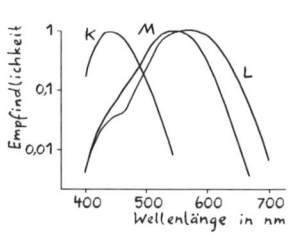

Das menschliche Auge enthält drei Typen von Sensorzellen (*Zäpfchen*), die für **kurz-, mittel- und langwellige Strahlung** besonders empfindlich sind (K-, M- und L-Zapfen), wobei alle – insbesondere die M- und L-Zapfen – auf breite Frequenz*bereiche* ansprechen und die Kurven der Empfindlichkeit der M- und L-Zapfen sich weitgehend decken [▶ Abb.]. Die klassische Zuordnung der drei Zapfentypen zu Blau (K), Grün (M) und Rot (L) ist deshalb irrig: Die maximale Empfindlichkeit der L-Zäpfchen liegt in einem Frequenzbereich, der monochromem Gelb entspricht. Gleichwohl bilden die Sensibilitätsunterschiede der drei Zäpfchentypen durchaus die Basis für die Differenzierung dieser Farben (und damit auch aller anderen menschlichen Farberlebnisse). Noch in der Netzhaut wird durch polare Verschaltungen der Nervenfortleitungen aus den Zäpfchen die Unterscheidung von Wellenlängen vorangetrieben: M- gegen L-Rezeptoren (bedingt die Unterscheidbarkeit von **Rot und Grün**) sowie M- und L- gegen K-Rezeptoren (bedingt die Unterscheidbarkeit von **Blau und Gelb**); die Summe von M- und L-Rezeptoren, die zusammen den gesamten Bereich sichtbarer Frequenzen abdecken und auch zahlenmäßig stärker vertreten sind als K, speist einen gesonderten Kanal, der das Erlebnis von **Helligkeit** fundiert (bei Tageslicht – in der Dämmerung oder bei Mondlicht verdankt sich Helligkeit den Stäbchen). – Das Erlebnis einer bestimmten Farbe kann durch monochromes Licht oder durch eine Mischung von Licht hervorgerufen werden. Der Begriff **metamere Farben** steht für diese Uneindeutigkeit (Magenta bildet eine Ausnahme von dieser Regel; s. Text).

Augenscheinlich werden die eben erwähnten polaren Verschaltungen bei farbigem *Simultan- und Sukzessivkontrast* [▶ Abb.]. **Simultankontrast**: Ist eine Farbfläche in ihrer Gegenfarbe eingebettet (z. B. Rot in Grün), wirkt sie satter und leuchtender. Verantwortlich dafür ist vermutlich eine Form der ▶ *lateralen Hemmung*, also der Verstärkung von Unterschieden am Übergang, zusammen mit einem *Ausfüllmechanismus* im visuellen Kortex, der Eindrücke von den Rändern auf die Fläche ausdehnt. **Sukzessivkontrast**: Wenn Sie den Punkt in dem (rot und grün ausgemalten) Rechteck ca. 1/2 Minute fixieren und dann den Punkt in dem unteren weißen Rechteck, sehen Sie Nachbilder in den *Komplementärfarben* (was Sie hier für Rot und Grün beobachten können, funktioniert auch mit Gelb und Blau). Dieser Effekt ergibt sich durch Adaptation der K-, M- und L-Zapfen bei Bestrahlung von einer gewissen Dauer im Verein mit der Polarität von Blau und Gelb sowie Rot und Grün. Die laterale Hemmung führt auch bei schwarzen und weißen Flächen bzw. unterschiedlichen Graustufen zu Simultankontrasten, ebenso wie Adaptation (,Erschöpfung') der Helligkeitsrezeptoren auch zu s/w-Sukzessivkontrasten führt.

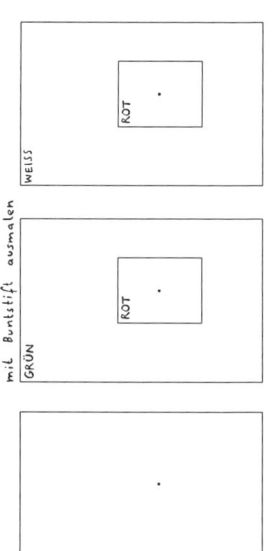

Lesen ▶ Campenhausen, 1993; Gegenfurthner, 2006, 2006a

Tiervergleich. Die visuellen Systeme anderer Gattungen sprechen auf teilweise abweichende Frequenzbereiche an. Die meisten **Säugetiere** verfügen nur über zwei Zäpfchentypen (für kurz- und langwellige Strahlung), womit die Basis zu einer Differenzierung, die unserer Rot-Grün-Unterscheidung entspricht, entfällt. Dass Menschen und andere **Primaten** Rot und Grün unterscheiden können, erschließt ihnen leichter **energiereiche reife Früchte**.

Wie andere Tiere erleben, was sie registrieren können, bleibt uns verschlossen. Die unauflösliche Subjektivität des Wahrnehmens verschließt uns im Prinzip auch die Farberlebnisse anderer Menschen. Gleichwohl können wir uns so weit über das verständigen, was im je individuellen Wahrnehmungsakt gegeben ist, dass man davon ausgehen kann, dass die Mehrzahl der Menschen ein vergleichbares Spektrum und unter den gleichen äußeren Bedingungen weitgehend identische Farben sieht. Ausnahmen bilden Menschen (vorwiegend Männer), die unter einer der verschiedenen Formen von **Farbenblindheit** bzw. -schwäche leiden; diese Probleme lassen sich jeweils auf bestimmte Abweichungen in der physiologischen Ausstattung zurückführen.

Kulturvergleich. Sprachfreie Studien (Zuordnungsaufgaben) belegen, dass die Farbwahrnehmung (Unterscheidung von Farbtönen) **universell** ist, wenn auch nicht alle Kulturen allen Farben des Spektrums gleichmäßig Namen zuordnen (dass Farbunterscheidung nicht erst durch Benennung von Farben möglich wird, belegen auch Untersuchungen an **Säuglingen**). Nicht alle bei uns als Grundfarben bezeichneten Farben wurden immer und überall benannt (oder gar weiter sprachlich differenziert). Doch die Entwicklung der Farbnamen folgt nach den Ergebnissen der kulturvergleichenden Forschung universell ähnlichen Trends: Nach der grundlegenden Differenzierung von weiß/warm (für weiß, gelb und rot) vs. schwarz/kalt (für schwarz, blau und grün) fächert sich – angefangen mit eigenen Namen für die Gruppe Rot und Gelb – die Benennung der Grundfarben weiter auf (Hardin, 1998; Kay et al., 1997).

Experiment ▶ Helligkeitskonstanz

Halten Sie einen gefalteten einfarbigen Karton (z. B. eine unbedruckte Karteikarte) so ins Licht, dass eine Hälfte der Faltung im Schatten liegt. Versuchen Sie – am besten bei einäugigem Betrachten – den nach wie vor gefalteten Karton als Fläche mit gezackten Ausschnitten zu sehen. Alternativ können Sie auch durch eine Lochmaske blicken [▶ Abb.].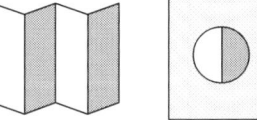

Effekt: Bei normaler Betrachtung sieht man verschieden beleuchtete Flächen gleicher Eigenhelligkeit bzw. Farbe. Unterdrückt man den räumlichen Eindruck, wird aus einem *anhängenden Schatten* eine dunkle Oberfläche (bei Verwenden einer gelben Karte springt der Farbton in Olivgrün um). *Deutung*: im Text.

Helligkeits- und Farbkonstanz. Dunklere Partien an plastischen Körpern sehen wir als geringer beleuchtete Oberflächen (Körperschatten) gleich heller Farbe. Ändert sich die spektrale Zusammensetzung der Beleuchtung (in gewissen Grenzen), so sehen wir farbige Objekte oder Farbmuster weiter in etwa der gleichen Farbe, obwohl sich die messbare spektrale Zusammensetzung des Lichts, das jeweils von den Oberflächen reflektiert wird, erheblich unterscheiden mag. Dabei spielen – sofern es sich um bekannte Gegenstände handelt – Erinnerungen, also Wissen um die Farbigkeit der Dinge, eine Rolle (früher sprach man von *Gedächtnisfarben*). Da auch sinnfreie Zusammenstellungen verschiedener Farben (z. B. eine Patchworkdecke) bei veränderten Lichtverhältnissen eine weitgehend unveränderte Farbigkeit behalten, scheint neben Wissen auch der Vergleich zwischen den verschiedenfarbigen Bereichen der Muster (bzw. der Vergleich mit dem Hintergrund) für die Konstanz des Farbeindruckes verantwortlich zu sein. Farbe ergibt sich also nicht allein aus der Frequenz der Strahlung, die von einen Bereich des Sehfeldes ausgeht (reflektiert wird), sondern auch aus der Relation dieser Strahlung zur Zusammensetzung der Reflexion von angrenzenden Bereichen. Beim Blick auf größere monochrome Flächen bleibt die Farbkonstanz aus. Die Farbkonstanz bzw. ihr Ausbleiben kann man auch beobachten, wenn man durch eine farbig getönte Brille zwischen einer bunten Reihe Buchrücken und einer weißen Wand hin und herblickt: Die weiße Wand erscheint deutlich in der Farbe der Brille getönt, die Buchrücken jedoch verändern ihre Farbigkeit nicht oder kaum.

Durch diese Korrektur der eingehenden Signale stabilisiert sich das Bild, das wir von der Welt gewinnen, nicht nur gegen Beleuchtungsschwankungen, sondern wahrscheinlich auch gegenüber Veränderung der Signale, die mit der Adaptation in den Sensorzellen verbunden sind (ein *V4* genanntes Areal der *Was-Bahn* des visuellen Kortex spielt bei dem stabilisierenden Abgleich herausragende Rolle). Untersucht man die Farbwahrnehmung mit größeren monochromen Flächen, kann es, wie von Allesch 1925 in seinen berühmten Versuchen protokollierte, schon nach einigen Sekunden zu merkwürdigen Schwankungen der wahrgenommenen Farbqualität kommen, obwohl die Beleuchtungsverhältnisse unverändert bleiben.

Wie andere Konstanzen im Wahrnehmen (siehe unten) wird auch das Phänomen der Farb- bzw. Helligkeitskonstanz teilweise überinterpretiert und auch irreführend beschrieben. Wenn z. B. Zeki (1999) sich Monets Darstellungen der Kathedrale von Rouen in unterschiedlicher Beleuchtung nur durch eine geradezu übermenschliche **Unterdrückung der Farb- und Helligkeitskonstanz** erklären kann oder Hurlbert (2002) unterstellt, ohne die isolierte Betrachtung von kleinen Ausschnitten der Fassade (etwa durch einen Reduktionsschirm) hätten dem Maler die unterschiedlichen Schattierungen der Fassade entgehen müssen, ist man versucht, den Autoren zu raten, doch gelegentlich mal aus dem Fenster zu schauen: Gewiss ist das visuelle System kein objektives Messgerät, doch Farb- und Helligkeitskonstanz stehen dem Gewahren der Beleuchtungsverhältnisse unter natürlichen Bedingungen in der Regel keineswegs entgegen.

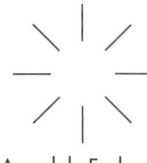

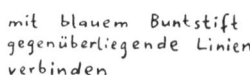

mit blauem Buntstift
gegenüberliegende Linien
verbinden

Amodale Farbe

Anschauliche
Transparenz

Amodale Farben. Als Sonderfall der ▶ *amodalen Figuren* sehen wir unter geeigneten Bedingungen auch fiktive farbige Flächen [▶ Abb.]. Das von diesen Flächen reflektierte Licht unterscheidet sich spektral in keiner Weise von der Reflexion des umgebenden Papiers. Die fingierten Farbschleier demonstrieren, dass unser visuelles System die 2D-Situation räumlich und körperhaft (Überlagerung einer durchgehenden Struktur durch eine transparente farbige Schicht von erschließbarem Umfang) interpretiert. Ein verwandtes Phänomen ist **anschauliche Transparenz**: Physikalisch identische Farbflächen können transparent oder intransparent erscheinen, je nachdem, wie sie sich in 2D-Darstellungen mit anderen Flächen überschneiden [▶ Abb.].

Sowohl die Reaktion des visuellen Systems auf physikalische Gegebenheiten (Unterscheidung spektral unterschiedlicher Reflexion von reifen Früchten und umgebendem Blattwerk) als auch die Tendenz, manche physikalischen Änderungen zu ignorieren (Farb- bzw. Helligkeitskonstanz) oder umgekehrt zu fingieren (amodale Farben; Simultankontrast), lassen sich als **biologisch sinnvolle Anpassungen** der Wahrnehmung **an wahrscheinliche Gegebenheiten** des menschlichen Aktionsraumes (*Habitats*) verstehen.

Farbordnung, Farbmischung. Man ordnet die Farben in einem Kreis, wenngleich die Wellenlängen, die wir als Rot und Blau sehen, an entgegengesetzten Enden des linearen Spektrums liegen. Zwischen diesen Extremen liegt im **Farbkreis** die Farbe Pink/Magenta (traditionell, etwa bei Goethe, auch Purpur genannt), die man sieht, wenn eine Mischung von kurzwelligem und langwelligem Licht von einem Punkt ausgestrahlt oder reflektiert wird. Anders ausgedrückt, ist Pink eine Farbe, die sich bei **additiver Farbmischung** von rotem und blauem Licht ergibt (Mischungen von rotem und grünem ergeben Gelb, von blauem und grünem Licht Cyanblau; Mischung von rotem, grünem und blauem Licht ergibt weißes Licht [▶ Abb.]). Anders als im Fall von Gelb oder Cyanblau gibt es keine ungemischte Strahlung, die zu dem Farberlebnis Magenta führen könnte (kein monofrequentes *Metamer*).

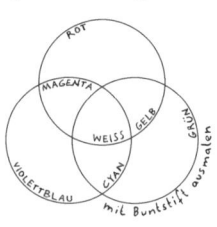

Ausmalbild:
additive Farbmischung

Magenta, Gelb und Cyan sind ihrerseits Ausgangspunkt der **subtraktiven Farbmischung** durch Filterung, bei der sich Blau, Grün, Rot und Schwarz ergeben [▶ Abb.]. Bei

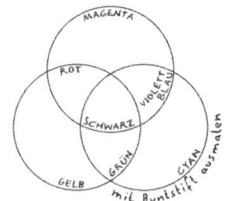

Ausmalbild:
subtraktive Farbmischung

Mischung von Farbpigmenten liegen die Verhältnisse komplizierter, da sich hier Addition eng benachbarter Reflexionen (*partitive Mischung* oder *optische Mischung*) und Subtraktion durch überlagerte Filterwirkung verbinden. Die Differenzierung von Formen der Farbmischung – Harald Küppers sieht „mindestens elf Farbmischgesetze" (1992, 64) – ist „eine Wissenschaft für sich".

Farben werden in den drei Dimensionen **Farbton** (*Buntart, Hue*), **Sättigung** (*Unbuntgrad, Chroma*), und **Helligkeit** (*Unbuntart, Lightness*) geordnet. Diese Dimensionen sind allerdings **nicht unabhängig voneinander**: Gesättigtes Gelb ist beispielsweise deutlich heller als gesättigtes Blau, ein grau eingefärbtes (verdunkeltes) Gelb erscheint, wie z. B. Kobbert (1986) festhält, olivgrün, also in einem veränderten Farbton (systematische Abhängigkeiten von Helligkeit, Sättigung und Farbton sind unter dem Namen *Betzhold-Brücke-Phänomen* bekannt). Die dreidimensionalen Farbordnungen haben eine gewissen praktischen Nutzen, sorgen aber auch – insbesondere, wenn man sie als Kennzeichnung des Wesens der Farben missversteht – für Verwirrung, weil die Dimensionen, wie eben gesagt, nicht unabhängig voneinander sind und insbesondere die Gleichsetzung von Helligkeit mit dem Weißanteil die Rolle der **Eigenhelligkeit** bzw. **Leuchtkraft** der Farbtöne unterschlägt, die wahrscheinlich eine wichtige Rolle hinsichtlich der affektiven Farbwirkung spielt (siehe unten). (Die Helligkeitsdifferenz von Rot und Blau kehrt sich beim Übergang zum **Dämmerungssehen** ausnahmsweise um: Die nun aktiv werdenden Stäbchenzellen sind im kurzwelligen Bereich sensibler, weshalb sich während des Schwindens der Farbigkeit blaue Oberflächen im Vergleich zu roten aufhellen; *Purkinje-Phänomen*.)

Farbe und Affekt. Dass Farben Gefühle oder Stimmungen hervorrufen können, gilt als selbstverständlich. Spezifische Wirkungen und gegebenenfalls Gründe dafür sind indessen – trotz mancher Untersuchung – nicht befriedigend geklärt. Das liegt teilweise an **oberflächlichen Methoden**. Schon die **Frage nach abstrakter Farbwirkung** ist **problematisch** (Mausfeld, 2007). Wenn man beispielsweise ohne Weiteres nach beliebten und unbeliebten Farben fragt oder Farbbegriffe mit Gefühlen, Stimmungen und anderen Attributen assoziieren lässt, bleibt offen,

❚ welche Variante der Farbe (Ton, Sättigung, Helligkeit) die Befragten bei ihrer Antwort vor dem inneren Auge hatten;

❚ ob die Befragten an bestimmte Gegenstände oder Situationen dachten;

❚ in welchem Maß die emotionale Wirkung körperlich erlebt wird (vs. stereotype Worthülsen).

Selbst wenn man Farbkarten zur Beurteilung vorlegt (oder Farbansichten auf Bildschirmen), bleiben die beiden letzten Punkte fraglich. Es wäre also verfehlt, aus Reaktionen auf abstrakte Farbreize das Farberleben der räumlich-gegenständlichen Umwelt oder angesichts künstlerischer Kompositionen ableiten zu wollen. Auch die verbreiteten

Sammlungen kulturhistorischer Fakten zu verschiedenen Farben informieren ihrerseits kaum über **spezifische Erscheinungsweisen** und **Umweltsituationen**. Der Gestaltpsychologe Arnheim ging aus diesen Gründen in der Neuauflage von *Kunst und Sehen* (1978) gleichermaßen auf Distanz zu Blütenlesen aus Kultur- und Geistesgeschichte wie zu quantitativen Untersuchungen der Farbwirkung; Kreitler und Kreitler (1980) führen das heillose Durcheinander der Ergebnisse von Studien zu Lieblingsfarben auf die „zu allgemeine Frage" zurück.

Experiment ▶ Farbausdruck kritzeln

Versuchen Sie, den Ausdruck eines satten Grün, Violett, Gelb und Rot ohne großes Nachdenken in abstrakte Kritzeleien umzusetzen. Vergleichen Sie Ihre Ergebnisse mit denen anderer, denen Sie die gewählten Farbtöne vorlegen.
Ergebnis & Deutung: In Kapitel 9 (S. 230) finden Sie Ergebnisse, die bei diesem Experiment erzielt wurden. Zur Deutung dieser Ergebnisse siehe den Text in diesem Kapitel sowie den Abschnitt „Transmodale Qualitäten" in Kapitel 9.

Anmutungen, die sich bei Befragungen in der einen oder anderen Form relativ regelmäßig einstellen und auch bei einer skeptischen Sicht zu denken geben, beziehen sich nach einer Zusammenstellung von Kobbert (1986) im Wesentlichen auf die Polaritäten

- erregt – ruhig (Gelb/Rot vs. Blau/Grün)
- warm – kühl (Gelb/Rot vs. Blau/Grün)
- heiter – melancholisch/ernst (Gelb/Orange/Gelbgrün vs. Blau/Violett)
- dominant/aggressiv – sanft/friedlich (Orange/Rot/Violett vs. Blau/Grün).

Man kann bezweifeln, dass es sich bei diesen Polaritäten um voneinander unabhängige Dimensionen handelt. Die Zuordnungen wie auch die semantische Analyse der Polaritäten sprechen – wenn auch nicht ganz eindeutig – eher für Facetten einer einzigen Dimension, die sich als **Grad der Erregung** etikettieren ließe. Grund für die unterschiedlich erregende Wirkung könnte die jeweilige **Eigenhelligkeit** bzw. **Leuchtkraft** gesättigter Farbtöne sein. Dafür spricht, dass kurzwelliges (blaues) Licht physiologisch weniger stimuliert als langwelliges (gelbes bzw. rotes) Licht der gleichen physikalischen Intensität (was evtl. mit der relativ geringen Zahl jener Zäpfchenzellen, die im kurzwelligen Bereich sensibel sind, zusammenhängt). Diese Erklärung würde auch zur Bewertung von Weiß und Schwarz respektive Graustufen passen (Kobbert, 1986); oder allgemeiner: zu der von Licht und Finsternis. Schließlich entspräche diese einfache Polarität dem schon erwähnten Grundgegensatz von hellen (als warmen bezeichneten) und dunklen (als kühl bezeichneten) Farben, die sich in der transkulturellen Forschung zu Farbbegriffen gezeigt haben.

Was bedeutet die Verknüpfung von Farben mit Feuer, Sonne, Blut, Himmel, Wasser, Vegetation etc. für ihre affektive Wirkung? Gestaltpsychologen haben gegen die Erklärung von Farbanmutungen durch Assoziation argumentiert, der unterschiedliche Effekt etwa von Rot und Blau rühre von der **Natur der Farben**, basiere also nicht auf Assoziation bzw. Lernen. Das schließt allerdings nicht aus, dass die Farben (genauer: die Reflexionseigenschaften) bedeutsamer **Umweltgegebenheiten** oder **Merkmale des Körpers** evolutionär zu Auslösern von Affekten geworden sind – anders gesagt: dass die unterschiedliche Sensibilität für verschiedene Farben sich ihrem biologischen Kontext verdankt.

Könnte z. B. die Wirkung von **Rot**, **Orange** und **Gelb** auf den Umstand zurückgehen, dass diese Farben energiereiche **Nahrung** sowie **Licht- und Wärmequellen** signalisieren? Ist gerade Rot besonders „heiß", weil **Blut** bei **Aggression** (roter Kopf), **Fortpflanzung** (Rötung als Zeichen sexueller Bereitschaft bzw. Erregung), **Geburt** und **Verwundung** die Haut färbt oder aus dem Körper quillt? Vielleicht erklärt sich so die höhere Zahl der in diesem Bereich empfindlichen Rezeptoren.

Womöglich verdankt sich umgekehrt die geringere Zahl der für „blaues Licht" empfindlichen Zäpfchen der relativen Beutungslosigkeit der blauen Erscheinungen der Umwelt – **Himmels-** und **Fernblau** haben keine unmittelbare vitale Bedeutung. Anders gesagt: Der geringere Beitrag der physikalisch gesehen energiereicheren kurzwelligen Strahlung zum Helligkeitseindruck lässt sich womöglich aus der geringeren biologischen Relevanz des weit Entfernten erklären (Gewässer, die ja durchaus lebenswichtig sind, werden wahrscheinlich weniger an Farbe als an Glanz und Glitzern erkannt). Erst jenseits der Farbe, also beim Dämmerungssehen, nutzt die Netzhaut die größere Energie kurzwelliger Strahlung: Die Stäbchen sind im kurzwelligen Bereich sensibler. (Dass blaue Flächen **entfernter** wirken als rote, wird manchmal mit unterschiedlicher Scharfstellung für kurz- bzw. langwellige Strahlung erklärt. Nach dem eben Gesagten ist „Ferne" wahrscheinlich ohnehin mit der Qualität „Blau" verknüpft.)

Die im Laufe der Evolution gelernte Bedeutung des **Grün** der Vegetation könnte sich mit jener von Blau insofern überschneiden, als hier eher ein positiver Hintergrund für Nahrungs- bzw. Wassersuche sowie Sichtschutz gegeben ist als ein aktuell bedeutsames Signal der einen oder anderen Art.

Der unterschiedliche Grad an Erregung, den Gelb und Rot einerseits und Grün und Blau andererseits hervorrufen, mag also der biologischen Bedeutung der Situationen entspringen, in denen sie in der Natur auftreten.

Farbgestaltung. Die Rolle von Grün im Landschaftserlebnis macht indessen nicht die Wirkung von grüner **Wand- oder Autofarbe** vorhersagbar. Die Wirkung der roten Lackierung eines Automobils liegt – abgesehen von einer gewissen Auffälligkeit – wahrscheinlich eher in den Gedanken, die man sich über Geschmack oder die unterstellte Absicht zur Selbstdarstellung macht, als in einer zwingenden affektiven Anmutung des Objektes. In der Welt der *Artefakte*, der von Menschen gemachten Dinge und Räume, gehorcht die Farbanmutung offenbar **kulturspezifischen** oder **individuellen**

Gewohnheiten, die u. a. dem Einfluss von willkürlicher Setzung (**Modefarben**) unterliegen. Das zeigen u. a. Widersprüche zwischen verschiedenen Studien zu Farbbedeu-
tungen und -bevorzugungen. Ein Wechsel von Rot oder Gelb zu Blau führt bei Kleidungsstücken gewiss nicht zu jener Irritation, die blaue Äpfel, Bananen oder Kühe auslösen. Wird man auf Fotos oder in Filmen mit verflossenen Farbmoden konfrontiert,
ist man angesichts des inzwischen veränderten Bezugs- bzw. Bewertungssystems nicht
selten erheitert. – Wer von „Farbpsychologen" detaillierte, naturgesetzlich gültige
Anweisungen für die Farbgestaltung der materiellen Umwelt erwartet, geht von fal-
schen Voraussetzungen aus.

Zu erwähnen bleibt die Wirkung von **Buntheit**. Starke farbliche Kontraste gelten als
Kennzeichen der Volkskunst. Gesättigte Farben werden bei Befragungen als besonders
erregend bezeichnet (Suk, 2006). Bunten Objekten und Szenen wird seit je **Lebendigkeit** zugeschrieben (komplementär kommen in Totenkulten eher Weiß und Schwarz
zum Zug).

Design ▶ Farbe im Büro

Büros und ihre Insassen sind traditionell eher unbunt (mit Ausnahmen bei weiblicher Kleidung und Krawatten). Das ergänzt starre Ordnung und steifes Gehabe. Umweltwissen-
schaftler raten zu dezenter Buntheit in der Arbeitswelt (Küller et al., 2006). Bei der Firma
Google, wo deutliche Buntheit zur *Corporate Identity* gehört, ergänzen Angebote zu
unaufgeregter spielerischer Bewegung – u. a. Lavalampen und Hängematten – die farbige Bürogestaltung (NZZ 167, 2007).

Die auch physiologisch nachweisbare erregende Wirkung des Bunten kann jedoch
auch **Stress** verursachen (Küller, 1990) und bringt als Kehrseite zur Wertschätzung der
Belebung auch die negative Beurteilung als „laut" mit sich. In **Kunsttheorie** steht herkömmlich nicht nur Buntheit, sondern Farbe insgesamt (wegen ihrer affektiven Wirkung) im Ruf, ein gegenüber der Form eher **primitives, unseriöses Gestaltungsmittel**
zu sein (Batchelor, 2002, macht eine *Chromophobie* im abendländischen Denken aus).
In der Malerei und anderen zweidimensionalen Darstellungen ist Farbe jenseits des
affektiven Aspekts indessen auch ein wichtiges Hilfsmittel zur Vermittlung von Gegenständlichkeit (Kebeck, 2006).

Lesen ▶ Bachmann, 2006; Falk, Brill & Stork, 1990; Gegenfurthner, 2006, 2006a;
Hoffmann, 1998; Kobbert, 1986; Roberts, 2002, Kap. 8 & 15; Schawelka, 2007; Steinbrenner & Glasauer, 2007; Suk, 2006; Tunner, 1999; *Kulturgeschichte*: Batchelor, 2002;
Gage, 1989; *Gestaltung*: Lidwell, Holden & Butler, 2004; Rodek, Meerwein & Mahnke,
1998

Etwas sehen: Kontraste, Figuren, Gestalten – Szenen

Farbe erleichtert die Strukturierung der beleuchteten Umgebung, insbesondere das Erkennen von bedeutsamen Objekten. Man findet sich indessen auch ohne Farbe, allein auf Basis von Helligkeitskontrasten in der Umgebung zurecht. **Kontraste von Hell und Dunkel**, wie sie sich z. B. an Kanten oder bei räumlich gestaffelten Objekten ergeben, ziehen bereits den Blick von Neugeborenen auf sich. Kontraste sind grundsätzlich die Voraussetzung dafür, dass man nicht nur Licht, sondern *Etwas* sieht. Das visuelle System überbetont bereits bei der Verarbeitung von Lichtreizen in der Netzhaut die Intensitäts- und Qualitätsunterschiede in den physikalisch gegebenen Reizen

(simultane Helligkeits- wie auch Farbkontraste). Unter bestimmten Umständen sieht man sogar Kontraste bzw. Kanten (*subjektive Konturen*), wo kein *direkter* physikalischer Anhaltspunkt dafür gegeben ist: Im Fall der *amodalen Figuren* [▶ Abb.] machen objektiv gegebene Kontraste einer Szenerie offenbar ein (verdeckendes) Objekt **wahrscheinlich**, weshalb Kanten ins Auge springen, die physikalisch nicht vorhanden sind.

Das Sehen von *Etwas* bedeutet, dass auf Basis von Kontrasten Einheiten gebildet werden. Wie gelingt das? Klassisch ist in dieser Hinsicht die Frage nach Unterscheidung von *Figur* und *Grund*, die meist mit der berühmten Kippfigur *Rubinscher Becher* [▶ Abb.] veranschaulicht wird. Der dänische Psychologe Edgar Rubin hatte bei seinen Studien zu Beginn des vorigen Jahrhunderts einen weißen Kelch auf gerahmten schwarzen Grund verwendet. Bereits eine rah-

menlose Umrisszeichnung bringt einen Wahrnehmungskonflikt mit sich. Die **Geschlossenheit** der Linie spricht für die Ansicht eines Objektes, dessen Umriss die Linie bildet

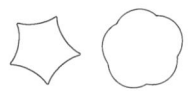

(Geschlossenheit gilt als ▶ *Gestaltfaktor*). Zwar werden, wie Gestaltpsychologen demonstrieren, **konkave Formen** im Fall von Strichzeichnungen eher als Löcher denn als Objekte gesehen [▶ Abb.], doch ist uns die bei Rubins Becher sichtbare Art symmetrischer Einwölbung vom Umriss einer **Gattung von Gegenständen** her bekannt. Eines Umrisses, der auch bei Drehung des Objektes um die vertikale Achse (oder beim Herumgehen) unverändert bleibt. Und Greifbarkeit verspricht. Wir wissen auch, dass die Schnörkel der Umrisslinie wohl nur der Verzierung des Gefäßes dienen. Dennoch bleibt der Blick an diesen Schnörkeln hängen: Sie enthalten die Ansichten des menschlichen Gesichts, des wahrscheinlich **prominentesten Objekts der visuellen Wahrnehmung**, das allem Anschein nach auch ohne alle weiteren Hinweise auf einen geschlossenen Körper die Linie usurpieren kann – in Konkurrenz zum Becher zur Figur wird.

Die berühmte Kippfigur führt indessen nicht vor Augen, wie wir die Welt sehen, wenn wir nicht gerade Illustrationen in Psychologiebüchern oder andere minimalistische zweidimensionale Darstellungen betrachten. Für Grafiker ist es natürlich von Interesse, Figurbildung unter variierenden Umständen (hell/dunkel, oben/unten, konvex/konkav, groß/klein) durchzuspielen (u. a. Zwimpfer, 1994). Das Sehen von *Etwas* unter natürlichen Bedingungen machen diese Faktoren indessen nicht hinreichend nachvollziehbar. Im Gegenteil: Die in solchen Grafiken feststellbaren Tendenzen sind aus der 3D-Praxis des Sehens abstrahiert. Folgende Anhaltspunke haben wir beim Blick in die Umgebung (teils können sie auch in Fotos oder gemalten Bilder vorhanden sein und bei Anwendung auf Rubins Kelch die eine oder andere Sehweise fördern):

- **Farben** über Schwarz und Weiß hinaus
- **Binnengliederung** bzw. **Textur** der Oberflächen
- **Kontext** (im Beispiel: Vase/Tisch, Kopf/Körper)
- **Schattierung** und eventuell **Glanzpunkte**, die auf Wölbungen jenseits der Ebene des Umrisses deuten
- **Abweichung der Perspektive der beiden Augen** (wegen der Gegenstände in der näheren Umgebung in der Regel plastisch erscheinen)
- **Veränderungen der Ansicht**, die sich ergeben, wenn **wir uns bewegen** (von kleinen Bewegungen des Kopfes über veränderte Neigung des Körpers bis zum Herumgehen)
- **Bewegung der Dinge selbst**

Dreidimensionalität ist in unser visuelles System nicht nur durch die Abweichung der Ansichten der beiden Augen eingebaut. Auch bei einäugigem Sehen bietet sich der Raum dank unserer Bewegung in je unterschiedlichen Ansichten (und weil wir vorbewusst der eigenen Bewegung inne sind, nehmen wir in den veränderten Erscheinungen eine stabile Umgebung wahr [▶ Kap. 4]). Offenbar macht sich die durch die Bewegung ins Sehen eingebaute Räumlichkeit auch bei einzelnen Ansichten, wie statische Bilder sie bieten, geltend: Man neigt dazu, in statische, flächig gebotene Strukturen räumliche Staffelung (Figur und Grund) hineinzusehen. Die von Gestaltpsychologen postulierte **Prägnanztendenz** – also das Wahrnehmen von möglichst einfachen Gestalten – dürfte nicht zuletzt vom evolutionär verankerten Verdacht rühren, dass komplexe Konturen [▶ Abb.] regelmäßig durch Verdeckung entstehen.

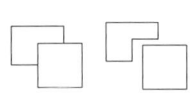

Wahrnehmungsqualitäten ▶ „Gestaltgesetze"

Gestaltgesetze sagen nicht, wie man gestalten sollte. Diese „Gesetze" sind auch keine strikten Formulierungen von Zusammenhängen. Noch erklären sie etwas. Sie beschreiben lediglich gewisse Tendenzen, die sich beim Gruppieren von Reizen, beim Wahrnehmen von Einheiten feststellen lassen. In der Gestaltpsychologie selbst ist meist die Rede von *Gestaltfaktoren* statt von „Gesetzen". Der *Faktor der Nähe* etwa besagt, dass man tendenziell Erscheinungen, die sich nahe sind, zusammenfasst. Der *Faktor der Gleichartigkeit oder Ähnlichkeit* deutet auf die Zusammenfassung von ähnlichen Reizen. Beim Durchspielen mit Papier und Bleistift oder mit Spielsteinen kann man beide Faktoren miteinander konkurrieren lassen. Bei der Abgrenzung von Objekten gegenüber ihrer Umgebung anhand ihrer Oberflächentexturen (z. B. Maserung) ergänzen sich regelmäßig Nähe und Ähnlichkeit (evtl. unterstützt durch ähnliche Ausrichtung, sprich: den *Faktor des gemeinsamen Schicksals*). Natürlich spielt bei der Abgrenzung bzw. Einheitsbildung der *Faktor der Geschlossenheit* (also eine durchgehende Kontur) eine wichtige Rolle. Gewisse Lücken in Konturen bzw. Unregelmäßigkeiten werden aber vernachlässigt: *Prägnanztendenz* oder *Gesetz der guten Gestalt*. Das Wahrnehmen scheint hier ungeachtet dessen, was als Reiz gegebenen ist, von der Wahrscheinlichkeit eines vollständigen Objekts auszugehen und schreibt die Lücken implizit subjektiven oder objektiven Sichtbedingungen zu.

Die Begriffe *Prägnanz* und *gute Gestalt* stehen indessen nicht nur für eine gewisse Großmut des Wahrnehmens (z. B. auch gegenüber Abweichungen vom rechten Winkel bzw. der Vertikale). Die Rede von einer *prägnanten* oder *guten Gestalt* dient dazu, die Formqualität zu bewerten, steht also für die *Ästhetik von leicht fasslichen Erscheinungen* (wie rundem Verlauf etc.). Dabei gilt es zu bedenken, dass auch *erschwertes Wahrnehmen* – also die Herausforderung der Prägnanztendenz – unter Umständen *ästhetisch reizvoll* sein kann [▶ Kap. 10].

Die meisten *Gestaltfaktoren* dürften Ausdruck ererbter Vorannahmen des (visuellen) Wahrnehmens hinsichtlich wahrscheinlicher Umweltgegebenheiten sein. Einige – so der ▶ *Faktor der durchgehenden Kurve* (auch *Gesetz der Kontinuität* oder *des glatten Verlaufes* genannt) – hängen wahrscheinlich mit der biologischen Bedeutung von Bewegung zusammen. Der *Faktor der Erfahrung* bzw. der *(objektiven) Einstellung* liegt auf einer anderen Ebene, trägt – als eine Art Hintertürchen zu den universell gedachten Tendenzen – der Rolle von Erwartungen Rechnung, die sich durch die Vorgaben der Kultur, der individuellen Lerngeschichte und der aktuellen Situation bilden.

Lesen ▶ Metzger, 1966; Rausch, 1966

Wir sehen sozusagen prinzipiell szenisch. Das ist das Leitmotiv einer umwelt- und aktionsbezogenen Betrachtung der visuellen Wahrnehmung. In der Psychologie der zweiten Hälfte des 20. Jh. propagierte, wie schon in der Einleitung festgehalten, besonders James Gibson diese Perspektive. Zum **umweltbezogenen Verstehen des Sehens** gehört nicht nur die ‚eingebaute' Räumlichkeit, sondern auch die (kulturell und individuell ausgeformte) **gattungsspezifische Bedeutung** dessen, was einem in diesem Raum begegnet. Gibson sprach – im Anschluss an den gestaltpsychologischen Begriff *Aufforderungscharakter des Objekts* – von *Affordanzen* der Umwelt.

In der gegenwärtigen neurokognitven Erforschung des Sehens zeigt sich die Rolle des **vitalen Bezugs** von Wahrnehmungsobjekten in Studien, die (anknüpfend an ältere Untersuchungen zur sog. *Aktualgenese*) nachweisen, dass undeutliche Erscheinungen, die man als Analogien zu frühen Verarbeitungsstufen (deutlich sichtbarer Objekte) im visuellen System betrachtet, über den **Kontext** erkannt werden (Fenske et al., 2006). Anders gesagt: Der jeweilige Weltausschnitt mit seinen Handlungsmöglichkeiten scheint nicht erst ins Spiel zu kommen, wenn die sinnfreie Analyse der optischen Struktur in Modulen des optischen Kortex eine deutliche Skizze aus dem Netzhautbild gewonnen hat, sondern das Verständnis der Situation kommt der Analyse des visuellen Reizes sozusagen entgegen.

Solche Ergebnisse relativieren die Tragweite von prominenten Theorien des Sehens wie

- der *komputationalen Theorie* von David Marr, die das Erkennen eines Objektes rekonstruiert als Analyse des Inputs aus dem Auge von unten nach oben (*bottom up*) und anschließendem Vergleich mit einem inneren 3D-Modell des Gegenstandes.

- Biedermans Theorie der *Geone* (für: geometrische Elementarkörper), die für die 3D-Modellierung speziell ein „Scannen" des optischen Inputs auf räumliche Grundformen hin postuliert; die Erscheinungen werden hier auf einen Satz von 36 inneren Bauklötzen bezogen, mit deren Kombination man, wie Bülthoff (2003) anmerkt, schwerlich einen Baum erkennen könnte. Dessen ungeachtet sind *Geon*darstellungen von Koffer, Telefon und Tischlampe zu Lehrbuchikonen des Themas Objektwahrnehmung geworden.

- der *Theorie der Merkmalsintegration* von Treisman, die (in Anlehnung an die Annahme von strikt isolierten Modulen für die Verarbeitung von Form, Farbe, Räumlichkeit und Bewegung im visuellen Kortex) postuliert, dass erst auf späteren bewussten Stufen der visuellen Analyse registrierte Elementareigenschaften (*primitives*) zu Objekten zusammengefügt würden. – Gegen dieses Konzept werden auch Experimente ins Feld geführt, die das von den Gestaltpsychologen postulierte Primat des Ganzen gegenüber den Teilen bestätigen (Kimchi, 2003).

Ererbte und erlernte Erwartungen im Kontext von Intentionen scheinen gewissermaßen von oben nach unten (*top down*) in der visuellen Wahrnehmung gegenwärtig zu sein. Statt von Top-down-Prozessen wird auch von *Rückwärtsprojektion* (*backward projection*) gesprochen: aus dem in Schläfen- und Scheitellappen verankerten Gedächtnis für Dinge, Räume und Aktionen in die primären und sekundären visuellen Areale im Hinterhauptslappen. Nach Befunden der neueren Forschung zum *perzeptuellen Lernen* kann das von Wissen und Können angeleitete Einüben des Sehens, wie es in Berufsausbildungen vorkommt (etwa beim Betrachten von Röntgenbildern, beim Mikroskopieren oder auch in der gestalterischen Grundausbildung von Künstlern und Designern), sogar die Struktur von elementaren Analysatoren im primären visuellen Kortex verändern (Fahle, 2006). – Sind *im* Wahrnehmen Intentionen angesprochen, bedeutet dies nicht zuletzt, dass sensorische Prozesse mit der inneren Aktivierung von körperlicher Aktion verwoben sind. Entsprechend postuliert z. B. die Forschungsgruppe um Wolfgang Prinz einen gemeinsamen Code (*common code*) von Sensorik und Motorik (Wohlschläger & Prinz, 2006). Als ein neurologisches Indiz des inneren Handelns beim Sehen von Objekten gelten die neuerdings entdeckten ▶ *kanonischen Neurone*.

Die Welt des Wirkens (und Erleidens) besteht, um im Bild der Szenerie zu bleiben, aus den anderen Akteuren, der Bühne und dem Inventar: Tiere (u. a. Menschen), Vegetation, geologisch-geographische sowie meteorologisch-atmosphärische Gegebenheiten, materielle Kultur. Von herausragender Bedeutung ist die Wahrnehmung der anderen Akteure.

Lesen ▶ Arnheim, 1978; Aschersleben, 2008; Barth, 1989; Costall, 2007; Gibson, 1973, 1982; Guski, 1996; Hoffmann, 1993; Kaufmann-Hayoz & van Leeuwen, 2003; Metzger, 1966; Müsseler, 2008; Noë, 2004; Rubin, 1921; Wohlschläger & Prinz, 2006; Zwimpfer, 1994

Tiere und Menschen sehen: Bewegung

Tiere bewegen sich. Andere Tiere, einschließlich der Artgenossen, können für Menschen attraktiv oder gefährlich sein. Das menschliche Sehen ist in mehrfacher Hinsicht auf Bewegung eingestellt. Die **Peripherie unserer Netzhaut** ist besonders sensibel für **bewegte** Lichtreize. In der Regel werden wir, während wir etwas anderes beachten, auf die am Rande wahrgenommene Bewegung (sofern sie nicht eine Folge unserer eigenen Bewegung ist) **aufmerksam** und **fokussieren** das bewegte Objekt (*Orientierungsreaktion*; Werbung – nicht nur – im Internet bedient sich dieser angeborenen Reaktion), das dank seiner Bewegung zur *Figur* wird, die sich vom unbewegten *Grund* abhebt. Das scharfe Sehen erlaubt dann eine genauere Wahrnehmung des bewegten Etwas einschließlich einer Einschätzung seiner Entfernung, seiner Gattung bzw. Identität und eventuell seiner Verfassung oder Intention. Gegebenenfalls folgt der Blick der Bewegung.

Eine **schnelle Annäherung** wird durch rasche Vergrößerung einer Figur kenntlich. Das visuelle System unterstellt sozusagen, dass plötzlicher umfangreicher **konzentrischer Größenzuwachs** eines Objekts unwahrscheinlicher ist als ein entsprechendes Erscheinungsbild eines sich nähernden Objektes konstanter Größe. Bereits **Säuglinge** zeigen, wenn man durch das plötzliche „Aufblasen" (*looming*) einer leuchtenden Scheibe auf einem Projektionsschirm eine drohende Kollision fingiert, eine *Schreck-* oder *Defensivreaktion*. Das Medium **Film** baut seit seiner Frühzeit immer wieder auf diese Schockwirkung.

Sollte sich aus dem Kontext entnehmen lassen, dass Annäherung auch unabhängig von einer Kollision Risiken birgt, wird man versuchen, der Gefahr zu begegnen durch Kampfbereitschaft, Flucht oder Stillhalten (Letzteres – analog zum *Totstellreflex* – trägt dem Umstand Rechnung, dass auch der potentielle Angreifer Bewegung sensibel registriert).

Bewegungslosigkeit macht Mensch und Tier nicht ganz und gar unauffällig. Das rührt u. a. davon, dass die Körper (und Gesichter) vieler Tierarten sich durch regelmäßige Züge – **Symme-**

trie (u. a. des Bewegungsapparates) – auszeichnen. Vielleicht liegt in den Symmetrien im Tier- und auch Pflanzenreich der biologische Grund dafür, dass symmetrische Linien grundsätzlich *Figurbildung* fördern bzw. als *Gestaltfaktor* wirken (Shepard, 1991). **Tarnung** unterläuft die Sichtbarkeit im Ruhezustand durch Anpassung an den Grund und starke (asymmetrische) Binnenkontraste.

Die **Einschätzung der Entfernung** und das Erkennen der **Gattung** bzw. **Identität** bewegter Objekte sind miteinander verzahnt: ▶ Entfernungshinweise, die unabhängig vom Erkennen des Objektes sind, erleichtern die Identifikation (verhindern, dass man aus einer Fliege einen Elefanten macht). Umgekehrt verrät, wenn man weiß oder ahnt, womit man es zu tun hat, das größere oder kleinere Erscheinungsbild seinerseits die Distanz.

Charakteristische Bewegung. Bei der Identifikation spielt die **Art der Bewegung** eine Rolle. Aus dem Alltag ist bekannt, dass man vertraute Personen auf größere Entfernung an ihrem Gehstil erkennen kann. In den 1970er Jahren führte der schwedische Psychologe Johansson eine experimentelle Methode ein, die es erlaubt, die Wahrnehmung von Bewegung vom übrigen Erscheinungsbild zu isolieren. Versuchspersonen, die nur durch **Lichtpunkte** an ihren Gelenken sichtbar sind und deshalb in Ruhe (etwa auf dem Standfoto eines Films) ein rätselhaftes Bild abgeben, sind ohne Weiteres als Menschen identifizierbar, wenn sie gehen, tanzen oder andere Bewegungen ausführen. In solchen Experimenten nach dem Vorbild eindrücklicher Bühnenaufführungen konnte gezeigt werden, dass Bewegung auch relativ verlässlich Aufschluss über Alter, Geschlecht und Stimmung gibt. Man erkennt sogar, wie viel Kraft für eine Bewegung aufgewandt wird. Auch Tiergattungen oder -arten sind allein über Bewegung identifizierbar. Das Lichtpunkt-Paradigma (*Point-light-Paradigma*) findet inzwischen jenseits der Forschung zu **biologischer Bewegung** (*biomotion*) Anwendung beim Produzieren von **Animationsfilmen** (*motion capture*): Man klaut gewissermaßen natürlichen Akteuren die Bewegungen etwa des Gehens (die sich bis heute nicht realistisch synthetisieren lassen), um sie dann nur noch zeichnerisch mit Körpern einzukleiden.

Experiment ▶ Gefühle kritzeln

Versuchen Sie, *Wut, Freude, Trauer, Angst* ohne großes Nachdenken in abstrakte Kritzeleien umzusetzen.
Ergebnis: In Kapitel 9 (S. 230) finden Sie Ergebnisse, die bei diesem Experiment erzielt wurden. Zur Deutung dieser Ergebnisse siehe den Text in diesem Kapitel, das erste Kapitel sowie den Abschnitt „Transmodale Qualitäten" in Kapitel 9.

Abstrakter Ausdruck. Nicht nur die auf einige Lichtpunkte reduzierte integrale Bewegung von Mensch und Tier ist bereits charakteristisch und ausdruckshaltig. Gefühle wie

Wut, Trauer, Fröhlichkeit oder Angst werden auch in **weiter isolierten** bzw. **abstrahier-ten Bewegungen** gesehen. Etwa in der abstrakten Darstellung der Dynamik gestischer Bewegungen oder in einem **abstrakten Animationsfilm** und sogar in den selbst bewe-gungslosen **Spuren**, die von den Bewegungen bleiben (den expressiven Kritzeleien: Kob-bert, 1986; Jilg, Piesbergen & Tunner, 1995; ▶ *Maluma und Takete*). Die Choreographie einzelner geometrischer Figuren sieht man tendenziell als Interaktion von Wesen, die jeweils bestimmte Absichten verfolgen (Annäherung, Ausweichen, Sich-Verstecken, Ver-bünden etc.). Das haben Heider und Simmel 1944 mit einem einfachen experimentellen Animationsfilm demonstriert.

Haltung als potentielle Bewegung. Wie im ersten Kapitel erwähnt, wurde schon vor längerer Zeit innere **Mitbewegung** als Mechanismus der Ausdruckswahrnehmung pos-tuliert, als dessen neurologisches Korrelat heute ▶ *Spiegelneurone* gelten. Auch im Bild fixierte **Körperhaltungen** können für den Betrachter mehr oder weniger eindringlich Bewegungen oder Handlungen sicht- bzw. spürbar machen. Besonders gut funktioniert das, wenn die Haltung das Ansetzen zu einer Bewegung zeigt (*fruchtbarer Moment*), also einen Spannungszustand verkörpert, der auch im Bewegungsfluss realer Situatio-nen das motorische Mitempfinden besonders anspricht (Ennenbach, 1989; Wilson, 2006; Reed, Stone & McGlodrick, 2006). Die Mitbewegungs- bzw. Einfühlungsästhe-tiker waren uneins in der Frage, ob die Mitbewegung körperlich spürbar (Vischer, Groos) oder rein mental (Lipps: „inneres Tun") sei. Nach Ergebnissen der Neurowissenschaft gibt es sowohl rein mentale Mitbewegungen (Aktivierung motorischer Hirnareale ohne Effekt auf die Muskulatur) als auch solche, die sich im Körper nachweisen lassen. Viel-leicht reicht eine (genügend deutliche) zentralnervöse Bewegungssimulation bereits für ästhetisches Erleben der Mitbewegung hin; freilich macht eine ausgeprägte Simulation (spürbare) Muskelpotentiale wahrscheinlich [▶ Kap. 1 und 10]).

Animismus. Die Ausrichtung des visuellen Systems auf die Wahrnehmung bzw. Inter-pretation der Bewegung anderer Tiere und Mitmenschen erklärt den *Animismus* (die Beseelung), der mit der unreflektierten Anschauung bewegter Erscheinungen und mancher Formen einhergeht. Bei Naturvölkern und Kindern äußert sich die Tendenz zu animistischer Ausdruckswahrnehmung unverhohlen (Werner, 1953; Piaget, 1988), und in der Kunst behauptet sie einen Freiraum bei Erwachsenen unserer Kultur. Auch Design (nicht nur von Automobilen) und Baukunst rechnen mit dem Hang, Ausdruck zu sehen (Arnheim, 1980d).

Gestaltfaktoren. Dass Kritzeleien in gewisser Weise die Bewegung sichtbar machen, deren **Spur** sie sind, deutet darauf hin, dass das, was Gestaltpsychologen als den *Fak-tor der durchgehenden Kurve* oder das *Gesetz der Kontinuität oder des glatten Verlau-fes* bezeichnen (verbundene Linien wie in A [▶ Abb. S. 152] isoliert man, wie es B

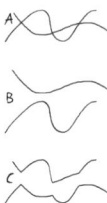

zeigt; C erscheint „unnatürlich"), durch Erfahrungen der Bewegungswahrnehmung gestützt wird oder eine Mitgift der angeborenen Einstellung auf Bewegung und ihre Spuren ist. In direkter Beziehung zu
biologischer Bewegung steht ein Teil der Erscheinungen, auf die der
Gestaltfaktor des gemeinsamen Schicksals gemünzt ist: Ein Tier mit
einer gescheckten Oberfläche, die es vor einem heterogenen Hintergrund tarnt, solange es ruht, wird sichtbar, sobald es sich bewegt (die
gleichgerichtete Bewegung verbindet das Durcheinander zur Figur); auch bei weitgehender Verdeckung (z. B. durch einen Lattenzaun mit schmalen Ritzen) konstituiert
gleichsinnige Bewegung von Fragmenten eine Figur.

Stroboskopische Bewegung. Verlöscht ein Lichtpunkt, während andernorts kurz
darauf einer auftaucht, sieht man – einen gewissen raum-zeitlichen Rahmen vorausgesetzt – einen Punkt, der sich bewegt. Dieser vom Gestaltpsychologen Wertheimer
unter dem Etikett *Phi-Phänomen* studierte Effekt ist aus dem Alltag von Lichterketten
und Leuchtreklame her vertraut und bildet bekanntlich eine wesentliche Grundlage
der Filmwahrnehmung.

Tunnel-Effekt und anschauliche Identität. Verschwindet ein Objekt hinter einem
Schirm, ‚sieht' man eine (womöglich gekrümmte) Bewegungsbahn, wenn es (in gewissem zeitlichen Rahmen) an anderer Stelle wieder auftaucht (diese Gewissheit wird, wie
die ▶ subjektiven Konturen, als *amodale Wahrnehmung* bezeichnet; der Begriff steht
aber in diesem Fall für ein uneigentliches Sehen). Bemerkenswert ist, dass es selbst
dann, wenn beim erneuten Erscheinen Form oder Farbe gewechselt haben, so aussieht,
als ob sich da ein identisches Objekt bewegt: Bewegung sticht hier als Identitätsmerk-
mal also das Erscheinungsbild aus (Michotte, Thinès & Crabbé, 1966).

Natürliche Bewegung jenseits von Mensch und Tier zeichnet sich dadurch aus, dass der optische Fluss meist mit einer gewissen Ortsfestigkeit gepaart ist. Offensichtlich ist das bei Bewegungen von Blättern, Zweigen und Baumstämmen im Luftstrom so; aber auch bei stehenden und
selbst fließenden Gewässern, bei denen physikalisch durchaus Ortswechsel vorliegt, ist die Bewegung für das Auge mit Beharren verbunden. Ebenso zeigen atmosphärische Erscheinungen
Bewegung meist im Zusammenhang mit Kontinuität: Wolken, Regentropfen oder Schneeflocken
werden in der Regel nicht als Individuen verfolgt, sondern imponieren als von Bewegung erfüll-
te Atmosphäre (Bsp. für eine Ausnahme: eine Wolkenfront, die sich nähert). – Dass insbeson-
re Bewegungen von Wasser und Vegetation (wie auch von Flammen) als **spielerisch** wahrgenommen werden (wie der Sprachgebrauch belegt), kann als Spezialfall der Tendenz zur **animistischen** Auffassung von Bewegung verstanden werden: Weil sie nirgends hinführt, scheint die
Bewegung hier keinen Zweck jenseits ihrer selbst zu verfolgen (analog zu tierischem und
menschlichem Bewegungsspiel und Tanz). Die Bewegung sorgt dabei für Aufmerksamkeit,
erweckt aber keinen Handlungsbedarf. Deshalb spielen solche Erscheinungen in der **Naturästhe-**

tik und bei der **Induktion träumerischer und meditativer Zustände** eine wichtige Rolle. **Mobiles** holen das Spiel der Naturerscheinungen in Behausungen. **Lichtreklame und -kunst** greifen den Effekt des Spielerischen ebenso auf wie aufregende Wirkungen von Bewegung.

Lesen ▶ *Biologische Bewegung*: Jansson, Bergström & Epstein, 1994; Knoblich et al., 2006; *Mitbewegung/Spiegelneurone*: Ennenbach, 1989; Groos, 1902; Lipps, 1903, 1897; Meltzhoff, 2002; Reed, Stone & McGoldrick, 2006; Rizzolatti & Sinigaglia, 2008; Vischer, 1927; Wilson, 2006

Tiere und Menschen sehen: Gesichter

Bekanntlich neigen wir dazu, (tierische oder menschliche) Gesichter in allem Möglichen zu sehen. Amorphe Strukturen wie Wolken, Risse oder Unebenheiten bzw. Schatten auf einer Wand werden, wie schon Leonardo da Vinci bemerkte, leicht zu Fratzen (*Pareidolien*). Die tauchen gelegentlich auch beim Einschlafen vor dem inneren Auge auf (*hypnagoge Bilder*). Das Schema *Gesicht* ist offenbar so dominant, dass wenig ausreicht, um es wachzurufen. An den Gesichtern, die sich (ungeplant) an von Menschen gefertigten Dingen zeigen – von Häusern über Autos bis zu Zangen oder Kanaldeckeln (u. a. Robert & Robert, 2005) –, kann man ablesen, dass mit dem Entdecken von einen oder zwei Punkten, die für Augen in einer Profil- oder Frontalansicht stehen könnten, der entscheidende Schritt getan ist. Man konfiguriert die Gesichter von dem oder den **Auge(n)** her. Mit großer Toleranz werden Anzeichen für eine Nase oder einen Mund auf diese(n) Kristallisationspunkt(e) bezogen; eins von beiden macht dann schon ein Gesicht fast unabweisbar, wobei ein Mund tendenziell ein prägnanteres Gesicht schafft. Beim Experimentieren mit Papier und Bleistift [▶ Experiment] kann man feststellen, wie wenig es braucht, damit Punkte Augen und in der Folge Linien zu Gesichtern oder Körpern werden.

Experiment ▶ Punkt-Blick

A1) Skizzieren Sie Rubins Kelch. Setzen Sie nun auf Höhe der Nasenwurzeln beiderseits Punkte in den Raum neben dem Kelch. A2) Setzen Sie Punkte wie in A1), aber diesmal auf Höhe des Mundwinkels oder Kinns. B1) Setzen Sie einen Punkt neben eine beliebige vertikale Schlangen- oder Zickzacklinie. B2) Setzen Sie einen weiteren Punkt auf der anderen Seite der Linie. C) Setzen sie mehrere Punkte untereinander auf der selben Seite einer Linie wie in B). D1) Kritzeln Sie eine amorphe geschlossene Figur aus einem Linienzug und setzten Sie an beliebiger Stelle einen Punkt hinein (Varianten: Kreis, Elipse, Vierecke, Dreiecke). D2) Setzen Sie einen zweiten Punkt hinzu.

Ergebnis: A1) unterstützt die Tendenz, die Profile zu sehen. A2) Wenn man einen Punkt fixiert, kann man ein auf dem Kopf stehendes Profil sehen. Dreht man das Blatt nun langsam um 180 Grad, mutet das Profil ab ca. 90 Grad grotesk an. B1) Man entdeckt ein oder mehrere alternative Profile. B2) Das führt zu einer Kippfigur von rechts nach links respektive umgekehrt ausgerichteten Profilen (kann jedoch, wenn man sich darauf einstellt, auch als Halbprofil gesehen werden). C) Das organisiert je nach Fixation die Profile neu. D1) Man findet darin meist unschwer ein bzw. mehrere Gesicht(er) oder ein vollständiges Tier (außerirdisches Wesen, Comicfigur) im Profil. D2) Es entsteht in der Regel eine (verdrehte) Frontalansicht, die keine Beziehung zu den Erscheinungen in D1) hat. – *Deutung:* Siehe den weiteren Text in diesem Abschnitt.

Säuglinge fixieren bei realen Gesichtern die Augen (was u. a. an deren Bewegungen und Glanz liegt), lächeln aber auch schon zwei schwarze Punkte an (ob sie von einem Kreis oder Oval umgeben sind oder nicht). Mund und ovale Kopfform, also ein vollständigeres Gesichtsschema, gewinnen im Lauf der ersten Lebensmonate an Bedeutung; individuelle Gesichtszüge werden offenbar nach etwa sechs Monaten wahrnehmbar (E. J. Gibson, 1969). Bis ins **Grundschulalter** unterscheidet sich die Gesichtswahrnehmung noch von der ganzheitlichen Art (siehe unten), in der Erwachsene Gesichter identifizieren (Tanaka & Farah, 2003; Schwarzer, Zauner & Corell, 2003). Das Wiedererkennen von Gesichtern ist bei jüngeren Kindern auch stark durch Brillen, Frisuren und Kopfbedeckungen irritierbar. – Aufmerksamkeit für Punkte, die Augen sein könnten, ist also sehr früh gegeben (wahrscheinlich angeboren); für die Herausbildung des vollständigeren Gesichtsschemas und eines besonders effizienten Blicks für individuelle Züge spielen neben der weiteren Reifung des Nervensystems vermutlich auch Lernprozesse eine Rolle.

Eindeutig eine Folge des Lernens ist, dass man im späteren Leben leichter Gesichter eines **vertrauten Typus** differenziert (Gesichter jener Menschenrasse, in deren Mitte man aufgewachsen ist). Wer längere Zeit in eine Welt fremder Gesichter eintaucht – traditionell etwa Missionare –, bei dem bildet sich ein neues Bezugssystem hinsichtlich des Blicks für individuelle Züge.

Fenster zur Seele. Studien, in denen die Augenbewegungen von Erwachsenen angesichts von (bewegungslosen) Bildvorlagen aufgezeichnet werden, zeigen, dass neben starken Kontrasten vor allem Augen den Blick auf sich ziehen (bei Großaufnahmen von Gesichtern wird neben den Augen der Mund besonders oft fixiert). Augen sind von herausragender Bedeutung für das Sehen, weil sie, wie Bewegung, Akteure verraten und – dank ihrer eigenen Bewegung oder Ausrichtung – potentiell deren Absichten kenntlich machen. Der **intentionalen Bedeutung des Blickens**, die sich unter anderem in der Rolle von Blickwendungen in der **Interaktion** mit anderen Akteuren zeigt, verdankt sich die Umschreibung der Augen als „Fenster zur Seele" (dunkle, spiegelnde Sonnenbrillen sind in diesem fundamentalen Sinn asozial).

Wie etwa die antike **Blickstrahl-Theorie** des Sehens und auch die Angst vor dem **bösen Blick** zeigen, legen das eigene Blicken und das Erlebnis, angeblickt zu werden, es offenbar nahe, dieses Fenster gewissermaßen als Quellpunkt einer **Aktivität** aufzufassen (Vorstellung einer physischen oder metaphysischen „Macht des Blickes"). Anhaltspunkte für eine **magische** Bedeutung von **Augendarstellungen** finden sich in vielen Kulturen (Eibl-Eibesfeldt & Sütterlin, 1992; König, 1975). Die abschreckende Wirkung scheinbarer Augen dürfte bereits für entsprechende Zeichnungen im Tierreich verantwortlich sein, welche gelegentlich die Tarnung der eigenen Gestalt ergänzen.

Experiment ▶ Invertierte Fratze

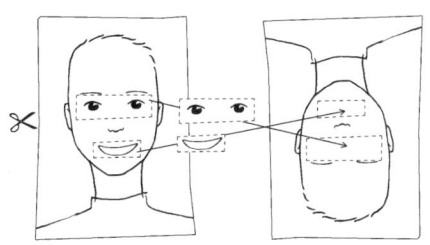

Schneiden Sie aus einem Portraitfoto (z. B. einer Illustrierten) rechtwinklig die Augen- und Mundpartie aus [▶ Abb.] (möglichst ein Portrait mit offenem, z. B. lächelndem Mund, in dem Zähne zu sehen sind). Legen oder kleben Sie das Gesicht auf eine Pappe. Drehen sie nun das Gesicht so, dass es auf dem Kopf steht. Fügen Sie die ausgeschnittenen Partien, ohne sie zu drehen (also nicht auf den Kopf gestellt) wieder ein. Betrachten Sie das Portrait und drehen es dann wieder in die normale Lage (wobei nun natürlich Mund und Augen auf den Kopf geraten). Drehen Sie das Bild anschließend noch einmal langsam in den Kopfstand; achten Sie dabei darauf, bei welchem Winkel sich der Eindruck verändert.

Effekt & Deutung: Siehe den weiteren Text in diesem Abschnitt.) – Weil dieser Effekt zuerst an einem Foto der ehemaligen britischen Premierministerin Margret Thatcher demonstriert wurde (Thompson, 1980) spricht man vom *Thatcher-Effekt* oder von *Thatcherisierung*.

Schwierigkeiten der Wahrnehmung von verdrehten Gesichtern sind schon länger bekannt (Yin, 1969); u. a. waren sie bei Experimenten mit ▶ Umkehrbrillen aufgefallen (Kohler, 1966). – Überzeugen Sie sich selbst davon, wie schwer es fällt, den mimischen Ausdruck resp. die Person zu erkennen, wenn Gesichter auf dem Kopf stehen.

Gesichtsmodus bzw. -modul. Seit den 1990er Jahren ist eine Welle von Forschung zur Gesichtswahrnehmung zu verzeichnen. Sie kreist u. a. darum, ob Gesichter auf besondere Weise, also anders als andere Objekte, aufgefasst werden und ob sich im Gehirn ein auf diese Leistung spezialisiertes Modul findet. Ausgangspunkt sind psychologische und neurologische Entdeckungen:

▪ Betrachtet man grob entstellte Gesichter, wenn diese auf dem Kopf stehen, sieht man zwar, dass man ein Gesicht vor sich hat, erkennt aber nicht, dass die Konfiguration gestört ist [▶ Experiment].

▪ Im Schläfenlappen (genauer: im *inferotemporalen Kortex*) des Gehirns von Affen wurden Zellen gefunden, die dann besonders aktiv werden, wenn den Tieren eine aufrechte Frontalansicht des vollständigen Gesichts eines Artgenossen präsentiert wird (und die auch auf ein entsprechendes Bild eines Menschen noch relativ stark reagieren, sofern man bei diesem Bild die Augen nicht tilgt); andere Neurone wiederum reagieren bei einem Profil optimal.

▌ Schon länger ist bekannt, dass lokale Schädigungen (*Läsionen*) in einem bestimmten Bereich des Schläfenlappens (dem *inferotemporal* gelegenen *Gyrus fusiformis*) im menschlichen Gehirn speziell das Identifizieren von Gesichtern beeinträchtigen (*Prosopagnosie*). Mit den neuen Methoden der Aufzeichnung von Stoffwechselaktivitäten im Gehirn wurde nun nachgewiesen, dass dieser Bereich bei Gesunden besonders aktiv ist, wenn sie Gesichter wiedererkennen sollen.

Vor diesem Hintergrund postulierte man ein „Gesichtsmodul", das **individuelle Gesichtszüge ganzheitlich** (*holistisch* oder *konfigurativ*) statt Stück für Stück erkennt (sofern das Gesicht nicht auf dem Kopf steht). Eine Erfahrung, die Dolezal (1982) während des Tragens einer Umkehrbrille machte, illustriert, was mit dieser Gegenüberstellung gemeint ist: Er erkannte das Gesicht einer ihm vertrauten Person nach Beginn des Experiments zunächst überhaupt nicht wieder, konnte sie dann aber an ihrem gebrochenen Nasenbein erkennen, das ihm seit Jahren nicht mehr aufgefallen war (die Identifikation über eine Komponente trat an die Stelle der Wahrnehmung der charakteristischen Konfiguration).

Die Beschränkung der genauen konfigurativen Gesichtswahrnehmung auf die **aufrechte Ansicht** (z. B. irritieren ab ca. 90 Grad ▶ *Thatcherisierungen* nicht mehr oder deutlich weniger) erklärt man damit, dass dieser Wahrnehmungsmodus sehr aufwendig ist. Der Preis für schnelles Identifizieren von Individuen – als überlebenswichtige Fähigkeit – sei nämlich ein enormer Bedarf an Speicherplatz. Verdrehte Gesichter und fremde Gesichtstypen, die im alltäglichen Agieren keine Rolle spielen, würden deshalb von diesem Verarbeitungsmodus ausgenommen (und stattdessen nur als Gesichter von diesem oder jenem Typus eingeordnet). Im Unterschied zu Gesichtern (des vertrauten Milieus) werden, wie Tanaka und Farah (2003) postulieren, Dinge und insbesondere Worte eher *analytisch* (Komponente für Komponente) wahrgenommen.

Allerdings sind die Befunde bei Patienten mit Schädigung des Schläfenlappens hinsichtlich der Unterschiede beim Erkennen von Gesichtern und Objekten nicht ganz eindeutig. Und andererseits belegen – wenn auch nicht unstrittig (McKone & Robbins, 2007; Gauthier & Bukach, 2007) – Studien an gesunden Experten für Hunderassen, Vögel oder Autos, dass das Gesichtsmodul auch bei anderen Objekten aktiv werden kann; das gilt auch für Versuchspersonen, die man trainiert, verschiedene Typen von computergenerierten Phantasiefiguren zu unterscheiden (sog. *Greebles* [▶ Abb.]).

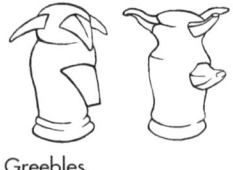

Greebles

Mögliche Schlussfolgerung: Es gibt einen **privilegierten Verarbeitungsmodus,** der sich für die schwierige Aufgabe **herausgebildet** hat, Individuen der eigenen Gruppe unter wechselnden Bedingungen schnell und sicher zu identifizieren. Dieser „Blick" kann indessen auch auf andere Gegenstände **übertragen** werden, mit denen man sich entsprechend vertraut macht. Ob gewisse Analogien mit menschlichen Gesichtern (wie sie bei Hunden und Vögeln, aber auch bei Autos oder den *Greebles* vorliegen) dabei vorausgesetzt sind, bleibt offen.

Karikatur-Effekt. Übertreibung von Gesichtszügen erleichtert das Identifizieren (sofern sich die Überzeichnung in gewissen Grenzen hält). Das gilt besonders für Gesichter, mit denen man persönlich oder aus den Medien vertraut ist: Cartoons, die Eigenheiten – sprich: Abweichungen vom Durchschnittsgesicht – verstärken, werden schneller erkannt als solche mit den Proportionen des Originals. Sie werden auch als treffender oder ähnlicher empfunden. Karikierende Fotos – die dank digitaler Bildbearbeitungssoftware, die Abweichungen vom Durchschnittsgesicht ermittelt und nach Belieben verstärkt, leicht herstellbar sind – werden ebenfalls schneller erkannt. Allerdings scheinen sie, anders als bei den Cartoons, der Person nicht ähnlicher zu sein als die Originalfotos (Perret et al., 1995).

Dauerhafte Züge und Mimik. Die Konfiguration eines individuellen Gesichts begegnet den Mitmenschen oft in verzerrter Form: Beim Sprechen, Essen und bei Emotionen verformen sich Gesichter. – Muss man, um individuelle Züge zu erkennen, von diesen Bewegungen abstrahieren? Nach dem neurokognitiven Konzept von Haxby und Kollegen (2000) werden überdauernde Strukturen und (die für die Interaktion relevante) Mimik in verschiedenen Modulen analysiert. Für die dauerhaften Strukturen sei das Was-System zuständig, insbesondere die *fusiforme* Windung, für die Mimik das Wo/Wie-System (genauer: Neurone in der hinteren oberen Furche des Schläfenlappens, einem Bereich, der an den Scheitellappen grenzt). Allerdings gelingt es offenbar nicht immer, Ausdruck und individuelle Anatomie auseinanderzuhalten. Hochberg (1977) vermutet, dass charakterliche Bewertungen angesichts von Gesichtszügen (*physiognomische Urteile*) teils darauf zurückgehen, dass man (unabhängig von Ausdrucksspuren à la Lachfältchen) dauerhafte Züge als Ausdruck interpretiert (z. B. einen breiten Mund als Lächeln); insbesondere angesichts statischer Bilder. Ein bekanntes Beispiel sind die von Brunswik und Reiter (1937) demonstrierten Anmutungen, die bloße Änderungen der Proportionen in Schemagesichtern hervorrufen [▶ Abb.].

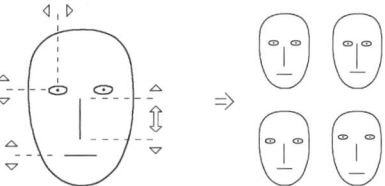

Variable Schemagesichter nach
Brunswik & Reiter, 1937

Karikatur-Effekt und Ausdruck. Ein gewisses Paradox liegt darin, dass Karikaturen die Wahrnehmung von Identitäten erleichtern, während sie zugleich die Vermischung von

Struktur und Ausdruck (z. B. übergroße Augen bei Überraschung oder Angst; überbreiter Mund bei Lächeln oder Grinsen) fördern. Im Anschluss an Hochberg (1977) und Gombrich (1977) kann man spekulieren, ob das Wahrnehmen eines motorischen Elements in statischen Karikaturen nicht gerade der Hebel ist, an dem der Karikatur-Effekt ansetzt. Wenn nämlich übertriebene Züge als Moment einer Ausdrucksbewegung aufgefasst würden – weil sie einen Kurzschluss von dauerhaften Zügen und Ausdruck unterstützen oder Erinnerungen an die tatsächliche Mimik der Person wachrufen –, brächte das eine gewisse Intensivierung der Bildwahrnehmung mit sich. Die Beteiligung von Bewegung bzw. Emotion würde jedenfalls gut zu Geschwindigkeit und Eindringlichkeit der Identifikation von Karikaturen passen. Vielleicht springen Karikaturen deshalb ins Auge, weil sie – so wenig das jeweils gerechtfertigt sein mag – Gesichter affektiv aufladen (▶ Mitbewegungen auslösen).

Individuelle Mimik. Das würde auch zu dem Befund passen, dass beim Identifizieren eines Gesichts das Mienenspiel gar nicht stören muss. Im Gegenteil: Wie das Gehen hat auch die Mimik einen je persönlichen Stil, eine individuelle räumliche und zeitliche Ausprägung. Wenn man z. B. das Lächeln verschiedener Personen nacheinander auf ein animiertes (computergeneriertes) Durchschnittsgesicht überträgt, bleibt der individuelle Ausdruck trotz dieser Gleichschaltung erkennbar (Knappmeyer, 2004). Weiter zeigte sich, dass auch in Hinblick auf das individuelle Mienenspiel eine (digital ins Werk gesetzte) Übertreibung der Stilmerkmale tendenziell die Identifizierbarkeit erleichtert (also ein motorischer *Karikatur-Effekt*).

Kunst, Medien & Werbung ▶ Tiergesichter (als Karikaturen)

Bekanntlich sind auch vage Ähnlichkeiten mit Tiergesichtern Quelle physiognomischer Zuschreibungen bzw. Thema von Karikaturen. Jemandes Züge z. B. als Gesicht einer Kuh zu stilisieren, impliziert ein Urteil über seine geistige Verfassung. Woher aber rührt unsere Vorstellung von der Mentalität des Wiederkäuers? Aus dem Wissen um das aus unserer Perspektive wenig abwechslungsreiche Leben einer Kuh? Gombrich (1977) vermutet, dass vor allem *Einfühlung*, insbesondere irriges Mitfühlen mit dem vermeintlichen Ausdruck der überdauernden Züge, die animalischen Charakterbilder erklärt. Gombrich glaubt, „feststellen zu können, dass sich beim Zoobesuch meine Muskelreaktionen verändern, wenn ich vom Flusspferd-Haus zum Wieselkäfig hinübergehe. Wie dem auch sei, die menschliche Reaktion auf die beständigen Merkmale nichtmenschlicher Physiognomien, die in Märchen und Kinderbüchern, in Folklore und Kunst so unvergleichlich dokumentiert ist, deutet nachdrücklich darauf hin, dass unsere Reaktion auf Tiere eng mit unseren eigenen Körpervorstellungen zusammenhängt" (46).

Kategoriale Wahrnehmung von Gesichtern. Solange Veränderungen in realen Gesichtern vor sich gehen, steht ihre **Identität** außer Frage – selbst bei erheblichen Verzerrungen etwa in Wut oder panischer Angst. Magisches *Morphing*, bei dem – wie als Spezialeffekt in Spielfilmen, Videoclips oder Werbung zu sehen – am Ende ein anderes menschliches oder tierisches Gesicht oder gar ein Objekt ganz anderer Art entsteht, ist ausgesprochen befremdlich: Die Gewissheit der Identität – hier: eines bleibenden Formkernes – wird Lügen gestraft. Bei einer Reihe von Porträtfotos zweier Personen, die schrittweise einander angeglichen werden, ordnet man die mittleren Zwischenglieder dem Gesicht zu, von dem man jeweils ausgegangen ist. Dieses Festhalten trotz Veränderung nennt man *kategorische* bzw. *kategoriale Wahrnehmung*; Gestaltpsychologen sehen hier den *Faktor der objektiven Einstellung* am Werk (man sieht in mehrdeutigen Bildern, worauf man durch den Ausgangspunkt eingestellt ist).

Wahrnehmungsqualitäten ▶ Morphing

Da Frontalansicht und Profil von Personen, mit denen man nicht vertraut ist, nicht so leicht identifizierbar sind, gelang es Isabelle und Heinrich Bülthoff (2003), beim Morphing von der Frontalansicht *einer* Person zum Profil einer *anderen* (nicht allzu unähnlichen) die Identität bis zum Schluss aufrechtzuerhalten, *sofern* die Veränderung in einer Bildsequenz präsentiert wurde. Versuchspersonen, die jemanden auf diese Weise kennenlernen, erscheint das alternativ angebotene Originalprofil fremd. Hier stiftet Abfolge bzw. Bewegung nicht nur aktuell – wie bei der oben erwähnten Variante des ▶ *Tunnel-Effekts* –, sondern überdauernd Identität auch bei Formwechsel.

Lesen ▶ Hochberg, 1977; Knappmeyer, 2004; Logothetis, 2006; Perret et al., 1995; Peterson & Rhodes, 2003; Solso, 2003, Kap. 5; *Kunst- und Kulturgeschichte:* Gombrich, 1977, 1986; Bächthold-Stäubli, 1987, Bd. 1, Stichwort „Auge"; *Verhaltensforschung:* Eibl-Eibesfeldt, 2004; König, 1975; Morris, 1993; Tomasello & Carpenter, 2007

Menschen und Tiere sehen: Ästhetik

„… scheint doch auch der Hund dem Hund das herrlichste Geschöpf zu sein, und das Rind dem Rind, der Esel auch dem Esel und das Schwein dem Schwein." (Epicharmos von Syrakus, zit. nach Richter, 1999, 65)

Beim Anblick anderer Menschen erkennen wir sie nicht nur als Vertreter eines Typus oder als Individuen, sondern bewerten – wenn vielleicht auch nur beiläufig – ihre Erscheinung. Psychologen sind dem affektiven oder ästhetischen Aspekt, insbesondere der Gesichtswahrnehmung, in zahllosen Studien nachgegangen.

Bei diesen Untersuchungen geht es meist um die Beurteilung von Gesichtern oder Körpern auf **unbewegten** (und seltener auch bewegten) **Bildern**. Weil Bilder für den heutigen Menschen selbstverständlich sind, übersieht man leicht, dass diese Situation einen Anblick bietet, der sich sonst nur bei mehr oder weniger direkter Konfrontation mit einem anderen Menschen ergibt

(*Face-to-face-Situation*), also meist eine Interaktion mit dem Betrachter einschließt. Die Urteile angesichts solcher Bildbetrachtung machen nur bedingt vorhersagbar, wie man die Erscheinung eines Menschen erlebt, der den Blick erwidert, dessen Gesicht und Körper sich zum Betrachter als Gegenüber verhält. – Fotos von Menschen aus dem privaten Umfeld taxiert man danach, ob sie für erinnerte Muster von Interaktionen charakteristisch sind. Beim Betrachten von Fotos von Politikern, Schauspielern etc. klingt immerhin noch deren Gebaren in (echten oder gespielten) Lebenssituationen an, die man im Fernsehen oder Kino verfolgt hat. Fotos von Unbekannten sind bei ausdruckslosem Gesicht oder Körper eigentümlich nichtssagend – es sei denn, Spuren von Ausdrucksbewegungen oder die Fehlinterpretation anatomischer Gegebenheiten als Mimik sorgen indirekt für Bewegung.

Die heutige Attraktivitätsforschung bestätigt weitgehend eine These, die Kant in seiner *Kritik der Urteilskraft* formuliert hatte: **Mittelmaß ist schön.** Kant leitete das daraus ab, dass eine *Normalidee* von Gesicht und Körper durch die unwillkürliche mentale Überlagerung aller wahrgenommenen und gespeicherten individuellen Gesichter und Körper entstehe. Er hielt es für möglich, ein entsprechendes äußeres Bild auch „mechanisch" herzustellen. Was Gesichter angeht, ist das seither vielfach realisiert worden. Man kopierte zunächst Fotos übereinander. Auf dieses Verfahren war Darwins Vetter Galton schon im 19. Jh. auf der Suche nach dem „Verbrechergesicht" verfallen. Inzwischen bedient man sich digitaler Mittelungsverfahren. Lässt man Durchschnittsbilder beurteilen, stellt sich regelmäßig der Befund ein, dass sie desto attraktiver sind, je mehr Bilder zugrunde liegen (und – wenig verwunderlich – je attraktiver bereits die verwendeten Einzelbilder wirken). – Die Schönheit des Mittelmaßes hielt Kant indessen nicht für das letzte Wort in Sachen Ästhetik der menschlichen Gestalt: „Das Mittelmaß scheint das Grundmaß und die Basis der Schönheit, aber noch lange nicht die Schönheit selbst zu sein, weil zu dieser etwas Charakteristisches erfordert wird." (Kant, 1983, 249) Und auch nach den Ergebnissen der Attraktivitätsforschung kann die Anziehungskraft von Durchschnittbildern von besonders schönen individuellen Gesichtern übertroffen werden und auch durch gewisse experimentelle Manipulationen der „gemittelten" Bilder (siehe unten).

Wie erklärt man sich den **Durchschnitts- oder Prototypen-Effekt?** – Da ist einmal die These, **Wahrnehmen** werde hier durch vorherige Erfahrung, also eine Art Vorwärmen **erleichtert** (*perceptual fluency* durch *priming*): Was man schon einmal gesehen hat, springe leichter ins Auge, und diese Ökonomie sei in sich belohnend; man spricht auch von einem Effekt des bloßen Ausgesetztgewesenseins (*mere exposure*). Dieser Effekt zeigt sich z. B. in der Bewertung individueller Gesichter: Tendenziell schneiden Bilder, die man Versuchspersonen bereits zuvor (unter irgendeinem Vorwand) gezeigt hatte, besser ab als neue. Die Attraktivität von Durchschnittsgesichtern scheint indessen unabhängig von der vorgängigen Begegnung mit den zugrundeliegenden Individualgesichtern zu sein (Rhodes et al., 2005b). Es lässt sich allenfalls argumentieren, dass ein Durchschnittsgesicht allemal eine Art Wiederbegegnung mit Gesichtern des jeweiligen Typus sei. Tatsächlich geht die Gefälligkeit dieser Bilder mit einem Gefühl der **Vertrautheit** einher. Vertrautheit macht nachweislich nicht nur menschliche Gesichter gefälliger, sondern auch **unbelebte Objekte** wie Uhren oder Automobile (Halberstadt & Rohdes, 2003) und auch **Kunstwerke**, deren Stilmerkmale man einzuordnen vermag [▶ Kap. 10].

Zum anderen erklärt man die positive Wirkung des Mittelmaßes damit, dass eine normale Erscheinung für **Gesundheit** und **gute Gene** spreche, eine entsprechende **Partnerwahl** also erfolgreiche Fortpflanzung wahrscheinlich mache. Bei der Mittelung der Bilder verschwinden ja eventuelle Unregelmäßigkeiten in Teint und Form, die entsprechende Zweifel erwecken könnten. Da Unregelmäßigkeiten mit zunehmendem Alter im individuellen Gesicht zunehmen, sorgt die Durchschnittsbildung gegebenenfalls auch für eine gewisse **Verjüngung**. Zur Steigerung der Regelmäßigkeit gehört erhöhte **Symmetrie**. Die positive Wirkung von Symmetrie, die sich auch bei attraktiven Individualgesichtern geltend macht, wird darauf zurückgeführt, dass sie als Anzeichen der Parasitenresistenz fungiere (weil sie für einen stark gemischten Genpool spreche, der die Voraussetzung für Letztere bilde). – Allerdings wird ▶ Symmetrie generell als angenehm empfunden. Sie kennzeichnet die Gestalt von **Lebewesen**. Auf die das visuelle Wahrnehmen offenbar eingestellt ist. Symmetrische Objekte gefallen demnach, weil sie wie ein Schlüssel in das Schloss eines vorgegebenen Suchschemas passen (ähnlich wie man das bei der Erklärung angenehmer Vertrautheit durch Vorerfahrung unterstellt; hier allerdings im Sinne einer angeborenen Bahnung).

Die ästhetische Wirkung von **Vertrautheit** durch Vorerfahrung oder von angeborener Aufgeschlossenheit für **symmetrische Formen** ist indessen **begrenzt**. Allzu vertraute Gesichter sind – wie gängige Gebrauchs- oder Kunstgegenstände – tendenziell **uninteressant**. Und so wie völlig symmetrische Formen bei aller Eingängigkeit tendenziell **langweilig** wirken, so fehlt auch Durchschnittsgesichtern das „gewisse Etwas" markanter Schönheit. Sie sind weder auffallend noch einprägsam.

Kosmetik, Haar- und **Brillendesign** versuchen sich wie die **Mode** insgesamt – grundsätzlich gesehen – in dem Kunststück, *zugleich* den Eindruck von Vertrautheit bzw. Ebenmaß wie den von Eigenheit zu fördern. Auch jenseits der menschlichen Gestalt bemüht man sich im **Design** darum, **eingängige** und zugleich interessante, in Maßen **neue** Dinge zu entwerfen („most advanced, yet acceptable"; vgl. Hekkert, Snelders & Wieringen, 2003). **Kunst**, zumal gegenwärtige, spielt gar mit **Rätselhaftigkeit**, die indessen als solche auf ‚Kenner' durchaus **vertraut wirken** kann.

Was *das Charakteristische* sei, dessen in seinen Augen „die Schönheit selbst" bedürfe, benennt Kant in seiner Vorlesung zur *Anthropologie in pragmatischer Hinsicht* exemplarisch als Ausdruck von **„Gutmütigkeit und Frohsinn"**, welcher auch ein entstelltes Gesicht sympathisch machen könnte, weshalb es „keineswegs hässlich genannt werden darf". In der *Kritik der Urteilskraft* hatte er von der *Normalidee des Schönen* dessen *Ide-*

al unterschieden, das „in dem **Ausdrucke des Sittlichen**" bestehe. Schon Edmund Burke hatte zuvor in *Vom Erhabenen und Schönen* postuliert, um „vollendete menschliche Schönheit" zu bilden, bedürfe ein Gesicht nicht nur der „Sanftheit, Glätte und Zartheit der äußeren Form", sondern müsse **„vornehme und liebenswürdige Qualitäten ausdrücken"** (1953, 158). Auch in dieser Hinsicht wird die philosophische Ästhetik durch die zeitgenössische Forschung gestützt: Schönheit von Gesichtern bedarf offenbar eines **sozialen** Moments.

Die soziale Komponente der Gesichtschönheit kommt unmittelbar in dem schlichten Befund zum Ausdruck, dass **Lächeln** Gesichter attraktiver macht. Indirekt – im Sinne der besprochenen **Ausdrucksdeutung von Karikaturen** – könnten die anatomisch gegebenen überdurchschnittlich breiten Münder, die man bei Illustriertenschönheiten oder manchen Filmschauspielerinnen findet, in Richtung Lächeln und damit der Attraktion einer sozialen Haltung weisen (Grammer, 1995); nennen wir das den *Julia-Roberts-Effekt*.

Bestimmte **experimentelle Veränderungen an Durchschnittsbildern** führen zu noch positiveren Bewertungen. So gewinnt ein weibliches Durchschnittsgesicht durch künstliche **Betonung der Wangenknochen** (wie es heißt, als Zeichen dafür, dass man es nicht mit einem Kind zu tun hat; evtl. aber auch als ▶ *Smily-Effekt* wie im Lächeln der Mona Lisa; siehe unten), durch **Vergrößerung der Augen, Verkleinerung der Kinnpartie** und **Verkürzung der unteren Gesichtshälfte** (Perrett, May & Yoshikawa, 1994). Diese Manipulationen könnten wirkungsvoll sein, weil sie einen **sozialen Ausdruck fingieren** oder weil sie in anderer Weise das Herz des Betrachters erwärmen:

▐ Die Vergrößerung der Augen könnte für sich genommen mit einem **Ausdruck von Interesse** und **Offenheit** oder dem *Augengruß* in Verbindung gebracht werden (Grammer, 1995). Bekanntlich sind Hervorhebung (scheinbare Vergrößerung) der Augen und zeichnerisches Hochziehen der Augenbrauen verbreitete kosmetische Maßnahmen. Große Augen sorgen außerdem für mehr ▶ Glanz.

▐ Zusammen mit den anderen Manipulationen – ausgenommen vielleicht dem Hervorheben der Wangenknochen – ergibt die Augenvergrößerung eine Veränderung, die an das allseits bekannte ▶ **Kindchenschema** erinnert, das bekanntlich **fürsorgliche Zuwendung** evoziert (in der Sprache der Humanbiologie: als *angeborener auslösender Mechanismus*, *AAM*, für soziales Verhalten fungiert). Die weiblichen „Superschönheiten" würden demnach ein Zeichen von erwachsener Weiblichkeit (ausgeprägte Wangenknochen, die eventuell aber auch wegen des Smily-Effekts gefallen) und den Audruck von Kindlichkeit, der (als gewissermaßen passive *Sittlichkeit*) soziales Verhalten provoziert, in sich vereinen.

Männliche Gesichter sind für viele Frauen attraktiv, wenn sie ein **ausgeprägtes Kinn** zeigen. Das führt man darauf zurück, dass so ein Gesicht einen hohen Testosteronspiegel signalisiere. Nach der *Handicap-Theorie* ist das attraktiv, weil solch ein Hormonspiegel eigentlich schlecht für das Immunsystem ist und es deshalb auf eine robuste Gesundheit deute, wenn man mit so einem Kinn (und anderen ausgeprägten sekundären männlichen Geschlechtsmerkmalen) überlebt. Nach dem Motto, dass man schon sehr fit sein müsse, um sich diesen Testosteronspiegel leisten zu können (wie der **Pfau** den Luxus seines sperrigen Federkleides). Die Erfinder der Handicap-Theorie sehen in ausgeprägtem Bartwuchs insofern ein zusätzliches Hindernis, als „ein Bart einen Mann bei einem Kampf verletzlich machen kann" (man kann ihn am Bart packen): „Wenn ein Mann sich einen Bart wachsen lässt, zeigt er damit also sein Selbstvertrauen" (Zahavie & Zahavie, 1998, 358).

Macht man allerdings männliche Durchschnittsgesichter **„supermännlich"**, indem man die Differenzen zu weiblichen Durchschnittsgesichtern überspitzt, **verlieren** sie an Anziehungskraft, während nach der nämlichen Logik produzierte „superweibliche" Gesichter besser ankommen als das weibliche Durchschnittsgesicht. Bemerkenswerterweise gewann bei diesen Experimenten auch das männliche Durchschnittsgesicht durch Verweiblichung (Rhodes, Hickford & Jeffery, 2000). Obwohl also Zeichen einer normalen Männlichkeit bei der Partnerwahl eine gewisse Rolle spielen, mindert sich tendenziell die Anziehungskraft durch entsprechende Zuspitzung (das gilt offenbar auch für den Körper, also die Ausbildung der Muskulatur). Die Steigerung der Attraktivität durchschnittlicher Männergesichter durch künstliche Verweiblichung könnte damit zusammenhängen, dass das typische männliche Gesicht **weniger schön** (und damit auch weniger freundlich und sozial) **denn dominant** erscheint; in der klassischen Polarität von Schönheit und Erhabenheit ausgedrückt, wären besonders männliche Züge eher „erhaben" (sprich: **schreckerregend**) als schön. Vielleicht lautet die Devise der weiblichen Partnerwahl: Männer sollen *in Maßen machtvoll* wirken. Für den dominanten Eindruck sorgen markiges Kinn, Bartwuchs und andere Testosteronfolgen – wie das Pfauenrad nicht minder – wahrscheinlich auch unabhängig vom theoretischen Überschlag rückwärts, den die Handicap-Theorie für nötig erachtet.

Männer und Frauen unterscheiden sich auch hinsichtlich **Mimik** und **Kopfbewegung**: Kopf und Gesicht von **Frauen** sind **bewegter** als die von Männern (überträgt man Kopfbewegungen und Mimik von Männern und Frauen auf ein animiertes neutrales Modell, werden die Geschlechter immer noch überzufällig häufig identifiziert; Morrison et al., 2007). Sequenzen von Mimik und Kopfbewegungen, die trotz der Übertragung auf ein neutrales Kopfmodell besonders eindeutig als weiblich identifiziert werden, zeichnen sich durch große Lebhaftigkeit aus. Der betont weibliche Stil ist zugleich besonders attraktiv. Umgekehrt wirkt gut erkennbare – also spärliche – männliche Mimik und Kopfbewegung nicht besonders anziehend. Wenn man bedenkt, dass die Wahrnehmung von Bewegung (zumindest) innere **Mitbewegung** provoziert, wird deutlich: Auch die **Anziehungskraft lebendiger weiblicher Mimik und Kopfbewegung** impliziert eine **soziale Komponente der Schönheit**. Andeutungen solcher Bewegungen (▶ *fruchtbare Momente*) können auch statische Bilder vermitteln. Deufelhard

(2008) hat das unlängst am Beispiel von Botticellis „Geburt der Venus" hervorgehoben und darauf aufmerksam gemacht, dass Bartwuchs umgekehrt die Mimik maskiert und so ein distanziertes Erscheinungsbild des männlichen Gesichts unterstützt.

Kant hatte die Normalidee auf den Typus der vertrauten Gesichter bezogen und postuliert, dass deshalb „ein Neger notwendig (…) eine andere Normalidee der Schönheit der Gestalt haben muß, als ein Weißer, ein Chinese eine andere als der Europäer" (1924, 76). Diesem Postulat widerspricht allerdings eine Erfahrung, die man *Naomi-Campbell-Effekt* nennen könnte: die – auch in formellen Studien nachgewiesene – Attraktivität von individuellen Mischlingsgesichtern. Auch artifiziell hergestellte Mischlingsgesichter sind besonders attraktiv. Gehen in Durchschnittsbilder etwa Fotos von Kaukasiern (wie man Europäer und ihre nordamerikanischen Nachfahren nennt) und Asiaten ein, erscheinen diese gemischten Durchschnittsbilder kaukasischen und asiatischen Beurteilern attraktiver als diejenigen vom jeweils eigenen Gesichtstypus (Rhodes et al., 2005a). – Vielleicht rührt der besondere Reiz von der Kombination der **Eingängigkeit** des Durchschnitts (Glättung, Symmetrisierung, Vertrautheit) mit der **Auffälligkeit** des Fremden, also daher, dass diese Verbindung **vertraut und neu zugleich** wirkt.

Körpergestalt und Körperbewegung. Universell wirken Zeichen von **Jugendlichkeit** und **Gesundheit** anziehend; das betrifft neben dem Erscheinungsbild von **Haut** und **Haaren** nicht zuletzt dynamische Qualitäten, also **Haltung** und **Bewegung**. Bei Kleinkindern erscheint Tapsigkeit liebenswert, wirkt gewissermaßen als *motorisches Kindchenschema*. Im Erwachsenenalter wird jenseits geschlechtspezifischer Akzente (siehe unten) ein Minimum an Spannkraft, Zielsicherheit und Flüssigkeit vorausgesetzt. Abweichungen wirken abstoßend, bedrohlich (wahrscheinlich, weil sie den potentiellen Verlust der eigenen Gesundheit bzw. Normalität vor Augen führen) oder auch mitleiderregend. Das schlägt sich in der bekannten Schwierigkeit nieder, körperlich Behinderten gelassen zu begegnen. Solche universellen Phänomene schließen kulturelle Differenzen in der Ästhetik von Gang und Haltung nicht aus (etwa die Wertschätzung eines würdevollen Alterstils in asiatischen Gesellschaften; Montepare & Zebrowitz-McArthur, 1988). Jugendlichkeit von Körper und Gesicht spielt allerdings in der männlichen Partnerwahl eine größere Rolle als in der weiblichen; für Frauen versprechen Zeichen der Reife eher eine gesicherte Versorgung des Nachwuchses.

Eine Reihe von **geschlechtstypischen Merkmalen** dürfte universell bei der Partnerwahl eine Rolle spielen (ohne diese freilich völlig zu determinieren – sonst wären mehr Menschen ohne Partner):

▪ Männer sollten in den Augen der meisten Frauen eine gewisse Minimalgröße der Statur aufweisen sowie eine (in Maßen) sichtbare Ausprägung der Muskulatur; erwähnenswert ist, dass viele Frauen sich von ausgesprochenen Muskelmännern distanzieren, aber einen „knackigen Po" schätzen: Der *gluteus maximus* ist der größte Muskel und *das* Indiz für (nicht zwischenmenschlich bedrohliche, aber etwa jagdtaugliche) Fortbewegungskraft; weiterhin scheinen eine relativ geringe Differenz von Hüft- und Taillenbreite sowie relativ breite Schultern (T-Figur) Männer anziehend zu machen.

▌ Männer fühlen sich in der Regel nicht zu Frauen hingezogen, die eine relativ zu ihnen überragende Statur ausweisen; attraktiv ist bei Frauen ein gewisses Minimum von (rundendem) Fettgewebe an Brust und Hinterteil, das Geschlechtsreife signalisiert; dazu eine im Verhältnis zur Hüfte schmale Taille (Sanduhr-Figur)

▌ unterschiedliche Bewegungsstile; exemplarisch sei die eher schwere und raumgreifende (schulterbetonte) männliche Gehweise gegenüber der eher eng geführten, geschmeidigeren (hüftbetonten) weiblichen erwähnt (eine Differenz, die von feministischer Seite als Zeichen der Unterdrückung betrachtet wird).

Ob **Schlankheit** oder **Üppigkeit** gefallen, scheint bei beiden Geschlechtern von der **historisch** gegebenen Versorgung mit Lebensmitteln abzuhängen. **Bekleidung** kann bekanntlich (geschlechtstypische) Körperformen verdecken oder betonen (wie z. B. Reifrock oder Schulterpolster). Weiter trägt sie zusammen mit **Schuhen** zur Akzentuierung oder Nivellierung von Bewegungsstilen bei (z. B. Cowboystiefel, Stöckelschuhe, Sneaker).

Lesen ▶ Bates & Cleese, 2001; Deufelhard, 2008; Grammer, 1995; Hassebrauck & Niketta, 1993; Heij, 1996; Kersten, 2005; Naumann, 2006; Richter, 1999

Gesichter und Körper der Dinge

Jenseits möglicher Anklänge von Automobilen, Häusern etc. an Gesichter spricht man auch dann vom „Gesicht" einer Sache (wie einer Schreibmaschine oder einem Sessel), wenn man sich auf ihre Vorderseite oder charakteristische Ansicht bezieht. Diese sind oft auf potentielle Aktionen (schreiben, sich setzen) bezogen und **dem Akteur zugewandt**. Fahrzeuge zeigen mehrere „Gesichter", also Typen charakteristischer Ansichten: Fronten, weil sie **selbst Akteure** sind bzw. Akteuren ein temporäres Gesicht geben; die Flanken, die Eintritt bzw. Aufstieg ermöglichen, und schließlich Perspektiven, die sich den Insassen bieten (Steuer, Armaturen, Frontfenster oder -rahmen); handliche Gegenstände, also Werkzeuge im engeren Sinn, werden sofort erkannt, wenn sie Griff und Wirkseite erkennen lassen. Fällt der Blick schräg von vorn auf die Dinge (Halbprofil oder 3/4-Ansicht), erschließt sich meist auch der zum Gesicht gehörige Körper von Hammer, Schreibmaschine, Sessel, Fahrrad, Automobil etc. weitgehend.

In der Forschung zur Objektwahrnehmung bezeichnet man Ansichten, die ein Objekt optimal erkennen lassen, als **kanonische Ansichten**. Der Befund, dass so dargebotene Dinge besser (schneller) erkennbar sind als etwa in Aufsicht oder Untersicht präsentierte, hat Theorien fragwürdig gemacht, die (wie die ▶ *komputationale Theorie* oder die Theorie der ▶ *Geone*) das Wahrnehmen als handlungsunabhängige, computeranaloge Konstruktion von mentalen 3D-Modellen erklären (Bülthoff & Ruppertsberg, 2006). Die bessere Erkennbarkeit kanonischer Ansichten könnte damit zusammenhängen, dass der Anblick in diesem Fall Handlungen simuliert (▶ *kanonische Neurone*).

Praktisch stellt sich das Problem des Erkennens von Objekten in nichtkanonischer Ansicht bei der Durchleuchtung von **Gepäckstücken** (Schwaninger, 2005). Manchen Geräten des heutigen Alltags fehlt ein Gesicht, auch wenn man sie in kanonischer Ansicht präsentiert, weil ihre Funktionen (Aktionen, die sie vermitteln) im **universellen Erscheinungsbild** von Gehäuse bzw. Druckknöpfen verborgen bleiben. Wahrnehmbarkeit als Moment der Brauchbarkeit (*Usability*) verlagert sich hier auf das Display (*Ikons*), also (cartoonartige kanonische) Repräsentationen, die Aktionen evozieren (etwa schematische Darstellungen von Telefonen in früherer Gestalt; Schönhammer, 2004c).

Manchmal wird behauptet, charakteristisch für **künstlerische Darstellungen** sei das Abweichen von kanonischen Ansichten (nur so könne sie lehren, „Dinge neu zu sehen"; Zaidel, 2005). Das ist diskutierbar [▶ Kap. 10]. Ohne Zweifel können ungewöhnliche Perspektiven, etwa die Auf- und Untersichten in den Fotos des Bauhauslehrers Moholy-Nagy, den Betrachter zu verlängertem Hinschauen zwingen oder den Reiz einer Enträtselung mit sich bringen.

Wertschätzung von Gegenständen. Dass Gegenstände weithin auf Handeln bezogen sind, schließt ein, dass sie für gesteigerte Handlungsmöglichkeiten des eigenen Körpers stehen können. Befragungen bestätigen Alltagsbeobachtungen, nach denen typischerweise Männer Dinge unter diesem Gesichtspunkt taxieren, während Frauen demgegenüber in den Dingen eher die sozialen Beziehungen sehen, die jene vermitteln, oder die Objekte selbst als (beseeltes) Gegenüber wahrnehmen (Csikszentmihalyi & Rochberg-Halton, 1989). Diese Geschlechterdifferenz schlägt sich in abweichenden Ding-Ranglisten von Männern und Frauen nieder, aber auch darin, dass ein und dieselbe Objektgattung von beiden Geschlechtern aus unterschiedlichen Gründen geschätzt wird; Letzteres spiegelt sich etwa in den unterschiedlichen Argumenten und bildlichen Inszenierungsstereotypien der an Männer und Frauen gerichteten Automobilwerbungen (Schönhammer; 1999a).

Lesen ▶ Hoffmann, 1993; Reed, Stone & McGlodrick, 2006; Schönhammer, 1999b

Wahrnehmungsqualitäten ▶ Kubismus

Manche Darstellungsweisen von Menschen, Tieren und Sachen geben mehr wieder, als man in der Realität auf einmal sehen kann. Bedeutet dies eine Erleichterung der Wahrnehmung? Werden z. B. kubistische Bilder geschätzt, weil sie Information verdichten? Manche Psychologen und Neurowissenschaftler vermuten das. So argumentiert Ramachandran (2005) mit einer Potenzierung der Erregung durch gleichzeitige Aktivierung von Neuronen, die auf Profil- bzw. Frontalansicht eines Gesichts ansprechen. Solso (2003) glaubt, kubistische Bilder kämen der Funktionsweise des Gedächtnisses entgegen. Vergegenwärtigt man sich indessen mit Arnheim (1978) oder Martindale (1999), wie irritierend solche Bilder auf *unbefangene* Betrachter wirken können, spricht das eher dafür, dass sie das Wahrnehmen durch Entstellung bzw. Verrätselung erschweren. Was (in den Augen mancher Betrachter) seinen eigenen Reiz haben mag, der kubistischen Künstlern vermutlich bewusst vor Augen stand (die Anklänge an die ‚Kunst der Verrückten' sind offenbar nicht unbeabsichtigt; Thévoz, 1997). – Es scheint, als ob Wahrnehmungsforscher angesichts der Aussicht, große Kunst zur Galionsfigur für einen Lieblingsgedanken machen zu können, zu Kurzschlüssen neigen.

Anders als beim Kubismus liegt der Fall übrigens, wie ebenfalls Arnheim festhielt, bei der „ägyptischen Methode" (Gesicht im Profil, aber das Auge in Frontalansicht; Oberkörper frontal, Beine im Profil). Diese Figuren wirken auf uns gezwungen, aber nicht entstellt (die unrealistische Einbettung des Frontalauges ins Profilgesicht wird tendenziell gar nicht bemerkt). Hier scheint die Kombination von Profil- und Frontalansicht tatsächlich die besonders eingängige Sicht des Halbprofils vorwegzunehmen.

Blick in die Szenerie

Die visuelle Wahrnehmung der Umgebung dient – im Verbund mit Hören und Riechen [▶ Kap. 5, 8] und eingebunden in die Körperwahrnehmung [▶ Kap. 1–4] – dazu, auf Distanz Ressourcen, Wege und Aufenthaltsbedingungen zu erkennen bzw. zu bewerten.

Ressourcen. Vegetation als Quelle von Früchten, Aufenthaltsort anderer Tiere und Indiz für Wasser wird an Farbe und auch Texturen, Glanz sowie teils statischer Beweglichkeit (z. B. Glitzern, Flirren) erkannt (Tiere als Nahrungsquelle – Beute oder Aas – an Bewegung oder Spuren, sei es der Opfer, sei es anderer Interessenten; verendete Tiere konnten unsere Vorfahren u. a. dank kreisender Geier orten). Auf diese grundlegenden Ressourcen (Flora und Fauna) ist das menschliche Wahrnehmen offenbar auch insofern eingestellt, als ihr Anblick erfreut. Die ästhetische Dimension gegenständlicher Naturwahrnehmung zeigt sich an **Paradiesvorstellungen**, der Tradition, Landschaften und **Gärten** auch aus rein ästhetischen Gründen zu kultivieren, **floralen Ornamenten** in der Baukunst und auch der verbreiteten Darstellung **fruchtbarer Landschaften in Bildern** (wobei neben dem Vorhandensein von Ressourcen Aspekte ihrer Zugänglichkeit eine Rolle spielen; siehe unten).

Aufenthaltsorte. Als relativ sicher haben sich in der menschlichen (Vor-)Geschichte Orte erwiesen, die durch **Höhe** nicht leicht zugänglich sind, durch feste **Barrieren** den Rücken freihalten und/oder **Sichtschutz** bei gleichzeitigem **Überblick** bieten (Bäume,

Nischen im Fels). Orte und natürlich auch Wege, die es erlauben **zu sehen, ohne gesehen zu werden**, bergen einen Überlebensvorteil. Auch heutige Menschen schätzen Szenerien auf die beiden Pole der Sichtbarkeit hin ein. Nach der *Prospect-Refuge-Theorie* (Appleton, 1975) erklärt sich so die affektive bzw. ästhetische Bewertung von landschaftlichen Situationen und die Wahl von landschaftlichen Bildmotiven.

Kulturgeschichte ▶ Fernblick

In *Die Kultur der Renaissance* datierte Jacob Burckhardt (1976) die Geburt des Wohlgefallens am Fernblick (von Bergeshöhe) auf die Erlebnisse, die der Dichter Petrarca von seiner Besteigung des Mont Ventoux berichtet. Auf dieser Basis wurde dann durch Joachim Ritter (1974) die Theorie formuliert, **Landschaftsästhetik** sei eine Folge der in der Renaissance rapide zunehmenden Naturbeherrschung. **Distanz von der Natur** und ihre **sehnsüchtige Betrachtung** seien zwei Seiten der selben Medaille. Gegen diese Theorie lassen sich eine Reihe widersprechender historischer Fakten anführen. So geißelt Augustinus, den Burckhardt als Zeugen dafür anführt, dass Menschen der Antike die Wertschätzung von Fernblicken fremd war, in seinen *Confessiones* gerade die Faszination seiner Zeitgenossen für solche Anblicke (denen gegenüber er Innerlichkeit des christlichen Glaubens anmahnt). Dass die mittelalterliche Malerei kaum Landschaften oder Aussichten darstellt, hat also wahrscheinlich **eher mit Darstellungskonventionen** unter dem Diktat des Christentums **als mit fehlender Wertschätzung der Zeitgenossen für Fernblicke** zu tun. Der Fall *Fernblick* belegt exemplarisch, dass Schlüsse von Bildsujets auf spezifische historische Wahrnehmungsstile potentiell zu kurz greifen (Schönhammer, 2000).

Wege. Begrenztheit der Ressourcen macht das Auskundschaften von unbekannten Szenerien nötig. Neben Ansichten, die Überblick (Orientierung) gewähren, sind deshalb solche Szenen (und entsprechende Bilder) interessant, die auf die Möglichkeit von Aussichten hinweisen. Sie sind spannend, weil sie sozusagen **Sichtbarkeit versprechen**. Das tut etwa der **Blick in einen abgebogenen Weg**. Die ästhetische Qualität dieser Situation, deren Reiz schon vom Renaissancebaumeister Alberti beschrieben wurde, charakterisiert die angelsächsische Umweltpsychologie mit dem Attribut *mystery*.

Wie sicher der **Boden** unter den Füßen sein wird, ergibt sich aus **Texturen** (als Anzeichen der stofflichen Qualität) und **Kanten** (als Indizien von Abgründen). Die bekannten Experimente mit ▶ *visuellen Kliffs* demonstrieren, dass das Vermeiden von visuell erkennbaren Abgründen angeboren ist (E. J. Gibson, 1969; Fischer, 1995). Das ebenfalls angeborene Zurückschrecken vor plötzlich sich vergrößernden Objekten im Gesichtsfeld (▶ *looming*) kann auch vor **Kollisionen** bei eigener schneller Bewegung bewahren.

Im Laufe des Bewegungslernens eignen sich Menschen die Fähigkeit an, **Steigungen** und **Stufen** visuell auf die eigenen Bewegungsmöglichkeiten zu beziehen. Sehen ist außerdem derart auf die eigene Bewegung in der Umgebung eingestellt, dass man bei Annäherung an **Engpässe** relativ früh abschätzen kann, ob sie passierbar sind und wie stark und frühzeitig z. B. die Schulter gedreht werden muss, um nicht anzuecken (solche Einschätzungen werden auch dem *kategorialen Wahrnehmen* zugerechnet; Guski, 1996). Die Erweiterung des Bewegungsapparates durch Fahrzeuge ergänzt die entsprechenden Register des Sehens (z. B. angesichts einer Parklücke).

Orientierung. Deutliche (insbesondere weithin sichtbare) Eigenheiten einer Umgebung erlauben es festzustellen, wo man ist, und verschiedene Regionen miteinander in Beziehung zu setzen. Beim Blick in die Umgebung registriert man deshalb regelmäßig markante Punkte (*Landmarken*) im Verhältnis zu Wegen. So bekommen Szenerien eine Art individuelles Gesicht (in gesichtslosen Landschaften – Meer, Wüste – helfen die Gestirne aus). Szenerien, die markante Eigenheiten zeigen, erfreuen, monotone oder stereotype Situationen (von der Wüste bis zu modernen Siedlungen) dagegen machen tendenziell Angst [▶ Kap. 4].

Details einer Umgebung erschließen sich besser (werden besser wiedererkannt), wenn man sie im Zuge der eigenen Bewegung wahrnimmt. So können Versuchspersonen unbekannte Ansichten einer Szenerie besser einordnen, wenn sie sich mit Hilfe *virtueller Realität* aktiv durch sie bewegt hatten, statt nur mit einem Film oder Fotos konfrontiert worden zu sein (Bülthoff & Bülthoff, 2003). Die *intentionsabhängige Abfolge* von Ansichten konstituiert also *trotz* der tendenziellen Desorientierung wegen der Störung des Zusammenklangs von vestibulären, propriozeptiven und visuellen Reizen in herkömmlichen Installationen virtueller Realität [▶ Kap. 4] eher eine *Merkwelt* als von durchlaufenen Wegen völlig unabhängige Bilder.

Entfernung. Die eigene Fortbewegung (Orientierung) macht, ebenso wie die bereits angesprochene Bewegung anderer Akteure, die Einschätzung von Entfernungen notwendig. Hinweise auf Abstände enthalten:

- die Abweichung der Netzhautbilder beim Sehen mit beiden Augen (*binokulare Parallaxe* oder *Disparität*)
- die Verschiebung von Objekten vor dem Hintergrund bei eigener Bewegung (*Bewegungsparallaxe*)
- die Muskelbewegung beim Scharfstellen der Linse (*Akkomodation*)
- die Ausrichtung der Augen (*Konvergenz*)
- (vom Blickpunkt abhängige) Verdeckungen
- die Höhe im Gesichtsfeld (Nähe zum Horizont)
- das Wissen um die Größe von Gegenständen
- die scheinbar dichter werdende Staffelung von Oberflächenstrukturen mit der Entfernung (*Texturgradient*)
- die Linearperspektive (Konvergenz von Parallelen in der Fluchtlinie)
- die Luftperspektive (Objekte, die nicht selbst leuchten, erscheinen bei größerer Entfernung bläulich, weil sich vermehrt das diffuse blaue Strahlen der Atmosphäre zwi-

schen sie und den Betrachter schiebt; Lichter erscheinen mit zunehmender Entfernung eher rötlich, weil größere Anteile des kurzwelligen Lichts, das sie ausstrahlen, in die Atmosphäre diffundieren)

Die ersten vier Kriterien und auch die Veränderung von Verdeckung mit dem Blickpunkt **entfallen bei statischen Bildern** (Stereobilder beziehen die binokulare Parallaxe mit ein, bewegte Bilder die Bewegungsparallaxe und die Veränderung von Verdeckungen). In Bildern lassen sich groteske Widersprüche von Entfernungshinweisen inszenieren.

Wahrnehmungsqualitäten ▶ Scheinbare Entfernung und Größe

Die *Ponzo-Täuschung* [▶ Abb.] verdankt sich offensichtlich der Verbindung der Tiefenhinweise „Höhe im Gesichtsfeld" und „Linearperspektive" – demonstriert also lediglich, dass Größe in Relation zur wahrgenomenen Entfernung gesehen wird. Ob die ▶ *Müller-Lyer-Täuschung* so zu erklären ist – Gregory (2001) deutet die Pfeile als Zeichen einer vor- bzw. zurückspringenden Ecke –, ist fraglich. Schließlich funktioniert diese Täuschung auch bei anderem Aussehen der Endstücke und auch haptisch bei Geburtsblinden, die mit perspektivischen Darstellungen nicht vertraut sind [▶ Kap. 3].

Der berühmte dreidimensionale Raum von *Ames* [▶ Abb.], der dank eines festgelegten Blickpunktes die perspektivisch verzeichnete, zurückweichende Rückwand frontparallel erscheinen lässt, spielt die (täuschende) Perspektive gegen die Hinweise aus Scharfstellung (Akkomodation), veränderten Konvergenzwinkel der Blickachsen und die Gewissheit aus, dass veränderte Größe des Netzhautbildes bei Objekten und Personen auf Entfernung statt auf Wachsen oder Schrumpfen beruht (meist erfolgreich; wenn man besonders nahe stehende Personen bei Bewegungen in diesem Raum beobachtet, ist tendenziell die Größenkonstanz hartnäckiger).

Guckloch

Größenkonstanz. Dass bekannte Objekte oder Akteure bei verändertem Sehwinkel bis zu einer nicht zu großen Entfernung nicht als kleiner (wie die sprichwörtlichen Menschen-Ameisen und Spielzeugautos beim Blick von Hochhäusern), sondern als entfernter erscheinen, verdankt sich wahrscheinlich nicht zuletzt der Erfahrung, dass Bewegung – eigene oder des Objektes – die scheinbaren Änderungen der Größe reversibel macht.

Formkonstanz. Die meisten Objekte zeigen in unterschiedlichen Ansichten verschiedene Oberflächen bzw. Umrisse. Dennoch scheinen sie während des Wechsels der Ansicht in aller Regel nicht aus der Form zu gehen: Man sieht eher Bewegung (eigene oder des Objektes) als Gestaltwandel (Metamorphosen). Dass die Veränderungen der Ansicht von Objekten durch Bewegung reversibel sind, ist eine Erfahrung und vielleicht eine angeborene Erwartung. Diese Gewissheit geht mit Erfahrungen/Erwartungen hinsichtlich der (relativen) Festigkeit einher, die Menschen und andere Objekte in handgreiflichen Beziehung zeigen. Das ▶ *Morphing* verletzt die grundlegende Erfahrung der Formkonstanz im Allgemeinen und der begrenzten bzw. temporären Veränderung von Gesichtern und Tierkörpern im Besonderen. Jenseits solcher Trugbilder zeigen – als befremdliche und faszinierende Ausnahmen von der Regel – einfache Lebewesen (wie Amöben oder Quallen) oder Objekte wie Seifenblasen, Pudding oder Lava (und Lavalampen) weitergehenden Gestaltwandel.

Die Umkehrbarkeit von anschaulichen Formänderungen wird gelegentlich als *Invarianz* (im Sinne von Gibson) bezeichnet. Dieser Begriff hat indessen einen weiteren (nebulösen) Bedeutungsumfang. Das Zusammenspiel von Bewegung und Sehen als Basis der Formkonstanz impliziert, dass das ▶ *Molyneuxproblem* auf einem verkürzten Verständnis des Sehens beruht: In der Korrelation von Ansicht und Bewegung ist die Haptik ins Sehen gewissermaßen eingebaut.

Die Rede von der Formkonstanz birgt, wie unter anderem Arnheim oder Hochberg angemerkt haben, **Missverständnisse** in sich. Nicht nur deshalb, weil die Konstanz von Größe oder Form bei manchen alltäglichen Situationen oder unter bestimmten Laborbedingungen ausbleiben können. Die Konstanz selbst ist ein **uneindeutiges Phänomen**. Man sieht etwa beim seitlichen Blick auf ein Glas, dass seine Öffnung kreisrund ist. Man kann sich aber vergegenwärtigen, dass man das im Moment dank einer elliptischen Erscheinungsweise dieses Kreises sieht; Rock etikettiert diese Sicht als „Zusatzmodus" gegenüber dem „Hauptmodus" der Konstanz. Formkonstanz schließt also nicht das Gewahren des veränderten Anschauungsbildes aus (wie ▶ Helligkeits- oder Farbkonstanz nicht dem Wahrnehmen von Änderungen der Beleuchtung entgegenstehen).

Als Beleg für das Übersehen der Erscheinungsweise beim alltäglichen Sehen kann man werten, dass Versuchspersonen ihren Eindruck von einem schräg dargebotenen Kreis eher einem Kreis angenähert wiedergeben (durch Einstellen auf einem Bildschirm); besonders dann, wenn sie wissen, dass es sich um die perspektivische Sicht eines Kreises handelt (Ropar & Mitchell, 2002). Gleichwohl sieht man bei einem Glas, dessen Öffnung man im Blick behält, während man es von der Aufsicht in eine Seitenansicht bringt, eindeutig ein zunehmend elliptisches Erscheinungsbild dieser Öffnung, ohne dabei den Eindruck zu haben, das Glas deformiere sich. Und bei einer entsprechend der Formkonstanz verzeichneten Darstellung [▶ Abb.] in einem Animationsfilm würde sich wohl ein gewisses Spannungsgefühl einstellen.

Lesen ▶ Gibson, 1981; Guski, 1996; *Landschaft/Habitat*: Appelton, 1975; Hellbrück & Fischer, 1999; Kaplan & Kaplan, 1989; Nasar, 1988; *Entfernung/Konstanzen*: Arnheim; 1978; Campenhausen, 1993; Hochberg, 1983; Rock, 1985; Kebeck, 2006

Kulturgeschichte ▶ Perspektive

Vielen Kulturwissenschaftlern gilt es als Tatsache, dass *perspektivisches Sehen* eine Wahrnehmungsqualität sei, die sich der (Wieder-)Entdeckung der *linearperspektivischen Darstellungsweise* in der Renaissance verdanke. Die Rede von der *Perspektive als symbolische Form*, die der Kunsthistoriker Erwin Panofsky (1927) in die Welt gesetzt hat, fasziniert bis heute als exemplarische Formel für die Macht der Kultur über fundamentale Aspekte der Wahrnehmung. Verkennen nicht tatsächlich Angehörige von Kulturen ohne perspektivische Bilder das, was solche Bilder zeigen, wenn man sie erstmals damit konfrontiert? Eine vielzitierte Studie (Hudson, 1960), die das scheinbar bewiesen hatte, verwendet allerdings, wie Hochberg (1977) anmerkte, Bildvorlagen (stilisierte Umrisszeichnungen), die unabhängig vom Thema Perspektive für Bildnovizen verwirrend sind. Weites konstatiert Hochberg, dass Kinder in unserer Kultur perspektivische Darstellungen sowie Fotos intuitiv erfassen (auch im Fall der quasi-experimentellen Abschottung seines Kindes vor Bildern bzw. dem Erklären von Bildern bis zu einem Alter von knapp zwei Jahren; Hochberg & Brooks, 1962).

Die Sache verhält sich also wohl eher so: Weil Menschen trotz Größen- und Formkonstanz von Natur aus perspektivisch sehen, konnten Bilder mit linearperspektivischer Abbildung, wie etwa Fotos sie bieten, ihren Siegeszug antreten. Indessen werden auch Abweichungen von der Linearperspektive in Bildern toleriert oder sind gar gestalterisch mitunter sinnvoll, weil sich die Wahrnehmung zweidimensionaler Bilder wesentlich von der dreidimensionaler Situationen unterscheidet (Wechsel der Ansicht bei Bewegung relativ zum Blickpunkt, Sehen mit zwei Augen, Sehen des gesamten Umfeldes vs. Sehen der Bildoberfläche; Pirenne, 1970; Zimmer, 1997; Groh, 2005). Dass entfernte Gegenstände auf Fotos in der Regel als überraschend klein erscheinen, belegt jedenfalls nicht, dass unser Wahrnehmen im natürlichen Umfeld aperspektivisch wäre. Diese Irritation verdankt sich vielmehr dem Umstand, dass in der realen Situation umfassendere Entfernungsinformationen zur Verfügung stehen.

Es bedarf also keiner kulturspezifischen Schule des Sehens, um zu erkennen, was ein Foto abbildet. Davon zu unterscheiden ist die Einübung des Wahrnehmens im Dienst des perspektivischen Zeichnens (in der Renaissance schon von Alberti angesprochen). *Im Akt des perspektivischen Zeichnens oder Malens muss man eine Betrachtung praktizieren, welche die im alltäglichen Sehen zugleich gegebenen Konstanzen ignoriert* – damit ein Bild entsteht, das eben jenem Alltagsblick weitgehend naturgetreu erscheint. (Unterschiede in den Hirnaktivitätsbildern von Könnern und Laien beim Zeichnen der nämlichen Objekte lassen sich als Korrelat für die besondere Aufmerksamkeit beim naturalistischen Darstellen verstehen; Solso, 2003.)

Autistische Probanden lassen sich bei dem im Text erwähnten Experiment mit schräg präsentierten Kreisen weniger von dem Wissen beeinflussen, dass es sich um eine schräge Ansicht eines Kreises handelt, geben ihren Eindruck also eher als Ellipse wieder. Bei ihnen scheinen demnach *Top-down-Prozesse* bzw. Schemata von Objekten eine geringere Rolle beim Wahrnehmen zu spielen. Diesen Umstand bringt man mit den besonderen zeichnerischen Fähigkeiten einiger autistischer Kinder (*Savants*, wie geistig Behinderte mit Sonderbegabungen genannt werden) in Verbindung (Sacks, 1997). Wie erwähnt, macht das Ausschalten von Konstanzen beim naturalistischen bzw. perspektivischen Zeichnen normalerweise gewisse Mühe. Dass dies aber nicht der einzige Grund für diese Sonderbegabungen sein kann, ist schon an der relativ geringen Zahl solcher Talente – im Verhältnis zur Verbreitung autistischer Störungen – ersichtlich. Die weitergehende Spekulation (Humphrey, 1999), dem Fehlen eines an Sprache gebundenen begrifflichen Denkens verdankten sich gleichermaßen naturalistische Darstellungen von Steinzeitmenschen wie bei autistischen Kindern, widerspricht der Umstand, dass die Zeichenfähigkeiten von Savants ein passables Erlernen der Sprache überdauern können (Mottron et al., 2003).

Lesen ▶ Gegenfurtner, 2006b; Hochberg, 1977; Hochberg & Brooks, 1962; Pirenne, 1970

Sehen, ohne zu sehen

Paradoxien wie in dieser Überschrift (das oft kopierte Markenzeichen der populären Fallgeschichten des Neurologen Oliver Sacks) drängen sich auf, weil die Sprache tendenziell unterschiedliche Ebenen oder Aspekte des Wahrnehmens zusammenwirkt. Hier steht die paradoxe Formulierung für recht unterschiedliche Gegebenheiten:

1. Leistungen des visuellen Systems, die ohne bewusste Beteiligung ablaufen (alltägliche, gewohnte Handlungen, Effekte von Umkehrbrillen, die Kasuistik des *Blindsehens*)
2. Nichtbemerken des *blinden Flecks* [▶ Exp. S. 175], der schlechten, peripheren Auflösung, von *Sakkaden* und Doppelbildern
3. Übersehen von Dingen, die man vor Augen hat (*Veränderungsblindheit*)

Sehen beim Handeln. Wir alle vollziehen täglich Handlungen, an denen das Sehen wesentlich beteiligt ist, ohne dass uns bewusst wird, was wir da sehen. Beispielsweise kann das Sehen bei Gängen oder Fahrten auf vertrauten Wegen auf fast unheimliche Weise vom Bewusstsein abgespalten sein. Man führt dieses geläufige Phänomen unter anderem auf die Arbeitsweise (von Teilen) des *dorsalen Wie/Wo-Systems* zurück. Simons, Mitroff und Franconeri (2003) vermuten, dass das unbewusste Sehen – im Vergleich zum bewussten Sehen der Umgebung – sogar besonders detailliert sein sollte, weil sonst Fehlhandlungen an der Tagesordnung wären. Das, was wir nicht sehen, sehen wir womöglich besonders genau.

Die Trennung von bewusstem Sehen und dem Sehen fürs Handeln wurde experimentell unter anderem anhand der *Ebbinghausschen Täuschung* [▶ Abb.] nachgewiesen: Beim Greifen lässt man sich – unter bestimmtem Versuchsbedingungen – nicht von der Täuschung leiten, die gleichzeitig im bewussten Wahrnehmen gegeben ist. Goodale (2000) schließt daraus, Ziele, die man sich dank des bewussten Sehens stecke, würden analog zur Technologie der *Teleassistenz* von einer Art semi-autonomen Roboter umgesetzt, der über ein eigenes „Sehen fürs Ausführen" verfüge. – Wie

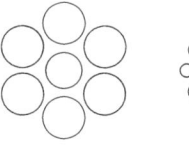

beide Aspekte des Sehens im Einzelnen zusammenspielen, bleibt offen. Aus der Zuordnung der visuellen Bewegungswahrnehmung zum dorsalen Pfad folgt jedenfalls nicht unbedingt, sie sei vom Bewusstsein grundsätzlich oder weitgehend ausgeschlossen.

Umkehrbrillen stellen die Welt auch auf den Kopf. Doch man kann mühsam lernen, unter dieser Bedingung halbwegs sicher zu agieren (etwa mit einem Fahrrad zu fahren). Das setzt, wohlgemerkt, eigene Aktivität voraus: Wer passiv durch die Umgebung bewegt wird, macht dadurch keine Fortschritte für die praktische Anpassung an die neue Situation (Held, 1986). Trotz zunehmender Selbstverständlichkeit der neuen Ansicht bleibt aber die Gewissheit, dass das, was man vor Augen hat, nicht die vertraute Erscheinungsweise der Umgebung ist. Diese Spaltung von *Weltbild* und *Agieren* kann als weiterer Beleg dafür verstanden werden, dass ein bewusster und eine unbewusster Zweig des visuellen Systems (die beiden mehrfach erwähnten Pfade) sich bis zu einem gewissen Grad gegeneinander verselbständigen können. Die Spaltung (*Dissoziation*) hat in diesem Fall ihren Preis: Störungen des Wohlbefindens respektive des multisensorischen Gleichgewichtssystems bei oder nach Ein- und Ausstieg [▶ Kap. 4].

Gelegentlich kann man lesen, nach einiger Zeit sehe man wieder „richtig herum". Das ist sehr zweifelhaft. Zwar gaben Versuchspersonen von Kohler (1951) flüchtige Umdrehungen des Anschauungsbildes in Momenten unmittelbaren Kontaktes mit Gegenständen oder sogar eine länger anhaltende Rückkehr von „einwandfreiem aufrechten Sehen" zu Protokoll (17), die sorgfältiger dokumentierten Selbstversuche von Kottenhoff (1961) und Dolezal (1982) schließen indes jede anschauliche Rückdrehung aus. Kottenhoff und Dolezal unterstreichen, dass die Verkehrung nach einiger Zeit weniger befremdlich sei und nicht mehr dauernd (aufmerksam) registriert werde. Möglicherweise wird das Gefühl von Stimmigkeit – wie Kohler (1966) auch in einer späteren Überblicksdarstellung andeutet – gelegentlich irrig als Rückkehr zur Ansicht vor dem Versuch interpretiert. Auch das wäre eine Adaptation der Wahrnehmung unter dem Einfluss der sensomotorischen Koordination, die Wohlschläger und Prinz (2006) noch unlängst angesichts der Berichte von Kohlers Versuchspersonen resümierten.

Blindsehen (*blind sight*). Dieser Begriff steht für ein Krankheitsbild, bei dem durch Schädigung der primären Sehrinde an der Spitze des Hinterhauptslappens subjektiv völlige Blindheit im gesamten Gesichtsfeld oder Teilen davon eintritt. Gleichzeitig können die Patienten noch Reize im blinden Gesichtsfeld lokalisieren (auf Aufforderung die Augen darauf richten oder hindeuten). Das implizite Sehen lässt sich dadurch erklären, dass aus subkortikalen Gebieten gewissermaßen über Nebenstraßen visuelle Informationen in sekundäre visuelle Areale der Sehrinde gelangen (insbesondere solche, die die Lokalisierung von Reizen betreffen). Durch Training hat man etwa erreicht, dass eine kortikal blinde Äffin sich visuell in freiem Gelände orientieren konnte. Auch Patienten, die „über viele Jahre hinweg an Untersuchungen teilgenommen hatten", berichten, „dass sie im täglichen Leben besser zurechtkommen, Hindernissen ausweichen und ‚mehr sehen, obwohl sie nichts sehen'" (Stoering, 2006, 102).

Experiment ▶ Blinder Fleck

Befestigen Sie ein Kartonquadrat von ca. 1 cm Seitenlänge an einem Draht oder dünnen Stab (zur Not tut es auch ein Stift mit einem farblich abgesetzten Endstück). Schließen Sie das rechte Auge und fixieren Sie nun mit dem linken einen Buchstaben am rechten Rand der Buchseite. Abstand von Auge und Buchseite ca. 30 cm.
Bewegen Sie nun das am Draht bzw. Stab gehaltene Quadrat von links etwa auf Höhe der Zeile des fixierten Buchstabens auf diesen Buchstaben zu – bis das Quadrat verschwindet und nach weiterer Bewegung nach rechts wieder auftaucht [▶ Abb.]. Wenn sie den blinden Fleck so geortet haben, können Sie seinen Umfang durch kleine Bewegungen des Quadrats in alle Richtungen parallel zur Buchseite einschätzen (je mehr Sie das Quadrat dem Auge nähern, desto kleiner wird natürlich der blinde Gesichtsfeldbereich). Der Effekt fällt umso deutlicher aus, je heller der Hintergrund ist (weiße, hell erleuchtete Seite; z. B. eine Textseite auf einem Bildschirm). – *Deutung:* Siehe den weiteren Text in diesem Abschnitt.

Den **blinden Fleck** der Netzhaut nehmen wir unter außergewöhnlichen (experimentellen) Umständen bei einäugigem Sehen wahr [▶ Exp.]. Bei beidäugigem Sehen sorgt ja schon die Tatsache, dass die blinden Flecken der beiden Augen nicht auf die gleiche Stelle des Gesichtsfeldes bezogen sind, für Ausgleich. Vermutlich wird die systembedingte Lücke bei einäugigem Sehen nicht einfach übersehen, sondern regelrecht ausgefüllt (sofern das Umfeld ahnen lässt, was wahrscheinlich zu sehen wäre; Ramachandran & Blakeslee, 2001; analoges Ausfüllen bei ▶ *simultanem Farbkontrast* und ▶ *amodalen Farben*). Zum Übersehen des blinden Fleckes tragen auch die schlechte Auflösung im peripheren Sehen und die beständige Bewegung der Augen bei.

Auch die **Unschärfe im peripheren Gesichtsfeld** fällt beim normalen Blick in die Umgebung nicht auf. Nur wenn man einen Punkt fixiert und – was nicht ganz leicht fällt – gleichzeitig seine Aufmerksamkeit auf andere Stellen im Gesichtsfeld richtet, ohne den Blick sogleich auf sie zu lenken, wird man der ‚mangelhaften Bildqualität' jenseits des Bereichs des scharfen Sehens gewahr (neben der schlechten Auflösung auch eine relative Farbschwäche). Die ungenaue Sicht scheint völlig ausreichend zu sein, um eine Übersicht zu vermitteln, auf deren Basis man bei Bedarf wechselnde Bereiche „ins Auge fassen" (fixieren) kann. Subjektiv haben wir vor diesem Hintergrund den Eindruck, jederzeit im gesamten Gesichtsfeld genau zu sehen.

Wahrnehmungsqualitäten ▶ Mona Lisas Lächeln

Lächelt Mona Lisa nur für das *periphere Sehen*? Das ist jedenfalls die Idee, mit der Margaret Livingstone (2002) hofft, dem berühmten Geheimnis dieses Lächelns beizukommen. Bei Präsentation des Bildes in grober Auflösung (durch digitale Bildbearbeitung), wie sie entsprechend das (völlig oder annähernd) periphere Sehen leistet, sei das Lächeln deutlicher als bei feinkörniger Wiedergabe. Bei Letzterer sind die groben Kontraste ausgeschaltet, was dem fokalen Sehen entspricht. Man erahne deshalb beim Betrachten des unbearbeiteten Bildes ein Lächeln, wenn – und auch nur solange – man nicht das Gesicht fokussiere. Das Lächeln sei so ein Versprechen, das nicht eingelöst werde.

Diese Idee hat indessen den Haken, dass das Lächeln der Dame auf dem Bild auch und gerade dann präsent ist (und eben merkwürdig in der Schwebe bleibt), wenn man ihr Gesicht bzw. Augen oder Mund fokussiert. Fraglich wird der Beitrag dieser These zur Erklärung des vieldiskutierten Rätsels auch dadurch, dass – wie Livingstone ausdrücklich betont – das periphere Sehen ganz grundsätzlich im Ausdruckswahrnehmen dem genauen Hinschauen überlegen sein soll. Wo bleibt da die gerühmte Einzigartigkeit des Ausdrucks in Leonardo da Vincis Porträt?

Dass peripheres Sehen eine Art (normalerweise nicht zu Bewusstsein kommenden) mimischen Karikatur-Effekt erzeugen könnte, weil es besonders sensibel für Bewegungen ist, ist nicht abwegig. Die Tatsache, dass Menschen in der Realität und bei Bildern prinzipiell besonders häufig Augen und Mund fokussieren, spricht indessen eher gegen Livingstons These, das periphere Sehen sei in der Ausdruckswahrnehmung grundsätzlich überlegen. Neuerdings wurde auch gezeigt, dass man, um erfolgreich festzustellen, ob ein Gesicht eine ausdrucksvolle oder neutrale Mimik zeigt, ohne hochauflösende Bilder der Mundpartie offensichtlich nicht auskommt (Schyns & Gosselin, 2003).

Livingstones Deutung hat große Popularität erlangt. Tatsächlich wirken ihre Illustrationen suggestiv. Dass in der groben Auflösung (man spricht auch von *niedrigen Raumfrequenzen* oder *Tiefpassfilterung*) und auch in der mittleren dem Betrachter ein Lächeln ins Auge springt, liegt daran, dass durch die kontrastreicheren Wangenschatten ein Smily entsteht, das von den Mund- bis zu den Augenwinkeln reicht. In der feinen Auflösung, die sie diesen Bildern gegenüberstellt, fehlt dieses Smily. Aber das Lächeln, von dem man nicht recht weiß, ob es offen-zugewandt oder ironisch-distanziert ist, zeigt sich, wenn man sich von dem *Smily-Effekt* nicht bluffen lässt, gerade in dieser Version am besten.

Doppelbilder kennen viele von Momenten der Übermüdung oder aus alkoholisiertem Zustand. Man kann sie jederzeit erzeugen, indem man eine Fingerspitze so ins Gesichtsfeld hält, dass sie sich ohne Anstrengung fixieren lässt (z. B. auf halbe Armeslänge): Richtet man während des Fixierens die Aufmerksamkeit auf Gegenstände im Hintergrund (z. B. einen in der selben Linie auf ganze Armeslänge gehaltenen Finger der anderen Hand), so erscheinen diese doppelt. Bei normalem Sehen werden die Doppelbilder offensichtlich ignoriert.

Sakkaden. Wer, wie eben mehrfach verlangt, etwas fixieren und sich zugleich bemühen soll, auf eine andere Stelle des Gesichtsfeldes aufzumerken, erlebt das als Zumutung. Das demonstriert nebenbei eine weitere, normalerweise aus der Innenperspektive übersehene Qualität des Sehens: seine Sprunghaftigkeit (die an den Augen der Anderen unschwer ablesbar ist); zwischen den Fixationen (ca. 3 pro Sekunde) nehmen wir visuell keine *Reißschwenks* (wie man schnelle, verwischende Kamerabewegungen nennt) wahr, obgleich wir, wenn wir derart auf das Herumblicken reflektieren, der Motorik der Augen durchaus innewerden können. Was sich von außen als schnelles Springen der Augen (*Sakkaden*) darstellt, erleben wir bei unbefangenem Sehen als Konzentration auf verschiedene Aspekte des ruhenden Anschauungsbildes der Umgebung. Dass man die eigenen Sakkaden übersieht, liegt unter anderem daran, dass sie sehr kurz sind und während der Sprünge die Wahrnehmungsschwelle stark herabgesetzt ist (*sakkadische Suppression*; man versuche einmal im Spiegel die eigenen Augenbewegungen zwischen dem Fixieren unterschiedlicher Punkte im eigenen Gesicht zu sehen; für jemanden, der zugleich in diesen Spiegel sieht, sind sie unübersehbar). Dass wir überhaupt trotz der Bewegungen von Augen und Kopf bzw. Körper eine ruhende Umgebung sehen, ist keineswegs selbstverständlich [▶ Kap. 4].

Veränderungsblindheit (*Change Blindness*). Veränderungen zwischen zwei ähnlichen Szenen werden leicht übersehen (experimentell wird das meist durch relativ kurze Projektionen von Bildern, die von einem Schwarzbild unterbrochen werden, untersucht). Diese hoch gehandelte Entdeckung der jüngeren Vergangenheit bestätigt im Grunde nur die bekannte Tatsache, dass Sehen auswählt (also nicht mit Fotografieren verwechselt werden darf). Man sollte diese Befunde nicht überinterpretieren. Auch wenn wir Details übersehen, ist unser Gefühl, über die Umgebung „im Bild zu sein", keine bloße Einbildung. Wäre die bewusst gesehene Szenerie bis auf kleine Ausschnitte nur ein Phantasma, dann sollte das Wiedererkennen von Szenerien, die sich nicht nur in Details unterscheiden, nicht so gut gelingen, wie es das tut (visuelles Langzeitgedächtnis für Umgebungen; Henderson & Hollingworth, 2003). Wir prägen uns die jeweilige Umwelt wahrscheinlich in den charakteristischen Zügen ein, während uns jenseits dieser prinzipiellen Verortung und all jener Details, die uns gerade interessieren, tatsächlich viele Einzelheiten entgehen. Dabei haben wir jedoch nicht den Eindruck, dass wir etwas ausblenden, weil in der Verbindung von Überblick und Blicksprüngen ja alle Einzelheiten im Gesichtsfeld prinzipiell zugänglich sind (im Sinn dieser aktuellen Gewissheit ist die Welt, wie gelegentlich formuliert wird, als *externes visuelles Gedächtnis* wirksam; die Faszination der Fotografie verrät indessen ein gewisses Bewusstsein der Flüchtigkeit dieses Speichers; siehe unten). Dass uns dabei in der Regel nicht etwas Relevantes entgeht, auf das wir von der augenblicklichen Interessenlage her vielleicht nicht achten würden, dafür sorgt – neben Hinweisen aus anderen Sinnesbereichen, vor allem Geräuschen – nicht zuletzt die schon besprochene unwillkürliche Aufmerksamkeit für bewegte Erscheinungen (*Orientierungsreaktion*).

Bei den Experimenten zu Veränderungsblindheit und selektiver Aufmerksamkeit ist die Frage, wie die Aufmerksamkeit der Betrachter jeweils gelenkt wird, vielleicht interessanter als das Ergebnis, dass manches übersehen wird. Wenn etwa in einem Feature der BBC über das Sehen das Publikum damit konfrontiert wird, dass es im Laufe der Sendung verschiedentlich einen als Affen verkleideten Akteur übersehen habe, dann ist das nicht unbedingt verblüffender als der geläufige Umstand, dass Zauberer ihr Publikum durch vordergründige ‚laute' Aktionen von verräterischen Handgriffen ablenken können.

Auf eine einfache Formel gebracht, sorgen die verschiedenen Formen das „Sehens, ohne zu sehen" auf je unterschiedliche Weise dafür, dass wir in der jeweiligen Situation den Überblick behalten, um jederzeit potentiell Bedeutsames genau ins Auge fassen zu können: Übersehen gehört zur Pragmatik der visuellen Wahrnehmung.

Lesen ▶ Aschersleben, 2008; Henderson & Hollingworth, 2003; Heuer & Jäncke, 2006; Ramachandran & Blakeslee, 2001; Simons, Mitroff & Franconeri, 2003; Wohlschläger & Prinz, 2006

Visuelles Vorstellen, Halluzinieren, Träumen – und (Bild-)Wahrnehmung

Visuelles Vorstellen. Schädigungen des Kortex, etwa in Folge von Schlaganfällen, die das Sehen beeinträchtigen, können auch visuelles Vorstellen in Mitleidenschaft ziehen. Hirnbilder von Gesunden bestätigen, dass Teile des visuellen Kortex am Produzieren innerer Bilder beteiligt sind. Das Gleiche gilt für Experimente, bei denen man das Vorstellen zu unterbinden vermag, indem man durch pulsierende Magnetfelder gezielt das Funktionieren von Teilen des visuellen Kortex stört. Trotzdem kann man normalerweise innere Bilder ohne Weiteres vom visuellen Wahrnehmen unterscheiden. Anhaltspunkte dafür sind der (potentielle) Detailreichtum des Wahrnehmens, mit dem die Bilder vor dem geistigen Auge nicht mithalten können, die Beziehung des Sehens zu tatsächlichen Augen-, Kopf- und Körperbewegungen sowie schließlich die mentale Anstrengung beim Vorstellen. Selbst im Fall des bei Erwachsenen äußerst seltenen *eidetischen Gedächtnisses*, also der Fähigkeit, Gesehenes ähnlich wie ein Foto festzuhalten und abrufbar zu machen, bleiben als Unterscheidungskriterien gegenüber dem Sehen die mentale Aktivität und der Umstand, dass das Auskundschaften des inneren Bildes nicht mit tatsächlichen Bewegungen des Körpers verbunden ist.

Umgekehrt ist es unter bestimmten Bedingungen möglich, Realbilder als Vorstellungen erscheinen zu lassen: Wer aufgefordert wird, sich einen Gegenstand, etwa eine Banane, vorzustellen, während er auf einen weißen Bildschirm blickt, hält leicht die Projektion eines lichtschwachen Bildes dieses Objekts für seine Vorstellung (*Perky-Effekt*).

Dem Erlebnis der Aktivität beim Vorstellen entspricht der Befund, dass während des Imaginierens Gebiete des Frontalhirns aktiver sind als beim Sehen. Patienten mit bestimmten Schädigungen des Frontalhirns können zwar noch sehen, aber keine inneren Bilder mehr aufrufen. Lediglich bei diffizilen Wahrnehmungsaufgaben ist in solchen Fällen auch das visuelle Wahrnehmen beeinträchtigt (Farah, 2000).

Kosslyn und Thompson (2000) gehen davon aus, dass eine Vorstufe des visuellen Vorstellens zum Erkennen von Objekten und Szenen gehört und dass regelrechte innere Bilder Informationen enthalten, die nicht sprachlich oder in einem abstrakten Format gespeichert sind. Ob innere Anschauungen uns etwas zeigen können, das wir nicht auch unbildlich im Kopf haben, war in den vergangenen Jahrzehnten Gegenstand der *Imagery-Debatte*, die auch angesichts der neurowissenschaftlichen Erkenntnisse der jüngeren Zeit fortdauert (u. a. Kosslyn, 1994; Pylyshyn, 2003). Über die Bedeutung von Vorstellungen für das Begreifen streiten Psychologen schon länger.

Immerhin kann man festhalten, dass räumliche Vorstellungen, etwa beim **mentalen Rotieren** (bekannt von Aufgaben, bei denen man entscheiden soll, ob zwei Bilder von gewundenen dreidimensionalen Körpern durch Drehung ineinander überführbar sind) weniger die *Was-* als die *Wo/Wie-Schiene* des Sehens sowie motorische Areale aktivieren, also eher mit mental fingierter Bewegung als mit inneren Anschauungsbildern zu tun haben. Das spricht für die Überlegung, dass räumliches Wahrnehmen und Denken, auch wenn sie vom Sehen ausgehen, in einem *Bewegungsformat* ablaufen (u. a. vermittelt über die Augenbewegungen beim Explorieren der sichtbaren Umgebung; Restat, 1999) [▶ Kap. 3]. Unterstützt wird diese Vermutung dadurch, dass visuelle Vorstellungen von Bewegung durch gleichzeitige körperliche Bewegungen (Gesten) beeinflussbar sind (Newell, 2004) und dass man die Auffassung eines Daumenkinos von kreisförmig geordneten Punkten, das links- oder rechtsgedreht wahrgenommen werden kann, dadurch verändern kann, dass man eine Hand beim Betrachten in der einen oder andern Richtung kreisen lässt (Wohlschläger & Prinz, 2006).

Kosslyn und Thompson (2000) heben davon anschauliche innere Bilder (*depictive imagery*) ab, die es erlauben, Objekte zu vergegenwärtigen oder wiederzuerkennen. Beim Orientieren in der Umgebung bzw. beim Planen von Wegen dürften beide Arten von Vorstellungen allerdings zusammenwirken (bestimmte Ansichten von Landmarken in Beziehung zu Richtungen und Entfernungen). Der Überlebenswert einer Verflechtung von Anschauungsbild und Weg bzw. Bewegungsvorstellung liegt auf der Hand. Wie naheliegend diese Kombination für unseren Geist ist, kann man daran ablesen, dass das ‚Ablegen‘ von Begriffen an markanten Punkten eines vertrauten Weges eine alte Merk-Technik ist, sich die Gliederung einer Rede einzuprägen (Loci-Technik).

Halluzinationen. Lebhafte *unwillkürliche* innere Bilder, die man für äußere hält, nennt man gemeinhin Halluzinationen. Sofern die Betroffenen diese inneren Bilder nicht mit Wahrnehmungen verwechseln, ist einschränkend von *Pseudohalluzinationen* die Rede.

Beides fällt in der Neuropsychologie unter den Begriff der *visuellen Reizerscheinungen*. Sie reichen von einfachen geometrischen Formen bis zu komplexen Szenen. Dass die Erscheinungen sich auf verschiedene visuelle Qualitäten (Farben, bestimmte bewegte oder unbewegte Formen, Lichter, Gesichter) beschränken können, führt man auf die selektive Aktivität verschiedener Module im visuellen System zurück. Gesichter oder Körper, die sich gelegentlich in der Einschlafphase zeigen (*hypnagoge Bilder*), könnten indessen auch auf das unwillkürliche Ausdeuten eines Rauschens in frühen Stufen des visuellen Systems (Netzhaut bis primärer visueller Kortex) zurückgehen (analog zu den illusorischen Gesichtern etc., die etwa auf einer rissigen Wand erscheinen, sog. *Pareidolien*).

Visuelle Halluzinationen treten nach Schädigung des zentralen visuellen Systems, aber auch des Auges auf (Charles-Bonnet-Syndrom); weiterhin in vorübergehenden Situationen der ▶ *sensorischen* oder ▶ *perzeptuellen Deprivation*. Eine naheliegende Erklärung ist, dass sich, bedingt durch die Unterbrechung des sensorischen Zustroms, nachgelagerte Bereiche der visuellen Verarbeitung verselbständigen. Weiter kommt es bei Epilepsien, in der Migräne-Aura, bei Störungen des aufsteigenden retikulären Erregungssystems, unter Drogeneinfluss, bei Schizophrenie, Parkinsonscher Erkrankung und Alzheimer-Demenz zu visuellen Halluzinationen. In schizophrenen Zuständen, in denen unwillkürliche visuelle Erscheinungen regelmäßig für bare Münze genommen werden, gehen diese Trugwahrnehmungen oft mit gestörter sensomotorischer Integration einher. Letztere zeigt sich z. B. beim Selbstkitzeln [▶ Kap. 2] oder dem Gefühl, die eigenen Bewegungen würden von einem fremden Willen gesteuert [▶ Kap. 3]. Den Patienten fehlt somit das oben angesprochene Kriterium, das es erlaubt, innere Bilder, auch dann, wenn sie lebhaft sind, von Wahrnehmungen zu unterscheiden: der Zusammenhang von Wahrnehmung und Willkürbewegung.

Schlaf und Traum ▶ Wie sehen Traumbilder aus?

Visuelle Erscheinungen sind bekanntlich der Stoff, aus dem Träume hauptsächlich gemacht sind. Wie diese „Bilder" aussehen, ist indessen kaum bekannt. Schon die geläufige Rede von *Traumbildern* bezieht sich nicht auf die Qualität der visuellen Erscheinungen, sondern auf gewissermaßen dramaturgische Einheiten. Jenseits besonders beeindruckender sinnlicher Erfahrungen (strahlendes Licht, Schwebe- oder Fallgefühle) wird den sensorischen Qualitäten der Träume weder in den Traumberichten des Alltags noch in der Mehrzahl wissenschaftlicher Traumprotokolle Beachtung geschenkt. Das liegt teils daran, dass die sinnliche Seite des Träumens meist nur schwer in den Wachzustand hinüberzuretten ist. Selten wird allerdings überhaupt nachgefragt, ob und wie beispielsweise eine Küchenszene gesehen, gehört und womöglich auch gerochen wurde oder ob man nur wusste, dass sich das Geschehen in einer Küche abspielt.

Gelegentlich tauchen in der wissenschaftlichen Traumliteratur spontan angefertigte Bilder von Traumszenen auf (bspw. das Bild zum berühmten Wolfstraum in Band 12 von Freuds gesammelten Werken; Freud, 1940; oder von Hobson, 1988, wiedergegebene

Zeichnungen aus dem Traumtagebuch des „engine man"). Indessen wird da die Aussagekraft der Bilder in Hinblick auf die visuelle Qualität der Träume nicht eigens diskutiert. So auch im Fall der Traumaufzeichnungen von Stiles (1927) oder eines psychoanalytisch orientierten Vergleichs von Schlaflabor-Traumzeichnungen und Tagtraumzeichnungen (Hau, 2002). Rechtschaffen und Buchignani (1992) haben Träumern, die sie im Schaflabor aus REM-Phasen weckten, eine Serie von über hundert, sich in Farbsättigung, Helligkeit, Bildschärfe und Fokussierung unterscheidenden Varianten eines Bildes vorgelegt und gefragt, welche der visuellen Qualität des eben geträumten Traumes entspreche. Die Bildqualität der Träume zeichnet sich nach den Ergebnissen dieser Untersuchung durch eine gewisse Farbschwäche aus und dadurch, dass der Hintergrund kaum beachtet und zugleich eher verschwommen gesehen wird. Das schließt nicht aus, dass sich, wie Seligman und Yellen (1987) annehmen, in Träumen regelmäßig lebendigere Halluzinationen und Bilder, die eher den Vorstellungsbildern des Wachens entsprechen, abwechseln (welche die halluzinatorischen Bilder ausdeuten). In jüngerer Zeit hat die Schweizer Neuropsychologin Sophie Schwartz nicht zuletzt auf Basis der Protokollierung ihrer eigenen Träume festgehalten, dass Träume von Gesunden manche Bildstörung und Verselbständigung von Bild und Geschehen enthalten (z. B. Farbe nur in einer Gesichtsfeldhälfte, Vervielfachung von Personen und Objekten, Nichtpassen von visueller Erscheinung und Identität bei Personen und Orten), die von neurologischen Störungsbildern her bekannt sind und für eine selektive bzw. gestörte Aktivierung einzelner Module des visuellen Systems im Traumschlaf sprechen (Schwartz & Maquet, 2002; Schwartz et al., 2005).

Vorläufig ist das Bild, dass wir uns von den Bildern des Traumes machen, nicht zuletzt von den Mitteln bestimmt, mit denen Künstler und mehr noch Filmemacher versuchen, Traumhaftigkeit zu suggerieren. Auch wenn manches davon recht klischeehaft anmutet. Von einigen Film- wie auch Traumtheoretikern wird die Kinosituation als solche mit der Traumerfahrung gleichgesetzt. – Ein berühmtes Künstlertraumbild, bei dem es nicht um plakative Suggestion von Traumhaftigkeit, sondern die Dokumentation einer eindrücklichen Traumvision geht, ist Dürers „Sintfluttraum" von 1525 (Dinzelbacher, 2002).

Lesen ▶ Strauch & Meier, 2004; Schwartz et al., 2005; *Traum in Kunst und Film*: Gamwell, 2000; Heraeus, 1998; Petrić, 1981; Damasio, 2006; Kruse & Wulff, 2006; Schönhammer, 2007

Träume. Auch im Schlaf fasst man in der Regel die inneren Bilder als Wahrnehmungen einer Umwelt auf, in der man gerade agiert. Die andeutungsweise Vergegenwärtigung, dass man schläft und träumt, ist besonders intensiven Träumen an der Grenze zum Erwachen vorbehalten und geht paradoxerweise oft mit einem besonders eindringlichen Wirklichkeitsakzent des Geträumten einher. Ein Kennzeichen intensiver Träume, insbesondere solcher bei denen das Bewusstsein, dass man träumt, einschießt (*luzide Träume*), sind spektakuläre Visionen von (farbigem) Licht, die ehrfürchtige Gefühle wecken können. Entsprechende Halluzinationen im Wachzustand treten regelmäßig bei pathologischer Überaktivität des aufsteigenden retikulären Erregungssystems des Hirnstammes (das den Wachheitsgrad reguliert) auf. Weiter weiß man, dass luzide

Träume in besonders erregten ▶ REM-Phasen stattfinden und dass der ‚Motor' dieser Phasen ein Aktivitätsschub eben des aufsteigenden retikulären Systems ist. Das bedeutet: Entsprechende Traumbilder (etwa von einer Explosion oder einem Feuerwerk) sind aller Wahrscheinlichkeit nach die (wahrnehmende) Ausdeutung von aktuellen *visuellen Reizerscheinungen*. In diese Richtung weisen auch Berührungspunkte von Schlaf bzw. Träumen und visuellen Erlebnissen bei Epilepsien sowie Migräneauren (beides Zustände, in denen übererregte kortikale Herde u. a. das zentrale visuelle System erfassen; Sacks, 1994, 1996). Bei einem Teil der visuellen Erscheinungen des Träumens dürfte es sich um Vorstellungen handeln, die durch Halluzinationen in anderen Sinnesgebieten und motorische Impulse während des Schlafes ausgelöst werden.

Bildwahrnehmung und Vorstellungen. Die mehrfach erwähnte Beteiligung von *Top-down-Prozessen* am Wahrnehmen ist wahrscheinlich nur eine andere Formulierung für den Umstand, dass Vorformen von Vorstellungen regelmäßig (z. B. beim Wahrnehmen von Formkonstanz) am Wahrnehmen beteiligt sind (und auch die im vorigen Abschnitt besprochenen Lücken im Sehen füllen), ohne dass uns dies zu Bewusstsein käme. Da beim Wahrnehmen von **Bildern** der äußere Reiz relativ **arm** ist, kann, wie Kebeck (2006) im Anschluss an Shephard (1984) argumentiert, der Anteil des Vorstellens in dieser Situation ein stärkeres Gewicht erlangen. ▶ *Pareidolien* wären eine Zuspitzung dieser Tendenz unter der Bedingung visueller Reize von extremer struktureller Armut.

Lesen ▶ Lohmar, 2008; *Vorstellen:* Engelkamp & Zimmer, 2006; Kosslyn, 1994; Pylyshyn, 2003; Restat, 1999; *Halluzinationen:* Czycholl, 2003; Jaspers, 1973; Ramachandran & Blakeslee, 2001; Zihl, 2006; *Traum:* Schönhammer, 2004a; *Bildwahrnehmung:* Kebeck, 2006

Bildmedien

Wer Bilder anschaut, steht in der Regel nicht unter Handlungsdruck. Das Sehen ist hier vom Stress des Lebens gelöst, wird – etwas altertümlich ausgedrückt – zum „Schauen". Im Ansatz ist das auch bei verdeckter Beobachtung der Szenerie, von der bereits die Rede war, so. Das biologisch begründete Bedürfnis, zu **sehen, ohne gesehen zu werden**, dürfte dazu beitragen, dass Bildmedien ganz **unabhängig vom jeweiligen Inhalt** attraktiv sind. Auch der **Fernblick** ist ein Sehen aus sicherer Position. Diese Situation ist der Bildwahrnehmung (einschließlich plastischer Modelle) auch in der **Verdichtung** bzw. **Übersichtlichkeit** ähnlich, die im Falle von vielen Bildgattungen durch **Verkleinerung** entsteht.

Im engeren Sinne **voyeuristisch** ist die Situation der Bildbetrachtung, sofern sie einen **Nahblick** auf Gesichter und Körper zulässt, der ansonsten Interaktion mit anderen, also deren Bereitschaft, sich betrachten zu lassen, voraussetzt. Sofern der Blick von abgebildeten Personen auf den Betrachter gerichtet zu sein scheint, wird meist Einverständnis bzw. Zuwendung suggeriert.

Statische Bilder, die Aktionen zeigen, unterscheiden sich von realen Situationen durch die **Zeit**, die sie dem Sehen einzelner Phasen der Aktion einräumen (das gilt natürlich auch für Zeitlupenaufnahmen). In der bildenden Kunst erlauben traditionell Modelle, die unnatürlich in Haltungen ausharren müssen, annähernd, solche flüchtigen Momente zu fixieren. Manche Aspekte von Bewegung sind bekanntlich überhaupt erst durch Fotografieren mit kurzer Belichtungszeit für das menschliche Auge sichtbar geworden. Das bringt allerdings auch Schnappschüsse von Bewegung mit sich, die auf Betrachter keineswegs dynamisch wirken (z. B. in der Luft hängende Fußballspieler), weil sie den ▶ *fruchtbaren Moment* der Bewegung verfehlen.

Entdeckungen kann man wegen der **Selektivität** des Sehens aber auch auf Fotos oder Filmen machen, die man von ruhigen Szenen angefertigt hat. Die Möglichkeit, statische oder bewegte Lichtbilder zu erzeugen, erweitert das oben angesprochene *externe visuelle Gedächtnis* über die Situation hinaus. Diese Erweiterung des Sehens impliziert ihrerseits eine Fokussierung der Aufmerksamkeit auf die Bilderzeugung. Insofern schränkt der Mensch hinter einer Kamera sein Wahrnehmen der Umgebung auch ein, gibt ihm eine Richtung, die es ohne Kamera vielleicht nicht genommen hätte. Dieser Zwiespalt ist einer der Gründe für die **kontroverse Bewertung** der privaten Foto- und Videografie. (Dass statische Bilder überhaupt Momente aus dem Lebensfluss mit einer Präzision fixieren, die dem Erinnern und Vorstellen fremd ist, wird nicht nur als Bereicherung, sondern auch als Entfremdung, Verdinglichung bzw. als Form des Absterbens erlebt.) **Bewegte Lichtbilder** potenzieren zum einen diesen Zwiespalt der Fotografie, mildern ihn indessen zugleich, insofern sie dank der flüchtigen Darbietung eher so wahrgenommen werden wie reale Situationen. Dank der Bewegung sind Filmbilder dem Leben nah. Deshalb wirken Filme ohne Geräusche oder Musik befremdlich [▶ Kap. 8].

Spielfilme sprechen Zuschauer zum einen – wie vormals Aufführungen von Tanz oder Akrobatik – durch außergewöhnliche Bewegung an. Zum andern durch Verstrickung in Geschichten (wie Erzählung, Roman, Theater). Dank der möglichen Nähe der Kamera zu Gesichtern, Gesten und Haltungen macht der Film übertriebenes Agieren, wie es auf der Bühne verbreitet ist, überflüssig. Der Zuschauer ist gewissermaßen mit einer Tarnkappe mitten im lebensnah nachgestellten Geschehen.

Seit der Frühzeit des Films haben prominente Psychologen gelegentlich Ansätze zu einer **Wahrnehmungspsychologie des Films** geliefert und dabei auch die Effekte von Kameraaktionen (Schärfenebene, Zoom, Fahrt, Schwenk, Rollen) und Schnitt bzw. Montage mit dem natürlichen Sehen verglichen. Auf die tendenziell irritierende Wirkung von Kamerafahrten, die James Gibson (1982) favorisiert, um die Wahrnehmung von Filmen jener der Umwelt anzugleichen, wurde bereits hingewiesen [▶ Kap. 4]. Hier sei darüber hinaus lediglich festgehalten, dass der **Schnitt** auf Details, über welche die Zuschauer zuvor (durch einen *establishing shot*) orientiert waren, wegen der ▶ *sakkadischen Suppression* dem Sehen näher kommt als ein Schwenk, wie er von Videoamateuren bevorzugt genutzt wird. Schwenks, die der Verfolgung eines bewegten Objektes dienen, entsprechen dagegen tatsächlich den langsamen Folgebewegungen des Auges. Wie beim natürlichen Sehen die Blicke anderer eigene Blickwendungen motivieren (geteilte Aufmerksamkeit), so kann der Blick von Akteuren Schnitte nachvollziehbar machen; die Kamera muss dafür nicht unbedingt die Perspektive derjenigen einnehmen, deren Blick den Schnitt motiviert (im Sinn der *subjektiven Kamera* bzw. des *point of view shot*).

Anders als beim natürlichen Sehen ändern sich die **Ebene der Scharfstellung** (*Akkomodation*) und die **Stellung der Augen** zueinander (*Vergenzbewegung*) beim Blick auf Leinwand oder Bildschirm nicht, wenn der Abstand zum Geschehen sich (scheinbar) vergrößert oder verringert. Dies und die starre Ausrichtung des Körpers unterscheiden bei aller Lebensnähe des Gezeigten die Filmwahrnehmung vom Sehen der realen Umgebung (beim Fernsehen verstärkt das kleine Blickfeld das Starren). Auf Dauer – also vor allem beim zeitlich tendenziell unbegrenzten Fernsehen – leidet dabei das Befinden. Insbesondere dann, wenn die Aufmerksamkeit durch schnellen Wechsel (▶ *Orientierungsreaktionen*) gebunden wird, ohne dem Betrachter die Schnitte intentional nahe zu bringen (im *Zapping* behauptet sich in abstrakter Form die Aktivität des natürlichen Sehens).

Lesen ▶ *Statische Bilder/Fotografie*: Arnheim, 2004; McCloud, 1994; Schuster, 1996; Sontag, 1980; *Film*: Arnheim, 2002; Gibson, 1982; Grodal, 1977; Hochberg & Brooks, 1978; Kracauer, 1985; Münsterberg, 1996 ; Schwender, 2006; Tan, 1996

Kunst, Medien & Werbung ▶ Bilder vom Sehen

Alle Bilder implizieren Sehen. Bilder und Mittel der Bilderzeugung und -wiedergabe (Leinwände, Fotoapparate, Bildschirme) sowie Bildermacher (Maler, Fotografen) wurden und werden deshalb gerne als Allegorien des Sehens benutzt. Ein besonderer Fall sind Bilder, denen (oder deren Kontext) zu entnehmen ist, dass es sich um die Perspektive eines Subjektes (sozusagen um einen Blick mit dessen Augen) handelt. In der Malerei oder Fotografie wurde das herkömmlicherweise nur durch das Zeigen eines **von außen betrachteten Akt des Blickens** suggeriert (z. B. Betrachter in der Landschaft, vor einem Bild, Fenster oder Spiegel; Maler, Szene, entstehendes Bild). Ein berühmter Versuch, das Sehen radikaler ins Bild zu setzen, stammt vom Physiker und Wahrnehmungsforscher Ernst Mach (1987): sein „Selbstbildnis" zeigt den Blick aus einem seiner Augen an Nase und Schnurrbart vorbei über die hochgelegten Beine des sitzenden Betrachters hinweg in ein Zimmer (James Gibson, 1982, hat dieses Bild variiert; wir auch [▶ Abb., S. 185]). Das Bild trifft indessen nicht die gewohnte Sicht der Umgebung. Zwanglos dagegen wer-

den normale **filmische Bilder** subjektiviert. Der Film-
betrachter ist es gewohnt, dass ihm durch entspre-
chende Montage bedeutet wird, dass und wann das,
was die Leinwand gerade zeigt, die Sicht eines Protagonisten abbildet (*subjektive Kamera, point of
view shot*; abgeschwächt und analog zu Darstellungen in der Malerei ist der Blick von hinten über die
Schulter von Akteuren). Unschärfe, Zeitlupe, seitli-
ches Kippen (durch *Rollen* der Kamera) oder Black-
outs schreibt der Betrachter bei subjektiver Kamera der Befindlichkeit des Akteurs zu.

Es gibt Bilder, die ausdrücklich zu dem Zweck gemalt wurden, **Sehstörungen** nachvollziehbar zu machen (etwa die leuchtenden Gesichtsfeldausfälle, *Flimmerskotome*, bei
Migräneauren; Sacks, 1994). Werke berühmter Künstler sind verschiedentlich unter der
Perspektive abgehandelt worden, in ihnen zeigten sich Defekte im visuellen System ihrer
Schöpfer. Diese Sicht muss nicht grundsätzlich abwegig sein, wenngleich das berühmtes-
te Beispiel – der Versuch, El Grecos längliche Figuren durch dessen Astigmatismus zu
erklären – ohne Weiteres als Trugschluss erkennbar ist und offenbar auch sachlichen
Indizien (normal proportionierten Skizzen aus seiner Hand) widerspricht.

Da die meisten Bilder von jemandem hergestellt wurden, ist es nicht abwegig, nach
Spuren der Subjektivität der Schöpfer zu suchen (im Falle eines Amateurfotos etwa die
Motivwahl zu thematisieren). Gleichwohl wäre es mehr als gewagt, behaupten zu wol-
len, Bilder zeigten grundsätzlich, wie ihre Urheber die Welt (ge)sehen (haben). In der
Kunstgeschichtsschreibung ist der **Kurzschluss von Darstellungs- auf Wahrnehmungs-
weisen** indessen nicht selten (▶ Fernblick, ▶ Perspektive).

Ein besonderer Fall ist die Deutung des **Impressionismus** als Wiedergabe dessen, was
wir „auf einen Blick Wahrnehmen" („retinaler Eindruck"). Wie Pirenne (1970) ausführte,
ist es jedoch unsinnig, ein vermeintliches eigentliches Sehen (des Auges) gegen das Seh-
erlebnis auszuspielen. Margaret Livingstone (2002) begibt sich wie andere vor ihr auf
diesen Abweg, wenn sie Monets *Rue Montorgeuil in Paris, Festival des 30. Juni 1878*
(analog zu ihrer Sicht des ▶ Lächelns der Mona Lisa) mit dem peripheren Sehen in
Zusammenhang bringt. Verkörpert das Bild die „Flüchtigkeit des Augenblicks", weil die
Ungenauigkeit der Malweise, wie Livingstone ausführt, dem Erleben eines einzelnen
Blicks entspricht? Das steht im Widerspruch zu der Tatsache, dass wir die Ungenauigkeit
des peripheren Sehens nur durch konzentrierte Anstrengung wahrnehmen (anders, als es
übrigens Lehrbuchabbildungen suggerieren, die demonstrieren sollen, wie unscharf wir
„eigentlich" sehen). Der erste Blick ist normalerweise nicht weniger als alle weiteren
einer, der die Ungenauigkeit des peripheren Sehens übersieht. Vermutlich gemahnen Bilder, wie das von Livingstone diskutierte, den Betrachter durch die Unmöglichkeit des
genauen Sehens der Szene (nicht der Pinselstriche) an das visuelle Erlebnis von ▶ Atmosphäre – auch wenn niemand je dieser Malweise entsprechend gesehen hat.

Lesen ▶ *Ikonographie*: Jütte, 2000; Kaufmann, 1943; *Künstlersehstörungen*: Mühleis,
2005; Trever-Roper, 2001; Zaidel, 2005; *Subjektive Kamera*: Branigan, 1984

Rückschau in Fragen

Mit welchem Recht kann man von *Licht-Pathos* bzw. *Licht-Mythos* sprechen?

Wie entsteht Glanz?
Inwiefern ist Glanz ambivalent?
Was haben Glanz und Schatten gemein?
Warum kann eine gemalte Lichtquelle den Eindruck erwecken zu leuchten?

Was ist und welche Wirkung hat ein *Ganzfeld*?
Was meint der Kunsthistoriker Wölfflin, wenn er von der *malerischen Dämmerstunde* spricht?
Wo liegt die physiologische Basis dieses Phänomens?
Was versteht man unter *High-* und *Low-Key-Beleuchtung*?
Wie wirken sich diese Beleuchtungsformen auf die Raum- und Gegenstandswahrnehmung sowie auf die Stimmung aus?

Was spricht dafür, dass ungeachtet von historisch und kulturell unterschiedlich aufgefächerter Farbbezeichnungen die Farbsensibilität universell einheitlich ist?

Was versteht man unter *Helligkeits-* und *Farbkonstanz* sowie *amodalen Farben*?
Auf welche grundlegende Charakteristik der Farbwahrnehmung deuten diese Erscheinungen?

Was unterschlägt die Ordnung der Farben nach Farbton, Sättigung und Helligkeit?

Warum sind Aussagen über affektive Bedeutung von Farben in verschiedener Hinsicht problematisch?
Wie könnte die Eigenhelligkeit von Farbtönen zu deren affektiver Wirkung beitragen?

Was lehrt das Phänomen der Modefarbe im Hinblick auf die wissenschaftliche Vorhersage der Effekte von Farbgestaltung?

Inwiefern ist die Wahrnehmung von *Figur und Grund* in zweidimensionalen Bildern eine Folge des Zusammenhangs von Sehen und Bewegung?

Was ist mit der Behauptung *„Wir sehen grundsätzlich szenisch"* gemeint?

In welchen Eigenheiten des Sehens zeigt sich die besondere biologische Bedeutung bewegter Objekte?

Was wurde mit Hilfe des *Lichtpunkt-Paradigmas* gezeigt?

Was versteht man unter einem *fruchtbaren Moment*?
Auf welche Weise wird dieser auf die bildende Kunst gemünzte Begriff heute in Verbindung mit den sogenannten *Spiegelneuronen* gebracht?

Woran zeigt sich, dass das Sehen auf Gesichter eingestellt ist?

Was deutet auf einen spezifischen Modus bzw. ein gesondertes Modul der Wahrnehmung von Gesichtern?

Was ist der *Karikatur-Effekt*?
Wie könnte er zustande kommen?

Wie erklärt man, dass artifiziell generierte Durchschnittsgesichter relativ attraktiv sind?
Wie kann Mittelmaß-Schönheit übertroffen werden?
Was lehrt der besondere Reiz, der von natürlichen und gemittelten Mischlingsgesichtern ausgeht?

Was versteht man unter *kanonischen Ansichten* von Dingen?
Wie kann man ihre Bedeutung für das Sehen erklären?

Unter welchen allgemeinen Bedingungen erscheinen Umgebungen bzw. Aufenthaltsorte attraktiv?

Welche Tiefenhinweise spielt der Raum von Ames gegeneinander aus?

Was versteht man unter *Größen- und Formkonstanz*?
Wie lassen sich diese Phänomene erklären?

Mit welchem Recht kann man behaupten, dass es handlungsrelevante visuelle Wahrnehmungen gibt, die nicht zu Bewusstsein kommen?

Warum kann man *Saccaden* bei anderen, aber nicht bei sich selbst (beim Blick in einen Spiegel) beobachten?
Welche Bedeutung hat dies für die Filmwahrnehmung?

Wie unterscheiden sich Vorstellungsbilder subjektiv von Wahrnehmungen?
Warum könnte bei der Wahrnehmung von Bildern das Vorstellen eine größere Rolle spielen als beim Blick in die Umgebung?

Was macht Bildmedien unabhängig vom Inhalt attraktiv?

Auf welche Anhaltspunkte stützen sich Thesen, die die Wertschätzung von *Fernblicken* oder das *perspektivische Sehen* als Ergebnis spezifischer kulturhistorischer Entwicklungen auffassen?
Wo liegen die Schwachpunkte der jeweiligen Argumentation?

8 Hören

Hörend werden Organismen indirekt von **entfernten Geschehnissen** berührt. Das verdankt sich dem Umstand, dass Vibration die Luft in Schwingungen versetzt, Schall erzeugt. Schall ist der adäquate Reiz für die Ohren: Schwingungen elastischer Medien (Luft, Wasser). Bei diesen Schwingungen handelt es sich um einen Wechsel von Verdichtung und Verdünnung der Moleküle des Mediums, also Druckschwankungen in Richtung der Ausbreitung der Welle (*Longitudinalwellen*). Für Menschen sind Schallwellen zwischen etwa 20 und 20 000 Schwingungen pro Sekunde (20 *Hertz* und 20 *Kilohertz; kH*) hörbar; langsamere Schwingungen heißen Infraschall, schnellere Ultraschall. Empfunden werden, vereinfacht gesagt [▶ Psychoakustisches Glossar], langsame Schwingungen als tiefe Töne, schnelle als hohe, die Menge der in Schwingung befindlichen Teilchen des Mediums als Lautstärke.

Experiment ▶ Versuchsweise blind oder taub (I)

Wie wir in Sehen und Hören in jeweils besonderer Weise auf die Umwelt bezogen sind, können Sie erfahren, indem Sie versuchsweise abwechselnd auf einen der beiden Sinne verzichten: Eine Augenbinde oder Schlafmaske schalten das Sehen aus, Ohrstöpsel und zusätzliche Ohrhauben, wie sie für den Lärmschutz im Baumarkt erhältlich sind, schotten vor einem großen Teil der akustischen Umwelt ab (Geräusche im Kopf, wie sie etwa beim Kauen entstehen, werden in dieser Situation dagegen ungewohnt deutlich wahrgenommen). Spätestens wenn Sie die Wohnung verlassen, aber auch schon, wenn Sie sich blind auf Treppen begeben, sollten Sie sich der Hilfe eines Begleiters versichern, um Unfälle auszuschließen.

Effekt und *Deutung*: ▶ Lebensgefühl bei Taubheit; [▶ Exp. Versuchsweise blind oder taub (II), S. 207].

Mit dem Hören ist uns meist das **Geschehen** gegenwärtig, das den Schall verursacht. Wir hören ein Tropfen, Steinschlag, Schritte, Atem, Lachen, Weinen usw. Im Tönen sind die jeweilige **Körperlichkeit der Schallquellen** (z. B. geben große Objekte eher tiefe Töne von sich, kleine eher hohe) und die spezifischen **dynamischen Abläufe** von Ereignissen (Schlagen, Reiben etc.) vernehmbar. Geräusche, die wir nicht mit uns geläufigen Geschehnissen in Verbindung bringen können, machen **Angst**. Science-Fiction-Filme und auch andere Genres des Kinos bemühen regelmäßig die unheimliche Wirkung unidentifizierbaren Schalls (Flückiger, 2007). In der ökologisch orientierten Psychologie ist es üblich hervorzuheben, dass die eigentlichen **Ton- und Geräuschempfindungen** (*wie* sich etwas anhört) gegenüber dem **Identifizieren** des tönenden Geschehens (*was* tönt) in den Hintergrund treten. Es ist indessen nicht sinnvoll, das Identifizieren von Ereignissen oder Objekten gegen das Vernehmen von Geräusch- und Lautstrukturen auszuspielen: Wie sich anhört, was an unser Ohr dringt, ist der Beschreibung durchaus zugänglich und wird auch spontan registriert. Das bezeugen nicht zuletzt **lautmalerische** Verben wie klingeln, sausen, zischen, poltern etc. Die Wiedergabe der empfundenen Laute dient – wie eines der ersten Worte der meisten Kinder: Wauwau – gelegentlich auch der Benennung der Geräuschquelle.

Kategoriale Wahrnehmung. Insbesondere bei der sprachlichen Kommunikation zeigt sich allerdings, dass das Hören nicht immer ungebrochen den physikalischen Reizen folgt, sondern sie teilweise mit einer eigenen Einteilung überformt. Ähnlich wie wir beim ▶ *Morphing* zweier Gesichter Abweichungen vom Erscheinungsbild in gewissem Maße ignorieren und entweder das eine oder das andere Gesicht sehen, nicht aber die Zwischenformen als eigenständige Gesichter, hören wir bei kontinuierlichem akustischen Übergang, etwa von /ba/ zu /pa/, nicht das physikalisch gegebene Spektrum von Lauten dazwischen, sondern bis zu einem bestimmten Punkt den einen und dann übergangslos den anderen Laut. Die pragmatische Bedeutung solcher Vereinfachungen zeigt sich daran, dass es von der Lautstruktur der jeweils vertrauten Sprache(n) bzw. Dialekte abhängt, wo es zu Kategorisierungen kommt.

Neuro-Skizze ▶ Hören

Die als Schall wahrnehmbaren Änderungen des Luftdruckes werden in den Innenohren [▶ Abb.] auf beiden Seiten des Schädels in elektrische Impulse übersetzt. Zuvor sorgt das Mittelohr dank der konzentrierten Weitergabe der Luftdruckschwankungen des Trommelfells über die Gehörknöchelchen (*Hammer, Amboß und Steigbügel*) auf die sensible Membran des Innenohrs (*ovales Fenster*) dafür, dass feine Änderungen des **Luftdruckes** überhaupt merkliche Effekte in den von **Flüssigkeit** gefüllten Innenohren erzeugen. Der Gehörgang, der von außen zum Trommelfell führt, schützt das Mittelohr und **verstärkt** als **Resonanzkörper** bereits einen breiten Bereich der hörbaren Frequenzen. Die Ohrmuschel fängt Schall bestimmter Frequenzen (Stimmen) besonders effektiv ein. Durch ihre eigentümliche Form unterstützt die Ohrmuschel das ▶ *Richtungshören*.

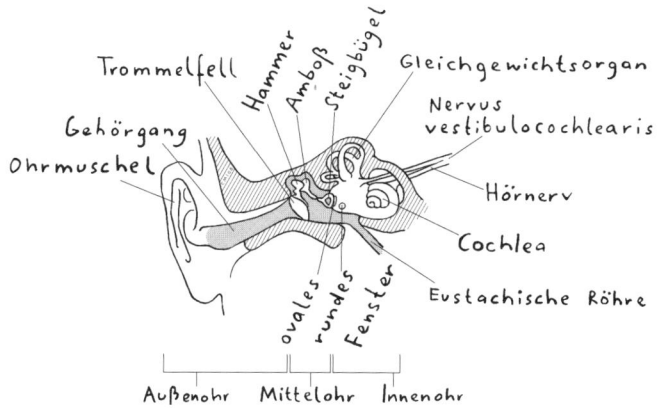

Das mit *Perilymphe* gefüllte Innenohr ist ein verzweigter Hohlraum (*knöchernes Laby-rinth*), der neben der Hörschnecke (*Cochlea*) das Gleichgewichtsorgan [▶ Kap. 4] ent-hält.

Die Hörschnecke ist ein zusammengeroll-ter, von Häutchen gebildeter Strumpf, der aus drei Kammern besteht [▶ Abb.]. Die Rezep-torzellen sitzen in der mittleren Kammer auf einer elastischen Trennwand, der sogenann-ten *Basilarmembran*. Über den Rezeptorzel-len wölbt sich eine gallertartige Masse, die bei Bewegung der *Basilarmembran* die Sin-

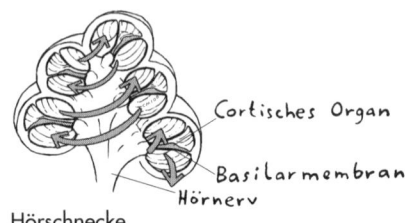

Cortisches Organ

Basilarmembran

Hörnerv

Hörschnecke

neshärchen (*Stereozilien*) der Rezeptorzellen abbiegt. Diese funktionelle Einheit, an der **Bewegung in Nervenimpulse umgewandelt** wird, heißt *Cortisches Organ*.

Bewegungen des Steigbügels lösen am ovalen Fenster der Hörschnecke eine **Wander-welle** entlang der *Basilaremembran* aus. Am runden Fenster wird der Druck wieder ans Mit-telohr abgegeben. Da die *Basilarmembran* an der Verbindung zum Mittelohr schmaler und steifer ist als an der Spitze der Schnecke, wird sie hier stärker von schnelleren Schwingungen, dort stärker von langsameren ausgelenkt. Wandert eine Welle durch die Schnecke, wird das Cortische Organ also je nach Frequenz an bestimmten Stellen der Schnecke besonders stark gereizt. Andererseits variiert mit der Frequenz das zeitliche Muster der Verschiebung. **Je nach Frequenz** der Welle feuern die Sinneszellen entlang der Schnecke in spezifischen **örtlichen und zeitlichen Mustern**.

Im Cortischen Organ finden sich zwei Typen von Haarzellen, von denen Nervenfa-sern zum Gehirn führen (*Afferenzen*). Eine der beiden Sorten von Rezeptorzellen wird auch von steuernden Impulsen aus dem Gehirn (*Efferenzen*) erreicht. So können Verar-beitungsstufen im Gehirn (*top down*) dafür sorgen, dass diese Haarzellen wie eine Art Muskel den Spannungszustand der *Basilarmembran* verändern und dadurch die lokale Ansprechbarkeit des Cortischen Organes modulieren bzw. steigern. Das erlaubt es, die **Reizaufnahme situationsgemäß zu beeinflussen.**

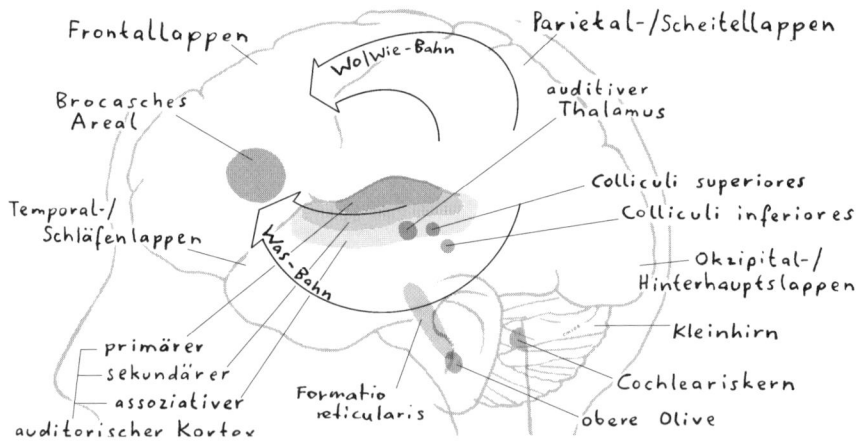

Afferenzen und Efferenzen der Sinneszellen sind im Hörnerv gebündelt. Erste Schalt-stelle auf dem Weg zum Kortex ist (beidseitig) der *Cochleariskern* im Hirnstamm. Bei der Weiterleitung zur zweiten Station, der linken und rechten *oberen Olive*, verzweigen sich die **Zuflüsse von beiden Ohren**. In beiden oberen Oliven werden **Intensität und Zeitver-lauf** der Reizung des linken und rechten Ohres verglichen und so ein wesentlicher Beitrag zum ▶ *Richtungshören* geleistet.

Eine direkte, efferente Verbindung von den Cochleariskernen zu einem kleinen Muskel im Mittelohr sorgt bei größerer Lautstärke für eine Entkoppelung der Gehörknöchelchen, um das **Innenohr** zu **schützen** (*Stapediusreflex*); gegenüber extremem Schalldruck, etwa in einer Disco, bleibt dieser angeborene Schutzmechanismus indessen wirkungslos. Über den Cochleariskernen wird die Information aus dem Ohr zudem ins Kleinhirn (**Bewe-gungssteuerung**) und das aufsteigende retikuläre Erregungssystem (*formatio reticularis*; Wachheitsgrad, Orientierungs- und Schreckreflex) eingespeist.

Weiter führt die Hörbahn beidseitig zu den sogenannten unteren Hügelchen (*inferio-ren Colliculi*) im Mittelhirn. Verbindungen zu den benachbarten oberen Hügelchen (*supe-rioren Colliculi*) spielen eine wichtige Rolle bei der **Koordination von taktil-haptischer, visueller und auditiver Lokalisation von Objekten**. Nach einer weiteren Umschaltung im auditiven *Thalamus* im Zwischenhirn mündet die Hörbahn schließlich im *primären audi-torischen Kortex* im rechten und linken Temporallappen (in der *Sylvischen Furche* an der Grenze zu Scheitel- und Frontallappen).

Wie schon die Hörschnecke Frequenzunterschiede des Schalls örtlich abbildet, sind die Neuronen in den genannten Stationen der Hörbahn nach ihrer Empfindlichkeit für Frequenzen geordnet (*tonotope* Ordnung). Auf dem Weg vom oberen Olivenkern zum Kortex setzt sich die Auswertung von Reizen hinsichtlich der Lokalisierung von Schall-quellen fort, außerdem werden bereits für bestimmte Schallquellen charakteristische Fre-quenzmischungen und Verlaufsmuster registriert. Der primäre auditorische Kortex rea-

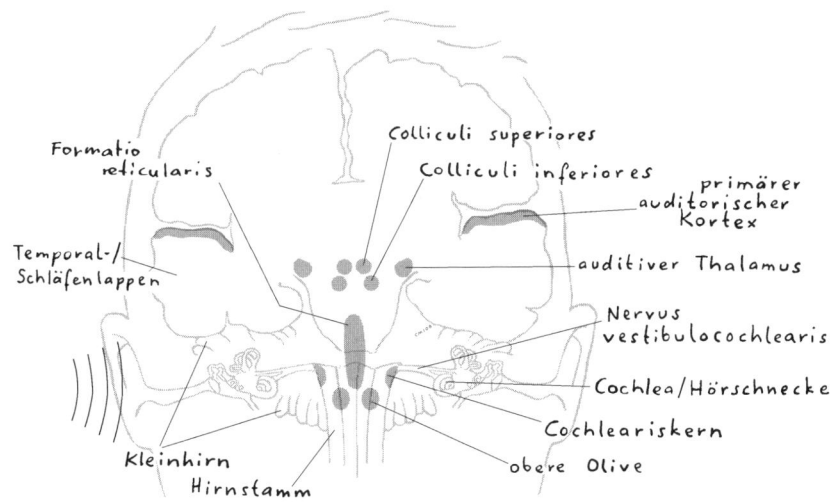

giert noch auf einfache Töne. Neuronen im benachbarten *sekundären auditorischen Kortex* und dem anschließenden *assoziativen auditorischen Kortex* sind nur durch komplexere Schallereignisse zu aktivieren. Je nachdem, ob es um die **Lokalisierung** einer Schallquelle oder das **Erkennen** eines Klanges oder Geräusches geht, werden Hörreize weiter in verschiedenen Arealen von Frontal-, Scheitel- und auch Hinterhauptslappen verarbeitet. Die Pfade beim Lokalisieren und Identifizieren von Schallquellen überschneiden sich mit den *Was-* und *Wo-*Bahnen des Sehens [▶ Kap. 7]). Die *Was-*Bahn des Hörens schließt einen Bereich des Frontallappens (*Brocasches Areal*) ein, der die Motorik des Artikulierens vermittelt. Auditive ▶ *Spiegelneurone* sind sowohl beim Hören von Stimmlauten als auch bei Geräuschen, die bei Handlungen anderer entstehen, aktiv.

Der *rechte Kortex* ist (bei Rechtshändern) dem linken im Hinblick auf **Lokalisierung** von Schallquellen überlegen und spricht – bei Nichtmusikern – auch stärker auf **Musik** an. Umgekehrt ist der *linke Kortex* beim **Sprachverstehen** und allgemeiner bei der **Analyse der Zusammensetzung** von Klängen und Geräuschen aktiver.

Als *absteigende Hörbahn* bezeichnet man die Rückverbindungen vom Kortex zur Hörschnecke. Vermutlich tragen insbesondere Verbindungen vom Kortex zum Thalamus dazu bei, dass man aus dem umgebenden Schall das **heraushören** (filtern) kann, was einen momentan interessiert. – Dass das Gehirn beim Hören den Entladungsmustern einer relativ geringen Zahl von Rezeptorzellen Information entnehmen muss (die Zahl der lichtempfindlichen Zellen der Netzhaut ist wesentlich größer), wird mit der besonderen Erfahrungsabhängigkeit des Hörens (gegenüber dem Sehen) in Verbindung gebracht.

Lesen ▶ Altenmüller, 2006; Birbaumer & Schmidt, 2006; Bösel, 2006; Gallese, 2007; Goldstein, 2008, Kap. 11; Guski, 1996, Kap. 4; Rizzolatti & Sinigaglia, 2008, Kap. 6; Roberts, 2002, Kap. 2–4; Schröger, Kaernbach & Schönwiesner, 2008

Warnsinn. Wir hören **rundum**, im Hellen wie im Dunkeln. Hören kann so auf unsichtbare Gefahren aufmerksam machen: Das Gehör ist – wie das Riechen – in besonderem Maß ein Warnsinn. Ein **unerwartetes Geräusch** in der Umgebung erregt **unwillkürlich Aufmerksamkeit** und bedingt **Zuwendung**, um ins Auge fassen zu können, was da geschieht (*Orientierungsreaktion*). Neben einer allgemeinen Erregung (Steigerung der Wachheit) schließt diese Reaktion die Lokalisierung der Schallquelle – also der möglichen Gefahr oder Attraktion – ein.

Richtungshören. Das Orten verdankt sich zum einen dem Vergleich der Reizung der beiden Ohren (*binaurale Faktoren*) und zum anderen richtungs- und entfernungsabhängigen Variationen der Schallzusammensetzung, die bereits von einem Ohr (*monaural*) registriert werden. Ob sich eine Schallquelle **links** oder **rechts** befindet [▶ Abb.], entnimmt das auditive System den Differenzen an beiden Ohren. Ausgewertet werden Unterschiede in

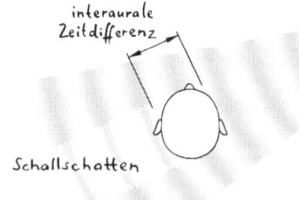

- **Intensität** (ein hinreichender Schallschatten entsteht durch den Kopf allerdings nur bei hohen Frequenzen),
- **Schallzusammensetzung** (der Schall wird je nach Frequenz in unterschiedlichem Maß durch den Kopf abgeschattet),
- **zeitlicher Abfolge** der Reize (Phasenverschiebung wegen der unterschiedlich weiten Wege zu beiden Ohren).

Nahe der Gradeausrichtung des Kopfes kann der Einfallswinkel mit einer Genauigkeit von 1–3 Grad bestimmt werden. Weiter seitlich nimmt die Genauigkeit ab. Die zunehmende Unschärfe ist unter natürlichen Umständen kein Hindernis, weil Kopfbewegungen bei der Lokalisierung mitwirken. Die unregelmäßige Form der **Ohrmuschel** erlaubt uns auszumachen, ob sich etwas **vorne** oder **hinten**, **oben** oder **unten** abspielt. Der Schall gelangt nicht nur direkt in den Gehörgang, sondern wird auch von den verschiedenen Partien der Ohrmuschel reflektiert. Dabei macht es einen Unterschied, ob Geräusche von vorne, hinten, unten oder oben kommen. Denn je nachdem, von wo sie kommen, werden bestimmte Komponenten von Frequenzgemischen verstärkt oder abgeschwächt. Mit dem Einfallswinkel ändert sich also die Schallzusammensetzung, die ins Ohr gelangt. Dieses Kriterium setzt allerdings voraus, dass es sich überhaupt um einen breitbandigen Schall handelt. Monofrequente Töne sind so nicht korrekt lokalisierbar. – Wenn die optischen Hinweise auf die Schallquelle von den akustischen abweichen, tendieren wir dazu, sie auch da zu hören, wo wir sie sehen. Deshalb können **Bauchredner** ihr Publikum täuschen [▶ Kap. 9].

Entfernungshören. Bei Lauten oder Geräuschen, die uns geläufig sind, können wir die Entfernung der Schallquelle einschätzen, weil die Intensität der hohen Frequenzen schneller abnimmt als die der tiefen: Eine uns bekannte Stimme hört sich deshalb mit zunehmendem Abstand tiefer an. Deshalb irritiert es, wenn in Filmen ein visuell entferntes Geschehen von einem in der Nähe der Aktion aufgenommenen Ton begleitet wird. *Schnelle Annäherung* oder *Entfernung* einer Schallquelle, zum Beispiel eines Fahrzeugs, wird an einer Erhöhung bzw. Verringerung der Frequenzen erkannt (*Doppler-Effekt*).

Identifizieren. In der Geräuschkulisse, die uns beispielsweise bei einem Spaziergang umgibt, können wir etwa Blätterrauschen, Plätschern, Vogelgesang, unsere Schritte und die eines Begleiters, seine und unsere Worte, gedämpfte Straßengeräusche, ein fernes Flugzeug und anderes mehr ausmachen. Wie gelingt es, das Gemisch von Schallwellen, das in einer gewissen Zeitspanne ans Ohr dringt, sinnvoll einzuteilen?
Eine wesentliche Hilfe für das Auseinanderhalten der Momente des Umgebungsschalls – man spricht auch von *auditivem Streaming* oder *auditiver Szenenanalyse* – ist die eben besprochene Lokalisierung: Schall, der aus der gleichen Richtung kommt,

geht potentiell auf dasselbe Ereignis zurück, geht von derselben Schallquelle aus. Insbesondere dann, wenn die Bestandteile des Schalls gemeinsam ihre Richtung relativ zum Hörer verändern: Deutliche *Ortsveränderung* unterstützt im Hören wie im Sehen die Wahrnehmung einer *Figur*, die sich vor einem *Grund* abhebt. Die Wahrnehmung des *Wo* enthält in diesem Fall mit einer gewissen Wahrscheinlichkeit übrigens auch schon einen Hinweis auf das *Was*. Wie schon beim Thema unerwartete Berührung [▶ Kap. 2] und auch im Kapitel zum Sehen [▶ Kap. 7] festgehalten, spricht das Wahrnehmen vermutlich deshalb besonders auf Bewegung an, weil ihr gewissermaßen der Verdacht eingeschrieben ist: Was sich bewegt, könnte ein (eventuell gefährliches) Lebewesen sein.

Die Momente der besagten Geräuschkulisse können wir aber selbst dann einigermaßen heraushören, wenn wir sie in der Wiedergabe eines Monolautsprechers hören (die Radioreportage von einem Spaziergang). Neben der Einteilung über die Richtung sieht man einige formale Prinzipien am Werk, die den ▶ Gestaltfaktoren, wie sie für das Sehen formuliert wurden, entsprechen:

- ▮ zeitliche **Nähe** (was gleichzeitig einsetzt, gehört zusammen),
- ▮ **Ähnlichkeit** (was ähnlich klingt, gehört zusammen; Sprünge in der Abfolge oder Differenzen innerhalb der simultanen Frequenzmischung, die nicht durch ihre harmonische Struktur als Resonanzen kenntlich werden, sprechen für getrennte Quellen),
- ▮ als Spezialfall der Gruppierung nach Ähnlichkeit kann man **gleichgerichtete Änderungen** in Intensität oder Frequenz ansehen (Faktor des *gemeinsamen Schicksals*).

Beim Heraushören von Geschehnissen aus dem, was zeitgleich an die Ohren dringt, spielt vielfach auch das *Sehen* eine Rolle. So sehen wir die Schritte der Person, die uns begleitet (weshalb uns das Hören dieser Schritte keineswegs beunruhigt). Und wenn sie spricht, sind ihre Lippen in synchroner Bewegung. Die Monowiedergabe eines Gesprächs mit einer größeren Zahl von Teilnehmern verwirrt, wenn keine visuelle Zuordnung möglich ist. Bei asynchronen audiovisuellen Darbietungen stört es übrigens kaum, wenn der Ton leicht verzögert ist; ein zu früher Ton dagegen irritiert deutlich: Wegen der geringeren Ausbreitungsgeschwindigkeit des Schalls sehen wir die Lippenbewegungen ja immer ein wenig früher, als wir das Gesprochene hören. Unter erschwerten Bedingungen, also bei störendem Schall, *hören* wir durch das Lippenlesen besser. – Wenn man experimentell nicht zueinander passende Lippenbewegungen und Laute miteinander kombiniert, ist der Höreindruck ein Kompromiss aus dem tatsächlichen akustischen Reiz und dem von den Lippenbewegungen suggerierten: Zeigt man Lippenbewegungen von /ga-ga/, spielt dazu aber /ba-ba/ vom Band, hören Versuchspersonen /da-da/; *McGurk-Effekt* [▶ Kap. 9].

Was wir selbst sagen, korreliert ebenso wie die Geräusche, die bei unseren eigenen Bewegungen entstehen, mit der *eigenen Motorik*. (Dass wir uns selbst sprechen hören, ermöglicht bzw. erleichtert Artikulation; die Geräusche unserer Schritte unterstützen sicheren Tritt, was man bei experimenteller Taubheit – oder auch, wenn man mit Kopfhörern unterwegs ist – beispielsweise dann erfährt, wenn plötzlich auch Blindheit hinzukommt, z. B. in einem Keller das Licht ausgeht; die Ohren frei zu machen, verhilft in diesem Moment nicht nur zu einem gewissen Gefühl für den Umraum (siehe unten), sondern beseitigt auch den spontanen Eindruck, auf Watte zu gehen.

Der synchrone Verlauf von Gehörtem und Gesehenem sowie die auditive Rückkoppelung eigener Aktivitäten erschließt einen Teil des ‚Durcheinanders' der aktuellen Hörwelt auf wenig geheimnisvolle Weise. Weiter sorgt der Umstand, dass Aktionen des eigenen Körpers (ob nun stimmliche Aktivitäten, Schritte oder Schlagen, Klatschen, Reiben, Kratzen) mit bestimmten Schallmustern verbunden sind, dafür, dass wir entsprechende *auditive Szenen* – auch dann, wenn sie auf die Aktivität anderer zurückgehen – dank unseres **inneren Mitmachens** identifizieren können. Mit Blick auf das Verstehen von Sprachlauten wurde das schon vor Jahrzehnten postuliert (*motorische Theorie des Sprachverstehens*): Wir identifizieren Sprachlaute wahrscheinlich unter anderem deshalb, weil diese in uns den Impuls auslösen, sie unsererseits zu artikulieren. Inzwischen konnte nachgewiesen werden, dass jener Bereich des Gehirns (*Brocasches Areal*), der wesentlich die Sprechmotorik steuert, beim bloßen Hören von Sprache ebenfalls aktiviert ist. Auch im auditiven System finden sich ▶ *Spiegelneurone*. – Diese Mitbewegung dürfte übrigens nicht nur eine Folge von Lernen sein. Wie die Beobachtung der Kommunikation von Erwachsenen mit Säuglingen wahrscheinlich macht (siehe unten), bemühen sich Neugeborene – so wie sie Mimiken imitieren – von den ersten Lebensstunden an beim Vernehmen von Stimmen um nachahmende Artikulation (das betrifft zunächst offenbar den Vokal /a/).

Ein spezieller Fall von Heraushören ist unter dem Etikett *Cocktailparty-Phänomen* bekannt geworden. Wir sind in der Lage, aus einem Stimmengewirr auch ohne visuelle Unterstützung eine Stimme herauszuhören und dem zu folgen, was sie mitteilt. Es handelt sich hier um die Fähigkeit zur selektiven auditiven Aufmerksamkeit für eine unter vielen ähnlichen Schallquellen. Die Auswahl kann willkürlich oder unwillkürlich (z. B. ausgelöst dadurch, dass etwa der eigene Name fällt) erfolgen. Ohne Lokalisierung gelingt das Heraushören in diesem Fall allerdings kaum.

Lesen ▶ Bregman, 1990; Fowler, 2004; Guski, 1996, Kap. 7; Handel, 1989; Hauser, 1996; Lewald, 2006; Moore, 2005; Schröger, Kaernbach & Schönwiesner, 2008

Psychophysik ▶ Psychoakustisches Glossar

Die folgenden Begriffserklärungen streifen auch einige Fragen der Psychophysik des Hörens, die im Text nicht angesprochen werden.

- ▪ **Amplitude:** Ausschlag in der Darstellung einer (Schall-)Schwingung (steht für Intensität).
- ▪ **Audiometrie:** Methoden zur Bestimmung (von Minderungen) der Sensibilität des Gehörs; Bedingung einer optimalen Anpassung von Hörgeräten an Sensibilitätsver-

änderungen etwa bei Altersschwerhörigkeit (in der Regel größere Verstärkung im Bereich höherer Frequenzen).

■ **Bandweite/-breite:** Frequenzumfang eines Schalls; *Hoch-* bzw. *Tiefpassfilter* lassen nur den jeweils genannten Frequenzbereich passieren.

■ **Frequenz:** Schwingungszahl einer (Schall-)Schwingung; 1 Hertz (1 Hz) = 1 Schwingung pro Sekunde.

■ **Fourieranalyse:** Nach seinem Schöpfer benanntes mathematisches Verfahren zur Zerlegung einer komplexen (Schall-)Welle in die enthaltenen Sinuswellen.

■ **Geräusch** (*sound; noise*): Ist im engeren Sinn definiert als Schall von unbestimmter ▶ *Tonhöhe* und ▶ *Klangfarbe*. Im alltäglichen Sprachgebrauch umfasst Geräusch auch ▶ *Klänge*; ▶ *Spektralanalyse*.

■ **Grundton:** Tiefster Ton eines ▶ *Klanges*; bestimmt dessen ▶ *Tonhöhe*; paradoxerweise auch dann, wenn er fehlt (z. B. wegen der Übertragungstechnik; etwa beim Telefon): Art und Verlauf der ▶ *Obertöne* lassen den Grundton mithören.

■ **Harmonische:** Bestandteile eines ▶ *Klanges*: ▶ *Grundton* (*1. Harmonische*) und dessen *Obertöne* (zweite bis xte *Harmonische* = ganzzahlige Vielfache der Frequenz des Grundtones), die sich jeweils den besonderen Resonanzbedingungen im schallenden Körper verdanken.

■ **Hüllkurve:** Beschreibt den zeitlichen Verlauf der ▶ *Amplitude* eines Schallereignisses (gegliedert in *Einschwingphase/Attack*, erste *Dämpfung/Decay*, *Aushaltephase/Körper* und *Ausklingen/Release*).

■ **Isophone:** Die empfundene ▶ *Lautstärke* ist nicht nur von der ▶ *Amplitude*, sondern auch von der ▶ *Frequenz* des Schalls abhängig; Kurven gleicher Lautstärke (gemessen in ▶ *Phon*) zeigen, welchen Schalldruck Töne unterschiedlicher Frequenz haben müssen, um als gleichlaut (*isophon*) empfunden zu werden; bei mittleren, sprachrelevanten Frequenzen ist die Empfindlichkeit besonders hoch.

■ **Klang:** Bei tierischen Stimmlauten und Tönen von Musikinstrumenten spricht man von Klang: einer komplexen Struktur aus ▶ *Grundton* und ▶ *Obertönen*; einfacher sind ▶ *Sinustöne, -wellen*; ▶ *Fourieranalyse*; ▶ *Geräusch*.

■ **Klangfarbe:** Es liegt an der Klangfarbe, dass Töne gleicher ▶ *Tonhöhe* und ▶ *Lautstärke* gleichwohl erkennen lassen, ob sie etwa auf einer Flöte oder dem Klavier erzeugt wurden. Auch die Stimmen von Individuen unterscheiden sich in ihrer Klangfarbe. Verantwortlich dafür sind vor allem die spezifischen ▶ *Obertöne*, deren Energieanteil und zeitliche Entwicklung.

■ **Lautstärke** und **Lautheit:** beziehen sich auf die Intensität des Gehörten. Es handelt sich dabei um subjektive Erscheinungen. Maße der Intensität (▶ *Phone* und ▶ *Sone*) sind bezogen auf das Erleben bei physikalisch definierten Bezugsgrößen (▶ Schalldruckpegel, ▶ Frequenz). Oft liest man, *Phone* sei das Maß der *Lautstärke*, während *Sone* sich auf *Lautheit* beziehe. Dieser Versuch, die beiden verschiedenen Intensitätsmaße sprachlich zu verankern, ist eher verwirrend als hilfreich.

■ **Maskierung** (*masking*): Herabsetzung der Hörbarkeit (Ansteigen der *Schwelle*) eines Schalls (sog. *Nutzsignal*) durch ein anderes, vorheriges, gleichzeitiges oder nachfolgendes Schallereignis (sog. *Störsignal*). Maskierung ist stärker, wenn beide Signale aus der gleichen Richtung kommen, also etwa ein Sprecher zwischen dem Zuhörer und einem offenen Fenster, durch welches Verkehrslärm in den Raum dringt, steht.

- **Obertöne** ▶ Harmonische
- **Phon:** Maßeinheit für ▶ Lautstärke bzw. Lautheit; ist bezogen auf den Schalldruckpegel eines 1000-Hz-Tones, der die nämliche Lautstärkeempfindung auslöst. ▶ Isophone.
- **Präzedenzeffekt** (Haas-Effekt, Gesetz der ersten Wellenfront): Lokalisierung der Schallquelle in jener Richtung, aus der ein Schall zuerst den Hörer erreicht, sowie Unterdrückung einer Echowahrnehmung bei Zeitdifferenzen bis 50 Millisekunden; erlaubt es im Kino durch entsprechendes Timing bei der Bespielung von Leinwand- und Seitenlautsprechern, die Schallquelle vorne wahrnehmbar zu machen, auch wenn die seitliche Lautstärke größer ist.
- **Rauhigkeit:** Bei zunehmender Differenz gleichzeitig erklingender ähnlicher Sinustöne geht die ▶ Schwebung in die Empfindung von (unangenehmer) Rauhigkeit über. Diese hält auch in einem Bereich noch an, in dem die beiden Töne bereits als unterschieden wahrgenommen werden (Dissonanz). Erst beim Überschreiten der sogenannten *kritischen Bandweite* des Abstandes klingen zwei Sinustöne (angenehm) glatt (Konsonanz).
- **Schalldruckpegel** (sound pressure level, SPL): wird gemessen in Dezibel (dB); abhängig von der ▶ Amplitude der Schallwelle; ▶ Lautstärke.
- **Schwebung:** Bei Tönen sehr ähnlicher Frequenz führt die periodische Phasenverschiebung dazu, dass man nur einen Ton hört, dessen Lautstärke pulsiert.
- **Sinustöne, -wellen:** künstlich erzeugte Schallwellen, die nur in einer Frequenz schwingen.
- **Sone:** Maßeinheit der ▶ Lautstärke bzw. Lautheit, bei der es, anders als bei Angaben in ▶ Phone, darum geht, um wievielmal lauter ein Schall als ein anderer erscheint. Ein Sone wurde bezogen auf die Lautheits-Empfindung bei einem 1000-Hz-Ton mit einem ▶ Schalldruckpegel von 40 dB. Die Lautheits-Empfindung verdoppelt sich bei einer Steigerung um 10 dB (man beachte: Wegen der logarithmischen Skala bedeutet eine Steigerung um 10 dB eine Verzehnfachung des Schalldrucks; diese wird lediglich als Verdopplung der Lautheit wahrgenommen).
- **Spektrogramm/spektrale Zusammensetzung:** Darstellung der Frequenzen (in Hz) und ihrer physikalischen Intensitäten (▶ Schalldruckpegel) im Zeitverlauf von Schallereignissen; insbesondere bei Geräuschen benutzt.
- **Tonhöhe** (Pitch): ist eine Empfindung, die sich mit der Frequenz eines ▶ Sinustones ändert, durch sie aber nicht vollständig festgelegt ist; Änderungen der ▶ Amplitude können auch die Tonhöhe leicht verschieben. Während bei der Bestimmung der Tonhöhe von Sinustönen Unsicherheiten auftreten, erleichtert bei ▶ Klängen die komplexe Struktur der ▶ Obertöne das Hören des ▶ Grundtones.
- **weißes Rauschen:** maximal *breitbandiges* ▶ Geräusch, das alle hörbaren Frequenzen in gleicher Intensität (▶ Schalldruckpegel) enthält. ▶ Bandweite, -breite.
  Lesen ▶ Fastl & Zwicker, 2007; Hellbrück & Ellermeier, 2004; Moore, 2005; Roederer, 2007; Raffaseder, 2002

Stimme und Kommunikation

Im Tierreich finden sich vielgestaltige Formen der akustischen Kommunikation (Zirpen, Zähneknirschen, Zungen- oder Lippenschnalzen, Pfeifen, Klopfen, Klatschen usf.). Bei Vögeln und Säugetieren spielt die Stimme eine bedeutende Rolle als Mittel der Verständigung. Während Menschen die Welt sprechend gewissermaßen zu verdoppeln vermögen, bleibt es bei anderen Tieren, so der Primatenverwandtschaft, bei einem Repertoire von **Signalen** für bestimmte Situationen (z. B. unterschiedlichen Warnrufen, die auf Angreifer am Boden oder aus der Luft deuten). Weiterhin machen bei Menschen und anderen Tieren Stimmlaute individuelle **Zustände** und **Motivlagen** für andere Subjekte (vor allem der eigenen Art) auditiv erfahrbar. Diese fundamentale stimmliche Kommunikation geht beim Menschen dem verbalen Austausch voraus und ist auch im Sprechen gegenwärtig.

Analysen des gestisch-mimischen und stimmlichen Austauschs zwischen Müttern bzw. Pflegepersonen und Säuglingen zeigen ein fein abgestimmtes Spiel gegenseitiger Nachahmung. Bei dieser Vorstufe eines Gesprächs (*Protokonversation*) wechseln die Erwachsenen in die Tonlage des Säuglings und ahmen die Melodik und den Rhythmus von dessen spontanen Lautäußerungen nach (im Englischen wird dieser Sing-Sang *Motherese* genannt). Das verstärkt nicht nur die Lautproduktion des Nachwuchses, sondern schafft einen Rahmen, in dem die Säuglinge auch ihrerseits den Lauten der Erwachsenen folgen. Bei diesen Quasidialogen (man spricht auch von *Duetten*) sind das Wahrnehmen von Mimik und Gestik sowie von Lauten miteinander und auch mit der Artikulationsmotorik verschränkt. Die **Integration von Sehen, Hören, motorischen Impulsen und Spüren der Bewegungen des eigenen Körpers** (visuell-auditiv-motorisch-propriozeptive Koordination) unterstützt das spätere Verständnis der Lautstruktur der Muttersprache und ermöglicht letztlich auch das **Hineinwachsen in kulturelle Besonderheiten des ausdrucksvollen körperlichen Gebarens**. Unmittelbar vermittelt das Wechselspiel die **emotionale Abstimmung** (*Affektabstimmung*).

Der Gebrauch der Stimme drückt nicht nur Befindlichkeiten und Absichten aus. Individuen sind bekanntlich auch an ihren Stimmen identifizierbar (Neugeborene erkennen ihre Mütter sehr bald an der Stimme). Das entspricht der Doppelfunktion von Gesichtszügen und Mienenspiel: Zum einen, Individuen zu kennzeichnen, zum anderen, überindividuell Gemützustände darzustellen [▶ Kap. 7].

Auch wenn Erwachsene miteinander sprechen, kommunizieren ihre Stimmen zugleich auf nonverbaler Ebene: Die *Intonation* oder *Prosodie* des Sprechens kann ein und demselben Satz sehr unterschiedliche Bedeutung verleihen. Das betrifft nicht nur grammatikalische Differenzen wie die Unterscheidung von Frage und Aussage. Gefühle wie Ärger, Traurigkeit und Angst sind universell gut an prosodischen Aspekten des Sprechens erfahrbar („Der Ton macht die Musik."). So wird Ärger etwa an einer eher tiefen Tonlage, abrupten Übergängen und einer gewissen Lautstärke kenntlich. Angenehme Gefühle bringen prinzipiell ein variationsreiches, melodisches Sprechen mit sich, wobei freudige Erregung speziell mit einer hohen Tonlage verbunden ist. Zärtlichkeit trägt sich gehaucht, mit besonders weichen Übergängen vor. Bei ärgerlichen Artikulationen werden Lippen zurückgezogen, bei zärtlichen sind sie gerundet (*Labialisierung*). Ekel ist weniger an Tonlage und Sprachmelodie kenntlich denn an kurzen Rachen- und Zungenlauten (entsprechend der abstoßend-ausscheidenden ▶ Ekel-Mimik). Auch wenn jemand in einer Sprache spricht, die man nicht versteht, nimmt man oft Gefühle und Stimmungen treffend wahr.

Die quasi-musikalische Seite des Sprechens ist von grundlegender sozialer Bedeutung (man betrachtet die Prosodie tatsächlich als Vorläufer von Musik, *Protomusik*). Die präverbale Stimmkommunikation erlaubt es, Emotionen und Stimmungen zu vermitteln bzw. gegenseitig zu beeinflussen, weil Hören mit innerer Mitbewegung einhergeht. In einem Experiment präsentierten Beatrice de Gelder und Jean Vroomen (2000) eine Stimme mit fröhlicher oder trauriger Intonation zugleich mit Bildern, die den jeweils entgegengesetzten Gesichtsausdruck zeigten. Die Einschätzung des Gesichtsausdruckes verschob sich in Richtung der stimmlich ausgedrückten Emotion. Diese Beeinflussung funktioniert auch umgekehrt. Neurologische Befunde legen nahe, dass es sich bei dieser Beeinflussung nicht erst um einen Kompromiss auf kognitiver Ebene handelt. Das gemeinsame Dritte der auditiven und visuellen Ausdruckswahrnehmung könnten beim Wahrnehmen aktivierte Handlungsschemata, also abstrakte motorische Repräsentationen von Fröhlichkeit und Traurigkeit sein (de Gelder, Vroomen & Pourtois, 2004).

Im Hinblick auf den Gruppenzusammenhalt wird die stimmliche Kommunikation als effektive Ergänzung bzw. als Ersatz sozialer Körperpflege betrachtet (*vocal grooming* im Sinne der These, beim Menschen habe der Klatsch das Sich-Lausen als sozialen Kitt ersetzt [▶ Kap. 2]). Die emotionale Resonanz mit dem, was Stimmen ausdrücken, ist wahrscheinlich eine wesentliche Grundlage für die enorme Bedeutung von Musik in sämtlichen Kulturen.

Lesen ▶ Bråten, 2007; Papoušek & Papoušek, 2003; Eibl-Eibesfeldt, 1995; Vaissière, 2005; Johnstone & Scherer, 2000; *akustische Kommunikation bei Tieren:* Hauser, 1996; Tembrock, 1996

Musik und Tanz

„ (…) die Orchesterdirigenten pflegen sich nicht mit maschinenmäßigem Taktschlagen zu begnügen, sondern folgen mit ihrem Stabe der Melodiebewegung; diese charakteristischen malenden Arm- und Handbewegungen erleichtern oft dem Hörer das Auffassen der Musik wesentlich." (v. Hornbostel, 1986, 79; Orig. 1903)

Wie die Stimme in Abhängigkeit vom Spannungszustand des Organismus variiert und Hörer auf die ausgedrückte Befindlichkeit einstimmt, so involviert Musik diejenigen, die sie vernehmen, körperlich. Seit Menschengedenken ist bekannt, dass Musik beruhigen (Wiegenlieder) oder erregen (Kriegsgesänge) kann. Moderne Messverfahren registrieren vegetative (Herzrate, Hautwiderstand), hormonelle (z. B. Senkung des Testosteronspiegels bei beruhigender Musik), immunologische (Erhöhung von Immunglobulin A im Speichel bei aktivem Musizieren) und motorische Effekte von Musik.

Nicht zu übersehen ist die Wirkung musikalischer Rhythmen: Sie lösen **unwillkürlich Bewegungsimpulse** aus. Es lässt sich experimentell nachweisen, dass Menschen Änderungen im Rhythmus mit ihren (Finger-)Bewegungen selbst dann folgen, wenn ihnen diese Änderungen nicht bewusst werden (Hasan & Thaut, 2004; Thaut, 2005). Musik eignet sich deshalb dazu, die Akzente der Bewegungen einer größeren Anzahl von **Menschen zu synchronisieren**. Sei es im Dienst von selbstzweckhaften Gemeinschaftsritualen, sei es bei ritualisierten Formen sexueller Annäherung oder der Koordination von kollektiven Arbeitsprozessen (wovon etwa die reiche Tradition von Arbeitsgesängen zeugt, die Karl Bücher in seinem klassischen Buch *Arbeit und Rhythmus* nachgezeichnet hat).

Körperlich verausgabende Abläufe werden unter dem Einfluss rhythmischer Musik geradezu **anstrengungslos** vollzogen. Die Musik ersetzt den Willensakt, sich zu bewegen. Dieser **ekstatische Effekt** (im wörtlichen Sinn von Ekstase als Außersichsein: Die Musik übernimmt die Bewegungskontrolle) ist die Innenseite der Synchronisation mit anderen – also des temporären Aufgehens von Individuen in der gemeinsamen, musikalisch induzierten Bewegung. Musikalische Rhythmen werden auch zur **Kompensation von Störungen** der neuronalen Bewegungskontrolle eingesetzt (z. B. als Impulsgeber bei Patienten, die an Morbus Parkinson leiden).

Wie der Musikpsychologe und -ethnologe Erich Moritz von Hornbostel vor hundert Jahren betonte, drängt auch die **Melodie** zu körperlicher Bewegung: „Die Richtung der Körperbewegung fällt stets mit der Melodiebewegung zusammen: bei steigender Melodie haben wir die Tendenz, Kopf, Arm, Bein und Thorax zu heben, bei fallender Melodie, die Gliedmaßen sinken zu lassen und auszuatmen" (von Hornbostel, 1986, 79).

Die intuitiv einleuchtende These von der Entsprechung von Ton- und Körperbewegung ist gegenwärtig Thema objektivierender Studien (Davidson, 2002, 2005; Schögler & Trevarthen, 2007). Dem **Zusammenhang von Musik, Bewegung und Emotion** ging Manfred Clynes (1989) schon vor einiger Zeit nach, indem er Versuchspersonen die Vorstellung unterschiedlicher Gefühle und auch die Vergegenwärtigung des Charakters verschiedener Musikstücke in kurze Finger- bzw. Armgesten umsetzen ließ, deren Dynamik mit einem einfachen Apparat gemessen wurde (durch Registrieren des vertikalen und horizontalen Drucks beim Betätigen einer Taste mit dem Mittelfinger der dominanten Hand). Dieses Verfahren ist dem (nur Papier und Bleistift erfordernden)

Experiment verwandt, Gefühle oder Farben in abstrakte **Kritzelbewegungen** umzu-setzen [▶ Kap. 7]. Die Ergebnisse, die man dabei etwa für *Freude, Wut* oder *Trauer* in der Regel erzielt, stimmen mit den Melodiebewegungen von Musik mit entsprechen-dem Charakter (sowie typischen tänzerischen Umsetzungen solcher Musik) überein [▶ Kap. 9].

Auch der Philosoph John Dewey bezieht sich implizit auf die Melodiebewegung, wenn er konstatiert: „Die Musik vermittelt uns beispielsweise die wahre Essenz des Fal-lens und erhabenen Aufsteigens, des Brandens und Zurückweichens, der Akzeleration und Retardation, der Anspannung und Entspannung, des plötzlichen Andrängens und allmählichen leisen Eindringens von Dingen. Der Ausdruck ist **abstrakt**, sofern er frei von der Bindung an dieses und jenes, wogegen er zur gleichen Zeit leidenschaftlich unmittelbar und **konkret** ist." (1988, 242, Hervorhebungen R. Sch.).

In jüngerer Zeit wurde die Ausdrucksbedeutung von Musik durch sogenanntes *semantisches Pri-ming* nachgewiesen: Dass etwa der Begriff *Weite* besser zu einem Satz passt, in dem vom Blick in die Ferne die Rede ist, als zu einem anderen vorgegebenen Satz, der beispielsweise von beengen-den Fesseln handelt, lässt sich an einem bestimmten Indikator im Hirnstrombild ablesen (nur bei unpassenden Vorgaben findet sich nach 400 Millisekunden ein charakteristischer negativer Aus-schlag, *N 400*). Der nämliche Effekt lässt sich erzielen, wenn man statt Sätzen Musikstücke vor-gibt, denen man größere oder geringere Nähe zum Zielbegriff unterstellt. So wurde objektiviert, dass einem Musikstück (im Experiment eine Passage aus Richard Strauss' *Salome*) etwa die Bedeutung *Weite* zukommen kann (Koelsch & Fritz, 2007). Im Falle des Begriffes *Weite* liegt es übrigens nahe, die Bedeutung des Wortes – also das Ansprechen eines großen Spielraumes für Blick- respektive Körperbewegung – schon mit seinem eigenen Klang bzw. der Artikulations-bewegung, die ihn erzeugt, in Verbindung zu bringen: einer ausladenden, öffnenden Bewegung; das phonetische oder artikulatorische Bewegungsmoment von *Weite* kann man sich leicht vergegen-wärtigen, wenn man es im Wechsel mit *Enge* ausspricht. Den expressiven Bewegungscharakter von Lauten oder Worten hat vor Jahrzehnten Ertl (1969) in breit angelegten Studien nachweisen.

Die unmittelbar körperliche Wirkung von Rhythmus und Melodie impliziert die (ursprüngliche) Einheit von Musik und Tanz (die sich etwa darin niederschlägt, dass es bei manchen Naturvölkern für beides nur einen Begriff gibt). Neuerdings erzeugen Sportwissenschaftler akustische Rückmeldungen von Bewegungen als Trainingshilfe (*Bewegungs-Sonification*); dass es hilft, eine Bewegung besser auszuführen, wenn man sich darum bemüht, die Tonfolge zu treffen, die mit dem optimalen Ablauf verbunden ist, lebt von der Entsprechung (im Sinne von detaillierter Übersetzbarkeit) von Kör-perbewegung bzw. -gefühl und Tonbewegung (Effenberg, 2004).

Wenn heute viele Menschen regelmäßig **Musik** konsumieren, um ihre **Stimmung zu regulieren**, geht das wahrscheinlich letztlich auf die emotionale Bedeutung der **stimmlichen Kommunikation** (Affektabstimmung mit dem Nachwuchs, aber auch erwachsenen Gruppenmitgliedern) zurück, die vermutlich die Urform der Musik darstellt. Musik und Tanz als eigenständige Aktivität waren im Laufe der Geschichte im Wesentlichen **gemeinschaftliches Handeln**. Die sozial-emotionale Bedeutung des Musizierens und Tanzens erklärt wahrscheinlich die **Evolution der menschlichen Musikalität** (Synchronisation der Gruppe; Cross, 2001). Auch individualisierter Musikkonsum hat jedenfalls indirekt an der sozial einbettenden Funktion der Musik Anteil (Huron, 2001). – Als Hinweis auf den sozialen Charakter von Musik – wie auch die Verbindung von Musik und Stimme bzw. Sprechen – kann man den Befund verstehen, dass das Hören angenehmer Instrumentalmusik unter anderem jenen Bereich des Gehirns aktiviert, der für die motorische Steuerung des Kehlkopfes zuständig ist (*Rolandisches Operculum*; Koelsch & Fritz, 2007): Innerlich scheint man in die Musik einzustimmen, die man passiv vernimmt. Die starke Erfahrungsabhängigkeit der neuroanatomischen Substrate der Musikwahrnehmung – wie des Hörens überhaupt – macht Musik (wie sprachliche Intonation) und die mit ihr verbundenen motorischen Aspekte zu einem Kristallisationspunkt **lebensgeschichtlicher** wie **kulturspezifischer Prägung** (Altenmüller, 2006).

Wie grundlegende **sozial-emotionale Konstellationen** im Einzelnen in musikalischen Strukturen gegenwärtig sind, ist eine offene Frage. So kann man spekulieren, ob und wodurch sich beispielsweise in der Wirkung von *Dur vs. Moll* das Erleben von **Vereinigung vs. Trennung** (bzw. der Sehnsucht nach der Überwindung Letzterer) spiegelt (die Auffassung von Dur und Moll als fröhlich bzw. traurig stellt sich regelmäßig ein, wenn auch relativiert durch Tempo und Melodieführung; Cook, 2002). Lassen sich unterschiedliche Formen des *Spannungsaufbaus* – für Musikwissenschaftler ein zentraler Aspekt der Analyse von Kompositionen – als ‚Choreographien' des emotionsgeladenen menschlichen Miteinander verstehen? – Panksepp (1998) erklärt wohligen Schauer (*Chills*/Gänsehaut) beim Musikhören aus dem Frösteln (und damit einhergehenden Effekten auf den Endorphinhaushalt des Gehirns), das Menschen erfasst, wenn das, was sie hören (etwa ein Violincrescendo), Trennungsgefühle anklingen lässt. Indizien für die soziale Bedeutung musikalisch erzeugten Schauers sind in Panksepps Augen einerseits die Verwandtschaft *chillender* Musik mit (kindlichen) stimmlichen **Klagelauten** sowie die besondere Ansprechbarkeit von Frauen für diese Wirkung von Musik und andererseits die Tatsache, dass Musik, die kriegerische Heldentaten bzw. Aufopferung von Individuen für die Nation verherrlicht, die Hörer regelmäßig schauern lässt. Andere Autoren haben belegt, dass musikalisch erzeugte Gänsehaut mit Erregung limbischer ▶ Belohnungszentren einhergeht.

Lesen ▶ Altenmüller, 2006; Bråten, 2007; Eibl-Eibesfeldt, 1995; Hesse, 2003; Miell, MacDonald & Hargreaves, 2005; Pfleiderer, 2006; Panksepp & Bernatzky, 2002; Papoušek, 2003; Spitzer, 2003

Lautsphären und Raumakustik

Was man bei einem Spaziergang auf dem Land oder in einem Park hören kann, unterscheidet sich bekanntlich von den akustischen Angeboten einer Hauptverkehrsstraße, einer innerstädtischen Fußgängerzone oder eines verkehrsberuhigten Wohnviertels. Das jeweilige Gemisch von Geräuschen bzw. Lauten charakterisiert die **Typen von Örtlichkeiten**. Im Englischen bezeichnet man den hörbaren Charakter eine Szenerie als *Soundscape*. Eingedeutscht wird dieser durch die Arbeiten von Murray Schafer populär gewordene Begriff als *Lautsphäre*. Schafer unterscheidet unter anderem den *Grundton* einer Umgebung (was dauernd zu hören ist, einen Hindergrund bildet, wie bspw. Verkehrsgeräusche in der Stadt) von *Signallauten* (Aufmerksamkeit erregende Laute, wie bspw. Sirenen) und schließlich den *Orientierungslaut* (ein „Gemeindelaut, der einmalig ist", wie die Glocke einer Dorfkirche; Schafer, 1988, 316).

Im Alltag werden Lautsphären nur ausnahmsweise bewusst wahrgenommen. Aufmerksamkeit auf die auditive Umgebung schließt meist bereits eine positive oder negative **Bewertung** ein, ein besonderes Behagen oder Unbehagen. Blinde sind sich der auditiven Qualitäten der Umwelt ständig bewusst. Sehenden hilft diesbezüglich die **Verfremdung** des normalen Wahrnehmens: Radioreisereportagen oder (O-Ton-)Hörspiele, ein eigener Gang mit verbundenen Augen oder auch nur der Wille, sich zu vergegenwärtigen und eventuell auch zu notieren, was in verschiedenen Situationen zu hören ist (das Wahrnehmen der Umwelt wird dabei ansatzweise zum ästhetischen Erlebnis [▶ Kap. 10]).

Stadtbewohnern fällt bei einem Spaziergang in ländlicher Umgebung die besondere auditive Qualität nicht nur deshalb auf, weil sie sich vom Gewohnten unterscheidet. Die Lautsphäre auf dem Land (oder in einem hinreichend großen Park) spricht sowohl hinsichtlich der *Wahrnehmbarkeit* als auch wegen der konkreten *Wahrnehmungsobjekte* besonders an.

1. **Wahrnehmbarkeit.** Anders als auf einer verkehrsreichen Straße, wo das dominante, sich über einen weiten Frequenzbereich erstreckende (*breitbandige*) Geräusch der Motoren und Reifen andere Laute von nahen oder fernen Geräusch- und Klangquellen tendenziell verdeckt, bietet sich auf dem Land oder im Park in der Regel ein **tief gestaffeltes, differenziertes** Hörbild, in dem **vielfältige Lautquellen** und ihre **Lokalisierung** wahrnehmbar sind (abgesehen von Situationen, die etwa durch starken Wind oder tosende Wasserfälle geprägt sind). Wohnviertel in der Stadt oder gar am Stadtrand liegen hinsichtlich dieser abstrakten auditiven Qualität zwischen den Hörbildern von Hauptverkehrsstraße und Land bzw. Park. In einer belebten innerstädtischen Fußgängerzone leiden Differenzierbarkeit und Horizont der Hörwelt, ohne dass diese – wie es bei starkem Straßenverkehr der Fall ist – zu einem ‚Brei' würde. In Analogie zu der gängigen Bezeichnung der Wiedergabequalität von auditiven Medien spricht Schafer von *Hifi-* vs. *Lofi-Lautsphären*, wenn er sich auf Unter-

schiede in der Wahrnehmbarkeit bezieht. Die Wertschätzung, die man Umgebungen mit guter auditiver Wahrnehmbarkeit entgegenbringt, entspricht der Attraktion von **Fernblick, klarer Beleuchtung** und **reichhaltiger, aber nicht verwirrender Strukturiertheit** der sichtbaren Welt [▶ Kap. 7, 10]. – Ein wichtiges Moment der abstrakten auditiven Wahrnehmungsqualität ist das Ausmaß, in dem man die *selbst erzeugten Laute* vernehmen kann: Geräusche der eigenen Schritte als Rückmeldung über die eigene Bewegungen und Hinweis auf die Qualität des Bodens bzw. Weges sowie Hören dessen, was man sagt.

2. **Wahrnehmungsobjekte.** Ländliche Lautsphären sind auch deshalb attraktiv, weil das, was in ihnen vernehmbar wird, auf **lebenswichtige Ressourcen** verweist: So sind beispielsweise im Plätschern, Blätterrauschen und Vogelgezwitscher Wasser, Vegetation sowie Fauna hörbar. Solche **vitalen Angebote** sind, wie bereits erwähnt [▶ Kap. 7], auch für die Augen attraktiv. Die Hörbarkeit von lebenswichtigen Ressourcen spielt übrigens traditionell in der Umwelt- und Stadtgestaltung eine Rolle: Die Konstruktion von Brunnen ist etwa immer schon Design für Augen *und* Ohren gewesen. Heute bietet sich lautes Plätschern an, um Verkehrslärm zu übertönen (wie etwa am Münchener Stachus zur Abgrenzung des verkehrsreichen Platzes von einem Fußgängerbereich): So verbessert sich zwar nicht die Wahrnehmbarkeit der Situation, doch immerhin tritt ein aus biologischen Gründen attraktives Geräusch in den Vordergrund. Als sozusagen auf dem eigenen Mist gewachsene hörbare Attraktionen bieten innerstädtische Fußgängerbereiche wie auch Straßen in Wohnvierteln **menschliche Stimmen** sowie die Geräusche von **Schritten** und anderen **körperlichen Aktivitäten.** Auch wenn ein Übermaß bzw. eine zu große Nähe von hörbarem ‚Menscheln' bedrohlich werden kann, vermittelt es oft (wie die angesprochenen Naturgeräusche) **Lebendigkeit** und darüber hinaus anonyme **soziale Geborgenheit.**

Natur- und Soziallaute variieren mit der **Tages-** und **Jahreszeit** sowie mit **lokalen Besonderheiten** der natürlichen Gegebenheiten, der materiellen Kultur oder Bauweise sowie der sozialen Organisation und Mentalität. Das führt zu zeitlich und örtlich charakteristischen **auditiven Atmosphären,** die von **Medien** in (stilisierter Form) benutzt werden können, um das Publikum in spezifische raum-zeitliche Situationen zu versetzen und ein bestimmtes Lebensgefühl zu vermitteln (im Filmerjargon steht *Atmo* für diese Funktion von Lautsphären).

Raumakustik. In der Steppe, der Sandwüste oder einer Schneelandschaft hört man hauptsächlich den Schall, der direkt von der Quelle an die Ohren dringt (*Primärschall*). In einer städtischen Straße oder einem geschlossenen Raum folgen dem direkten Schall diverse Reflexionen von Wänden, Decke, Boden und Gegenständen – sofern das Material dieser Flächen nicht ausnahmsweise wie Sand oder Schnee den Schall weitgehend absorbiert (bspw. Schaumgummiprofile in *schalltoten Räumen*). Stimmen, Schritte oder andere Geräusche geben deshalb immer auch Anhaltspunkte dafür, ob bzw. in welchem Ausmaß Räume offen oder geschlossen, wie groß und aus welchen Materialien sie gebaut, ob sie leer oder möbliert sind. Blinde nutzen beispielsweise nach dem Prinzip eines Echolots Reflexionen des z. B. durch die eigenen Schritte erzeugten Schalls für die Raumwahrnehmung (▶ *Raumsinn der Blinden*). – Raumakustik ist ein Moment von Lautsphären. Akustische Atmosphären (*Atmos*) können in den Medien deshalb Situationen nicht nur durch orts- und zeittypische Schallquellen, sondern auch die Struktur und Materialität von Räumen vermitteln. – Ein klassisches Thema der Raumakustik ist die Optimierung des Nachhalls in Vortrags- und vor allem Konzertsälen: Einerseits gilt es Echos (also Reflexionen mit zu großer Verzögerung) zu vermeiden, weil sie verwirren, andererseits darf die Nachhallzeit nicht zu kurz sein, weil Klänge sonst ersticken. In welchem Maß durch Materialwahl und Einbauten Schall (in engen oder weiten Frequenzbereichen) reflektiert oder absorbiert werden soll, ist auch Thema des Akustikdesigns (von Großraumbüros, Cafés etc.).

Lesen ▶ Schafer, 1988, 1993; Truax, 2001; *Architektur:* Pallasmaa, 2005; Rasmussen, 1959, Kap. 10

Philosophie ▶ „Das Wesen des Hörens"

Philosophen wie Immanuel Kant (1983) und philosophierende Psychologen oder Soziologen wie Helmuth Plessner (1980), Georg Simmel (1983), Erwin Straus (1956, 1960) oder Ludwig Binswanger (1955) haben weitgehend übereinstimmend das *Wesen* des Hörens (im Vergleich zum Sehen) durch die Attribute **Passivität**, **Aktualität** und **Kollektivität** charakterisiert. Anhaltspunkte reichen von 1. anatomischen Gegebenheiten (das Ohr hat kein Lid) über 2. vergleichende Psychologie von Blinden bzw. Tauben, 3. den Sprachgebrauch (*stechender Blick* vs. *Hörigkeit*), 4. das Gegenüberstellen von objektiven Qualitäten dessen, was man sieht (*Bleibendes*; in der Kunst: Bilder, Plastiken, Bauwerke) und hört (*Vergängliches*; in der Kunst: Musik), 5. Beobachtungen über die (*individuelle, aktive* vs. *gleichgerichtete, passive*) Ausrichtung der Aufmerksamkeit im Alltag und in Bildergalerien oder Konzerten bis zu 6. den unwillkürlichen motorischen Konsequenzen des Hörens gegenüber der ruhigen Distanz des Betrachtens. Angesichts dieser heute breit akzeptierten plakativen Gegenüberstellung von Hören und Sehen sollte man bedenken, dass die Verhältnisse auf den zweiten Blick nicht so eindeutig liegen: I) Wie zum Beispiel die Untersuchungen zum ▶ Cocktailparty-Phänomen belegen, kann das Hören auswählen (*selektive Wahrnehmung*) – teils passiv (eigener Name), teils bewusst kontrollierbar (was sagt XY?) –, statt durchgängig passiv und gleichgeschaltet zu sein. II) Umgekehrt erregt *Bewegung* auch im *Sehfeld automatisch* (passiv) *Aufmerksamkeit*. III) Mimik, Gestik und Habitus rufen *offene oder verdeckte Mitbewegung* bei allen hervor, die auf sie aufmerksam werden [▶ Kap. 7]. IV) Bewegte Erscheinungen sind auch für das visuelle Wahrnehmen *flüchtig* (Film vs. ruhendes Bild). – Was als *Wesen des Hörens* bezeichnet wurde, scheint eher *transmodal* das **Wahrnehmen von Bewegung** zu charakterisieren. Vom Sehen unterscheidet sich das Hören nun tatsächlich dadurch, dass es *immer* mit

Bewegung zu tun hat. (Zwischen verschiedenen Bewegungsinformationen bzw. Geräuschen wählt das Individuum willkürlich oder unwillkürlich nach *Bedeutsamkeit* aus. Dabei
ist zu bedenken: Gleichbleibender Schall wird eher wie Ruhe aufgefasst bzw. ignoriert;
plötzliche Stille dagegen erregt Aufmerksamkeit; so wie das Gleichgewichtsorgan nicht
auf unveränderte Geschwindigkeit, sondern positive oder negative Beschleunigung
anspricht [▶ Kap. 4]).

Lebensgefühl bei Taubheit

„(…) so wie man viele Blinde sieht, welche gesprächig, gesellschaftlich und an der Tafel fröhlich sind, so wird man schwerlich einen der sein Gehör verloren hat, in Gesellschaft anders als
verdrießlich, misstrauisch und unzufrieden antreffen." (Kant, 1983/1798, 78)

Wie sehr das Hören Zugehörigkeit und Lebendigkeit vermittelt, zeigen auch die Erfahrungen bei tatsächlicher oder auch nur experimenteller Blindheit oder Taubheit. Menschen, die ihren Hörsinn eingebüßt haben, schildern ein **Gefühl des Ausgeschlossen-
seins**: Als sie noch hören konnten, sei ihnen nicht bewusst gewesen, wie sehr das **Empfinden von räumlicher Tiefe/Darinsein** sowie das Gefühl von **Teilhabe am Leben**
von der Hörbarkeit der Umwelt abhänge. In Kapitel 7 war davon die Rede, dass bewegte Erscheinungen tendenziell sogar gegen besseres Wissen als belebt und ausdruckshaltig wahrgenommen werden (*Animismus, physiognomisches Wahrnehmen*). Vergegenwärtigt man sich, dass Schall immer auf Bewegung zurückgeht, kann es nicht überra-
schen, wenn dem Hören ein kurzer Draht zu *Lebendigkeit* und *Stimmung* nachgesagt
wird.

Obwohl Blindheit den meisten gesunden Menschen, die den jeweiligen Weltbezug
von Hören und Sehen nicht isoliert erfahren haben, als die schwerwiegendere Behin-
derung erscheint, und bei Blinden ja tatsächlich die freie Bewegung in der Umwelt
stark eingeschränkt ist, während Taube selbständig agieren können, tendieren Betroffene, die sowohl Phasen von Blindheit als auch von Taubheit erlitten haben, dazu, das
Blindsein dem Taubsein vorzuziehen. Tatsächlich bringen Schwerhörigkeit und der
Verlust des Hörens regelmäßig **Einsamkeit** und **Misstrauen** mit sich, während blinde
Menschen eine geradezu sprichwörtliche Gelassenheit und Freundlichkeit ausstrahlen.
– Menschen, die **taub geboren** wurden, fehlt zwar ebenfalls das unwillkürliche umfassende Einbezogensein in das Geschehen ihrer Umgebung, ihr Lebensgefühl ist indessen nicht durch eine entsprechende Verlusterfahrung geprägt; das Bedürfnis nach
einer Teilhabe am Leben der Umgebung ist bei ihnen von vornherein auf das gerichtet,
was die anderen Sinne vermitteln.

Wer **versuchsweise** auf das Sehen verzichtet, erfährt in der Regel eine besondere
Verbundenheit mit anderen Menschen, auf deren Hilfe und Führung er angewiesen ist.
Über die Lautsphären, auf die man bei solchen Experimenten besonders aufmerkt,

fühlt man sich zugleich in das Leben der Umgebung eingebettet (Naturlaute, Stimmen, Aktivitäten). Experimentelle Taubheit vermittelt umgekehrt die Isolation, unter der Taubgewordene leiden, wenngleich der Befremdung (wegen des Unernstes der Situation) natürlich auch ein spielerischer Reiz abgewonnen werden kann und man eventuell sogar froh ist, einmal – in sonst auditiv eher belästigenden Situationen – seine Ruhe zu haben.

Stille ist für Hörende mehrdeutig, da sowohl verbunden mit Momenten, in denen Mensch und Natur zur Ruhe kommen, als auch mit spannungsgeladenen Augenblicken, wie der sprichwörtlichen „Ruhe vor dem Sturm", dem Lauschen auf Geräusche eines womöglich lauernden Angreifers oder in Situationen, in denen etwa Kommunikation quälend gehemmt ist; schließlich steht (anhaltende) Stille für Tod (im Film häufig angekündigt oder begleitet von Zeitlupensequenzen, die Absterben visualisieren; Flückiger, 2007).

Lesen ▶ Handl, 1989; Hauskeller, 1995; Myers, 2005, Kap. 5.3; Sacks, 1990; Southworth, 1969

Wahrnehmungsqualitäten ▶ Versuchsweise blind oder taub (II)

Southworth (1969) führte in Boston ein Experiment durch, das nicht nur auf Erfahrungsgewinn der Teilnehmer zielte. Es ging vielmehr um die systematische Aufzeichnung von Differenzen der Umweltwahrnehmung unter den Bedingungen experimenteller Blindheit und Taubheit sowie uneingeschränkter Wahrnehmung. Die Versuchspersonen hatten die Aufgabe, beim Gang auf einer festgelegten Route durch unterschiedliche Gebiete der Stadt ihr Wahrnehmen der Umwelt direkt auf Tonband festzuhalten. (Die Versuchspersonen, die nicht sehen konnten, wurden bei diesem Experiment auf einem Rollstuhl gefahren.) Die Ergebnisse bestätigen, die im Text grob umrissenen Differenzen. Bei künstlicher Taubheit wurden verstärkt *bewegte* visuelle Erscheinungen vermerkt und zugleich als *absurd* oder *surreal* erlebt. Unter der Normalbedingung wurden hauptsächlich Erscheinungen registriert, die man zugleich sehen und hören konnte. Gerüche, Temperatur und Wind wurden unter der Normalbedingung am seltensten bemerkt (am häufigsten, wenn man nicht sehen konnte).

Lärm macht krank, dumm und asozial – und unter Umständen glücklich

Jeder weiß, was Lärm ist. Gleichwohl fällt es nicht leicht, Lärm zu definieren. Die gängige Formel *Lärm ist störender Schall einer gewissen Lautstärke* kennzeichnet sicher typische Lärmsituationen (Einflugschneise, Nachbarschaft einer Diskothek). Verkehrsgeräusche machen aber nachweislich auch Menschen krank, die sich von ihnen *nicht gestört* fühlen. Und regelmäßige Disko-Besucher erleiden Gehörschäden, auch wenn die laute Musik sie immer wieder glücklich macht.

Lärmtaubheit. Ab einer bestimmten Lautstärke nehmen die Sinneshärchen im Innenohr dauerhaft Schaden. Neben der Arbeit an Maschinen ist Musikkonsum (Disco, Autostereoanlagen, Kopfhörer etc.) häufig die Ursache von verminderter Hörfähigkeit und Ohrensausen (*Tinnitus*). Warum setzt man sich wiederholt aus freien Stücken Musik extremer Lautstärke aus? – Deshalb, weil laute Musik Glücksgefühle wecken kann. Einen Rausch durch intensive Reize, wie er auch in anderen Sinnesgebieten vorkommt; auf neurologischer Ebene: eine außergewöhnliche Stimulation des Arousal-Systems im Hirnstamm (hier verbunden mit ‚good vibrations' durch vertraute Klänge). Zur berauschenden Wirkung lauter Musik (Schwebegefühlen) trägt womöglich bei, dass ab einem gewissen Schalldruck – der sogenannten *Rock'n'Roll-Schwelle* – auch das Gleichgewichtsorgan angesprochen wird (McAngus-Todd & Cody, 2000).

Lärmstress. Das **Herz-Kreislauf-System** ist bei Anwohnern von verkehrsreichen Straßen nachweislich einem erhöhten Risiko ausgesetzt, unabhängig davon, ob sie sich durch die Verkehrsgeräusche gestört fühlen oder nicht. Man erklärt das aus andauernder Anspannung (körperlicher Handlungsbereitschaft), die wohl mit der ererbten Warnfunktion des Hörens zusammenhängt (vielleicht rührt die Daueranspannung nicht von den Verkehrsgeräuschen selbst, sondern von der durch sie verringerten Wahrnehmbarkeit von potentiellen Warnreizen).

Lärm – vor und während des Schlafes – bringt auch (Ein-)**Schlafstörungen** oder Minderungen der **Schlafqualität** mit sich. Zum Aufwachen führen besonders Reize, die sich in Intensität und Qualität aus dem vertrauten Geräuschteppich herausheben. Unter beeinträchtigtem Schlaf leidet die körperliche und psychische Konstitution einschließlich der geistigen Leistungsfähigkeit.

Verkehrslärm mindert die **Verstehbarkeit von Sprache.** Das macht Gespräche anstrengend, schränkt also die Kommunikation ein. Bei Schulkindern, deren Klassenräume an lauten Straßen liegen, ist die Sprachentwicklung verzögert. Zu den kognitiven Beeinträchtigungen durch laute Geräusche zählt auch Ablenkung vom konzentrierten Denken bzw. inneren Sprechen.

Lärm ist **freundlichem Miteinander abträglich** (sieht man einmal von geteilter Ekstase im Rausch lauter Musik ab). Diese experimentell untermauerte Alltagserfahrung erklärt sich unschwer aus der gereizten Stimmung in Folge dauernder Alarmiertheit; die Verschlechterung der Kommunikationsbedingungen wird zum Rückzug beitragen (die Stimme zu erheben, wirkt zudem eher unfreundlich).

Sozialer Lärm. Auch relativ leise Reize können stören: **Gespräche** Dritter, insbesondere Telefongespräche, oder auch Signallaute, wie zum Beispiel das Telefonklingeln. Wegen der prinzipiellen **sozialen Bedeutung** des Sprechens kommt man regelmäßig nicht umhin, unwillkürlich auf Kommunikationsakte aufzumerken, die einen nicht angehen. Die soziale Funktion von Sprechen und Hören verkehrt sich hier unter den Bedingungen des heutigen Zusammenlebens in das Ärgernis der Ablenkung. Dass sich mancher durch fremde **Musik** nicht erst bei extremen Lautstärkepegeln gestört fühlt, dürfte sich hier einordnen, lässt sich Musik doch als Verselbständigung ▶ stimmlicher Kommunikation verstehen. – Bei einem Spaziergang können indessen die nämlichen fremden Soziallaute, die an der Arbeitsstelle oder in der eigenen Wohnung ein Ärgernis sind, zur **lebendigen Atmosphäre** werden. Ob man sich durch sozialen Lärm gestört fühlt, hängt von der momentanen Betätigung ab und auch davon, ob man darauf eingestellt ist, ein *Territorium* zu verteidigen. Sofern das der Fall ist, werden die hörbaren Lebensäußerungen von anderen tendenziell zu einer Machtfrage. Umgekehrt gilt: Mancher auch am Schalldruckpegel objektivierbare Lärm entsteht tatsächlich, weil jemand Stärke demonstrieren will. Auch deshalb kann Lärm berauschen. – Oft bedenken die Lärmerzeuger indessen gar nicht, dass auch andere die für sie selbstverständlichen Begleitgeräusche ihres Tuns oder die nach momentaner Stimmung gewählte mediale Beschallung mithören müssen – und dass das unfreiwillige Mithören für andere einen *Kontrollverlust* bedeutet.

Lärmbekämpfung. Regelmäßige, wenig markante und uninformative Geräusche stören weniger als unregelmäßige und in Zeitverlauf, Intensität, Zusammensetzung und/oder bekannter Bedeutung herausstechende. So kann *Rauschen* (z. B. von Klimaanlagen) eingesetzt werden, um störenden Schall zu **maskieren**; bei Maskierung durch Plätschern oder Brandungsrauschen kommt die positive Bewertung der Schallquelle hinzu.

Wenn Lärmopfer sich entscheiden, die Fenster geschlossen zu halten, dämmende Ohrstöpsel bzw. -hauben zu tragen oder Kopfhörer, die durch Phasenverschiebung einen Teil der Geräusche neutralisieren, erkaufen sie Beruhigung durch potentielle Minderung des körperlichen Wohlbefindens (Fremdkörper, stickige Luft), eine Verfremdung der gewohnten Wahrnehmungssituation, die ihrerseits eventuell die Aufmerksamkeit auf lästige Weise in Anspruch nimmt, und schließlich durch Einschränkungen ihrer (territorialen) Handlungsfreiheit. Gegenschall aus der eigenen Stereoanlage mag den Einzelnen vor fremdem Lärm schützen, multipliziert zugleich aber die Lärmbelästigung für andere und birgt die Gefahr, für die eigenen Ohren zu viel des Guten zu tun. Potentielle Gehörsschädigungen drohen auch, wenn Musik aus Kopfhören vor fremdem Lärm schützen soll. – Mündliche und schriftliche Proteste, Klagen etc. können vorübergehend Gefühlen der Ohnmacht entgegenwirken, verursachen aber ihrerseits Stress bei zweifelhaften Erfolgsaussichten. – Entspannungstechniken oder körperliche Betätigung wirken zumindest den psychophysischen Stresswirkungen entgegen und erleichtern das Einschlafen. Zur Entspannung könnte auch eine akzeptierende Einstellung gegenüber sozialem Lärm beitragen; für die meisten eine eher theoretische Perspektive. Auch Ortswechsel für die Dauer der Belastung liegt aus verschiedenen Gründen meist jenseits des Horizonts oder der Möglichkeiten der Betroffenen.

Lesen ▶ Guski, 1987; Hellbrück & Ellermeier, 2004; Hellbrück & Fischer, 1999; Hellbrück & Guski, 2005

Hör-Medien

Abgesehen von *Hörgeräten* im engeren Sinn nutzt man auditive Medien, um Laute getrennt von Ort und/oder Zeit ihrer Produktion zu vernehmen. Murray Schafer etikettierte diese Trennung als *Schizophonie*. Sein Wortspiel in kulturkritischer Absicht erscheint mir etwas unglücklich, weil die angedeutete drastische Pathologisierung des Gebrauchs von Telefon, Radio etc., der für die meisten Menschen selbstverständlich ist, eher Achselzucken oder Abwehr hervorruft als Interesse daran, die jeweiligen Wahrnehmungssituationen zu verstehen.

Indem das **Telefon** aktuelle Verbindungen zwischen Ohr und Stimme von Menschen knüpft, die sich an verschiedenen Orten aufhalten, isoliert es die Intimität des stimmlichen Austausches von körperlicher Präsenz. Die Verbindung von Unmittelbarkeit bzw. Nähe und Distanz führt zu eigentümlichen Gesprächsformen wie beispielsweise ausgedehnten Beendigungsritualen bei Telefonaten, die nicht nur einem knappen Informationsaustausch dienen. Einerseits kommt die Möglichkeit, sich bei körperlicher Abwesenheit unmittelbar stimmlich auszutauschen, dem Bedürfnis nach, vertrauten Menschen über trennende Lebensbedingungen hinweg verbunden zu sein; insofern schreibt das Telefon ein Kapitel in der Psychologie der Sehnsucht. Andererseits erlaubt (oder erfordert) diese Konstellation ein hohes Maß an Verbindlichkeit bei gleichzeitiger Reserve, fügt sich also mit der Individualisierung des modernen Stadtbewohners. – Bemerkenswert ist, dass sich die – technisch schon lange mögliche – **Bildtelefonie** bis heute nicht durchgesetzt hat. Audio-Kommunikation kommt offenbar gut ohne visuelle Ergänzung aus. Im Übrigen bietet fehlende Anschauung manchmal sogar gewisse Vorteile. – Eine psychologisch eigentümliche Situation entsteht auch am Ort der jeweiligen körperlichen Präsenz, sofern dort andere anwesend sind. So werden Unbeteiligte durch ein Gespräch, bei dem beide Partner anwesend sind, in der Regel weniger abgelenkt als durch ein Telefonat: Die *auditive Leerstelle* erregt unwillkürlich Aufmerksamkeit.

Schallkonserven machen das Leben von Lautsphären, Stimmen und nicht zuletzt Musik beliebig verfügbar. Das ermöglicht es, individuell (Abspielen der eigenen Sammlung zuhause oder unterwegs), massenmedial (Radio), raumgestalterisch (Hintergrundmusik – sog. *Muzak* – in Warenhaus, Gastronomie, Arbeitsstätten, Arztpraxen etc.) oder für festliche Situationen (Disco, Rummelplatz etc.) Stimmungen zu

regulieren bzw. entsprechende Angebote zu machen. Das Abspielen von Tonaufzeich-
nungen zielt auf die ‚good vibrations' von Natur-, Soziallauten und insbesondere von
Musik. Weiter erlaubt es der so erzeugte Schall, störende akustische Gegebenheiten
vor Ort zu verdecken – oder ausnahmsweise umgekehrt, erwünschte zu provozieren,
etwa in Kneipen durch Musik lautstarkes Sprechen zu erzwingen und damit eine
lebendige Atmosphäre zu erzeugen. Die verbreitete Praxis, durch die eine oder andere Verwendung von Schallkonserven private *Blasen* oder öffentliche *Teppiche* von
positiv stimmenden Geräuschen oder Klängen zu erzeugen, wird von Schafer und
anderen Kulturkritikern als Verfälschung bzw. Nivellierung von Lautsphären bzw.
individuelle Realitätsflucht (*Eskapismus*) oder auch als Infantilismus (*Regression*) kri-
tisiert.

Radio. Radio liefert neben Konserven (Musik, Hörspiele, Lesungen etc.) aktuelle Mitteilungen. Es kommt damit nicht nur dem Bedürfnis nach Einstimmung entgegen,
sondern auch dem nach informierender Kommunikation. Die *Aktualität* verstärkt das
Gefühl, angesprochen zu werden, sozial eingebettet zu sein. Das Radio holt gewissermaßen das Palaver auf dem Dorfplatz in die Wohnung. Das färbt selbst auf die gesendeten
Musikkonserven ab: Musik, die man im Radio hört, ist eher ein *soziales Ereignis* als das
Abspielen von Stücken der eigenen Sammlung, das mit dem Anflug des Bewusstseins,
eine Ersatzhandlung zu begehen, verbunden sein kann. – Seit der Frühzeit des Radios
existiert das Ideal *interaktiver* Radiokommunikation, das dank Telefon (und neuerdings dem Internet) in bescheidenem Umfang und mit einer wohl unvermeidlichen
kommunikativen Schieflage zwischen sprechenden Hörern und professionellen Spre-
chern realisiert wird. Radio wird vielfach *beiläufig* gehört: Die soziale Atmosphäre ist
wichtiger als die einzelne Mitteilung. Das **Fernsehen** ist wie das Radio teils ein aktuel-
les Medium. Insofern überschneiden sich trotz der unterschiedlichen Wahrnehmungssituationen die psychologischen Wirkungen beider Medien. Tatsächlich wird das Fernsehen ja ungeachtet seiner Herausforderung zum Hinschauen beiläufig genutzt.

Film. Stummfilme wurden in der Regel musikalisch begleitet. Sichtbare, aber
geräuschlose Bewegung von Fahrzeugen (in nicht allzu großer Entfernung) sowie
stumme Unterhaltungen und Aktionen der Protagonisten befremden: Wenn wir entsprechende Szenen im wirklichen Leben vor Augen haben, hören wir sie zugleich, was
umgekehrt nicht der Fall sein muss. Um sich die Absurdität stummer Aktionen zu vergegenwärtigen, muss man nur am Fernsehgerät den Ton abstellen. Experimente zeigen, dass das, was wir *sehen*, von der Tonspur abhängen kann [▶ Kap. 9]. Die **Musik-
begleitung** hat das Problem absurd stillen Geschehens überspielt und darüber hinaus
zur *Dramatisierung* des Geschehens beigetragen. Dabei wurden musikalische Illustrationen von Geräuschen bzw. Bewegung entwickelt oder aus der *Programmmusik* des
19. Jahrhunderts aufgegriffen. Auch im Tonfilm ist musikalische Beschreibung von

Geräuschen und Bewegungsabläufen nie ganz verschwunden. Die dramaturgische bzw. expressive Bedeutung der Filmmusik gewann indessen an Spielraum, sobald sie nicht länger dem Fehlen von Geräuschen und gesprochener Sprache entgegenarbeiten musste. Gewisse *Plumpheiten des musikalischen Ausdrucks* wurden überflüssig, so wie sich zugleich *Übertreibungen in Mimik und Gebaren* von Schauspielern verloren. Im Tonfilm vermitteln originale oder stilisierte Umgebungsgeräusche (*Atmo*) räumliche Tiefe, lokales und historisches Kolorit sowie Stimmungen. Die Musik trägt das ihre dazu bei. Zu weiteren Funktionen der Filmmusik zählen: die Präsentation zu rahmen, die Handlung einzuteilen, Entwicklungen vorwegzunehmen, die emotionale Bedeutung von Geschehnissen zu vermitteln bzw. nachklingen zu lassen, Personen leitmotivisch zu begleiten und ihre momentanen Gefühle auszudrücken. Dabei bleibt die Musik in der Regel im Hintergrund einer realistischen Darstellung, obwohl sie meist eine unrealistische *Zutat* zur Filmhandlung ist; nur ausnahmsweise beschränkt sich ein Spielfilm auf Musik, die in die Handlung eingebettet ist (Akteur legt Platte auf etc.). Die meisten Spielfilme für ein größeres Publikum hier und heute sind also eine Art *Musiktheater*, ohne dass die Musik dabei wie in Oper, Operette, Musical oder Bollywood-Filmen zeitweise zum Mittelpunkt würde.

Computerspiele. Computerspiele, die sich vor allem mit der Stereotypie ihrer Handlungs- und Erfolgsrückmeldungen (*Loops*, *Action-Sounds*) in Erinnerung gebracht haben, sollen nach Absicht ihrer Gestalter stärker an den Tonfilm anknüpfen; das fällt indessen wegen der relativ kurzatmigen Dramaturgie der Spielhandlung nicht leicht – nicht zuletzt hinsichtlich der Verwendung von Musik.

Videoclip. Jenseits des klassischen Spielfilms gibt es eine längere Tradition der experimentellen filmischen Interpretation von Musikstücken (durch abstrakte Animationen, die auf ▶ *synästhetische Erlebnisse* anspielen [▶ Kap. 9]). Mit dem Videoclip wurde die Bebilderung von Musik zu einer kommerziell erfolgreichen Gattung. Auf vielfältige Weise sichern hier visuelle Attraktionen den Popsongs zusätzliche Aufmerksamkeit. In formaler Hinsicht setzt man nicht zuletzt auf schnelle, rhythmisierte Schnitte, die Salven von ▶ *Orientierungsreaktionen* auslösen. Inhaltlich werden einprägsame Bilder aller Art (u. a. diverse Kinogenres) herbeizitiert und die Sängerinnen und Sänger eindrucksvoll – oft durch sexuell verlockende Choreographien und Kameraeinstellungen – ins Bild gesetzt. Dabei sichert die kokette Präsentation in kurzen Häppchen zusätzlich Aufmerksamkeit (Voyeurismus unter erschwerten Bedingungen).

Kopfhörer. In der Geschichte der Hörmedien wurden Kopfhörer privat zunächst mangels hinreichender Verstärkung zum Radioempfang genutzt, später, um in den eigenen vier Wänden intensiv, ungestört – und andere nicht störend – Musik zu hören. Mit dem *Walkman* und seinen Nachfolgern wurde und wird der intime intensive Musikkonsum in die Öffentlichkeit getragen und mit dem Gehen und anderen Formen der Fortbewegung verknüpft. Für Außenstehende sind Menschen, die in der Öffentlichkeit Kopfhörer tragen, tendenziell ein Stein des Anstoßes, weil die *künstlichen Lieder* die biologisch vorgegebene auditive Offenheit/Ansprechbarkeit negieren. Wer selbst mit Kopfhörern unterwegs ist, dessen Wahrnehmung der Umgebung (auf die er dabei ja anders als auf dem eigenen Sofa aufmerken muss) erfährt durch die weitgehende Trennung von visuellem und auditivem Bezugssystem eine *Verfremdung*, die vielfach als Ästhetisierung („wie im Film") erlebt wird. Da die akustische Information aus dem Umraum erheblich eingeschränkt ist, sind aber auch Schreckmomente, etwa angesichts von hinten kommender Fahrzeuge, keine Seltenheit. Weiter ist das gewohnte *Zusammenspiel von Hören und Bewegung* unterbrochen: Bewegungen des Kopfes führen nicht wie sonst zur veränderten relativen Lage von Schallquellen, der Raum wandert mit, dreht sich mit dem Kopf (die Schallquelle wird mit Kopfhörern auch bei Ruhe im Kopf lokalisiert, sofern die Aufnahmen nicht mit der Kunstkopf-Technik erstellt wurden). Diese sensomotorische Entkoppelung irritiert potentiell ungeachtet des Umstandes, dass wegen der weitgehend ausgeblendeten Umgebungsgeräusche die Orientierung sich nun auf das Sehen konzentriert. Diese Irritation kann die Situation aber auch zusätzlich interessant machen. Durch Techniken, die die Bewegung aufzeichnen (*tracking*), und Computerprogramme, die das, was aus den Kopfhörern schallt, entsprechend ausrichten, kann heute im Prinzip die eigene Bewegung im akustischen Raum, den die Kopfhörer vermitteln, berücksichtigt werden. Auf diese Weise sollen etwa Systeme der *virtuellen Realität* (*VR*) vervollständigt werden (in der Frühzeit der visuellen 3D-Simulationen tauchte man in befremdlich stumme Szenerien ein).

Lesen ▶ *Allg.*: Schafer, 1988, 1993; Truax, 2001; *Telefon*: Forschungsgruppe Telefonkommunikation, 1989, 1990; Rutter, 1987; Schönhammer, 2004c; *Radio*: Arnheim, 2001; *Musik und Medien*: Blaukopf, 1994; Münch & Eibach, 2005; *Film*: de la Motte-Haber & Emons, 1980; Flückiger, 2007; *Computerspiele*: Raffaseder, 2002; Süß, 2006; *Musikvideo*: Behne, 1987; Emons, 2005; Schlemmer-James, 2006; *Kopfhörer*: Gibson, 1973; Schönhammer, 1989

Stimmen der Dinge – Akustisches Produktdesign

Von einem gesunden kraftvollen Tier erwartet man kein Fiepen. Einem laut brüllenden Verbrennungsmotor traut man fälschlicherweise größere Beschleunigungskräfte zu als dem leise surrenden Elektromotor. Dem menschlichen Ohr gelten Betriebsgeräusche als Ausdruck des **Lebens** bzw. der **Kraft** von Geräten. Akustisches Produktdesign lebt mit dem Konflikt zwischen **Lärmschutz** und solchen *animistischen* Erwartungen. Dass manche Luxusfahrzeuge es Insassen heute gestatten, elektronisch zu regeln, was *sie* von den Motorgeräuschen ihres Gefährts mitbekommmen wollen, ist eine Lösung dieses Konfliktes, die auf ihre Weise unterstreicht, dass Lärm auch eine soziale Frage ist.

Bekanntlich haben die Lebenszeichen von Geräten durchaus eine praktische Seite. Sie sind manchmal **hilfreich**, weil sie erkennen lassen, ob die Apparate – ungestört – laufen. Bei elektronischen Geräten signalisieren ersatzweise künstlich entworfene Klänge oder Geräusche das Ein- und Ausschalten oder bestimmte Aktionen. Was Akustikdesigner dafür entwerfen, soll auf die eine oder andere Weise *sprechend* sein (die Begriffe, die darüber orientieren, was da möglich ist, sind das nicht immer: *Auditory Icons* als Bezeichnung für den Versuch, Alltagsgeräusche metaphorisch einzusetzen, *Earcons* als Etikett für neue komponierte Signale und *semiabstrakte Klangobjekte* für die Verbindung von beidem; Raffaseder, 2002).

Computern und anderen Geräten eine möglichst vielsagende ‚Tonspur' zu verleihen, soll darüber hinaus den *intuitiven Gebrauch* – orientiert an Wahrnehmungs- und Handlungsgewohnheiten – unterstützen. So schlägt Raffaseder etwa vor, die Größe einer Datei durch Tonhöhe (tief = groß), ihr Alter durch ein nahes oder entferntes Rascheln zu signalisieren. Solches Design ist gut gemeint, scheint aber die Frage aus dem Auge zu verlieren, ob für derartige Informationen womöglich die Präzision von geschriebenen Zahlen und Worten nicht nur hinreichend, sondern sogar überlegen ist. Plakativ *multisensuelles Schnittstellendesign* als vorgebliches Mittel zur Optimierung der Kommunikation zwischen Mensch und Maschine bildet oft ein **Störpotential**. Schon die heutigen Signale von Computern etwa tönen so markant, dass oft nicht nur die Nutzer selbst (meist unnötig) aufmerken. Die Stereotypie dieser Klänge sorgt bei aller Unruhe für eine *dumpfe Atmosphäre*. Ähnlich wie für das ▶ Olfaktorik-Design gilt auch im Feld der akustischen Gestaltung, dass Bemühungen, unnötige Reize zu vermeiden, Vorrang haben sollten. Hörbare **Warnsignale** sind unter Umständen unverzichtbar – wenn sie das tatsächlich sind.

Schon früh wurde erkannt, dass der ruhige Lauf von **Fahrrädern** eine Gefahr darstellt und für Schreckmomente sorgt. Eine „Laufglocke", sprich eine an die Drehung der Räder gekoppelte Klingel, sollte für Aufmerksamkeit sorgen. Gelöst ist das Problem bis heute nicht.

Die Ruftöne von **Mobiltelefonen** stören; unter anderem deshalb, weil andere glauben können, ihr eigener Apparat klinge. Individualisierte Klänge schränken diese spezielle Irritation ein (und geben nebenbei öffentlich Auskunft über die Besitzer), nicht jedoch die grundsätzliche Störung durch das Signal. Dem sollte der Vibrationsalarm beikommen. Entgegen der Absicht der Erfinder fungiert er indessen meist als akustisches Signal, auf das wiederum auch Unbeteiligte *gerade wegen der geringen Lautstärke aufmerken*: Es könnte ja das eigene Telefon in der Manteltasche sein, das da schnurrt.

Lesen ▶ Bernsen, 1999; Langenmaier, 1993; Raffaseder, 2002; Langguth, 2002; Schifferstein & Hekkert, 2008, Kap. 3

Auditive Vorstellungen, Halluzinationen, Träume und Synästhesien

„Inneres Hören" wird beispielsweise bewusst, wenn einem eine Melodie „nicht mehr aus dem Kopf geht", sich als *Ohrwurm* festsetzt. Die meisten Menschen sprechen beim Lesen innerlich. Denken vollzieht sich unter anderem als inneres Sprechen bzw. Hören. Musikhören kommt nicht ohne zumindest implizites Vorstellen von verklungenen und erwarteten Tönen aus. Musiker müssen sich die Töne, die sie treffen wollen, vorstellen können.

Obwohl auditive Vorstellungen also von großer Bedeutung sind, hat die Psychologie ihnen vergleichsweise wenig Aufmerksamkeit geschenkt: Die enorme Forschungsliteratur zum Thema Vorstellung (*Imagery*) dreht sich hauptsächlich um das innere Sehen. Das mag auch mit einer gewissen Asymmetrie in der Wirkung von Hören und Sehen auf das Vorstellen im jeweils anderen Sinnesgebiet zusammenhängen: Gehörtes kommt, wie im Abschnitt zu den Hörmedien angesprochen, ohne gleichzeitige Sichtbarkeit aus, wird unwillkürlich und unproblematisch durch mehr oder weniger deutliche visuelle Vorstellungen ergänzt (Hörspiele, Telefon etc.). Lautloses visuelles Geschehen dagegen befremdet (Stummfilm). Wenn man bedenkt, dass Hören im natürlichen Wahrnehmen oft dem Hinschauen vorhergeht, ein sichtbares Ereignis vorstellig macht, während Anblick und Hören (dann) in der Regel eine Einheit bilden, ist diese Differenz nicht verwunderlich. (Wie sehr das Vorstellen dem Visuellen zugeschlagen wird, zeigt sich auch daran, dass manche Autoren irreführend von „auditiven Vorstellungen" sprechen, wenn sie sich auf die visuellen Vorstellungen beziehen, die Gehörtes mit sich bringt.)

Ähnlich wie visuelles Vorstellen auf einer innerlich ausgelösten Aktivierung von Teilen des Sehhirns basiert [▶ Kap. 7], sind nach dem Zeugnis neurowissenschaftlicher Messverfahren am auditiven Vorstellen Bereiche des Gehirns beteiligt, die auch das äußere Hören vermitteln; dazu zählen Areale (im *prämotorischen Kortex*), die auf inneres Anstimmen deuten (Halpern, 2001).

Auditive Halluzinationen. Unter verschiedenen ungewöhnlichen Bedingungen wird inneres Hören trügerisch als Wahrnehmung eines äußeren Geschehens aufgefasst. Im Alkoholdelirium hören die Betroffenen lebhafte Geräusche und Stimmen. Auch in den Auren von Epilepsie und Migräne sowie eingeschränkten Formen epileptischer Anfälle kommt es zu unwillkürlichen, lebhaften auditiven Einbildungen. Teils werden sie als subjektive Phänomene erkannt (▶ *Pseudohalluzinationen*). Sofern Schizophrenie mit Halluzinationen verbunden ist, handelt es sich deutlich häufiger um solche des Gehörs als des Sehens; charakteristisch für die **Schizophrenie** ist das Hören von **Stimmen**, die, anders als etwa im Fall der Alkoholhalluzinose, meist **im Kopf** wahrgenommen werden. Eine Reihe von Indizien spricht dafür, dass die Stimmen, die Schizophrene hören, auf ein **inneres Sprechen** zurückgehen, dessen Urheberschaft die

Patienten nicht erkennen, also eine Spielart der Entfremdung der eigenen (innerlichen) Motorik darstellen [▶ Kap. 2 und 3]. Auditive Halluzinationen bei anderen Krankheitsbildern gehen wahrscheinlich auf anders bedingte Reizungen oder spontane Aktivitäten auditiver Zentren zurück.

Eine Sonderstellung nimmt das **Ohrenklingeln** (*Tinnitus*) ein. Dabei handelt es sich um subjektive Erscheinungen, die in den Ohren oder auch im Kopf lokalisiert werden. Gelegentlich wird das Klingeln, Brummen etc. aber auch – zumindest anfänglich – irrig als Umweltgeräusch aufgefasst. Von den auditiven Qualitäten her überschneiden sich Tinnitus und Halluzinationen unspezifischer Geräusche (*Akoasmen*). Manchmal ist Tinnitus auch mit (pseudo)halluzinatorischem Hören von Musik verbunden. Das Ohrenklingeln hat mannigfache Auslöser. So können Schwerhörigkeit, Taubheit oder vorübergehende sensorische Deprivation zu verselbständigter zentralnervöser bzw. kortikaler Aktivität führen (analog zum ▶ Charles-Bonnet-Syndrom). Relativ selten liegt die Ursache dauerhaft in den *Ohren*, (wenn das so ist, spricht man von *objektivem Tinnitus*). Chronisch werden die „Ohrgeräusche" eventuell nicht zuletzt dadurch, dass – aus Besorgnis – die Aufmerksamkeit auf sie fokussiert wird.

Einschlaf-Halluzinationen. Neben Lichtblitzen, Fratzen, mit Fallgefühlen verbundenen Zuckungen oder „elektrischen" Empfindungen auf der Haut begleiten auch Klirren, Knallen, Töne wie vom Zupfen einer gespannten Saite etc. bei relativ vielen Menschen gelegentlich das Einschlafen (*hypnagoge Erscheinungen*). Wahrscheinliche Ursache sind Spontanentladungen im zentralen Nervensystem, die sich der Reduktion des sensorischen Zuflusses verdanken (Oswald, 1962).

Auditorische Synästhesie. Gegenüber Formen des visuellen Mitempfindens bei akustischen Reizen, wie dem klassischen Farbenhören, sind durch andere Sinnesreize ausgelöste Hörempfindungen – etwa tönende Farben – besonders selten [▶ Kap. 9].

Träume. Statistische Untersuchungen von Traumschilderungen führen das Hören, mit einigem Abstand nach dem Sehen, als am zweitstärksten vertretene Sinnesmodalität auf (bezogen auf Träume des ▶ REM-Schlafes; für den Nicht-REM-Schlaf sind rein verbale Träume typisch, in denen mehr oder minder sinnvolle Lautgebilde, Worte und Phrasen vorherrschen). Nicht selten verselbständigt sich das, was man im REM-Traum hört, von dem, was man sieht. Eindringliche Geräusche und Stimmen werden zum Beispiel von ▶ *luziden Träumen* berichtet. Manche Komposition, wie etwa Tarantinis *Teufelssonate* oder Paul McCartneys *Yesterday*, sollen auf geträumte Musik zurückgehen (Barrett, 2001). Nach einer Hypothese von Symons (1993) spielt das Hören wegen seiner Warnfunktion eine gegenüber dem Sehen relativ untergeordnete Rolle in REM-Träumen. (Dass die Warnfunktion des Hörens im Schlaf allerdings nur eingeschränkt bereitsteht, zeigen die geläufigen Träume, bei denen Weckgeräusche zunächst in Traumszenen integriert werden; der sogenannte *Ammenschlaf*, also die besondere Hellhörigkeit schlafender Mütter für Laute ihrer Kinder – nicht aber für andere Geräusche –, belegt, dass es in gewissem Maß von Einstellungen bzw. Erwartungen abhängt, durch welche Laute man sich wecken lässt.)

Lesen ▶ *Hörvorstellungen allg.*: Reisberg, 1992; *vorgestellte Musik*: Bruhn, 2005; Halpern, 2001; *Halluzinationen*: Smith, 1992; Jeannerod, 2006; Sacks, 2008; *Traum*: Schönhammer, 2004; Strauch & Meier, 2004

Kunst, Medien & Werbung ▶ Bilder vom Hören

Traditionell setzten Malerei und Grafik das Hören nicht zuletzt durch Musikinstrumente ins Bild. Jenseits von Stillleben tauchen die Instrumente oft in ausgelassenen geselligen Szenen (mit Tanz) auf und deuten damit auf die Bedeutung des Hörens für die Teilhabe am sozialen Leben und das Eintauchen in Atmosphären. Die Bewegung der Akteure verweist auf das Bewegungspotential der Musik. Angedeutete Bewegtheit (einer größeren Zahl) von Menschen und Objekten steht aber auch für sich als Indikator einer belebten ▶ *Atmo*. Auf der anderen Seite versinnbildlichen auch Szenen konzentrierter Zuwendung das Hören (Menschen um einen Sprecher).

Lesen ▶ Jütte, 2000; Kaufmann, 1943

Rückschau in Fragen

Was zeichnet das Hören gegenüber dem Sehen aus?
Wie zeigt sich das bei Experimenten mit künstlicher Taubheit oder Blindheit?
Was macht das Hören zum Warnsinn?

Wie hört man den Abstand zu Geschehnissen?

Welche Anhaltspunkte erlauben es zu ordnen und zu identifizieren, was ans Ohr dringt?
Was versteht man unter *kategorialer auditiver Wahrnehmung*?

Was ist der *McGurk-Effekt*?
Welche Entsprechung hat er bei Affektwahrnehmung?
Worauf könnten diese Erscheinungen beruhen?

Was unterscheidet fröhliche, ärgerliche und traurige Intonation?

Was geschieht auf sensomotorischer Ebene bei den *Protokonversationen* zwischen Erwachsenen und Säuglingen?
Welche aktuellen und langfristigen Wirkungen hat das?

Wo könnte die evolutionäre Basis der menschlichen Musikalität liegen?

Was macht *Lautsphären* mehr oder weniger attraktiv? Was versteht man unter *Atmo*, einem Begriff der Filmterminologie?

Inwiefern kann Schall schädlich wirken, auch wenn er nicht stört?
Warum kann Lärm begeistern?
Warum kann ein in dezenter Lautstärke geführtes, fremdes Telefonat sehr stören?

Warum wurden Stummfilme in der Regel musikalisch begleitet?

Welche Auswirkung hat es auf die Wahrnehmung der Umwelt, wenn man mit Kopfhörern unterwegs ist?

Mit welchen grundsätzlichen Problemen sieht man sich im Bereich des akustischen Produktdesigns konfrontiert?

Teil IV
Die Einheit der Sinne

Die Themen *Multisensorische Wahrnehmung und Synästhesie* haben die Wahrnehmungsforschung in der jüngeren Zeit aufgerüttelt. Die Frage nach der Einheit der Sinne faszinierte schon einmal: Am Übergang zum 20. Jh. und in dessen ersten Jahrzehnten fassten Psychologen – und auch Künstler – gewöhnliche und ungewöhnliche Interaktionen der Sinne nicht zuletzt deshalb ins Auge, weil sie sich davon einen neuen Zugang zum ästhetischen Erleben versprachen. Die frühe Entwicklung der ungegenständlichen Malerei steht in diesem Zusammenhang.

Die vorstehenden Kapitel haben vielfältige Beziehungen der Sinne untereinander aufgezeigt und deutlich gemacht, dass Wahrnehmen nicht nur Bewegungen des Körpers (Agieren) zur Voraussetzung hat und seinerseits ermöglicht, sondern dass Motorik/Aktionserfahrungen *im* Wahrnehmen selbst gegenwärtig sind. Im 9. Kapitel geht es nun nicht zuletzt darum, jene exotischen sensorischen „Kurzschlüsse", für die sich in Psychologie und Neurowissenschaft der Begriff *Synästhesie* eingebürgert hat, von jedermann zugänglichen Brücken zwischen den Sinnen abzugrenzen (wie den *transmodalen Qualitäten* und auch von visuell induzierten Berührungs- und Schmerzempfindungen).

Das abschließende Kapitel greift auf, was sich zu *Ästhetischem Erleben und Atmosphäre* aus der Perspektive der einzelnen Sinne bisher ergeben hat, und bezieht es auf Theorien dieser Aspekte des Wahrnehmens.

9 Multisensorische Wahrnehmung und Synästhesie

Lippenbewegungen, die man *sieht*, bestimmen mit, welche *Laute* man *hört*. Auch die Wahrnehmung von *Sprachmelodie* und *Gesichtsausdruck* beeinflusst sich gegenseitig [▶ Kap. 8]. Die Intensität von *Aromen* wird durch *Farben* und *Mundgefühle* modifiziert [▶ Kap. 6], der *Duft* eines Parfums von seinem *Erscheinungsbild* [▶ Kap. 5], die Einschätzung der *Süße* einer Speise hängt von der Stärke ihres *Aromas* ab (und umgekehrt) [▶ Kap. 6], das *innere Gespür*, also die *Propriozeption* der Lage der eigenen Glieder, wird durch (täuschende) *visuelle Eindrücke* mitbestimmt [▶ Kap. 1], so wie der *ertastete Eindruck* der Form von Gegenständen sich bei *verzerrender Optik* verändert [▶ Kap. 3], während umgekehrt Oberflächen ihr *Aussehen* verändern, wenn man den *Fingerspitzen* gröbere oder feinere Texturen unterschiebt [▶ Kap. 2]. Eine Sonderstellung nehmen *Gleichgewicht* bzw. *Schwindel* ein, weil der *sechste Sinn* geradezu durch Multisensualität definiert ist, sprich durch die Integration von inneren und äußeren Eindrücken (Empfindungen in Muskeln und Sehnen sowie Reizungen des Gleichgewichtsorgans im Innenohr einerseits und visuellen und auditiven Eindrücken andererseits) [▶ Kap. 4].

Noch vor nicht allzu langer Zeit herrschte die Ansicht vor, die Sinne seien säuberlich getrennte Module der Informationsverarbeitung, die man isoliert zu erforschen habe, um schließlich noch der Frage nachzugehen, wie das, was wir sehen, hören, fühlen etc., sich am Ende zur wahrgenommenen Welt fügt. Dieses sogenannte *Bindungsproblem* wurde vorrangig hinsichtlich der engeren Frage diskutiert, wie es zu *einheitlichen Anschauungen* kommt, wo doch Form, Farbe und Bewegung dessen, was man vor Augen hat, in getrennten *Untermodulen des Sehsystems* verarbeitet werden. Inzwischen wurden bislang unbekannte Wechselwirkungen zwischen den Sinnen entdeckt, und schon länger bekannte gewinnen erneut an Interesse. Nicht zuletzt hat die Hirnforschung das Bild von gegeneinander abgeschotteten Sinneskanälen korrigiert. Invasive Studien an den Gehirnen von Katzen, Affen und anderen Tieren (Messung an einzelnen Neuronen) und dezentere, aber weniger aussagekräftige Beobachtungen an denen von Menschen (Hirnströme, funktionelle Bildgebung) erhellen die neurophysiologischen und -anatomischen Grundlagen der Einheit der Sinne.

Neuro-Skizze ▶ Multisensorisches Wahrnehmen und Synästhesie

Wie finden Erregungen der verschiedenen Sinne im Gehirn zusammen? Das *Bindungsproblem* geht von der getrennten kortikalen Verarbeitung der Modalitäten (Hören, Sehen usw.) und verschiedener Qualitäten innerhalb einer Modalität (z. B. Farbe und Form) aus und fragt, wie es dennoch zu einheitlichen Gegenständen des Wahrnehmens kommt.

Eine weitgehend spekulative Antwort vermutet die Verbindung der getrennten Module in **synchronem Feuern** der Nerven, einer Art von Resonanz, die – ungeachtet räumlicher Trennung der Module – Einheit stifte. Eine traditionelle Antwort auf die Frage, wie

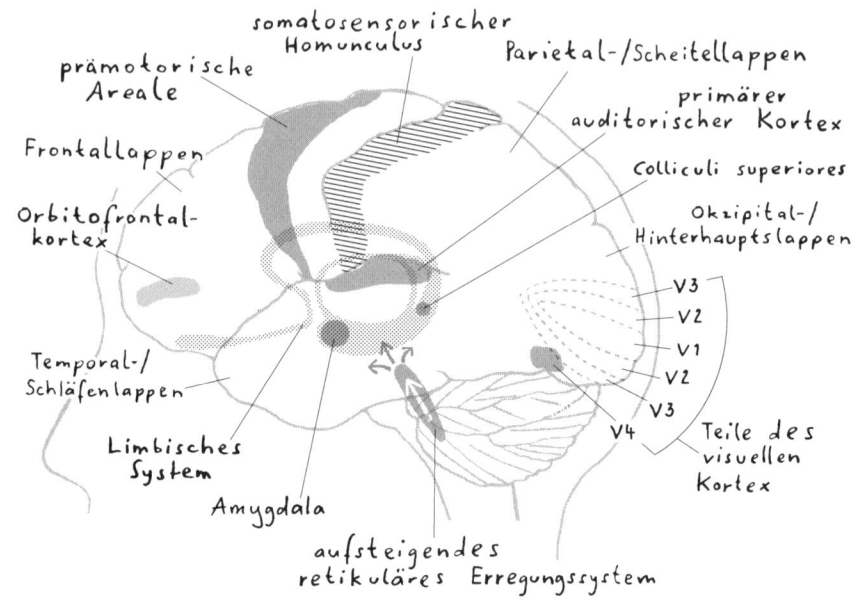

die Kanäle zusammenfinden, setzt auf **Assoziationsareale**, in denen Erregungen, die nach der Reizung der Sinnesorgane zunächst in getrennten Modulen ausgewertet werden, in Netzen **bi-** bzw. **multimodaler Neurone** aufeinandertreffen; etwa Bereiche des Scheitellappens als Treffpunkt von Sehen, Hören und Reizen aus dem Körper (als Basis von Gleichgewicht, Raumwahrnehmung, Orientierung [▶ Kap. 4]); oder Teile des (hinter der Stirn direkt über den Augäpfeln gelegenen) *Orbitofrontalkortex*. Bei Affen finden sich hier in bunter Mischung Zellen, in denen Reize aus Auge, Ohr, Haut, Muskeln sowie Nase und Zunge *bimodal* gekoppelt sind. Studien mit bildgebenden Verfahren beim Menschen deuten darauf hin, dass es in ihren Gehirnen ein vergleichbares Zusammentreffen gibt. Die mulitsensorische Bewertung dessen, was man isst und trinkt, basiert wesentlich auf dem, was zwischen diesem Gebiet und dem limbischen System vorgeht. Auch für jene in Fleisch und Blut übergegangenen ästhetischen Bewertungen, die man im übertragenen Sinn *Geschmack* nennt, könnte diese Kreuzung Bedeutung haben.

Ein Dogma der Neurologie besagt(e), dass es keine direkten **Verbindungen zwischen den primären bzw. sekundären sensorischen Arealen der verschiedenen Modalitäten** gebe. In jüngerer Zeit wurden solche Verbindungen indessen im Gehirn von Affen nachgewiesen. Ableitungen der Hirnströme an der Schädeldecke (sog. ereignisbezogene Ausschläge im EEG) und bildgebende Verfahren zeigen für das menschliche Gehirn zumindest, dass Bereiche, die man früher als monosensuell betrachtete, offen für die Stimulation durch andere Sinne sind. So führt etwa (passend zum ▶ *McGurk-Effekt*) Lippenlesen zu Aktivierungen im *primären auditorischen Kortex*. Berührungen, die man bei anderen beobachtet, schlagen sich in Erregung entsprechender Areale im eigenen ▶ *somatosensorischen Homunculus* nieder.

Gegen die traditionelle Vorstellung strikter Modularität spricht weiter die Entdeckung, dass Bereiche des **visuellen Kortex aktiv** sind, wenn **Blinde Braille-Schrift** lesen, und sich ein vergleichbarer Effekt bei Sehenden schon nach relativ kurzer Übung mit verbundenen Augen einstellt. Entsprechend scheint bei Tauben der auditorische Kortex am visuellen Wahrnehmen beteiligt zu sein. Diese „Rekrutierungen" tangieren offenbar nicht das *Was* der Wahrnehmung (Tasten unter Mitarbeit des visuellen Kortex bleibt Tasten; so wie die direkte experimentelle Verdrahtung des auditiven Kortex mit visuellen Reizen bei Nagern den Tieren offenbar optische Gegebenheiten erschließt; Roe et al., 1990). Auch die Funktionsteilung der Untermodule des Sehens ist nicht so strikt, wie vor nicht allzu langer Zeit noch angenommen.

Querverbindungen zwischen den Sinnen existieren **nicht erst auf kortikaler Ebene**. In einem Gebiet im Mittelhirn (den *superioren Colliculi*), das (auch bei Menschen) eine entscheidende Rolle bei der **Blicksteuerung** bzw. **aufmerksamen Zuwendung** spielt, wurden zunächst bei Katzen und später auch bei Affen multisensorische Neurone entdeckt, die die gegenseitige, raumbezogene Sensibilisierung von Fühlen, Sehen und Hören vermitteln. Die Aktivität der multimodalen Neurone übersteigt dann, wenn nicht nur einer der Zuflüsse aktiviert ist, die Summe der Einzelerregungen: Es geht sozusagen die Post ab, wenn irgendwo zugleich etwas zu sehen und zu hören ist; bei unterschiedlicher Lokalisierung der Reize können sie ihre Verarbeitung umgekehrt hemmen. (Je nachdem, ob Zellen für nahe oder entfernte Bereiche zuständig sind – wo ihr *rezeptives Feld* liegt –, haben sie ein unterschiedliches Timing für die optimierende Wirkung der visuellen und auditiven Reize; auf diese Weise wird die Gleichzeitigkeit von optischem und akustischem Geschehen trotz der unterschiedlichen Geschwindigkeiten von Licht und Schall sowie der unterschiedlichen Dauer der Reizleitung im Gehirn registriert.)

Multisensorische Konvergenzen finden sich auch in dem vom Hirnstamm (*formatio reticularis*) **aufsteigenden retikulären Erregungssystem** (Wachheitsregulation) und in **limbischen Strukturen** wie der Amygdala (emotionale Bewertung). Beide Funktionsbereiche beeinflussen ihrerseits die kortikale Verarbeitung der modalen Reize. Sie werden, wie im Text besprochen, mit *transmodalen Qualitäten* („helle Düfte") und auch *Synästhesien* (z. B. akustisch ausgelösten Farbvisionen) in Verbindung gebracht.

Synästhesie. Dass man etwa bei ungewöhnlichen Farbwahrnehmungen, die ohne Farbreiz allein durch Töne ausgelöst werden, unter anderem eine erhöhte Akivität in dem als *Farbmodul* (V4) bezeichneten Areal feststellen kann, während bei Nichtsynästhetikern unter den gleichen Bedingungen die Farbwahrnehmung und auch die V4-Aktivität ausbleibt, bestätigt die Glaubwürdigkeit der rätselhaften Eigenheit. Erklärt wird sie derzeit von vielen mit der Hypothese, bei manchen Menschen blieben übermäßig dichte kortikale Verknüpfungen aus der Säuglingszeit erhalten, die normalerweise im Lauf der Entwicklung ausgedünnt werden (siehe Text).

Schließlich sei an den in den vorstehenden Kapiteln mehrfach erwähnten Umstand erinnert, dass neurologische Befunde bei Mensch und Tier die direkte Beteiligung **prämotorischer Areale** am Wahrnehmen belegen. Eine bemerkenswerte Bestätigung für die Bedeutung von **zielgerichteter Bewegung** bzw. **Handlungsintentionen** für das Wahrnehmen ist die Beobachtung, dass Bereiche im *somatosensorischen* Kortex von Affen, die den Gebrauch eines Werkzeuges trainiert haben, dann auf *visuelle* Reize nahe dem

Werkzeug ansprechen, wenn die Affen das Werkzeug *als solches benutzen*, aber nicht reagieren, wenn sie es nur in der Hand halten (Ishibashi, Obayahi & Iriki, 2004).

Lesen ▶ Bösel, 2006; *Synchronisation:* Engel, 2006; Llinás, 2001; Singer & Ricard, 2008; *Scheitellappen:* Cohen & Anderson, 2004; Jäncke, 2007; Gallese, 2007; *Orbitofrontalkortex:* Rolls, 2004, 2005; *Verbindung primärer Areale usw.:* Calvert & Lewis, 2004; Raij & Jousmäki, 2004; Makaluso & Driver, 2004; *„Rekrutierungen" bei Blindheit/Taubheit:* Santian & Lacey, 2007; *Subkortikale Multisensorik:* Mesulam, 2000; Stein & Meredith, 1993; *Synästhesie:* Nunn, Gregory & Brammer, 2002; Beeli, Esslen & Jäncke, 2008; *Motorik/Handlung:* Fogassi & Gallese, 2004; Gallese, 2007; Ishibashi, Obayahi & Iriki, 2004

Körper, Raum, Aufmerksamkeit

Bei der räumlichen Ausrichtung der unwillkürlichen Aufmerksamkeit arbeiten die Sinne zusammen. So wird die Reaktionsbereitschaft gegenüber einem visuellen Reiz erhöht, wenn er aus einer Richtung kommt, in der zuvor schon etwas zu hören oder zu spüren war (auch dann, wenn die Richtung dieser Reize in der Versuchsserie nicht regelmäßig mit der des visuellen Reizes übereinstimmt, sie also keine verlässlichen Hinweise sind, und die Versuchspersonen dazu angehalten sind, unverwandt einen frontalen Punkt zu fixieren und andere Reize zu ignorieren). Ähnlich steigt die Reaktionsbereitschaft gegenüber auditiven oder taktilen Reizen durch entsprechend lokalisierte Reize in anderen Modalitäten (Spence & McDonald, 2004). – Wenn visuelle und auditive Informationen räumlich gespalten sind – wie etwa beim Telefonieren im Auto (wenn der Schall nicht aus Fahrtrichtung ertönt) oder auch durch das Design der Cockpits von Fahr- und Flugzeugen –, steht das also einer optimal aufgabenbezogen Ausrichtung der Aufmerksamkeit entgegen (Spence, 2002).

Besonderes Interesse fand das multisensorische Wahrnehmen im sogenannten **peripersonalen Raum**, einer Raumhülle in unmittelbarer Nähe des Körpers, die bislang hauptsächlich bezogen auf Hände und Kopf untersucht wurde. Auditorische und visuelle Reize wirken in diesem Bereich unter Umständen wie Berührungen (bis zu einer Entfernung von 5 cm ist die Wirkung maximal, bei ca. 30 cm fällt sie drastisch ab). Beim Menschen wurde das bei neurologischen Patienten nachgewiesen, bei denen eine besondere Form der Schädigung der rechten Gehirnhälfte dazu führt, dass sie Berührungen an der linken Hand (die auf die geschädigte rechte Seite projiziert werden) dann nicht mehr wahrnehmen, wenn gleichzeitig die rechte Hand berührt wird. Innerhalb des peripersonalen Raumes lässt sich bei diesen Patienten nun der nämliche Auslöschungseffekt bereits allein durch visuelle oder auditive Reize erzielen (Làdavas & Farnè, 2006). Weiter wurde der Fall eines Schlaganfallpatienten beschrieben, der linksseitig unempfindlich für Berührungen wurde, sofern er sie nicht auch sehen konnte. Auch Videoaufnahmen, die man als Echtzeitfeedback einer Berührung ausgab, brachten Berührungsempfindungen mit sich. Man etikettierte diesen Fall als *erworbene visuell-taktile Synästhesie* (Halligan et al., 1996). Was hier durch die Schädigung des Gehirns *erworben* wurde, ist wahrscheinlich nicht die visuell-taktile Verbindung, sondern ihre Verselbständigung.

Bi- oder *multimodale Neurone* könnten das Substrat solcher Äquivalenzen sein. Bloße Beobachtung von Berührungen oder Verletzungen, die andere erfahren, führt jedenfalls bei Menschen regelmäßig zur Aktivierung der *sekundären* und *primären* ▶ *somatosensorischen Areale*. Allerdings ist diese Aktivierung in der Regel nicht stark genug, um das Gesehene auch am eigenen Leibe *spürbar* zu machen. Anekdoten heftiger empathischer Schmerzwahrnehmung, wie sie etwa William James in seinen *Principles of Psychology* berichtete [▶ Kap. 2], zeigen, dass es unter Umständen wahrscheinlich bei den meisten Menschen zu visuell induzierten empathischen Schmerzempfindungen kommen kann. Drohende Begegnungen mit scharfen oder spitzen Gegenständen versetzen manchmal „einen Stich" im bedrohten Körperteil. Hammerschläge auf ein Objekt, das zuvor wiederholt mit der eigenen Hand gereizt und damit *einverleibt* wurde, machen – gemessen am Hautwiderstand (Angstschweiß) – betroffen, auch wenn die eigene Hand im Moment des Schlages nicht berührt wird [▶ Kap. 2]. Ein Sonderfall sind Menschen, die prinzipiell solche Berührungen am eigenen Leibe verspüren, die sie bloß bei anderen beobachteten. Im Fall einer gesunden Frau mit solch einer *empathischen visuell-taktilen Synästhesie* beobachtete man besondere Aktivierung genau in jenen Bereichen des ▶ *somatosensorischen Homunculus*, in denen die beobachteten Personen berührt wurden (Blakemore et al., 2005).

Untersuchungen an Mensch und Tier zeigen, dass der *peripersonale Raum* sich auch um **Werkzeuge** herum bildet, die momentan den Körper erweitern (der im Alltag an Beifahrern zu beobachtende ▶ *Marionetten-Effekt* deutet darauf, dass es hinreichend sein kann, wenn situations- bzw. gewohnheitsgemäß die Intention zum Werkzeuggebrauch geweckt wird). Dies impliziert, dass die Zusammenarbeit der Sinne durch **Handlungsabsichten** modifiziert wird. In dieses Bild fügt sich, dass die Wahrnehmung des Körpers und des ihn umgebenden Raumes leidet, wenn die Willkürmotorik beeinträchtigt ist: Halbseitige Schädigungen von Gehirnbereichen, die an der Planung zielgerichteter Bewegung beteiligt sind, bringen nicht nur Lähmungen auf der betroffenen (gegenüberliegenden) Seite mit sich, sondern auch Unempfindlichkeit an den gelähmten Gliedern und um sie herum (Gallese, 2007). Im Fall des ▶ *Selbstberührungseffekts* wird umgekehrt ein Sensibilitätsverlust dadurch aufgehoben, dass Patienten mit ihrer gesunden Hand etwa einen lahm-tauben Arm berühren: Die auf den eigenen Körper bezogene Bewegung sensibilisiert momentan für Reize, die zwar noch an das Gehirn weitergeleitet, aber ansonsten wegen der Lähmung ignoriert werden.

Lesen ▶ Blakemore et al., 2005; Bufalari et al., 2007; Kapitel 1, 26–28, 50–51 in Calvert, Spence & Stein, 2004; Knoblich et al., 2006, Kap. 2–5, 8; Stein und Meredith, 1993

Die relative Dominanz des Sehens

Wer versucht, sich mit geschlossenen Augen auch nur durch die eigene Wohnung zu bewegen, dem wird die effiziente Auffassung von Raum und Formen durch das Sehen bewusst. Spielt man in Experimenten Sehen und *haptische* Wahrnehmung gegeneinander aus, setzen sich, wie zu Beginn dieses Kapitels schon ins Gedächtnis gerufen, die Augen gegen die Hände durch [▶ Kap. 3]. Der im vorigen Kapitel erwähnte **Bauchredneff ekt** (*Ventriloquismus*) steht dafür, dass wir unter Umständen den Schall, abweichend von den tatsächlichen Verhältnissen, von dort her kommen hören, wo die Augen eine plausible Schallquelle ausmachen. Deshalb hält sich die Irritation von Kinobesuchern angesichts der Abweichungen der akustischen Gegebenheiten von den sichtbaren Schallquellen in Grenzen. Abweichungen, die selbst bei perfekter Technik kaum vermeidbar und bei schlichterer recht deutlich sind. Wie sehr man im Kino mit den Augen die Richtung hört, kann man sich durch den Versuch bewusst machen, einmal mit geschlossenen Augen Sprecher oder Geräuschquellen zu lokalisieren. Der Bauchredneff ekt wurde in zahlreichen Experimenten, teils nahe an der namensgebenden Varietésituation, aber vor allem mit reduzierten abstrakten Reizen (Lichtpunkten und einzelnen Tönen) untersucht. Unter anderem zeigte sich, dass der Effekt weitgehende Synchronizität voraussetzt (verspäteter Schall wird eher toleriert als verfrühter, was kaum verwundert, da Schall langsamer ist als Licht). Weiter wurde untersucht, wie groß der Abstand werden darf, bevor der Effekt zusammenbricht (wahrscheinlich vergrößert sich die Toleranz für den Abstand bei bedeutungsvollen Verbindungen von Szene und Geräusch, wie sie das Kino bietet – im Unterschied zu den abstrakten Lichtsignalen und Beeps vieler Laboruntersuchungen). Man fand auch heraus, dass visuell wahrgenommene Bewegungsrichtungen regelmäßig die wahrgenommene Bewegungsrichtung von Schallreizen beeinflussen (für sich mehrdeutig wabernde visuelle Bewegungsreize werden indessen umgekehrt durch ein eindeutig bewegtes auditives Signal ausgerichtet). Auch *Nacheffekte* wurden entdeckt: Die Verschiebung im Richtungshören dauert nach Ende der Versuche eine Weile an. Das Sehen kann also nachhaltig die Koordinaten des auditiven Raumes verschieben.

Die **überlegene Leistungsfähigkeit** des Sehens im Wahrnehmen **räumlicher Sachverhalte** (hohes räumliches Auflösungsvermögen, Überblick) ist eine naheliegende Erklärung für seine Dominanz bei intersensorischen Konflikten (*visual capture*). Auf eine allgemeine Formel gebracht: Der besser geeignete Sinn setzt sich jeweils durch (*Angemessenheits-Hypothese*). Wo es um Veränderungen in der **Zeit** geht, sollte nach dieser Hypothese das **Hören** dominieren, da das auditive System **schneller** arbeitet, also über ein höheres zeitliches Auflösungsvermögen verfügt. Tatsächlich ist schon länger bekannt, dass flimmernde Lichter für sich genommen bei einer niedrigeren Frequenz des Flimmerns zu einem kontinuierlichen Leuchten verschmelzen als bei Begleitung durch einen synchron pulsierenden auditiven Reiz (Erhöhung der *Flimmerfusionsschwelle*). Neuerdings wurde nachgewiesen, dass das, was man hört, auch dazu verführen kann, die Unterbrechung eines kontinuierlichen visuellen Reizes zu *fingieren*: Wenn ein einzelner Lichtblitz durch zwei kurze Töne begleitet wird, sieht man zwei Blitze (**Doppelblitz-Illusion**; Kaimitani & Shimojo, 2004). Zwei weitere Beobachtungen aus jüngerer Zeit, in denen auditive Reize das modifizieren, was man sieht, haben eine eher indirekte Beziehung zum zeitlichen Auflösungsvermögen des Hörens:

▮ Ein plötzlicher hoher Ton erleichtert es, in einer Folge von schnell wechselnden Bildern dasjenige mit einem gesuchten Muster dingfest zu machen. Jenes Bild, das mit dem Ton synchron präsentiert wird, scheint *leuchtender* bzw. *länger* vor Augen zu stehen (**Einfrier-** bzw. **Freezing-Phänomen**; Vroomen & de Gelder, 2004).

▮ Führt man auf einem Bildschirm zwei Punkte so in gerader Linie gegeneinander, dass sie sich durchdringen und dann jeweils da weiterlaufen, wo der andere herkam, nehmen Beobachter in der Regel eben diese gleichförmige Bewegung wahr. Wenn indessen im Moment der Berührung plötzlich ein kurzes Geräusch erklingt, sehen viele die Punkte voneinander abprallen und zurücklaufen: **Prellball-Effekt** (*bouncing ball effect*; Sekuler, Sekuler & Lau, 1997). Auch wenn es in dem Moment, in dem die beiden Punkte aufeinandertreffen, *blitzt* oder die *Betrachter kurz berührt* werden, entsteht der Eindruck, die Punkte würden aufeinanderprallen und zurückspringen statt sich durchdringen und gradlinig weiterziehen (Watanabe & Shimojo, 1998).

Die besondere Beziehung des Hörens zu zeitlichen Abläufen prädestiniert es dazu, **Plötzlichkeit** zu vermitteln, ein **Ereignis** wahrnehmen zu lassen (der Ton macht aus einem fingierten Film-Kinnhaken einen punktgenauen Treffer). Im Falle des Einfrier-Phänomens dehnt (und erhellt) das plötzliche Geräusch im wahrsten Sinn des Wortes den Augenblick. Ein sensorisches Ausrufezeichen, das die Wahrnehmung eines gleichmäßigen Geschehens akzentuiert, kann, wie die Varianten des Prellball-Versuchs lehren, aber auch in einer anderen Modalität gesetzt werden (Blitz, kurze Berührung). Die experimentellen Hinweise auf die Bedeutung des Hörens für das Wahrnehmen von Ereignissen passen einerseits zur Irritation angesichts von ▶ Stummfilm oder bei ▶ Taubheit und andererseits zur Rolle des Hörens für die ▶ Trittsicherheit und die ▶ Synchronisation bei kollektiven Arbeitsprozessen oder auch für die Reaktion auf gegnerische Bälle bei Spielen wie Volleyball, Tennis (hier auch experimentell nachgewiesen) oder *Ping-Pong*.

Lesen ▶ Calvert, Spence & Stein, 2004, Kap. 2–4, 9; de la Motte-Haber, 2006; Guski, 1996, Kap. 8

Transmodale Qualitäten

Warme Farben, schwere Düfte, helle Töne, eine laute Krawatte – der allgemeine Sprachgebrauch überträgt manche Sinnesqualität von einer Modalität auf eine oder mehrere andere. Ist das lediglich ein sinnbildliches Sprechen? Oder werden manche Qualitäten tatsächlich nicht nur von einem Sinn vermittelt (*trans-, inter-, a-* oder *crossmodale Qualitäten*)?

Intensiv untersucht wurde die auditive Bedeutung der Qualität **Helligkeit**. *Hohe Töne* (selbst schon eine transmodale Verknüpfung) und *lauten Schall* ordnen die meisten Menschen *größerer Helligkeit* zu (helleren Graustufen, ungesättigten Farben mit höherem Weißanteil, gesättigten Farben mit größerer Eigenhelligkeit, also z. B. einem reinen Gelb statt einem reinen Blau, und schließlich Lichtquellen mit größerer Leuchtkraft). Wenn in Experimenten unter Zeitdruck ein Helligkeitswert bestimmt werden soll, ist die Leistung akkurater, wenn zugleich ein „entsprechend" lauter oder hoher Ton erklingt; umgekehrt werden laute oder leise, hohe oder niedrige Töne schneller korrekt bestimmt, wenn ein in der Helligkeit jeweils „passender" Lichtreiz oder Grauwert angeboten wird (Überblick: Marks, 2004). Das sollte man nicht erwarten, wenn die Analogie von Helligkeitsgrad und Tonhöhe bzw. Lautstärke lediglich ein bemühter Vergleich wäre. Nach älteren Untersuchungen, die Heinz Werner 1966 in einen Handbuchartikel zusammenfasste, können hohe bzw. tiefe Töne die Wahrnehmung von Farben sogar aufhellen; allerdings nur unter der Bedingung, dass die Farbreize undeutlich oder sehr kurz (*tachistoskopisch*) präsentiert werden (z. B. wurde aus Rot bei einem tiefen Ton Dunkelrot oder Violett, bei einem hohen Ton Orange oder Gelb). Auch die Aufhellung oder Verdunklung eines ▶ *Ganzfeldes* durch hohe oder tiefe Töne wurde festgestellt. In einigen neueren Experimenten zeigten sich ebenfalls Aufhellungen durch akustische Reize (u. a. beim eben erwähnten *Freezing-Phänomen*), ohne dass dabei auf systematische Variationen von Helligkeit und Tonhöhe geachtet worden wäre. Andere Versuche aus jüngerer Zeit, die den gegenseitigen Einfluss von Tonhöhe und Helligkeit zum Gegenstand hatten, kamen jedoch zu einem grundsätzlich negativen Ergebnis hinsichtlich der Tonhöhe-Helligkeits-Wechselwirkung, was vielleicht einer zu mächtigen Präsentation der jeweiligen optischen und akustischen Reize zuzuschreiben ist.

Lautstärke und *Leuchtkraft* sind offensichtlich Qualitäten, die sich auf die **Intensität** von Empfindungen beziehen. Auch Grauwerte, Helligkeitswerte ungesättigter Farben sowie verschiedene Eigenhelligkeiten gesättigter Farben implizieren – im Sinne eines Mehr oder Weniger an Helligkeit – ein Erlebnis von Intensität. Insofern liegt es nahe, eine *Parallele* in der Intensität zu sehen. Das würde allerdings noch nicht die *Aufhellung* durch laute Töne erklären. Der Schlüssel dazu liegt vielleicht, wie schon Heinz Werner annahm, darin, dass intensive Reize, ob nun in diesem oder jenem Sinn aufgenommen, gleichermaßen die zentralnervöse Erregung steigern. Und damit potentiell auf andere Sinne überschlagen, die Reizverarbeitung intermodal beeinflussen. Eine mögliche neurologische Grundlage seiner *senorisch-tonischen Theorie* sah Werner in der *retikulären Formation* im Hirnstamm. Diese erhält, wie in den Neuro-Skizzen immer wieder angesprochen, Zuflüsse aus allen Sinnesorganen und reguliert den Erregungs- bzw. Wachheitsgrad des Organismus. Bei verselbständigter Aktivität dieses Nervennetzes können ▶ *visuelle Reizerscheinungen* auftreten.

Wie aber verhält sich die *Tonhöhe* zum Verbindungsglied *Intensität*? Muss man für die Brücke zwischen Tonhöhe und Helligkeit nach einer Erklärung jenseits des Erregungsgrades suchen? – Im sprachrelevanten Frequenzbereich werden (bei gleichem Schalldruck) hohe Töne als lauter empfunden als tiefe (▶ *Isophone*). Bei hohen Tönen liegt auch die Schmerzgrenze niedriger. Aber auch jenseits der ausdrücklichen Lautstärkebewertung gilt, dass hohe Tone besonders eindringlich sind. Das geht wahrscheinlich auf die affektive Bedeutung von Situationen zurück, in denen Menschen und andere Tiere hohe Töne von sich geben.

Die zentralnervöse Erregung hängt von der *biologischen Bedeutung* von Reizen ab. Die Steigerung bei physikalischen Größen wie Schalldruck und Lichtenergie ist da nur ein Faktor unter anderen. In Lebenssituationen wie auch in Experimenten sind, je nach den begleitenden Umständen, Abweichungen von der Gleichung von Erregungssteigerung und physikalischer Energiezunahme zu erwarten. Präsentiert man als Reizvorlage einen schwarzen Fleck mit einem weißen Rand, so mag das deutlich erregender wirken als ein einheitliches helles Grau, von dem unter gleichen Beleuchtungsbedingungen erheblich mehr Lichtenergie reflektiert wird: Kontrast ist biologisch bedeutsam. Leise Geräusche können bekanntlich sehr erregend wirken (z. B. im Dunkeln), weil die Situation für (ängstlich) gespannte Aufmerksamkeit sorgt. Die Schleusen des Erregungssystems werden durch übergeordnete affektive Prozesse geöffnet. (Der erregenden Wirkung von Kontrasten und Düsternis bedient sich bspw. der ▶ *Film noir.*) Das eben Gesagte macht nebenbei verständlich, warum man *kontrastreiche* optische Reize oft als *laut* bezeichnet. Wie Kontrast visuell aufweckt, wirken *plötzlich* einsetzende Töne oder Geräusche erregender als allmählich anschwellende (man fühlt sich durch sie leichter gestört: ▶ Lärm ist auch eine Frage der Zeitstruktur akustischer Reize). Das ▶ Freezing-Phänomen setzt einen plötzlich einsetzenden Ton voraus.

Maluma und Takete. Dieses vom Gestaltpsychologen Wolfgang Köhler kreierte Beispiel für transmodales Wahrnehmen kann die Analogie von Helligkeit und Tonhöhe illustrieren. Erscheint Ihnen der Wortklang von *Maluma* heller als der von *Takete*? Wahrscheinlich nicht. Noch deutlicher ist die Differenz bei der neueren Variante *Buba* und *Tiki*: Mit zunehmender Tonhöhe erscheinen Vokale heller: vom dunklen /u/ über /o/, /a/ und /e/ bis zum besonders hellen /i/. – Indessen steckt in Köhlers Gegenüberstellung mehr als diese Parallele. Dass die eine Lautfolge zu *gerundeten* Linien passt, die andere zu einem *Zickzack* [▶ Abb.], entspricht den schmiegsamen oder abrupten bzw. explosiven Bewegungen, durch die man die Phantasieworte *artikuliert* (übrigens auch

die Worte *rund* bzw. *Zickzack*). Die Linienformen lassen sich ihrerseits als Bewegungsspuren auffassen. Jedenfalls kommen entsprechende Bewegungen zustande, wenn man jemanden, dem Köhlers Skizzen unbekannt sind, die Laute *Maluma* und *Takete* gestisch darstellen oder in eine Kritzelei umsetzen lässt.

Die unterschiedlichen Bewegungsformen lassen sich zwar in der Dimension *Erregtheit* unterscheiden; die Differenzen gehen darin aber nicht auf. Sie deuten auf den *motorischen* Aspekt unterschiedlicher **Affekte**. Das sticht ins Auge, wenn man beide Figuren mit Kritzelzeichnungen zu Gefühlen (und Farben) vergleicht ([▶ Abb.]: Zackige Richtungswechsel wie bei Köhlers Takete zeigen sich regelmäßig bei Wut-Kritzeln; die mit Freude assoziierten Bewegungen muten mit ihrem Schwung zwar ebenfalls als erregt an, unterscheiden sich aber deutlich durch runden oder geschmeidigen Verlauf, der zugleich (anders als Maluma) Aufsteigen oder Leichtigkeit betont. (Die mit erregten Bewegungen verbundenen Farben Rot und Gelb sind beide teils zackig, teils gerundet ausgeformt.)

Nicht nur Intensität bzw. Erregung, sondern auch affektspezifische Motorik dürften also dazu beitragen, dass Sinnesqualitäten vergleichbar sind (transmodale Ausdruckswahrnehmung). Als Beleg für dieses Bindeglied zwischen den Sinnen kann man auch die gegenseitige Beeinflussung der Wahrnehmung von emotionalem Gesichtsausdruck

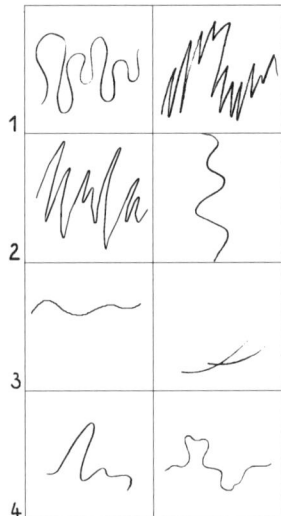

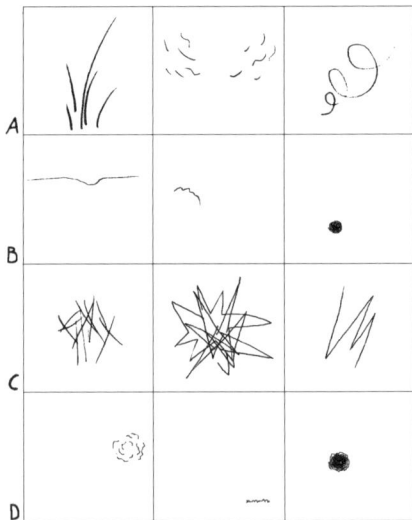

Farb- und Gefühlskritzel nach Kobbert, 1986, Jilk, Piesbergen & Tunner, 1995 und eigenen Stichproben; Auflösung Seite 288. Leser, die an einem Selbstversuch interessiert sind, sollen zuerst die auf den Seiten 142 und 150 beschriebenen Experimente durchführen.

und Sprachmelodie verstehen. – Bereits Herder und Wundt sahen die affektiven Wirkungen der Sinne als deren verbindendes Moment an. Gelegentlich werden transmodale Qualitäten als *Gefühlssynästhesien* bezeichnet, was indessen der Differenzierung gegenüber Synästhesien im engeren Sinn (siehe unten) nicht unbedingt dienlich ist.

Eventuell tragen auch **Lernprozesse** dazu bei, dass Qualitäten eines Sinnes auf einen anderen übertragen werden. Warum gelten manche Düfte als *süß*? Weil sie ebenso entspannend wirken oder gerne aufgenommen werden wie süße Speisen (▶ *gustofaciale Reflexe*)? Oder riecht etwa Vanille einfach deshalb süß, weil dieses Aroma gewohnheitsmäßig mit süßem Geschmack kombiniert ist? – Richard Stevenson und Kollegen, die nachgewiesen haben, dass Vanillearoma nicht nur süß riecht, sondern auch den Geschmack von Süße verstärken kann, vertreten diese These (Stevenson & Boakes, 2004). Sie sehen hier einen Fall von *gelernter Synästhesie*. (Vielleicht wäre es passender, s. u., von einer gelernten transmodalen Qualität zu sprechen.) Dass auch sichtbare Erscheinungen oder Melodien als süß anmuten können, lässt sich so indessen nicht erklären, verweist eher auf eine affektive bzw. sensomotorische Parallele (eine liebenswerte Person lächeln wir an – der Anblick fühlt sich im eigenen Gesicht und dem Körpertonus insgesamt so an wie eine süße Speise, wir sind entspannt und offen). Ebenfalls auf eine Assoziation, diesmal jedoch auf die Verallgemeinerung spezifischer Erfahrungen führt man zurück, dass *farbige Lösungen*, unabhängig davon, um welche Farbe es sich handelt, *stärker riechen* als farblose (Zellner & Kautz, 1990). Möglicherweise wirkt sich da aber auch die erregende Wirkung von Farbigkeit (▶ Buntheit) direkt auf das prinzipiell stark mit Affekten verwobene Riechen aus [▶ Kap. 5].

   Lesen ▶ Gembris, 2006; Köhler, 1947; Marks, 1975, 1978, 2004; Maurer, 1997; Maurer & Mondloch, 2005; Tunner, 1999; Werner, 1959, 1966

Synästhesie

Phänomenologie. Das klassische Beispiel für Synästhesie (wörtlich: *Mitwahrnehmung*) ist das **farbige Hören**: ein *unwillkürliches* Wahrnehmen von Farben beim Vernehmen von Klängen, Lauten und Geräuschen, ohne dass entsprechende Lichtreize vorlägen. Deshalb spricht man die Farbwahrnehmungen auch analog zu Halluzinationen als *Photismen* an. Die Farben werden entweder „im Kopf" gesehen oder (seltener) in den visuellen Raum projiziert (im Abstand von einem halben bis zu einigen Metern). Häufiger noch als visuelle Mitwahrnehmungen bei akustischen Reizen ist eine *innervisuelle* Synästhesie: das unwillkürliche **Farbigsehen von Zahlen und Buchstaben** (*Graphem-Farbe-Synästhesie*). Weiter evozieren Geschmäcke, Gerüche, Berührungen, Temperaturwahrnehmungen oder Schmerzen das Sehen von Farben. Diese Verbindungen sind indes deutlich seltener als das farbige Hören und Lesen (von Zahlen und Buchstaben), die zusammen mehr als die Hälfte der registrierten Fälle von Synästhesie ausmachen (Day, 2006). Nur relativ wenige der bekannten Fälle von Mitwahrnehmen münden in anderen Empfindungen als Farberlebnissen.

Begriffsverirrungen. Im Feuilleton und der geisteswissenschaftlichen Ästhetik ist oft von *Synästhesie* die Rede, wenn es um Kunstformen geht, die nicht nur einen Sinn ansprechen, also multisensorisch sind. In Psychologie und Neurowissenschaft dagegen ist der Begriff reserviert für Querverbindungen zwischen den Modalitäten. Dabei hebt man Synästhesie von den *transmodalen Qualitäten* ab (Behne, 1998; Haverkamp, 2006). Indessen wurden und werden auch Parallelen gezogen und Unterschiede in Frage gestellt oder verwischt (etwa mit dem bereits erwähnten Begriff *Gefühlssynästhesie*). Gelegentlich versucht man, durch einen Zusatz – *genuine* Synästhesien – die eigentlichen Synästhesien von sonstigen Brücken zwischen den Sinnen abzugrenzen. Um Fälle, in denen Personen „schon immer" entsprechend wahrgenommen haben, von solchen abzuheben, in denen Synästhesie als Folge von Unfällen, Erkrankungen oder vorübergehender Veränderungen (Drogen) auftreten, hebt man auch *idiopathische* von *erworbenen* Synästhesien ab; Erstere werden auch als *Entwicklungssynästhesien* bezeichnet. Weiter wurden in den vergangenen Jahren Formen von Synästhesie beschrieben oder, anders gesagt, solche multisensorischen Erscheinungen der Synästhesie zugeschlagen, die quer zu den bisherigen Ordnungsversuchen stehen (siehe unten). Unabhängig von der sensorischen Präsentation lösen auch Zeitbegriffe, wie beispielsweise die Namen von Wochentagen oder Monaten, Farberlebnisse aus (*Begriffs-Synästhesie, cognitive/conceptual synethesia;* auch als *höhere Synästhesie* der *niederen,* durch Empfindungen ausgelösten gegenübergestellt, die auch als *Wahrnehmungs-Synästhesie* bezeichnet wird).

Abgrenzung. Wie besprochen, werden **transmodale Qualitäten** von den meisten Menschen in gleicher Form erlebt. Sie sind reversibel (laut ist hell, hell ist laut) und eher abstrakter Natur (auch wenn gewisse gegenseitige Beeinflussungen zu verzeichnen sind). Dagegen sind

▪ Klang-Farb-Kombinationen der Synästhetiker **individuell unterschiedlich** (*idiosykratisch*). Das gilt ungeachtet gewisser Regelmäßigkeiten von Ton-Farb- sowie Vokal-Farb-Synästhesien, die der allgemein nachvollziehbaren Analogie von Helligkeitsgrad und Tonhöhe entsprechen (Marks, 1975; Behne, 2006).
▪ idiopathische Synästhesien **selten**. Schätzungen liegen zwischen 1:25.000 und 1:200 bezogen auf die erwachsene Bevölkerung. Da mehrheitlich Frauen – und das familiär gehäuft – betroffen sind, ist die Hypothese einer ans X-Chromosom geknüpften Erblichkeit plausibel (Harrison & Baron-Cohen, 1997a; Bailley & Johnson, 1997).
▪ Synästhesien fast immer **Einbahnstraßen**: Klang-zu-Farbe-Synästhetiker erleben in der Regel nicht auch die umgekehrte Mitwahrnehmung: Farben bleiben stumm.

■ Synästhesien meist – den Halluzinationen vergleichbar – **konkrete modale Emp-findungen** (während Nichtsynästhetiker unter normalen Umständen einen hohen Ton als hell empfinden, *ohne* dabei ein Licht oder Farben zu sehen).

Die im vorigen Abschnitt erwähnte **Süße von Düften** oder Aromen passt zumindest nicht zu diesen Kennzeichen klassischer Synästhesie: Bestimmte Düfte muten allgemein als süß an. Süße kann ihrerseits Aromen verstärken, die wechselseitige Verstärkung ist nicht gleichbedeutend mit einem deutlichen, eigenständigen Erlebnis von Schmecken (wie es z. B. bei seltenen Fällen von auditiv-gustatorischer Synästhesie vorkommt). Die ebenfalls in diesem Kapitel schon angesprochene ▶ *erworbene visuell-taktile Synästhesie* wie auch die ▶ *empathisch visuell-taktile Synästhesie* sind zwar, wie klassische Synästhesien, selten, einseitig und konkret sensorisch: Gleichwohl sind diese Mitempfindungen weniger rätselhaft, handelt es sich doch offensichtlich in beiden Fällen lediglich um die ungewöhnliche Steigerung einer von allen Menschen geteilten Konvergenz von Sehen und Spüren.

Der Unterschied von Synästhesien zu **Halluzinationen** liegt darin, dass ein äußerer Reiz ursächlich ist. Allerdings kommt es bei Menschen, denen unter normalen Umständen Mitwahrnehmungen fremd sind, unter Bedingungen, die Halluzinationen erzeugen (psychoaktive Drogen, Sinnesausfälle), offenbar auch zu Synästhesien. Manche berühmte Dichter-Synästhesie, wie etwa die von Baudelaire, verdankt sich wahrscheinlich ausschließlich dem Konsum von Drogen. Umstände, die verselbständigte Nervenaktivität in sinnesspezifischen kortikalen Gebieten herbeiführen, scheinen auch Mitwahrnehmungen zu erleichtern. In diesem Zusammenhang ist auch das gehäufte Auftreten von Synästhesien bei **Epilepsien** und in **Migräneauren** zu sehen. Dass viele **Meditierende** von Synästhesien berichten (Walsh, 2005), hängt ebenfalls vielleicht weniger mit der gesteigerten „Achtsamkeit" zusammen als mit ▶ *sensorischer Deprivation* durch ungewöhnliche Konzentration und die dadurch angestoßenen zentralnervösen Entladungen (Dittrich, 1985). Man kann die Varianten erworbener bzw. temporärer Synästhesie als Quasi-Experimente betrachten. Damit sind sie in theoretischer Hinsicht interessant. Ob die Erlebnisse bei erworbenen Synästhesien denen bei idiopathischer Synästhesie hinreichend ähnlich sind, um sie überhaupt unter einem gemeinsamen Dach zu versammeln, ist indessen strittig (Harrison & Baron-Cohen, 1997a).

Glaubwürdigkeit. Berichte von synästhetischen Erlebnissen faszinieren, weil die meisten Menschen niemals Vergleichbares erfahren haben. Aus dem nämlichen Grund fällt es manchem schwer, ihnen Glauben zu schenken. Verschiedene Indizien sprechen indes gegen ein grundsätzliches Bezweifeln des Phänomens.
1. Unangekündigt **wiederholte Befragungen** reproduzieren – auch nach Monaten oder Jahren – weitgehend die zunächst berichteten individuellen Kombinationen.

Darin sieht man mit Simon Baron-Cohen, der diesen Test einführte, eine Bestätigung der Wahrhaftigkeit, da Zuordnungen etwa von Klängen und Farben, die man bei Nichtsynästhetikern erfragt, von diesen schon in relativ geringem zeitlichen Abstand nur in geringem Grad wiederholt werden.

2. Auch Aufzeichnungen von **Aktivitätsmustern des Gehirns** deuten auf die Objektivität des individuellen subjektiven Phänomens hin: Sie unterscheiden sich bei gleichen Reizen von dem, was sich an den Hirnen von Nichtsynästhetikern ablesen lässt.

3. Schließlich erlauben *Graphem-Farbe-Synästhesien* Tests, die in der **Erleichterung oder Erschwerung der visuellen Wahrnehmung durch Farbe** gründen: a) Bei unübersichtlichen Suchaufgaben (z. B. eine 2 in 5en als „Nadel im Heuhaufen" [▶ Abb.]) sollte das Sehen von Ziffern in unterschiedlichen Farben so hilfreich wirken wie für einen normalsichtigen Nichtsynästhetiker das Rot beim Suchen nach reifen Tomaten im Buschwerk. Was unter geeigneten Umständen tatsächlich der Fall ist (Ramachandran, Hubbard & Butcher, 2004; zur Diskussion der Bedingungen siehe Kap. 4–7 und 12 in Robertson & Sagiv, 2005). b) Bei Synästhetikern treten *Stroop-Effekte* auf. (Dieser nach seinem Entdecker benannte Effekt besteht in der verzögerten Lesegeschwindigkeit von Farbnamen, die in anderen Farben als der bezeichneten geschrieben sind; z. B. „Rot" in grünen Buchstaben [▶ Abb.]).

Suchaufgabe

mit grünem Buntstift ausmalen
Stroop-Effekt

Auch synästhetische Stroop-Effekte wurden experimentell nachgewiesen (u. a. Dixon et al., 2004; Mattingley & Rich, 2004).

Theorie. Was steckt hinter den ungewöhnlichen Verbindungen? Bislang gibt es lediglich Spekulationen, die viele Fragen offen lassen. Und die Versuchung, bedeutsam klingende Begriffe – etwa: *Hyperbinding* – zu prägen (Emrich, u. a. 2002). Neurologische Spekulationen werden teils mit entwicklungspsychologischen Vorstellungen verknüpft.

Heinz Werner (1966) macht bei seiner *sensorisch-tonischen Theorie*, die das *retikuläre Erregungssystem* ins Spiel bringt, keinen Unterschied zwischen Synästhesie und transmodalen Qualitäten. Er ging davon aus, dass sich die verschiedenen Sinnesgebiete erst im Laufe der Individualentwicklung deutlich voneinander unterscheiden. Zugespitzt: Alle Kinder (und auch Naturvölker) sind Synästhetiker, (normale) zivilisierte Erwachsene nur noch in besonderen Bewusstseinszuständen bzw. wenn sie Sinnesreize nicht (aufmerksam) *wahrnehmen*, sondern *empfinden* (subjektive vs. objektive Einstellung). Die besonderen Kennzeichen von Synästhesien, insbesondere ihre *Idiosykrasie*, bleiben ungeklärt.

Auch Daphne Maurer (1997) vermutet, dass wir als Synästhetiker geboren werden. Zunächst würden gar nicht unterschiedliche Qualitäten wahrgenommen, sondern nur verschiedene Grade von Erregung. Damit erklärt sie nebenbei die gängige Deutung der entwicklungspsychologischen Experimente zum ▶ *Molyneux-Problem* zu einem Missverständnis: Die Säuglinge würden gar nicht taktil-haptisch oder visuell *Formen* wahrnehmen, sondern bei gleichen Formen über beide Kanäle lediglich jeweils im gleichen Maße *erregt*. Maurer stützt sich auf Studien, die bei Säuglingen intermodale Wechselwirkung von Licht und Lautstärke nachweisen (Lewkowicz & Turkewitz, 1980; tatsächlich erlaubt dieses Ergebnis nicht mehr als die Feststellung, dass Intensität bereits im Säuglingsalter transmodal wirkt). Maurer unterstellt im Gehirn von Säuglingen übermäßige Verbindungen zwischen Kortexarealen, die sich im Lauf der Entwicklung ausdünnten (*pruning*; z. B. bei Hamstern nachgewiesen). Warum Synästhesien Einbahnstraßen sind und meist zur Farbe führen, versucht die Theorie nicht zu erklären.

Vilayanur Ramachandran und Kollegen (u. a. Ramachandran, Hubbard & Butcher, 2004) haben in den vergangenen Jahren mit größerer Resonanz eine Variation des Konzepts von Überbleibseln besonders starker frühkindlicher kortikaler Vernetzung ins Gespräch gebracht. Danach führt die Mutation eines einzelnen Gens zu der geringen Ausdünnung der infantilen Verbindungen zwischen der Graphem-Region im Temporallappen und dem benachbarten Farbmodul V4; auf dieser Basis würden dann individuell Buchstaben bzw. Zahlen-Farben-Kombinationen gelernt. Auch zwischen anderen kortikalen Gebieten könnte die genetisch bedingte *Hyperkonnektivität* und damit andere Mitwahrnehmungen entstehen. – Woher aber die Einseitigkeiten der Verbindungen und die besondere Rolle von Farbe?

Weiter spekulieren Ramachandran und seine Mitautoren über den Ursprung des metaphorischen Denkens in der Synästhesie. Dabei knüpfen sie an Köhlers These von der transmodalen Bedeutung von Dynamik an, die dieser anhand des Demonstrationsbeispiels ▶ *Maluma* und *Takete* entwickelt hatte (von ihnen stammt die Variante *Buba* und *Tiki*; u. a. Ramachandran & Hubbard, 2005). Die Verbindung dieser Überlegungen zu ihrer Ausdünn-These bleibt dunkel.

Richard Cytowic, dessen zuerst 1993 erschienenes Buch *The man who tasted shapes* dem Thema zu neuer Popularität verhalf (mit der Darstellung einer recht untypischen Synästhesieform), spielt auf Parallelen zu Erlebnissen bei Temporallappenepilepsie, Migräneaura und Drogenrausch an und vermutet eine ursächliche Rolle limbischer Aktivität, die ansonsten vom Kortex aus gehemmt würde (u. a. Cytowic, 2002; ähnlich: Emrich, 2002). Neuerdings setzt er auf die mitursächliche Rolle von Gefühlen, ohne sich auf eine neuroanatomische Lokalisierung festzulegen (2003). Betroffene betonen demgegenüber oft ein völlig *unpathetisches* Mitwahrnehmen – Töne haben z. B. für sie seit jeher Farben, warum sollen sie darüber jedesmal in Verzückung geraten (Day, 2006). Es bleibt auch unklar, wie Gefühle zu den besprochenen Eigenheiten, wie z. B. dem Einbahnstraßen-Charakter, führen sollen.

Eine speziell auf Graphem-Farbe-Synästhesien gemünzte Theorie besagt, der früh-zeitige Umgang mit bunten Eisschrank-Magnetbuchstaben etc. sei für diese Synästhe-sieform verantwortlich. Das erscheint, nach Harrison und Baron-Cohen (1997a), die diese Erklärung erwähnen, aus einer ganzen Reihe von Gründen kaum plausibel. So unterscheiden sich z. B. die Zuordnungen von gemeinsam aufgewachsenen Geschwis-tern, zudem haben bei Synästhetikern – anders als den Spielzeugbuchstaben – im Alphabet benachbarte Buchstaben oft ähnliche Farben. Weiter sind die Farben hier meist braunstichig-fahl, dort aber immer satt. Warum schließlich sind angesichts der großen Verbreitung solcher Objekte nur so wenige Menschen betroffen?

Die vorliegenden Spekulationen lassen nicht nur wesentliche Fragen offen, sondern verwischen teilweise auch die Unterschiede zu transmodalen Qualitäten. Das verdankt sich vielleicht nicht zuletzt der Absicht, möglichst weitreichende Theorien zu entwi-ckeln.

Lesen ▶ Cytowic, 2002; Baron-Cohen & Harrison, 1997; Calvert, Spence & Stein, 2004, Kap. 52–54; Dittmar, 2007; Marks, 1978; Maurer, 1997; Ramachandran & Hub-bard, 2001, 2003; Robertson & Sagiv, 2005

Kunst, Medien & Werbung ▶ Bilder von der Einheit der Sinne

Synästhesien ins Bild zu setzen, hat einen gewissen (wegen der Probleme der getreuen Umsetzung schwer wägbaren) informativen oder wissenschaftlichen Wert. Bildwerke oder audiovisuelle Inszenierungen, die beanspruchen, synästhetische Erlebnisse mitzutei-len, wurden und werden indessen auch als Kunstwerke intendiert und betrachtet. Das rät-selhafte Phänomen hatte um die Wende zum 20. Jh. gestandene Künstler fasziniert, und manch einer, Kandinsky etwa, hat sich als Synästhetiker ausgegeben, der, soweit sich das rekonstruieren lässt, wohl gar keiner war (Harrison & Baron Cohen, 1997b). Weni-ger aus kunsttheoretischer Faszination setzen auch tatsächlich Betroffene ihre Erlebnisse in Bilder oder andere Produktionen um. Sie finden oftmals ein interessiertes Publikum. Das Interesse am Rätselhaften oder Kuriosen bleibt indessen nicht unwidersprochen. Unter dem Titel *Über die Untauglichkeit der Synästhesie als ästhetisches Paradigma* stellt der Musikwissenschaftler Klaus-Ernst Behne (1998) provokativ fest, etwaige Synästhesien eines Künstlers seien nicht mitteilenswerter als seine Fingerabdrücke (beides persönliche Eigenheiten ohne allgemeines Interesse).

Die Faszination von Künstlern, wie Kandinsky, für das Thema ist mit dem Geheimnis-faktor jedoch nicht ausreichend umschrieben. Es ging Kandinsky, Klee & Co. wohl auch nicht hauptsächlich darum, Töne und Farben schematisch ineinander zu übersetzen (oder Farbe und Form; wie in den Beispielen *gelbes Dreieck, rotes Quadrat* und *blauer Kreis*, die zu Sinnbildern der *Bauhauslehre* geworden sind; Lupton & Miller, 1994). Das Anliegen von *Über das Geistige in der Kunst* (Kandinsky, 1952) oder dem Kleeschen Dik-tum, Kunst habe *nicht abzubilden*, sondern *sichtbar zu machen*, ist weder die Überhö-hung von kuriosen Idiosynkrasien noch dogmatische Zuordnung von Farben zu Klängen oder Formen. Im Wesentlichen scheint es ihnen eher darum zu gehen, das Augenmerk auf einen dynamischen (sensomotorischen) Kern des Erlebens zu lenken (▶ transmodale

Qualitäten als Kern der Wahrnehmung von Ausdruck bei Lebewesen, Dingen und Räumen). Die gestaltpsychologische Kunstpsychologie Rudolf Arnheims hat dieses Grundthema übernommen.

Lesen ▶ Arnheim, 1978, 1980a–c; Behne, 1998, 2002; Düchting, 1996, 2002; Jewanski & Sidler, 2006; Kandinsky, 1952, 1955; Maur, 1985; Podoll, 2007; *zur Empirie der Zuordnung von Form und Farbe:* Espe et al., 2005; Jacobsen & Wolsdorff, 2007

Rückschau in Fragen

Wofür steht der Begriff *Bindungsproblem*?
Welche Lösungen werden diskutiert?

Was ist der *peripersonale Raum*?
Welche Rolle spielt dieser beim Gebrauch von Werkzeugen?

Was ist
- der *Bauchredner-Effekt*?
- die *Doppelblitz-Illusion*?
- das *Freezing-Phänomen*?
- der *Prellball-Effekt*?

Welche allgemeine Schlussfolgerung hinsichtlich der Zusammenarbeit von Hören und Sehen legen diese Phänomene nahe?

Helligkeit ist eine *transmodale Qualität.* Was bedeutet das?
Wie werden *transmodale Qualitäten* erklärt?

Wie lassen sich *transmodale Qualitäten* von *Synästhesien* abgrenzen?

Wie kann man nachweisen, dass Synästhesien tatsächlich vorkommen (statt nur behauptete Wahrnehmungsqualitäten zu sein)?

Wie erklärt man sich Synästhesien?

10 Ästhetisches Erleben und Atmosphäre

Ästhetische Momente des Wahrnehmens sind uns in den vorstehenden Kapiteln auf Schritt und Tritt begegnet. *Ästhetisches Erleben* ist alles andere als eine spezielle Sphäre des menschlichen Lebens. Es ist keineswegs auf die Begegnung mit *Kunstwerken* beschränkt.

Ein verbreiteter Zugang psychologischer Forschung zur Ästhetik ist es, zu untersuchen, welche Reize gegenüber anderen **bevorzugt** werden. Wenn man Versuchspersonen Bilder von verschiedenen Gesichtern oder Mustern vorlegt und sie auffordert, diese jeweils nach Gefälligkeit zu sortieren, also in eine Rangfolge zu bringen, produziert man allerdings möglicherweise eine Art von Gefallens- oder Geschmacksurteil gegenüber Objekten, die im wirklichen Leben gar nicht aufgefallen wären. Selbst wenn wir jenseits psychologischer Untersuchungen beiläufig jemanden oder etwas eher hübsch oder hässlich finden oder beim Blättern in Illustrierten oder Katalogen Gesichter und Gegenstände taxieren, ist das kein **ästhetisches Erlebnis im emphatischen Sinn**, sprich: eine **Wahrnehmung mit Ausrufezeichen**. Um eine solche bemüht man sich eventuell (konform mit den Bildungsnormen unserer Kultur), indem man vielgerühmte Werke der Portraitkunst auf sich wirken lässt; oder allgemeiner durch einen Museumsbesuch. Vielleicht wird man auch ausnahmsweise ganz zufällig einmal im Vorbeigehen in den Bann eines atemberaubend schönen Gesichts gezogen oder von einer unerwarteten (sicht-, hör-, riechbaren) Situation oder Szene gefangen. Halten wir fest: Ästhetisches Erleben ist mehrschichtig, reicht von experimentell herausgekitzelten Bewertungen gegenüber ansonsten indifferenten Reizen über spontane **praktische Bevorzugung** und **verbale Geschmacksurteile** bis zu Augenblicken, in denen ein Wahrnehmen – aus welchen Gründen auch immer – *hervorsticht*.

In diesem Kapitel werde ich nun Theorien ansprechen, die sich um die Erklärung der ästhetischen Seite des Wahrnehmens bemühen. Zunächst geht es um Perspektiven, die in der Psychologie eine gewisse Tradition haben. Anschließend komme ich zu der Frage, was das Erleben von *Atmosphäre* – über welchen Sinn sie sich auch vermitteln mag – ausmacht; das ist ein Thema, dem sich Psychologie bislang kaum gewidmet hat.

Lesen ▶ *Zur Geschichte der Psychologischen Ästhetik:* Allesch, 1987, 2006

Neuro-Skizze ▶ Ästhetisches Erleben

Entsprechend der Vielfalt der im Text angesprochenen Bedingungen für lustvolles Wahrnehmen wurden und werden unterschiedliche Ebenen des Gehirns mit dem ästhetischen Erleben in Zusammenhang gebracht:

▪ Das vom Hirnstamm ausgehende **aufsteigende retikuläre Erregungssystem**, das Zugänge aus allen Sinneskanälen, aber auch aus dem limbischen System und dem Kortex erhält, ist vielleicht direkt für die ästhetische Wirkung intensiver Reize – gleißendes Licht, Lautstärke – verantwortlich; vermittelt kann es auch zur herausgehobe-

nen Wahrnehmung biologisch oder kulturell bzw. individuell bedeutsamer Reize beitragen; Berlyne (s. Text) sah hier den für ästhetisches Erleben wesentlichen Bereich des
Gehirns.

▪ **Limbische Strukturen,** die wahrscheinlich genetisch verankerte Bewertungen bereit-
halten (Schreckreize; Reize, auf die Nahrungs- und Sexualtrieb ansprechen; Lust am
Suchen und Entdecken) sowie entsprechend den kulturellen Bedingungen und der
individuellen Lerngeschichte auch von anderen Reizen angesprochen werden; in diesem Sinn werden z. B. die Verbindungen der multisensorischen *orbitofrontalen* Bereiche zu *Mandelkern* (*Amygdala*) und **Belohnungszentren** im limbischen System und
Hypothalamus gedeutet [▶ Kap. 9]. Belohnungszentren heißen so, weil Versuchstiere,
die sich in diesen Bereichen durch eingepflanzte Elektroden selbst elektrisch reizen
können, dies ausgiebig und bis zur Erschöpfung tun (ursprünglich eine zufällige Entdeckung). Wegen des wesentlichen Botenstoffs werden diese Strukturen auch *aufsteigendes Dopamin-System* genannt (Kokain verdankt seine euphorisierende Wirkung
der Beeinflussung des Dopaminstoffwechsels). Aber auch „Schmerzzentren" können
zum Zielpunkt elektrischer Selbststimulation werden; das könnte daran liegen, dass
deren Reizung hirneigene Opiate (*Endorphine*) freisetzt. Wahrscheinlich prädestinie-
ren genetisch bedingte Eigenheiten im Dopamin- und Endorphinstoffwechsel zu
Suchtverhalten bzw. rastlosem Abenteurertum (*sensation-seeking*).

▪ **Kortikale Bereiche.** Einerseits **sensorische Areale.** Der Neurophysiologe Zeki (1999)
erklärt die Attraktivität künstlerischer Stile, die bestimmte Wahrnehmungsqualitäten
wie Form, Farbe oder Bewegung besonders ansprechen, damit, dass diese Qualitäten
getrennt (modular) verarbeitet werden: Selektive Aktivierung bedingt ästhetische Wirkung. Wie Objekte, die nicht auf Isolation von Farbe oder Bewegung etc. setzen,
ästhetisch wirken können, bleibt ungeklärt. Freedberg und Gallese (2007) heben die
Bedeutung ▶ **bimodaler visuell-somatosensorischer kortikaler Neurone** und vor
allem die Involvierung **prämotorischer Areale** (▶ *Spiegelneurone*) für die einfühlende
Wahrnehmung von Bildern und Plastiken hervor. Sie lassen indessen offen, was solche Wahrnehmungen zum ästhetischen Erlebnis macht (die Aktivierungen, die sie
ansprechen, sind ja beständig am Werk). Neben sensorischen und motorischen Arealen könnten auch Gebiete im **Frontal-** und **Parietallappen,** von deren Aktivität **Aufmerksamkeit** abhängt, für das ästhetische Erleben von Bedeutung sein.

Wenn man mit bildgebenden Verfahren in das Gehirn von Versuchspersonen schaut,
während diese Geschmacksurteile zu diversen Bildvorlagen abgeben, sieht man neben
einer stärkeren Aktivierung diverser visueller Areale bei bevorzugten Bildern (die offenbar mehr Aufmerksamkeit finden) Hinweise auf erhöhte Aktivität frontaler Strukturen, die
mit dem Belohnungswert von Erfahrungen in Verbindung gebracht werden; das betrifft
u. a. den als Teil der Basalkerne unterhalb des Kortex lokalisierten Streifenkörper (*Striatum*), der hauptsächlich zur Integration motorischer Funktionen beiträgt.

Unabhängig von der Aktivität bestimmter Bereiche des Gehirns ist der Grad der **Aufmerksamkeit** bzw. der **Bewusstheit** von Wahrnehmungen mit dem Maß der **Synchronizität** der neuronalen Aktivität in verschiedenen Arealen verbunden (wie im letzten Kapitel angesprochen, werden bestimmte Formen synchroner Entladungen auch damit in Verbindung gebracht, dass wir überhaupt *etwas* wahrnehmen – z. B. einen Vogel – und
nicht bloß Farben, Formen, Bewegung und Gezwitscher; ▶ *Bindungsproblem*). Der

Gedanke liegt nahe, gesteigerte Synchronizität mit (lustvoller) Vergegenwärtigung des Wahrnehmens in Verbindung zu bringen. Das synchrone Hirnstrombild in der **epileptischen Aura** bei gleichzeitigem Erleben höchster Intensität und Sinnfülle ist ein Indiz für den Zusammenhang von ästhetischem Erleben und herausragender Synchronisierung. Auch durch Meditation veränderte Bewusstseinszustände zeichnen sich durch ein besonders synchrones Hirnstrombild (EEG) aus. Man kann darüber spekulieren, ob auch die Verbindung von Gesang oder Musik und Bewegung bzw. Tanz, die oft als „Urkunst" angesprochen wird, sowie die Lust an harmonischen bzw. rhythmischen Körperbewegungen im Allgemeinen mit außergewöhnlicher Synchronisierung neuronaler Prozesse zusammenhängt (Ekstase durch Synchronisierung).

Lesen ▶ Bösel, 2006; *Erregungssystem, Aufmerksamkeit, Synchronisation:* Berlyne, 1971; Birbaumer & Schmidt, 2006, Kap. 21; Llinás, 2001; Mesulam, 2000; Singer & Ricard, 2008; *Limbisches System, Belohnungszentren:* Birbaumer & Schmidt, 2006, Kap. 25; Rolls, 2005; Panksepp, 1998, 2000; *Studien mit bildgebenden Verfahren:* Vartanian & Goel, 2004a, 2004b; Zaidel, 2005, Kap. 9

Erregungsgrad und Komplexität

Ein Ansatzpunkt für Versuche, ästhetisches Erleben zu erklären, ist der **Zustand des Organismus** bzw. dessen Veränderung als Folge von dem, was man wahrnimmt. Nach dem Motto: Reize haben dann **ästhetisch gewirkt**, wenn sie eine **wünschenswerte Befindlichkeit** erzeugen. Hauptsächlich zwei Aspekte oder Dimensionen des Befindens wurden und werden dabei ins Auge gefasst: der **Grad der Erregung** und der **Gegensatz von Lust und Unlust**. In einem bis heute vielzitierten Ansatz ging Berlyne (1971) davon aus, dass beide Dimensionen voneinander abhängig sind: der Grad der Erregung das Maß von Lust oder Unlust bestimmt (der sozusagen energetische Zustand die elementare Bewertung auslöst, ob man sich gut oder schlecht fühlt). Berlyne postuliert: Bei *steigender* Erregung *steigt* zunächst auch die Lust, doch bei *weiter zunehmender* Intensität *fällt* die Lust wieder ab; bei noch größerer Erregung gerät man in den negativen Bereich wachsender Unlust. Ähnlich hatten schon Wilhelm Wundt und vor diesem noch Gustav Theodor Fechner in der zweiten Hälfte des 19. Jh. einen **mittleren Grad der Erregung** als **optimal für das Wohlbefinden** betrachtet.

Berlyne vermutete nun, dass ein derartiger Zustand des Organismus dann entsteht, wenn dieser Objekte, Situationen, kurz: Reize registriert, die ihn *genügend*, aber *nicht zu sehr* herausfordern. Er untersuchte die Beurteilung von Vorlagen mit unterschiedlichen Graden von **Neuheit**, **Überraschung**, **Komplexität**, **Zwiespältigkeit** oder **Rätselhaftigkeit**. Würden Versuchspersonen jeweils mittlere Werte bevorzugen, wäre das auch, so unterstellte Berlyne, ein Beleg für die ästhetische Wirksamkeit mittelstarker Erregung. Berlyne bezeichnete seine Reizdimensionen als *collative*, d. h. vergleichende *Variablen*, weil sie, wie er meinte, einen Informationsvergleich unterschiedlicher Quellen implizieren (1971, 69); alternativ sprach er von *strukturellen Eigenheiten*, was deshalb irreführend ist, weil z. B. Neuheit oder Überraschung ja immer nur im Verhältnis zum Subjekt gegeben sein können. Berlynes Studien, bei denen Probanden z. B. unterschiedlich komplexe Strichzeichnungen zu beurteilen hatten, bestätigten kulturübergreifend die Hypothese, dass dem Mittelmaß der Vorzug gegeben wird. Dieses Forschungsprogramm ist als *neue empirische Ästhetik* berühmt geworden. Als *neu* etikettierte Berlyne seine Untersuchungen, weil er darin die Wiederbelebung sowie methodische Professionalisierung von Bemühungen Fechners sah, der schon hundert Jahre zuvor Leipziger Galeriebesucher gefragt hatte, was ihnen besser oder schlechter gefiel (*Ästhetik von unten*) – also *empirische Ästhetik* betrieb, statt allein aus Begriffen ableiten zu wollen, was das Schöne sei (*Ästhetik von oben*).

Es ist von vielen Seiten kritisch darauf hingewiesen worden, dass unbeschadet dieser Forschungsergebnisse kein Zweifel daran bestehen kann, dass auch **sehr erregende** Situationen von Menschen (ästhetisch) genossen werden; man denke nur an die Ekstasen von Besuchern eines Rockkonzertes oder, allgemeiner gesprochen, die Glücksgefühle bei lauter Musik [▶ Kap. 8], die Empfänglichkeit von Menschen für gleißendes Licht [▶ Kap. 7], die Lust an stark erregenden Hautreizen, wie sie die Sauna oder scharfe Speisen vermitteln [▶ Kap. 2, 5 und 6], sowie die berauschende Wirkung abrupter Beschleunigung [▶ Kap. 4]. In der geisteswissenschaftlichen Ästhetik werden solche **dionysischen** Freuden (abgeleitet vom griechischen Gott Dionysos als Schutzpatron orgiastischer Feste) den **apollinischen** gegenübergestellt, die eher der distanzierten Betrachtung des Museumsbesuchers entsprechen und als Muster der *Kunst*-Ästhetik gelten. Umgekehrt gilt auch, dass **extrem ruhige** Situationen bzw. das Ausblenden von Reizen – wie in der Ästhetik des **Zen-Buddhismus** bzw. Formen der Meditation kultiviert – erfüllend sein können (Fischer, 1971).

Diese Einwände betreffen nicht nur das Konzept der *neuen empirischen Ästhetik*. Sie gelten auch für andere Theorien, die ästhetische Potenz nur ganz bestimmten Erregungsgraden oder -verläufen zubilligen. Etwa die von Kreitler und Kreitler in *Psychologie der Kunst* (1980) vertretene These, das Kunsterlebnis verdanke sich *immer* einer *zweiphasigen* Einwirkung auf den Organismus:

1. einer **Steigerung** der (mehr oder minder diffusen) Spannung, die der Rezipient in die Situation mitbringe, und

2. der durch die Aufgipfelung erst ermöglichten lustvollen **Lösung** der Spannung. Der These, erst mit der schlussendlichen Entspannung trete das ästhetische Erlebnis ein, widerspricht indessen, dass schon Steigerung von Spannung und nicht erst ihr Verschwinden Lust bereiten kann. Wie Berlynes Theorie mag auch dieses *Modell der Homöostase* (Gleichgewichtsregulation), wie die Autoren ihren Ansatz nennen, bestimmte Momente des ästhetischen Erlebens treffend beschreiben. Mit dem Anspruch einer erschöpfenden Erklärung des ästhetischen Wahrnehmens durch optimalen Erregungsgrad oder Spannungsverlauf scheitern beide Konzepte jedoch.

Philosophische Ästhetik ▶ Vom Erhabenen und Schönen

Der britische Denker Edmund Burke (1956/1756), dessen Bemerkungen etwa zu ange-
nehmen bzw. unangenehmen Tast- oder Geschmacks- oder Beleuchtungserlebnissen wir
schon begegnet sind, nahm an, dass das Erlebnis *des Schönen* grundsätzlich auf die *entspannende Wirkung* von bestimmten Empfindungen bzw. Wahrnehmungen zurückzuführen sei (z. B. bei Glätte, Süße oder milder Beleuchtung). Ästhetisches Erleben ist in seinen Augen aber nicht auf den entspannenden Genuss von Schönheit beschränkt, sondern kann auch durch Schreck und Schmerz (sofern sie nicht wirklich die Existenz
gefährden) hervorgebracht werden. Das *Erhabene* (*the sublime*), wie Burke entsprechende Situationen nennt, wirkt nach seiner Analyse durch *extrem starke Erregung*, bei der
Unlust in *eine eigene Art von Lust* umschlage. (Burkes Beobachtungen treffen sich mit dem
in der Neuro-Skizze dieses Kapitels erwähnten Umstand, dass auch Schmerzzentren zur
elektrischen Selbststimulation einladen. Einen neurobiologisch inspirierten Versuch zur
Ästhetik von Furcht und Schrecken, der ganz ohne Hinweis auf Burke und das Erhabene
auskommt, hat Aiken 1998 vorgelegt.)

Hinsichtlich der Frage nach Wirkung unterschiedlicher Komplexität von Reizen auf
das ästhetische Erleben trifft sich Berlynes Ansatz mit dem zentralen Thema von
Theorien der sogenannten **Informationsästhetik** (Birkhoff, Bense, Franke). Jenseits
möglicher Vermittlung über den Erregungszustand wurde hier nach einer Formel für
ein Verhältnis von **Komplexität** bzw. Reizfülle und **Ordnung** bzw. Einfachheit gesucht,
die dem „Informationsverarbeitungssystem Mensch" besonders angemessen sei. Ein
grundlegendes Problem solcher Theorien, die durch die Entwicklung der Nachrichtentechnik im 20.Jh. angeregt worden waren, ist die Abstraktion vom Inhalt der Information, also der Bedeutung unterschiedlicher Situationen. Wenn man nach einem idealen
Forschungsgegenstand für diese Theorien sucht, wären vielleicht ungegenständliche
Ornamente zu nennen. (Aber selbst hier ist das empfundene Verhältnis von Komplexität und Ordnung nicht mathematisch zu fassen. *Messung* selbst ist im Fall dieser Theorien eher ein *ästhetisches Ideal*, eine *Metapher für elegante Forschung* als eine realisier-
bare Beschreibung des Erlebens.)

Lesen ▶ Berlyne, 1971, 1974a, 1974b; Kreitler & Kreitler, 1980; *Überblick:* Kebeck,
2005, Kap. 15; Schuster, 1990; Sprinkhardt, 1982; Tunner, 1999

Biologisch bedeutsame Objekte und Situationen

Manche Objekte oder Situationen, die lustvoll wahrgenommen werden, sind offensichtlich mit bestimmten **Lebensfunktionen** verbunden. Ein Klassiker dieser Art ist
das *Kindchenschema*, auf das der Biologe Konrad Lorenz aufmerksam gemacht hatte:
Ein runder, im Verhältnis zum Körper großer Kopf, große Augen, hohe, runde Stirn,
Näschen, kleines Kinn wirken als Blickfang und vermitteln Gefühle von Zuneigung;
analog wirken Laute, die Säuglinge von sich geben [▶ Kap. 8]. Der Sinn solcher Aus-

zeichnung des Wahrnehmungsobjektes „Nachwuchs" liegt auf der Hand. Neben der Brutpflege spielen die zunächst von der Verhaltensbiologie (*Ethologie*) und inzwischen auch von der Evolutionspsychologie (als relativ junger Unterdisziplin der Psychologie) postulierten *angeborenen auslösenden Mechanismen* (*AAM*) wahrscheinlich auch bei der Partnerwahl eine wesentliche Rolle [▶ Kap. 7]. Entsprechend sind attraktive **menschliche Gesichter** und **Körper** Dauerbrenner in der bildenden Kunst sowie in der Unterhaltungsindustrie. In der enormen Rolle, die **Gesang** und andere **Musik** in Alltag wie Hochkultur spielen, reflektiert sich die biologische Bedeutung der stimmlichen Affektabstimmung [▶ Kap. 8]. Weitere Objekte oder Situationen, die im Wahrnehmen ausgezeichnet sind: 1. die Qualitäten **natürlicher Ressourcen** (Flora, Fauna, Wasser bzw. Feuchtigkeit, Licht, Wärme) als Attraktionen für Fühlen, Riechen, Sehen, Hören [▶ Kap. 2, 5, 7 und 8] und 2. landschaftliche Situationen, die **Überblick** bzw. tiefgestaffelte **auditive Orientierung** bieten [▶ Kap. 7 und 8].

     Lesen ▶ Eibl-Eibesfeldt, 1995; Richter, 1999; Sütterlin, 1995

Erleichterung des Wahrnehmens/Erschweren des Wahrnehmens

Aus berühmten Attrappen-Experimenten von Verhaltensbiologen (Tinbergen) ist bekannt, dass **künstlich übertriebene** verhaltensauslösende Reize sich gegen die natürlichen Merkmale durchsetzen können (Prägung von Küken auf Attrappen mit *supernormalen* Merkmalen). Vor diesem Hintergrund hat in der jüngeren Zeit Ramachandran die These aufgestellt, *alle Kunst sei Karikatur* (Ramachandran & Hirstein, 1999; Ramachandran, 2005). Er und seine Mitstreiter illustrieren das hauptsächlich an traditionellen indischen Plastiken, die in ihren Proportionen und Haltungen Anzeichen des Weiblichen überbetonen. Dieses Beispiel soll aber nicht nur für die besondere **Auffälligkeit** und **Erfreulichkeit** stehen, die Überzeichnung biologisch bedeutsamer, zumal sexueller Reize mit sich bringt (übrigens erklären Humanbiologen nicht erst neuerdings auf diese Weise, warum Korsagen, Reifröcke oder Schulterpolster kreiert wurden; Eibl-Eibesfeldt, 1995). Es geht Ramachandran darüber hinaus um ein formales ästhetisches Prinzip: **Übertreibung erleichtert Wahrnehmen** – und dieser Umstand sei unabhängig vom jeweiligen Inhalt lustvoll.

     Erleichterung im bisher besprochenen Sinn baut auf angeborene Spurrillen des menschlichen Wahrnehmens. Erleichterung kommt indessen auch als Wirkung von Erfahrung oder Lernen in Betracht. Bei der Frage, warum ▶ Durchschnittsgesichter anziehend sind, waren wir der These begegnet, Wahrnehmen von etwas, das man schon einmal gesehen hat, erfreue, weil die Wege gewissermaßen schon gebahnt sind (▶ *Priming*): **Vertrautheit erleichtert Wahrnehmung.** Das kann (sub)kultur- und epochenspezifische Geschmacksgemeinschaften erklären und macht auch verständlich, warum manche Kunstrichtung (wie z. B. der Impressionismus), die bei ihrem ersten Auftreten hauptsächlich Kopfschütteln hervorriefen, heute allseits geschätzt werden (▶ Kitsch). Als allgemeingültige Formel des ästhetischen Wahrnehmens ist Vertrautheit allerdings nicht tauglich: Allzu Bekanntes wird tendenziell **nicht beachtet** oder **langweilt**.

Wahrnehmen kann schließlich durch **Rahmenbedingungen** erleichtert werden. Etwa die ▶ Beleuchtungsverhältnisse. Oder eine privilegierte Situation des Beobachtens, wie sie grundsätzlich mit ▶ Bildmedien gegeben ist. Aber auch hinsichtlich Beleuchtung und Beobachterposition gilt: Erleichterung ist kein allgemeingültiges Prinzip für die Erklärung „reizvoller Ansichten". Bekanntlich können Dunkel, Nebel, Verdeckung interessant machen, was man – unvollständig – vor Augen hat (▶ *Mystery*).

So kann man geradezu **Erschweren des Wahrnehmens** als komplementären Faktor des ästhetischen Erlebens betrachten. Das hat auch Ramachandran in seiner Liste von Kunstgesetzen berücksichtigt. Er spricht von *perzeptuellem Problemlösen*. Zur Illustration weist er unter anderem auf den erotischen Reiz teilweise verschleierter Nacktheit. Den Bogen, von herausgeforderter **Neugier** zum ästhetischen Erleben zu schlagen, ist nicht neu. Der **Überlebensvorteil des Erkundens** (*explorativen Verhaltens*) ist die weithin akzeptierte Erklärung für die Lust an Wahrnehmungshindernissen (bspw. auch in Berlynes Konzept).

Lesen ▶ Cutting, 2006; Ramachandran & Hirstein, 1999 (und die an diesen Target-Artikel anschl. Diskussion im gleichen Heft); Ramachandran, 2005; *Überblick*: Kersten, 2005; Leder et al., 2004; Schifferstein & Hekkert, 2008, Kap. 10; Schuster, 1990

Philosophische Ästhetik ▶ Kitsch

Als Kitsch gilt, was allzu gefällig ist. In seiner *Phänomenologie des Kitsches* betont Giesz (1994), Distanzlosigkeit unterscheide den Kitsch- vom Kunstgenuss. Kitscherleben in diesem Sinn wird nicht nur gegenüber prototypischen Kitschobjekten gesehen. Durch massenhafte Reproduktion von Kunstwerken würden auch sie zu Kitsch. Moles (1985) spricht von einem *soziokulturellen Kreislauf des Kitsches*, in dem auch eine (neuerliche) künstlerische Veredelung von banalen oder banalisierten Objekten vorgesehen ist. Entsprechend ist übrigens auch der Funktionalismus (etwa der Bauhausästhetik), den Moles (1972) in anderem Zusammenhang als Anti-Kitsch-Bewegung einführt, vor Verkitschung nicht gefeit. Ähnlich fasst Flusser (1985) Kitsch als Recycling von (informationellem) Abfall. Bei Giesz wird Kitscherleben mit *Sentimentalität* gleichgesetzt. Auf der anderen Seite dienen häufig angenehme Empfindungen der *niederen Sinne* als Metaphern für Kitschgenuss (warmes Bad, Süßlichkeit) [▶ Kap. 2 und 5]. Die im Text erwähnten Forschungen zur empirischen oder auch biologischen Ästhetik verhalten sich neutral zur Unterscheidung Kitsch- bzw. Kunstgenuss. Vom Standpunkt von Kitschdiskursen, wie den hier angedeuteten, stehen Objekte, die in entsprechenden Studien großen Zuspruch erfahren, per se unter Kitschverdacht. Egal, ob die Attraktivität sich nun den unmittelbaren sinnlichem Qualitäten, der bloßen Vertrautheit oder der Mobilisierung von Wissen (Kennertum) verdankt. Kitschtheorien haftet also grundsätzlich ein elitärer Gestus an, wie er von der Soziologie des Geschmacks kritisch untersucht wird (Bourdieu, 1987).

Lesen ▶ Bourdieu, 1987; Flusser, 1985; Giesz; 1994/1971; Moles, 1972, 1985

Funktionslust, Einfühlung und Flow

Funktionslust kann Wahrnehmen begleiten, ob es nun erleichtert oder erschwert ist. Lassen sich mit diesem Begriff die unterschiedlichen, scheinbar widersprüchlichen Bedingungen ästhetischen Erlebens, von denen bis jetzt die Rede war, unter einen Hut bringen?

In der *Zeitschrift für Psychologie und Physiologie der Sinnesorgane* findet sich 1890 ein Aufsatz über *Die ästhetischen Gefühle*, in dem wir lesen, „daß die zunächst im Dienste der inhaltlichen oder materialen Bedürfnisbefriedigung fungierenden Organe, Anlagen, Fähigkeiten, daneben ein selbständiges Funktionsbedürfnis besitzen", welches unabhängig vom praktischen Erfolg des Tuns sich in „Funktionslust manifestiert, daß ferner diese Funktionslust auch da vorhanden ist, wo die materiale Wirkung der Affektion Unlust ist, oder wo ein materiales Interesse nicht ins Spiel kommt" (Döring, 1890, 163). Dieser reine Genuss der Betätigung gebe der potentiell missverständlichen Formel Kants für das ästhetische Erleben – dem *interesselosen Wohlgefallen* – erst Sinn: Verstehe man nämlich Interesselosigkeit als grundsätzlichen Gegensatz zu Lust, sei Kants Formel ein Widerspruch in sich. (Döring, der die Funktionsbedürfnisse in körperliche sowie seelische unterteilt – Wahrnehmen zählt bei ihm zu Letzteren –, zieht für die ästhetischen Gefühle nur seelische Funktionslust in Betracht.) Zu Beginn des 20. Jh. betont dann Utitz die Bedeutung von *Funktionsfreuden* für das ästhetische Erleben. Wer etwa Zeuge eines Großfeuers wird, bei dem stelle sich jenseits etwaiger Sorgen oder Mitleides meist auch ein Hingegebensein an das mächtige Schauspiel ein: „In diesem Augenblick treten wir gleichsam aus dem gewöhnlichen Leben heraus und genießen lediglich die Eindruckswerte." (1914, 90) Im „reinen Hingegebensein an die Eindrücke" liege, auch bei äußerlich unspektakulären Situationen, das Wesen des „ästhetischen Verhaltens" (90f). Ohne ausdrücklich von *Funktionslust* zu sprechen, argumentiert dann der amerikanische Philosoph Dewey in *Kunst als Erfahrung* ähnlich [▶ Kap. 1].

Durchgesetzt hat sich der Begriff der Funktionslust später über die Theorie des Spiels bzw. die Entwicklungspsychologie. Karl Bühler (1922a) postuliert im Anschluss an Karl Groos (1896; 1899), Funktionslust sei der Motor des **Bewegungslernens**: Wegen der Lust, die das Fungieren des Bewegungsapparats verschaffe, betätige sich der Nachwuchs von Mensch und Tier nimmermüde im – letztlich praktisch höchst bedeutsamen – **Bewegungsspiel**. Später hat Konrad Lorenz die Rolle der Funktionslust „bei der Entstehung wohlausgeschliffener gekonnter Bewegungsfolgen" unterstrichen. Er appelliert an die Erfahrung seiner Leser: „Wir wissen von uns selbst, daß jede Vervollständigung, jedes Glätten einer noch vorhandenen ‚Rauhigkeit' einen deutlich zu beobachtenden Lustgewinn darstellt" (1977, 140). Ob nun beim Sport oder beim Tanz, der „Urform aller menschlichen Kunst" (Lorenz, 1982, 361), beim Spielen eines Musikinstruments, Steuern eines Fahrzeugs oder beim Betrachten der „herrlichen Flugspiele

der Kolkraben" oder der „eleganten Figuren des Wellenreitens von Seelöwen und Del-
phinen" – stets spreche ein effizienter Bewegungsablauf unser Schönheitsempfinden
an.

Wie schon im ersten Kapitel erwähnt, bleiben die gekonnten Bewegungsabläufe des
erwachsenen Alltags weithin unscheinbar. Aber selbst das Gehen kann dank absichtli-
cher Beachtung und äußerer Umstände (etwa einem Treppenlauf, der die Schritte in
Fluss bringt) Funktionslust vermitteln und somit ein ästhetisches Erlebnis sein.

Die Lust am Sichbewegen erklärt die Bedeutung der **Einfühlung** bzw. der **inneren
Mitbewegung** für das ästhetische Erleben. Momente des visuellen Wahrnehmens, in
denen das innere Mitmachen (▶ *Spiegelneurone*) einer Bewegung im Vordergrund
steht, enthalten den Ansatz eigener Bewegung.

Die innere und auch äußere Mitbewegung beim Sehen (und auch Hören) fremder
Lebensäußerungen unterstützen nicht nur das Bewegungs- und Sprechenlernen, sondern sind auch grundlegend für die **Kommunikation**, sprich: das Erkennen von
Absichten und Gefühlen anderer [▶ Kap. 7 und 8]. Die **gegenseitige Abstimmung von
Bewegungen und Gefühlen** ist ein „Spiel", das höchste sensomotorische Funktionslust
schenken kann. Die Ethnologin Ellen Dissanayake (2000) spricht in diesem Sinn von
einer **Ästhetik der Gegenseitigkeit** (*Mutuality*). Deren Urform sieht sie in den multisensorischen Interaktionen zwischen Säuglingen und Müttern (oder anderen Bezugs-
personen) [▶ Kap. 8]; gegenwärtig sei diese Lustquelle weiter in synchronisierenden
Abläufen sozialer Rituale und nicht zuletzt auch im Liebesakt, sofern er nicht bloß
mechanisch vollzogen werde.

In den vergangenen Jahrzehnten ist der Begriff der Funktionslust geradezu populär
geworden. Allerdings nicht das Wort, sondern nur die Sache, die gewissermaßen neu
verpackt wurde. Das sogenannte Flow-Erlebnis, kurz: **Flow**, steht für beglückende
Momente, in denen man so bei einer Sache oder einem Tun ist, dass man sich selbst
und alle praktischen Zwecke vergisst, um nur den Ablauf selbst zu genießen (Csikszentmihalyi u. a. 1988). Die Rede vom *Fließen* umschreibt anschaulich, dass die Aufmerksamkeit in solchen Augenblicken ungeteilt beim Geschehen ist. Und damit das,
was rauschhafte Ekstasen und meditative „Enstasen" gemein haben. Csikszentmihalyi
stellt diesen Zustand der **Konzentration** dem alltäglichen, entnervenden Durcheinander von Absichten gegenüber, das er mit dem physikalischen Begriff der *Entropie*
(zunehmende Unordnung, Übergang gerichteter Energie in Wärme) umschreibt: Flow
als *Negentropie*.

Wahrscheinlich deshalb, weil er auf die Funktionslust im Rahmen motivationspsy-
chologischer Forschungen gestoßen war, ergänzt der Autor seine Be- und Umschreibung des Phänomens allerdings um eine Theorie, die es einseitig auf die Leistungsfähigkeit des Individuums bezieht. Bedingung für das Eintreten von Flow bzw. Funktionslust sei, dass die Anforderungen einer Situation die Fähigkeiten weder unter- noch
überfordern. Sonst drohe Langeweile oder Angst. Damit knüpft er offenbar an den

hartnäckigen Mittelmaß-Irrtum an (siehe oben). Schwerer noch wiegt indessen, dass lustvolles Erleben so auf Bewältigen von „Herausforderungen" eingeschränkt wird. Augenblicke, in denen starke oder anders bedeutsame äußere Reize das Individuum davontragen, deutet diese Theorie bemüht in Leistungen um. Das Gleiche gilt für jene Momente, in denen man von Kleinigkeiten, wie Stimmen, die aus einem offenen Fenster dringen, oder dem Vernehmen verhallender Schritte, in den Bann gezogen wird (*Epiphanien*).

Halten wir fest: Funktionslust ist weniger eine Erklärung als eine **Umschreibung** des ästhetischen Erlebens. Nützlich ist dieser Begriff nicht zuletzt deshalb, weil er die ästhetische Potenz von **Bewegung** und **Körperempfindungen** deutlich macht.

Lesen ▶ Csikszentmihalyi, 1992; Dissanayake, 2000; Bühler, 1922a; Groos, 1896, 1899, 1902; Lorenz, 1982

Wahrnehmungsqualitäten ▶ Sexuelle Lust

Dass sexuelle Attraktion im ästhetischen Erleben eine erhebliche Rolle spielt und als Thema nicht nur in Mode, Fitness und Kosmetik, sondern auch in der Kunst gegenwärtig ist, wird heute niemand bezweifeln. Gleichwohl lösten Ramachandran und Hirstein (1999) eine gewisse Irritation damit aus, dass sie ihre Thesen zur Wirkung von Kunst (siehe Text) hauptsächlich mit Fotos und Skizzen von lasziven indischen Plastiken illustrieren. Provokativ wirkten über die betonten weiblichen Formen hinaus wohl die Tatsache, dass ein Teil der Szenen hingebungsvolle sexuelle Aktionen bzw. den Liebesakt zeigt.

Neben Essen und Trinken sind körperliche Berührung und sexuelle Betätigung fundamentale Lustquellen. Dennoch ist es in unserer Kultur eher ungewöhnlich, wenn der Liebesakt, wie in Dissanayakes *Art and Intimacy*, ausdrücklich als potentiell ästhetisches Erlebnis angesprochen wird. Die Autorin selbst beeilt sich, „mechanischem Sex" diese Möglichkeit abzusprechen.

Der Funktionslust-Theoretiker Utitz grenzte die sexuelle Lust wegen des „Begehrens nach Befriedigung" (1972, 88) ausdrücklich von ästhetischer Funktionslust ab; nach dem Motto: Ein *Trieb* kann kein *interesseloses* Wohlgefallen mit sich bringen. (Demgegenüber könnte man spekulieren, körperliche Funktionslust sei geradezu einer „List der Triebe" entsprungen – und die evolutionäre Urform des *interesselosen Wohlgefallens*.) Karl Groos hatte bereits 1902 den Ausschluss der Sexualität aus der Ästhetik als zeitbedingt angesehen und festgestellt: „wer solche Gegenstände a priori für ausserästhetisch hält, der hat den Thatsachen gegenüber einen schweren Stand" (1902, 249). Csikszentmihalyi zieht „Sex als Flow" in Betracht (1992, 139). Anfangs, bemerkt er, sei „es leicht, Lust und sogar Freude in der Sexualität zu erfahren. (…) der erste Kuß der erste Verkehr stellen schwindelerregende Herausforderungen dar (…)." (140) Körperliche „Herausforderungen" seien indessen nicht hinreichend, um den Flow einer Partnerschaft aufrechtzuhalten. Auch wer dem nicht widersprechen will, mag sich fragen, warum sexuelle Funktionslust auf diese Weise relativiert werden muss. Übrigens verhindert, wie wir gleich sehen, ein Herausgefordertsein in diesem Sinn wahrscheinlich gerade „Sex als Flow".

Berlyne (1971, 92) streifte das Thema sexuelle Funktionslust, weil die starke Erregung, die dabei im Spiel ist, offensichtlich sein Postulat in Frage stellt, mittlere Erregung sei für die Erfahrung von Lust bzw. ästhetisches Erleben optimal; er räumt hier ein, die Erregungssteigerung sei wohl nicht nur deshalb lustvoll, weil sie die Entspannung nach dem Höhepunkt bedinge.

Bei der Steigerung sexueller Lust handelt es sich um ein höchst konzentriertes sensomotorisches Geschehen. Die hochgradige Synchronisierung neuronaler Prozesse [▶ Neuro-Skizze: Ästhetisches Erleben] mündet im Idealfall vor und im Orgasmus in einen ekstatischen Zustand. Die Muskelkontraktionen bei intensiven Orgasmen erinnern an epileptische Erscheinungen. Im Liebesakt ist die Funktionslust indessen bekanntlich störanfällig (und die Ekstase bzw. Krämpfe werden vorgetäuscht). Dass zwei ‚Systeme' sich synchron ekstatisch aufschaukeln, ist keine Selbstverständlichkeit (zumal angesichts der offensichtlichen Differenzen zwischen männlicher und weiblicher Erregbarkeit). Hinzu kommt die ‚Selbstbeobachtung der Systeme', sprich: das Lampenfieber – „Bin ich ein wertvolles Weibchen bzw. Männchen?". Auch wenn sexuelles Verhalten und Erleben von Männern und Frauen (samt seinen Differenzen) im Gehirn von Säugetieren verankert sein mögen (Panksepp, 2000, 1998), macht sich gleichwohl auch hier die Reflexivität des Menschen geltend. Deshalb ist es eine „Herausforderung", das *Herausgefordertsein* der Beteiligten gewissermaßen auszuklammern. Eine gängige Strategie der Sexualtherapie ist es, gegenseitige Unbefangenheit aufzubauen. Um das zu erreichen, versucht man, die Lust an Berühren und Berührtwerden (vorläufig) vom Koitus abzukoppeln – dem *interesselosen Wohlgefallen* an der Sexualität gewissermaßen durch Kuscheln seine triebhafte Unschuld zurückzugeben.

Lesen ▶ Beier et al., 2005; Dissanayake, 2000; Menninghaus, 2003; Panksepp, 2000, 1998; Seikowski & Gollek, 2001

Aufmerken

Wenn alles ästhetische Erleben in Funktionslust besteht, bleibt die Frage, warum nicht jedes sensomotorische Fungieren lustvoll erfahren wird. Oder anders: Warum erleben wir nicht fortlaufend Wahrnehmung und Bewegung ästhetisch? – Weil wir in unterschiedlichem Grad auf dieses Fungieren aufmerken. Über weite Strecken des Alltags agieren wir „automatisch". Und auch Momente bewussten Wahrnehmens sind meist flüchtig. **Augenblicke herausgehobener Aufmerksamkeit** sind im Ansatz ästhetische Erlebnisse, Wahrnehmungen mit Ausrufezeichen. Ob wir **aktiv** (willentlich oder *top-down* gesteuert) oder **passiv** (unwillkürlich, durch starke oder anders bedeutsame Reize *bottom-up* angesprochen) **aufmerken**, spielt dabei keine Rolle. Deshalb scheitern Versuche, ästhetisches Erleben ausschließlich auf bestimmte Reizkonstellationen zurückzuführen.

Zirkus- und **Sportarenen**, **Discotheken** und andere **Festplätze**, ebenso wie **Museen, Konzertsäle, Theater** und **Kinos** sind Orte, die Menschen schaffen bzw. besuchen, um sich mit unterschiedlichen Akzenten des eigenen Wahrnehmens und Bewegens, sprich: ihres sensomotorischen Fungierens bewusst zu werden. Klagen darüber, dass spektakuläre Museumsbauten dem eigentlichen Museumszweck, also dem Betrachten der Exponate, in die Quere kämen, relativieren sich unter diesem Gesichtspunkt. Wie der Genuss von ▶ Fernblicken lehrt, stellt nicht erst neuerdings die **situative Rahmung** oder Akzentuierung des Wahrnehmens bereits einen wesentlichen Inhalt des ästhetischen Erlebnisses dar.

Im Falle von Fernblicken vermag übrigens das „**Wiedererkennen** der Bergspitzen, Ortschaften, Schlösser etc., die das Panorama erschließt", wie Groos in *Der ästhetische Genuss* (1902, 133) festhielt, die Aufmerksamkeit und damit das Vergnügen am Wahrnehmen zu steigern. Der **Kennerblick** trägt auch bei Betrachtern von Sportereignissen sowie bei Besuchern von Kunstausstellungen potentiell zum ästhetischen Erleben bei.

Lesen ▶ *Rahmen/mediale Verfremdung:* Paquin, 1992; Schönhammer, 1989; *Museum:* Schuster & Ameln-Haffke, 2006; *Wiedererkennen von Kunststilen etc.:* Leder, 2002; Leder & Belke, 2007; Smith & Smith, 2006

Atmosphäre: Milieu-Empfinden

Wenn jemand beispielsweise von einer *urbanen Atmosphäre* spricht, ist sofort klar, dass es ihm nicht um das Aussehen eines bestimmten Gebäudes, um dieses oder jenes Monument, den Zuschnitt einer Straße, eines Platzes oder das Aussehen oder Gebaren einzelner Menschen geht. Der Begriff Atmosphäre steht für einen **Gesamteindruck**; im Beispiel: für Vielfalt und eine Art gespannter, geschäftiger Lebendigkeit. Wie wird dieser Gesamteindruck wahrgenommen?

Atmosphären, so sagt man, *muten an*. Ein Synonym für Atomsphäre ist *Stimmung*. Vertreter der phänomenologischen Tradition der Psychologie, wie Hubert Tellenbach, sehen im Erlebnis von Atmosphären ein **Verschwimmen der Grenze von Subjekt und Welt**: Umgebungscharaktere, die Stimmungen des Subjektes beeinflussen, werden als Stimmungen erlebt. Ludwig Binswanger stellte das Erlebnis eines *gestimmten Raumes* (als Synonym für Atmosphäre) dem differenzierenden Wahrnehmen, dem *orientierten Raum*, wie er das nannte, gegenüber.

Milieu-Wahrnehmung und Gewahrwerden der eigenen **Befindlichkeit** in einer Umgebung sind schwer zu trennen; deshalb ist es vielleicht treffender, von Milieu-*Empfinden* zu sprechen. Verträgt sich das damit, dass jemand, der in einer nachhaltig schwermütigen Stimmung steckt, gleichwohl die heitere Atmosphäre eines Sommertages als solche registrieren kann? Dieses in der Phänomenologie von Stimmung und Atmosphäre oft diskutierte Problem trägt in der Theorie des Philosophen Hermann Schmitz zur Untermauerung der mystisch inspirierten These bei, Stimmungen und Gefühle seien tatsächlich ein vom Subjekt unabhängiges Fluidum. Eine nüchternere Erklärung hierfür ist, dass das, was auch einen momentan depressiven Menschen in einer *heiteren Atmosphäre* anfliegt, hintergründig entsprechende Erinnerungen anklingen lässt, auch wenn das für eine Umstimmung nicht hinreicht.

Der Philosoph Gernot Böhme vertritt in den Spuren von Schmitz die These, **ästhe-tisches Erleben falle mit dem Spüren von Atmosphären zusammen**. Ausgangspunkt ist wohl der Umstand, dass einerseits im Erlebnis von Atmosphäre die eigene Befind-lichkeit gegenwärtig ist und andererseits ästhetisches Erleben sich als lustvolles Bewusstwerden sinnlich-körperlichen Fungierens beschreiben lässt. Daraus scheint Böhme – wiederum mit einer gewissen Schlagseite zum Mystischen hin – zu folgern, ästhetisches Erleben verdanke sich einer Art von **Ausstrahlung der Objekte** (*Aura* der Dinge). Böhme (u. a. 1995) spricht auch von *Ekstasen der Dinge*. Mit anderen Worten: Dass man, wie man sagt, im ästhetischen Wahrnehmen von einer Erscheinung *berührt* werde, liege daran, dass der Zwischenraum zwischen Subjekt und Objekt affektiv auf-geladen oder erfüllt sei. Auch wenn man über die esoterischen Anklänge hinwegsieht, bleibt diese Sicht unbefriedigend, da in Böhmes Konzept für die Differenz zwischen der ästhetischen Wirkung einzelner Objekte oder räumlicher Strukturen (Bauwerke, Monumente, Straßen- und Platzanlagen) und dem Erleben der Atmosphäre einer Stadt im Prinzip kein Platz ist. **In dieser Atmosphären-Theorie des ästhetischen Wahrneh-mens geht verloren, worin das Besondere des Erlebens von Atmosphäre besteht** (Schönhammer, 1998, 1999c), wenn Böhme in seinen Beispielen, wie etwa der Beschreibung urbaner Atmosphäre, auch an dieser Besonderheit nicht vorbeikommt. In jüngerer Zeit hat Böhme (u. a. 2006a, 121ff; 2006b, 130) diesem Einwand durch eine gewisse, wenn auch halbherzige, Relativierung seiner Gleichsetzung von Ästhetik und Atmosphäre implizit Rechnung getragen.

Bei der ästhetischen Wahrnehmung eines einzelnen Objekts, z. B. eines Bauwerks oder einer Statue, geht es um bestimmte Formen, die etwa gerichtete innere Mitbewe-gungen anstoßen. Das Erlebnis von städtischer Atmosphäre liegt demgegenüber in der **diffusen Erregung**, die von einer vielstimmigen Geräuschkulisse und dem visuellen Eindruck mannigfacher, sich überkreuzender Bewegungen von Menschen, Fahrzeu-gen, Lichtern ausgelöst (und entsprechend beispielsweise für Spielfilme inszeniert) wird, wie auch vom schwer zu überblickenden Nebeneinander von Objekten.

Atmosphären haben subjektiv wie objektiv einen diffusen Charakter:

▌ Das **Milieu** umfasst, wie es das Wort Atmosphäre benennt, was **rundum „in der Luft liegt"**; dabei spielen nicht zuletzt **physikalische Luftqualitäten** wie Wärme, Druck, elektrische Aufladung etc. (Größen, die das *Bio-Wetter* bestimmen) eine Rolle, weiter der vertraute vs. fremde **Geruch** (jenseits der Lokalisierung einer Geruchsquelle), die (belebte vs. unbelebte) Qualität der **Geräuschkulisse** (nicht einzelne, lokalisierte Geräusche und Klänge) und schließlich das, was **visuell den (Hinter-)Grund** einzelner Beobachtungen ausmacht; neben der **Beleuchtung** hauptsächlich das Maß an **Fülle, Kargheit**, **Bewegung** oder **Ruhe**.

▌ Atmosphären wecken Stimmungen; **Stimmungen** unterscheiden sich von Gefühlen (nach dem allgemeinen Verständnis, dem die Psychologie bislang wenig hinzuzufü-gen hatte) durch eine gewisse Vagheit. Im Falle des *Bio-Wetters* (und nicht nur da):

Behagen bzw. **Unbehagen, gesteigerte** bzw. **verminderte Vitalität, Gereiztheit** bzw. **Ruhe.** Willy Hellpach bezeichnete die Wirkungen des Milieus (Wetter, Klima und Landschaft) als *sensutonisch* (diesem Begriff waren wir schon im Hinblick auf die ▶ *Vitalempfindung* von Licht begegnet; im vorigen Kapitel zeigte sich, dass die tonische Wirkung von Licht eine plausible Erklärung von ▶ *transmodalen Qualitäten* liefert). In der heutigen Umweltpsychologie sind „angenehm – unangenehm" und „Grad der Erregung" als Dimensionen der Bewertung von Umgebungen (*affektive appraisals of environments*) eingeführt (u. a. Russel, 1988; Küller, 1991; vgl. Flade, 2008; eher bezogen auf einzelne Objekte als auf Stimmungen bzw. Atmosphären ist die weitere Dimension „Dominanz" *[potency]*, die wie die beiden anderen nicht zuletzt auf die von Osgood postulierten psychologischen Grunddimensionen „Valenz", „Mächtigkeit" und „Erregung" zurückgeht; vgl. Ertl, 1969). – Der Psychologe Thayer (1996) verortet Stimmungen grundsätzlich in den Dimensionen „Energie versus Ermüdung" und „Ruhe versus Anspannung" und stellt das optimale Wohlbefinden bei „ruhiger Energie" anderen Kombinationen gegenüber.

Bei **Nebel** und in der **Dämmerung** reduziert sich das Reizangebot der Umwelt auf diffuse Erscheinungen. Das macht entsprechende Situationen zu **Idealbildern** des Atmosphärischen. Im Falle der Ansammlung einer Vielzahl bewegter Objekte (wie Menschen, Fahrzeuge und Lichtreklame in einer urbanen Szenerie) wäre dagegen zwar das je einzelne Objekt prägnant wahrnehmbar, doch das Reizangebot wird in diesem Fall dadurch ‚unscharf', dass es einer Fokussierung der Aufmerksamkeit entgegenläuft.

Mit seiner Unterscheidung von **linearem** vs. **malerischen Stil** (z. B. Renaissance vs. Barock) wies der Kunsthistoriker Wölfflin auf den atmosphärischen Effekt von Darstellungsmitteln (Klarheit und Übersichtlichkeit vs. Verschwimmen der Konturen und unübersichtliche Fülle) hin. Der **Impressionismus** verkörpert idealtypisch **atmosphärische Kunst**, weil er eine fokussierte Betrachtung einzelner Objekte ausschließt; genau genommen vermitteln impressionistische Bilder in der Regel ein bestimmte, nämlich **lebendige Atmosphäre**, die sich der Andeutung allseitiger Bewegung verdankt [▶ Kap. 7]. Auch ausgesprochen übersichtliche und konturierte Bilder können durch Starre und Detailarmut (ungewöhnliche Leere) atmosphärisch wirken (z. B. Werke von Edward Hopper). **Leblosigkeit** ist ein atmosphärischer Eindruck, auch wenn der Sprachgebrauch dazu tendiert, eine leblose Atmosphäre mit einem Fehlen von Atmosphäre gleichzusetzen. Der herausragende Beitrag von Hören und Riechen zum Erleben von Atmosphäre zeigt sich unter anderem daran, dass Menschen, die einen dieser Sinne einbüßen (anders als Blinde), über einen massiven Verlust von Vitalqualität klagen [▶ Kap. 5 und 8].

Zum **ästhetischen Erlebnis** wird ein **Milieu** dann, wenn man sich die eigene **Stimmung als Resonanz des momentanen Gesamteindrucks der Umgebung** (oder eben „die Stimmung der Umgebung") vergegenwärtigt, wenn – um es in der gestaltpsychologischen Metapher von Figur und Grund auszudrücken – das **Empfinden des Grundes** zur **Figur** (aufmerksam wahrgenommen) wird.

Lesen ▶ Binswanger, 1955; Böhme, 1995, 2001, 2006a, 2006/b; Bollnow, 1984; Diaconu, 2005; Flade, 2008; Hauskeller, 1995; Hellpach, 1977; Morris, 1989; Schmitz, 1989; Tellenbach, 1968, 1987; Thayer, 1996; Wölfflin, 1991; Zillmann, 2004

Rückschau in Fragen

Wie wird ästhetisches Erleben in psychologischen Untersuchungen gemessen?
Wie verhält sich das zu dem, wofür die Rede von einem *ästhetischen Erlebnis* gemeinhin steht?

Warum bezeichnet man bestimmte Gebiete im Gehirn als Belohnungszentren?

Inwiefern gibt die *epileptische Aura* einen Hinweis auf Hirnprozesse, die dem ästhetischen Erleben zugrunde liegen könnten?
In welchen neuronalen Prozessen sah die *neue empirische Ästhetik* (Berlyne) die Basis des ästhetischen Erlebens?
Welche Reizqualitäten betrachtet sie als Auslöser für ein entsprechendes Optimum?
Warum steht diese Theorie ungeachtet empirischer Bestätigungen auf schwachen Füßen?

Welche Anhaltspunkte sprechen für die ästhetische Wirkung biologisch bedeutsamer Objekte und Situationen?

Was ist gemeint, wenn man sagt, „*Erleichterung des Wahrnehmens wirkt ästhetisch*"?
Was spricht dagegen, dieses Prinzip zum Universalschlüssel des ästhetischen Erlebens zu erklären?

Wie macht der Begriff der *Funktionslust* die Rolle von *Einfühlung bzw. Mitbewegung* im ästhetischen Erleben plausibel?
Wofür steht *Ästhetik der Gegenseitigkeit* (Dissanayake)?
Inwiefern ist die *Theorie* des Flowerlebens unbefriedigend?

Worin besteht die Besonderheit des ästhetischen Erlebens von Atmosphären?

Literatur

Da www-Adressen erfahrungsgemäß oft in die Irre führen, vermerkt dieses Verzeichnis bei Quellen, die nur im Netz zugänglich sind, lediglich „Online-Ressource"; die jeweiligen Angaben sollten für das Auffinden hinreichen.

Ackerman, D. (1991). *Die schöne Macht der Sinne*. München: Kindler.

Adam, J. A. (1995). Bei Lichte besehen. In Design Zentrum München (Hg.), *Das Licht in dem die Dinge stehen* (S. 72–86). München: Design Zentrum München.

Aichinger, W. (2003). Sinne und Sinneserfahrung in der Geschichte. Forschungsfragen und Forschungsansätze. In W. Aichinger, F. X. Eder & C. Leitner (Hg.), *Sinne und Erfahrung in der Geschichte* (S. 9–28). Innsbruck: Studienverlag.

Aichinger, W., Eder, F. X. & Leitner, C. (Hg.) (2003). *Sinne und Erfahrung in der Geschichte*. Innsbruck: Studienverlag.

Alberti, L. B. (1991). *Zehn Bücher über die Baukunst*. Darmstadt: WGB.

Alexander, Chr., Ishikawa, S. & Silverstein, M. (1995). *Eine Mustersprache. Städte, Gebäude, Konstruktion*. Wien: Löcker.

Allesch, Chr. G. (1987). *Geschichte der psychologischen Ästhetik*. Göttingen: Hogrefe.

Allesch, Chr. G. (2006). *Einführung in die psychologische Ästhetik*. Wien: WUV.

Allesch, G. J. v. (1925). *Die ästhetische Erscheinungsweise der Farben*. Berlin: J. Springer.

Altenmüller, K. (2006). Musikwahrnehmung und Amusien. In H.-O. Karnath & P. Thier (Hg.), *Neuropsychologie* (S. 425–434) (2. Aufl.). Heidelberg: Springer.

Angerer, H. (1995). Lichtgestaltung – Synergie aus Licht und Schatten. In Design Zentrum München (Hg.), *Das Licht in dem die Dinge stehen* (S. 87–97). München: Design Zentrum München.

Appleton, J. (1975). *The experience of landscape*. New York: Wiley.

Arnheim, R. (1978). *Kunst und Sehen. Eine Psychologie des schöpferischen Auges*. Berlin: De Gruyter.

Arnheim, R. (1980a). *Die Dynamik der architektonischen Form*. Köln: Dumont.

Arnheim, R. (1980b). Wahrnehmungsmäßige und ästhetische Eigenschaften der Bewegungsantwort (Orig. 1951). In Ders., *Zur Psychologie der Kunst* (S. 82–101). Frankfurt/M.: Ullstein.

Arnheim, R. (1980c). Funktion und Ausdruck (Orig. 1964). In Ders., *Zur Psychologie der Kunst* (S. 160–184). Frankfurt/M.: Ullstein.

Arnheim, R. (1980d). Gestalttheorie des Ausdrucks (Orig. 1964). In Ders., *Zur Psychologie der Kunst* (S. 55–81). Frankfurt/M.: Ullstein.

Arnheim, R. (1985). *Anschauliches Denken* (5. Aufl.). Köln: Dumont. (Orig. 1966).

Arnheim, R. (1992). Perceptual aspects of art for the blind. In Ders., *To the rescue of art. Twenty-six essays* (pp. 133–143). Berkeley: University of California Press.

Arnheim, R. (2001). *Rundfunk als Hörkunst* (Orig. 1936) *und weitere Ausätze zum Hörfunk*. Frankfurt/M.: Suhrkamp.

Arnheim, R. (2004). *Die Seele in der Silberschicht. Medientheoretische Texte. Photographie – Film – Rundfunk*. Frankfurt/M.: Suhrkamp.

Arnheim. R. (2002). *Film als Kunst*. Frankfurt/M.: Suhrkamp. (Orig. 1932).

Aschersleben, G. (2008). Handlung und Wahrnehmung. In J. Müsseler (Hg.), *Allgemeine Psychologie* (S. 767–793) (2., neubearb. Aufl.). Heidelberg: Spektrum.

Asendorf, Chr. (1997). *Super Constellation – Flugzeug und Raumrevolution. Die Wirkung der Luftfahrt auf Kunst und Kultur der Moderne*. Wien: Springer.

Ashy, M. & Johnson, K. (2002). *Materials and Design. The Art and Science of Material Selection in Product Design*. Oxford: Butterworth-Heinemann.

Auer, G. (1993). Balance-Akte der Baukunst. In T. Bezzola, A. M. Müller, L. Müller & B. Wismer (Hg.), *Equilibre. Gleichgewicht, Äquivalenz und Harmonie in der Kunst des 20. Jahrhunderts* (S. 276–291). Baden: Lars Müller.

Austin, J. H. (1999). *Zen and the brain* (2nd paperback ed.). Cambridge, MA: MIT Press.

Autelitano, A., Innocenti, V. & Re, V. (Eds.) (2005). *I cinque sensi del cinema/The five senses of cinema*. Udine: Forum.

Ayres, A. J. (1979). *Lernstörungen. Sensorisch-integrative Dysfunktionen*. Berlin: Springer

Bachmann, U. (Hg.) (2006). *Farben zwischen Licht und Dunkelheit*. Sulgen: Niggli.

Bächthold-Stäubli, H. (1987). *Handwörterbuch des deutschen Aberglaubens* (Bd. 1). Berlin: De Gruyter.

Bacon, F. (1870). *Neues Organon*. Berlin: L. Heimann.

Bailley, M. E. S. & Johnson, K. J. (1997). Synaesthesia: is a genetic analysis feasible? In S. Baron-Cohen & J. E. Harrison (Eds.), *Synaesthesia. Classic and contemporary readings* (pp. 182–207). Oxford: Blackwell.

Balint, M. (1960). *Angstlust und Regression*. Stuttgart: Klett.

Baron-Cohen, S. & Harrison, J. E. (Eds.) (1997). *Synaesthesia. Classic and contemporary readings*. Oxford: Blackwell.

Barrett, D. (2001). *The committee of sleep. How artists, scientists and athletes use dreams for creative problem-solving – and how you can do*. New York: Crown.

Barth, F. G. (1989). *Vom Sinn der Sinne. Sinnesorgane zwischen Umwelt und Verhalten*. Wiesbaden: Franz Steiner.

Batchelor, D. (2004). *Chromophobie. Angst vor der Farbe* (2. Aufl.). Wien: WUV.

Bates, B. & Cleese, J. (2001). *Gesichter. Das Geheimnis unserer Identität*. Köln: Egmont vgs.

Beauvoir, S. de (1986). *Die Zeremonie des Abschieds*. Reinbek: Rowohlt.

Beeli, G., Esslen, M. & Jäncke, L. (2008). Time course of neural activity correlated with colored-hearing synesthesia. *Cerebral Cortex, 18*, 379–385.

Behne, K.-E. (1998). Über die Untauglichkeit der Synästhesie als ästhetisches Paradigma. In Kunst- und Ausstellungshalle der Bundesrepublik Deutschlang (Hg.), *Der Sinn der Sinne* (S. 104–125). Göttingen: Steidl.

Behne, K.-E. (2006). „Farbige Vokale" im jugendlichen Entwicklungsverlauf. *Musikpsychologie, 18*, 22–34.

Behne, K.-E. (2002). Synästhesie und intermodale Analogie – Fallstudie eines Notationssynästhetikers. In H. Adler (Hg.), *Synästhesie. Interferenz – Transfer – Synthese der Sinne* (S. 31–41). Würzburg: Königshausen & Neumann.

Behne, K.-E. (Hg.) (1987). *film – musik – video. oder Die Konkurrenz von Auge und Ohr*. Regensburg: Gustav Bosse.

Beier, K. M., Bosinki, H. A. G., Hartmann, U. & Loewit, K. (2005). *Sexualmedizin: Grundlagen und Praxis* (2. Aufl.). München: Elsevier, Urban & Fischer.

Benthien, C. (1999). *Haut. Literaturgeschichte, Körperbilder, Grenzdiskurse*. Reinbek: Rowohlt.

Bergius, H. & Herbrich, B. (2002). Die bildende Kunst und die Sinne. Von der Olfaktorik und ihrer Anwendbarkeit in der Kunst. In P. Luckner (Hg.), *Multisensuelles Design. Eine Anthologie* (S. 541–547). Halle/Saale: Burg Giebichenstein.

Berlyne, D. E. (1971). *Aesthetics and psychobiology.* New York: Appelton Meredith.

Berlyne, D. E. (Ed.) (1974a). *Studies in the new experimental aesthetics.* New York: Wiley.

Berlyne, D. E. (1974b). *Konflikt, Erregung, Neugier. Zur Psychologie der kognitiven Motivation.* Stuttgart: Klett. (Orig. 1960).

Bermudez, J. L., Marcel, A. & Eilan, N. (1995). *The body and the self.* London: Bradford.

Bernsen, J. (1999). *Lyd i Design/Sound in Design.* Kopenhagen: Dansk Design Center.

Bezzola, T., Müller, A. M., Müller, L. & Wismer, B. (Hg.) (1993). *Equilibre. Gleichgewicht, Äquivalenz und Harmonie in der Kunst des 20. Jahrhunderts.* Baden: Lars Müller.

Binswanger, L. (1955). Das Raumproblem in der Psychopathologie (1932). In Ders., *Vorträge und Aufsätze* (Bd. II, S. 174–225). Bern: Francke.

Biocca, F. (1992). Will simulation sickness slow down the diffusion of virtual environment technology? *Presence. Teleoperators and Virtual Environments, 1 (3),* 334–343.

Birbaumer, N. & Schmidt, R. F. (2006). *Biologische Psychologie* (6. Aufl.). Heidelberg: Springer Medizin.

Bischof, N. (1966). Stellungs-, Spannungs- und Lagewahrnehmung. In W. Metzger (Hg.), *Allgemeine Psychologie, 1. Halbband* (Handbuch der Psychologie, Bd. 1, S. 409–497). Göttingen: Hogrefe.

Blakemore, S.-J., Bristow, D., Bird, G., Frith, C. & Ward, J. (2005). Somatosensory activations during the observation of touch in a case of vision touch synaesthesia. *Brain, 128,* 1671–1583.

Blakemore, S.-J., Wolpert, D. M. & Frith, Ch. D. (1998). Central cancellation of self-produced tickle sensations. *Nature Neuroscience, 1(7),* 635–640.

Blanke, O., Landis, Th., Spinelli, L. & Seeck, M. (2004). Out-of-body experience and autoscopy of neurological origin. *Brain, 127,* 243–258.

Blaukopf, K. (1994). Tonträger. In H. Bruhn, R. Oerter, H. Rösing (Hg.), *Musikpsychologie. Ein Handbuch* (S. 175–181). Reinbek: Rowohlt.

Bleuler, E. (1993). *Lehrbuch der Psychiatrie* (Nachdr. d. 15. von M. Bleuler bearb. Aufl.). Berlin: Springer.

Bloomer, K. C. & Moore, Ch. W. (1980). *Architektur für den „Einprägsamen Ort". Überlegungen zu Körper Erinnerung, Bauen* (G. R. Blomeyer & B. Tietze, Übers. u. Hg.). Stuttgart: DVA. (Orig. 1977).

Böhme, G. (1995). *Atmosphäre.* Frankfurt/M.: Suhrkamp.

Böhme, G. (1998). *Anmutungen. Über das Atmosphärische.* Ostfildern: ed. tertium (arcaden).

Böhme, G. (2001). *Aisthetik. Vorlesungen über Ästhetik als allgemeine Wahrnehmungslehre.* München: Fink.

Böhme, G. (2006a). *Architektur und Atmosphäre.* München: Fink.

Böhme, G. (2006b). Licht sehen. In U. Bachmann (Hg.), *Farben zwischen Licht und Dunkelheit* (S. 115–136). Sulgen: Niggli.

Bolle, R. H. (1988). *Am Ursprung der Sehnsucht.* Berlin: VWB.

Bollnow, O. F. (1984). *Mensch und Raum* (5. Aufl.). Stuttgart: Kohlhammer.

Bösel, R. M. (2006). *Das Gehirn. Ein Lehrbuch der funktionellen Anatomie für die Psychologie.* Stuttgart: Kohlhammer.

Botvinick, M. & Cohen, J. (1998). Rubberhands „feel" touch that eyes see. *Nature, 391,* 756.

Bourdieu, P. (1987). *Die feinen Unterschiede. Kritik der gesellschaftlichen Urteilskraft.* Frankfurt/ M.: Suhrkamp.

Boyce, P. R. (2003). *Human factors in lightning* (2nd ed.). London: Taylor & Francis.

Brandt, Th. (1999). *Vertigo. Its multisensory Syndromes* (2nd ed.). London: Springer.

Branigan, E. (1984). *Point of view in the cinema. A theory of narration and subjectivity in classical film.* Berlin: Mouton.

Bråten, S. (Ed.) (2007). *On being moved. From mirror neurons to empathy.* Amsterdam: John Benjamins Publishing.

Bregman, A. S. (1990). *Auditory scene analysis. The perceptual organisation of sound.* London: Bradford.

Brenslin, P. A. S. & Huang, L. (2006). Human taste: peripheral anatomy, taste transduction, and coding. In Th. Hummel & A. Welge-Lüssen (Eds.), *Taste and smell. An update* (pp. 152–190). Basel: Karger.

Bresser, A. (2002). Accessibility – Websitegestaltung für Blinde und Sehbehinderte. In R. Fuhlrott, U. Krauß-Leichert & Chr.-H. Schütte (Hg.), *B. I. T. online – Innnovativ* (Innovationsforum 2002, Bd. 4) (S. 9–117). Wiesbaden: Dinges & Frick.

Brugger, P. (2006). From phantom limb to phantom body: Varieties of extracorporeal awareness. In G. Knoblich, I. M. Thronton, M. Grosjean & M. Shiffar (Eds.), *Human body perception from the inside out* (pp. 171–209). New York: Oxford University Press.

Brugger, P., Kollias, S. S., Müri, R. M., Crelier, G., Hepp-Reymond, M. C. & Regard, M. (2000). Beyond re-membering: Phantom sensations of congenitally absent limbs. *Proc. Natl. Acad. Sci. USA, vol. 97*(11), 6167–6172.

Brugger, P., Regard, M. & Landis, T. (1996). Unilaterally felt „Presences": The neuropsychiatry of one's invisible Doppelgänger. *Neuropsychiatry, Neuropsychology and Behavioral Neurology, 9*, 114–122.

Bruhn, H. (2005). Wissen und Gedächtnis. In Th. Stofer & R. Oerter (Hg.), *Allgemeine Musikpsychologie* (Enzyklopädie der Psychologie, S. 537–590). Göttingen: Hogrefe.

Brunswik, E. & Reiter, L. (1937). Eindruckscharaktere schematisierter Gesichter. *Zeitschrift für Psychologie, 142*, 67–134.

Bücher, K. (1924). *Arbeit und Rhythmus* (6. Aufl.). Leipzig: Emmanuel Reiter.

Budjko, V. (2008). *Tokens. Spielsteine des Lebens* (Unveröffentlichte Diplomarbeit, Burg Giebichenstein Hochschule für Kunst und Design Halle).

Bufalari, I., Aprile, T., Avenanti, A., Di Russo, F. & Aglioti, S. M. (2007). Empathy for pain and touch in the human somatosensory cortex. *Cerebral Cortex, 17*, 2553–2561.

Bühler, K. (1922a). *Die geistige Entwicklung des Kindes* (3. Aufl.). Jena: Gustav Fischer.

Bühler, K. (1922b). *Die Erscheinungsweise der Farben.* Jena: Gustav Fischer.

Bülthoff, I. & Bülthoff, H. H. (2003). Image based recognition of biological motion, scenes and objects. In M. A. Peterson and G. Rhodes (Eds.), *Perception of faces, objects, and scenes* (pp. 146–176). Oxford: Oxford University Press.

Bülthoff, I. & Ruppertsberg, A. I. (2006). Funktionelle Prinzipien der Objekt und Gesichtserkennung. In H.-O. Karnath & P. Thier (Hg.), *Neuropsychologie* (S. 107–116) (2. Aufl.). Heidelberg: Springer.

Burckhardt, J. (1976). *Die Kultur der Renaissance* (10. Aufl.). Stuttgart: Körner.

Burdach, K. J. (1988). *Geschmack und Geruch. Gustatorische, olfaktorische und trigeminale Wahrnehmung.* Bern: Huber.

Bürdek, B. E. (2005). *Design. Geschichte, Theorie und Praxis der Produktgestaltung.* Basel: Birkhäuser.

Burger, D. (2003). New technologies empowering visually impaired people for accessing documents. In Y. Hatwell, A. Streri & E. Genatz (Eds.). *Touching for Knowing. Cognitive psychology of haptic manual perception* (pp. 293–303). Amsterdam: John Benjamins Publishing.

Burke, E. (1956). *Vom Schönen und Erhabenen.* Berlin: Aufbau. (Orig. 1756).

Cahusac, Peter (2002). The perception of touch. In D. Roberts (Ed.), *Signals and Perception. The fundamentals of human perception* (pp. 245–254). Houndmills: Palgrave Macmillan.

Caillois, R. (1982). *Die Spiele und die Menschen. Maske und Rausch.* Frankfurt/M.: Ullstein. (Orig. 1958).

Cakir, A. & Cakir, G. (2006). *Der Einfluss von optischen Oberflächeneigenschaften von IT-Produkten auf Benutzer.* (Schriftenreihe der Bundesanstalt für Arbeitsschutz und Arbeitsmedizin). Dortmund: Wirtschaftsverlag NW.

Calvert, G. A. & Lewis, J. W. (2004). Hemodynamic studies of audiovisual interactions. In G. A. Calvert, Ch. Spence & B. E. Stein (Eds.), *The handbook of multisensory processes* (pp. 483–502). London: Bradford.

Calvert, G. A., Spence, Ch. & Stein, B. E. (Eds.) (2004). *The Handbook of Multisensory Processes.* London: Bradford.

Campenhausen, Chr. v. (1993). *Die Sinne des Menschen. Einführung in die Psychophysik der Wahrnehmung* (2. Aufl.). Stuttgart: Thieme.

Chi, I. T. & Stotz, O. (1995). Spuren des Gebrauchs. *Kunstforum International, 130,* 212–223.

Chiva, M. (1985). *Le doux et l'amer. Sensation gustative, emotion et communication chez le jeune enfant.* Paris: Presses Universitaires de France.

Classen, C. (Ed.) (2005). *The book of touch.* Oxford: Berg.

Classen, C., Howes, D. & Synnott, A. (1994). *Aroma. The cultural history of smell.* London: Routledge.

Clynes, M. (1996). *Auf den Spuren der Emotionen.* Freiburg: Verlag für angewandte Kinesiologie. (Orig. 1977).

Cohen, Y. E. & Anderson, R. A. (2004). Multisensory representation of space in the parietal cortex. In G. A. Calvert, Ch. Spence & B. E. Stein (Eds.), *The handbook of multisensory processes* (pp. 463–479). London: Bradford.

Cole, J. & Paillard, J. (1995). Living without touch and peripheral information about body position and movements: Studies with deafferented subjects. In J. L. Bermudez, A. Marcel & N. Eilan (Eds.), *The body and the self* (pp. 244–266). London: Bradford.

Cook, N. D. (2002). *Tone of voice and mind. The connections between intonation, emotion, cognition and consciousness.* Amsterdam: John Benjamins Publishing.

Coolsaet, B. (1999). *Der Pinsel der Liebe. Leben und Werk des Penis.* Köln: Kiepenheuer & Witsch.

Corbin, A. (1984). *Pesthauch und Blütenduft. Eine Geschichte des Geruchs.* Berlin: Wagenbach,

Cornoldi, C., Fastame, M. Ch. & Vecchi, T. (2003). Congenitally blindness and satial mental imagery. In Y. Hatwell, A. Streri & E. Genatz (Eds.), *Touching for Knowing. Cognitive psychology of haptic manual perception* (pp. 173–187). Amsterdam: John Benjamins Publishing.

Costall, A. (2007). Bringing the body back to life: James Gibson's eclogy of embodied agency. In T. Ziemke, J. Zlatev & R. M. Frank (Eds.), *Body, language and mind.* (Vol. I: Embodiment, pp. 55–83). Berlin: de Gruyter.

Cross, I. (2001). Music, cognition, culture and evolution. In R. J. Zatorre & I. Peretz (Eds.), *The biological foundations of music* (pp. 28–42). New York: The New Academy of Science.

Crunelle, M. (1995). Geruchsinn und Architektur. In Kunst- und Ausstellungshalle der BRD (Hg.), *Das Riechen. Von Nasen, Düften und Gestank* (S. 171–177). Göttingen: Steidl.

Csikszentmihalyi, M. (1988). The flow experience and its significance for human psychology. In M. Csikszentmihalyi & I. S. Csikszentmihalyi (Eds.), *Optimal experience. Psychological studies of flow in consciousness* (pp. 15–35). Cambridge: Cambridge University Press.

Csikszentmihalyi, M. (1992). *Flow: Das Geheimnis des Glücks.* Stuttgart: Klett-Cotta.

Csikszentmihalyi, M. & Rochberg-Halton, E. (1989). *Der Sinn der Dinge. Das Selbst und die Symbole des Wohnbereichs.* München: Psychologie Verlags Union. (Orig. 1981).

Cutting, J. E. (2006). The mere exposure effect and aesthetic preference. In P. Locher, C. Martindale & L. Dorfman. (Eds.). *New directions in aesthtics, creativity and the arts* (pp. 33–46). Amityville, N.Y.: Baywood.

Cytowic, R. (2002). Wahrnehmungs-Synästhesie. In H. Adler (Hg.), *Synästhesie. Interferenz – Transfer – Synthese der Sinne* (S. 1–24). Würzburg: Königshausen & Neumann.

Cytowic, R. E. (2003). *The man who tasted shapes.* Cambridge, MA: MIT Press. (Neuaufl. mit einem Nachwort; Orig. 1993).

Czycholl, D. (2003). *Die phantastischen Geisterscheinungen. Vom Sehen bei geschlossenen Augen und seiner Erforschung.* Berlin: VWB.

Damasio, A. (1995). *Descartes' Irrtum. Fühlen, Denken und das Menschliche Gehirn.* München: List.

Damasio, A. (2000). *Ich fühle, also bin ich. Die Entschlüsselung des Bewusstseins.* München: List.

Damasio, A. (2006). Film, Bewusstsein und Emotion: Aus der Gehirn-Perspektive. In K. Jasper & W. Unterberger (Hg.), *Kino im Kopf. Psychologie und Film* (S. 82–89). Berlin: Bertz & Fischer.

Darwin, Ch. (2002). *Der Ausdruck der Gemütsbewegung bei dem Menschen und den Tieren.* (Kritische Edition von Paul Ekman). Frankfurt/M.: Eichborn.

Davidson, J. W. (2002). Understanding the expressive performance movements of a solo pianist. *Musikpsychologie, 16,* 7–29.

Davidson, J. W. (2005). Bodily communication in musical performance. In D. Miell, R. MacDonald & D. J. Hargreaves (Eds.), *Musical communication* (pp. 193–213). Oxford: Oxford University Press.

Day, S. A. (2006). Was ist Synästhesie? In J. Jewanski & N. Sidler (Eds.). *Farbe – Licht – Musik. Synästhesie und Farblichtmusik* (S. 15–30). Bern: Peter Lang.

de Gelder B. & Vroomen, J. (2000). The perception of emotion by ear and by eye. *Emotion and Cognition, 14*(3), 289–311.

de Gelder, Vroomen & Pourtois (2004). Multisensory perception of emotion: Its time course, and its neutral basis. In G. A. Calvert, Ch. Spence & B. E. Stein (Eds.), *The handbook of multisensory processes* (pp. 581–596). London: Bradford.

de la Motte-Haber, H. (2006). Audio-visual perception and its relevance in science and art. *Musikpsychologie, 18,* 11–21.

de la Motte-Haber, H. & Emons, H. (1980). *Filmmusik. Eine systematische Beschreibung.* München: Hanser.

De Rossi, D., Lorussi, F., Mazzoldi, A., Orsini, P. & Cilingo, E. P. (2003). Active Dressware. Wearable Kinesthetic Systems. In F. G. Barth, J. A. C. Humphrey & T. W. Secomb (Eds.), *Senses and Sensing in Biology and Engeneering* (pp. 379–392). Wien: Springer.

Degenaar, M. (1996). *Molyneux's problem. Three centuries of discussion on the perception of forms.* Dordrecht: Kluver.

Deibler, K. D. & Delwiche, J. (Eds.) (2004). *Handbook of flavor characterization.* New York: Marcel Dekker.

Deufelhard, P. (2008). *Was ist ein schönes Gesicht? Auf der Suche nach Kriterien.* Berlin: Zuse-Institut. Online-Resource, zugänglich über die Homepage des Zuse-Institut.

Dewey, J. (1988). *Kunst als Erfahrung.* Frankfurt/M.: Suhrkamp (Orig. 1934).

Diaconu, M. (2005). *Tasten, Riechen, Schmecken. Eine Ästhetik der anästhesierten Sinne.* Würzburg: Königshausen & Neumann.

Dietrich, M. (2006). Vestibuläres System und Störungen der vestibulären Raumorientierung. In H.-O. Karnath & P. Thier (Hg.), *Neuropsychologie* (S. 197–205) (2. Aufl.). Heidelberg: Springer.

Dietz, Chr. (2002*). „Wer nicht riechen will, muß fühlen". Geruch und Geruchssinn im Werk Heimito von Doderers.* Wien: Edition Preasens.

Dinzelbacher, P. (2002). *Himmel, Hölle, Heilige. Visionen und Kunst im Mittelalter.* Darmstadt: Wissenschaftliche Buchgesellschaft.

Dissanayake, E. (2000). *Art and Intimacy. How the arts began.* Seattle: University of Washington Press.

Dittmar, A. (Hg.) (2007). *Synästhesien: Roter Faden durchs Leben?* Essen: Die blaue Eule.

Dittrich, A. (1985). *Ätiologie-unabhängige Strukturen veränderter Wachbewußtseinszustände.* Stuttgart: Enke.

Dixon, M. J., Smilek, D., Wagar, B. & Merikle, P. M. (2004). Graphmen-color synesthesia: When 7 is yellow and D is blue. In G. A. Calvert, Ch. Spence & B. E. Stein (Eds.), *The handbook of multisensory processes* (pp. 837–849). London: Bradford.

Doderer, H. v. (1966). *Die Strudlhofstiege.* München: dtv. (Orig. 1951).

Dolezal, H. (1982). *Living in a world transformed. Perceptual and performatory adaptation to visual distortion.* New York: Academic Press.

Dollase, R. (1994). Motivation der Parfumwahl. In P. Jellinek, *Die psychologischen Grundlagen der Parfumerie* (S. 214–226) (4. erw. Aufl., J. S. Jellinek, Hg.) Heidelberg: Hüthig.

Döring, A. (1890). Die ästhetischen Gefühle. *Zeitschrift für Psychologie und Physiologie der Sinnesorgane, 1,* 161–186.

Döring-Seipel, E. (1996). *Stimmung und Haltung.* Weinheim: PVU.

Downs, R. M. & Stea, D. (1982). *Kognitive Karten. Die Welt in unseren Köpfen.* New York, N. Y.: Harper & Row.

Düchting, H. (1996). *Farbe am Bauhaus. Synthese und Synästhesie.* Berlin: Mann.

Düchting, H. (2002). Synästhetische Vorstellungen am Bauhaus. In H. Adler (Hg.), *Synästhesie. Interferenz – Transfer – Synthese der Sinne* (S. 249–257). Würzburg: Königshausen & Neumann.

Duderstadt, M. (1997). *Ästhetik und Stofflichkeit. Ein Beitrag zur elementaren Bildung.* Weinheim: Deutscher Studien Verlag.

Dunbar, R. I. M. (1996). Grooming. Soziale Fellpflege bei Affen und Menschen. In Kunst- und Ausstellungshalle der Bundesrepublik Deutschlang (Hg.), *Tasten* (S. 72–89). Göttingen: Steidl

Durlach, N., Allen, G., Darken, R., Garnett, R. L., Loomis, J., Tempelman, J. & Wiegand, T. E. v. (2000). Virtual environments and the enhancement of spatial behavior: Towards a comprehensive research agenda. *Presence. Teleoperators and Virtual Environments, 9* (6), 593–615.

Ebberfeld I. (1999). *Botenstoffe der Liebe* (2. Aufl.). Frankfurt/M.: Campus.

Effenberg, A. O. (2004). *Synergien der Sinne für die Bewegungsregulation. Effekte multisensorischer Konvergenzen bei der Wahrnehmung, Beurteilung und Ausführung von Sportbewegungen.* Frankfurt/M.: Peter Lang.

Eibl-Eibesfeldt, I. (1995). *Die Biologie des menschlichen Verhaltens* (3., überarb. u. erw. Aufl.). München: Piper.

Eibl-Eibesfeldt, I. & Sütterlin, Ch. (1992). *Im Banne der Angst. Zur Natur- und Kunstgeschichte menschlicher Abwehrsymbolik.* München: Piper.

Emons, H. (2005). *Für Auge und Ohr: Musik als Film. Oder die Verwandlung von Komposition in Lichtspiel.* Berlin: Frank & Timme.

Emrich, H. (2002). Synästhesie als „Hyper-binding". In H. Adler (Hg.), *Synästhesie. Interferenz – Transfer – Synthese der Sinne* (S. 25–30). Würzburg: Königshausen & Neumann.

Engel, A. K. (2006). Neuronale Grundlagen der Merkmalsintegration. In H.-O. Karnath & P. Thier (Hg.), *Neuropsychologie* (S. 55–65) (2. Aufl.). Heidelberg: Springer.

Engelhardt, D. v. & Wild, R. (Hg.) (2005). *Geschmackskulturen. Vom Dialog der Sinne bei Essen und Trinken.* Frankfurt/M.: Campus.

Engelkamp, J. & Zimmer, H. D. (2006). *Lehrbuch der kognitiven Psychologie.* Göttingen: Hogrefe.

Ennenbach, W. (1989). *Bild und Mitbewegung.* Köln: bps-Verlag.

Eriksson, Y. (1998). *Tactile Pictures. Pictural Representation for the blind 1784–1940.* Göteborg: Acta Universitatis Gotheoborgensis.

Ernst, M. O. (2006). A bayesian view on multimodal cue integration. In G. Knoblich, I. M. Thronton, M. Grosjean & M. Shiffar (Eds.), *Human body perception from the inside out* (pp. 105–131). New York: Oxford University Press.

Ertl, S. (1969). *Psychophonetik. Untersuchungen über Lautsymbolik und Motivation.* Göttingen: Hogrefe.

Espe, H., Hautz, P., Krampen, M. & Walter, K. (2005). *Zur Semantik von Formen, Farben und Logos.* (Veröffentlicht in PsyDok, dem Volltextserver „Virtuelle Fachbibliothek Psychologie" der Universitäts- und Landes Bibliothek Saarbrücken.).

Evans, Ch. (2003). *Vomeronasal chemoreception in vertebrates. A study of the second nose.* London: Imperial College Press.

Fahle, M. (2006). Perzeptuelles Lernen. In H.-O. Karnath & P. Thier (Hg.), *Neuropsychologie* (S. 617–623) (2. Aufl.). Heidelberg: Springer.

Falk, D. S., Brill, D. R. & Stork, D. G. (1990). *Ein Blick ins Licht. Einblicke in die Natur des Lichtes und des Sehens, in Farbe und Fotografie.* Basel: Birkhäuser.

Farah, M. J. (2000). The neural basis of mental imagery. In M. S. Gazzaniga (Ed.), *The new cognitive Neuroscience* (pp. 965–974) (2nd ed.). London: Bradford.

Fastl, H. & Zwicker, E. (2007). *Psychoacoustics. Facts and models* (3rd ed.). Berlin: Springer.

Faurion, A., Cerf, B., Pillias, A.-M. & Boitreau, N. (2002). Increased taste sensitivity by familiarization to novel stimuli: psychophysics, fMRI, and electrophysiological techniques suggest modulations at peripheral and central levels. In C. Rouby, B. Schaal, D. Dubois, R. Gervais & A. Holley (Eds.), *Olfaction, Taste and Cognition* (pp. 350–366). Cambridge: Cambridge University Press.

Fenske, M. J., Aminoff, E., Gronau, N. & Bar, M. (2006). Top-down facilitation of visual object recognition: object based and context-based contributions. In S. Martinez-Conde, S. L. Macknik, L. M. Martinez, J.-M. Alonso & P. U. Tse (Eds.), *Fundamentals of awareness: Multi-sensory integration and high-order perception* (Progress in Brain Research, 155, Visual Perception, Part 2, pp. 3–21). Amsterdam: Elsevier.

Finnegan, R. (2002). *Communicating. The multiple modes of human interconnection.* New York: Routledge.

Fischer, H. (1995). *Die Entwicklung der visuellen Wahrnehmung.* Weinheim: Beltz.

Fischer, R. (1971). A cartography of the ecstatic and meditative states. *Science, 174(4012),* 897–904.

Flade, A. (2008). *Architektur – psychologisch betrachtet* (Mitarb. F. Dieckmann und R. Röhrbein; Vorw. von M. Sack). Bern: Huber.

Flückiger, B. (2007). *Sound Design. Die virtuelle Klangwelt des Films.* Marburg: Schüren.

Flusser, V. (1985). Gespräch, Gerede, Kitsch: Zum Problem des unvollkommenen Informationskonsums. In H. Pross (Hg.), *Kitsch. Soziale und politische Aspekte einer Geschmacksfrage* (S. 47–62). München: List.

Flynn, J. E. (1988). Lighting-design decisions as interventions in human visual space. In J. L. Nasar (Ed.), *Environmental aesthetics. Theory, research, and applications* (pp. 156–170). Cambridge: Cambridge University Press.

Fogassi, D. & Gallese, V. (2004). Action as a binding key to multisensory integration. In G. A. Calvert, Ch. Spence & B. E. Stein (Eds.), *The handbook of multisensory processes* (pp. 425–441). London: Bradford.

Forschungsgruppe Telefonkommunikation (Hg.) (1989). *Telefon und Gesellschaft. Beiträge zu einer Soziologie der Telekommunikation.* Berlin: Spiess.

Fowler, C. A. (2004). Speech as a supramodal or amodal phenomenon. In G. A. Calvert, Ch. Spence & B. E. Stein (Eds.), *The handbook of multisensory processes* (pp. 189–201). London: Bradford.

Freedberg, D. & Gallese, V. (2007). Motion, emotion and emapthy in esthetic experience. *Trends in Cognitive Sciences, 11*(5), 197–203.

Freud, S. (1999). *Gesammelte Werke* (Bd. 12). Frankfurt/M.: Fischer. (Orig. 1940)

Fuchs, E. (2003). Sinnesbehinderungen und neue Informationstechnologien: Hilfestellung für Menschen mit besonderen Bedürfnissen? In W. Aichinger, F. X. Eder & C. Leitner (Hg.), *Sinne und Erfahrung in der Geschichte* (S. 213– 237). Innsbruck: Studienverlag.

Gage, J. (1989). *Kulturgeschichte der Farbe: Von der Antike bis zur Gegenwart.* Ravensburg: Otto Maier.

Gallese, V. (2007). The ventro-dorsal stream: parieto-premotor neural circuits and their role in primate cognition. In F. W. Mast & L. Jäncke (Eds.), *Spatial processing in navigation, imagery and perception* (pp. 329–352). New York: Springer.

Gamwell, L. (Hg.) (2000). *Träume 1900–2000. Kunst, Wissenschaft und das Unbewußte.* München: Prestel.

Gauthier, I. & Bukach, C. (2007). Should we reject the expertise hypothesis? *Cognition, 103*(2), 322–330.

Gebhard, U. (2001). *Kind und Natur. Die Bedeutung der Natur für die psychische Entwicklung* (2. Aufl.). Opladen: Westdeutscher Verlag.

Gegenfurtner, K. (2006a). Farbwahrnehmung und ihre Störungen. In H.-O. Karnath & P. Thier (Hg.), *Neuropsychologie* (S. 33–40) (2. Aufl.). Heidelberg: Springer.

Gegenfurtner, K. (2006b). *Gehirn und Wahrnehmung* (2. Aufl.). Frankfurt/M.: Fischer.

Gembris, H. (2006). Musik und Parfum. *Musikpsychologie, 18,* 53–66.

Genatz, E. & Badan, M. (2003). Anatomical and functional organization of cutaneous and haptic perceptions: The contribution of neuropsychology and cerebral functional imagery. In Y. Hatwell, A. Streri & E. Genatz (Eds.), *Touching for Knowing. Cognitive psychology of haptic manual perception* (pp. 33–47). Amsterdam: John Benjamins Publishing.

Genatz, E. & Hatwell, Y. (2003). Haptic processing of spatial and material object properties. In Y. Hatwell, A. Streri & E. Genatz (Eds.), *Touching for Knowing. Cognitive psychology of haptic manual perception* (pp. 123–159). Amsterdam: John Benjamins Publishing.

Geurts, K. L. (2002). *Culture and the senses. Bodily ways of knowing in an African community.* Berkeley: University of California Press.

Gibson, E. J. (1969). *Principles of perceptual learning and development.* New York: Appleton-century-crofts, Meredith corp.

Gibson, J. J. (1973). *Die Sinne und der Prozeß der Wahrnehmung.* Bern: Huber. (Orig. 1966).

Gibson, J. J. (1982). *Wahrnehmung und Umwelt.* München: Urban & Schwarzenberg. (Orig. 1979).

Giedion, S. (1985). *Befreites Wohnen* (Hg. D. Huber). Frankfurt/M.: Syndikat.

Giesz, L. (1994). *Phänomenologie des Kitsches.* Frankfurt/M.: Fischer. (Orig. 1971).

Gleiter, J. H. (2008). *Architekturtheorie heute.* Bielefeld: transcript.

Gniech, G. (1995). *Essen und Psyche.* Berlin: Springer.

Goldstein, B. (2002). *Wahrnehmungspsychologie* (Dt. Ausg., hg. v. H. Ritter). Heidelberg: Spektrum.

Goldstein, B. (2008). *Wahrnehmungspsychologie. Der Grundkurs* (Dt. Ausg., hg. v. H. Irle). Heidelberg: Spektrum.

Gombrich, E. H. (1977). Maske und Gesicht. In E. H. Gombrich, J. Hochberg & M. Black, *Kunst, Wahrnehmung, Wirklichkeit* (S. 10–60). Frankfurt/M.: Suhrkamp.

Gombrich, E. H. (1986). *Kunst und Illusion. Zur Psychologie der bildlichen Darstellung* (2. Aufl.). Stuttgart: Belser.

Goodale, M. A. (2000). Perception and action in the human visual system. In M. S. Gazzaniga (Ed.), *The new cognitive Neuroscience* (pp. 365–377) (2nd ed.). London: Bradford.

Göring, A. (2006). Risikosport – interdisziplinäre Annäherungen, empirische Befunde und Anwendungsbezüge (Dissertation, Universität Göttingen, 2006). Online-Resource, zugänglich über die Niedersächsische Staats- und Universitätsbibliothek Göttingen.

Götz, M. (2002). Aromadesign oder: Zur Wahrnehmung einer Wahrnehmung. In P. Luckner (Hg.), *Multisensuelles Design. Eine Anthologie* (S. 621–658). Halle/Saale: Burg Giebichenstein.

Grammer, K. (2000). *Signale der Liebe. Die biologischen Gesetze der Partnerschaft* (4. Aufl.). München: dtv.

Graziano, M. S. A., Gross, Ch. G., Taylor, Ch. S. R. & Moore, T. (2004). Multisensory Neurons for the Control of defensive movements. In G. A. Calvert, Ch. Spence & B. E. Stein (Eds.), *The handbook of multisensory processes* (pp. 443–452). London: Bradford.

Greenberg, M. S. (1992). Olfactory hallucinations. In M. J. Serby & K. L. Chobor (Eds.) *Science of olfaction* (pp. 467–499). New York: Springer.

Gregory, R. L. (2001). *Auge und Gehirn. Psychologie des Sehens* (n. d. 5., neu bearb. Aufl. des engl. Orig.). München: dtv.

Grodal, T. (1977). *Moving Pictures. A new theory of film genres, feelings, and cognition.* Oxford: Clarendon.

Groh, R. (2005). *Das Interaktions-Bild. Theorie und Methodik der Interfacegestaltung.* Dresden: TUDpress.

Groos, K. (1899). *Die Spiele der Menschen.* Jena: G. Fischer.

Groos, K. (1902). *Der aesthetische Genuß.* Giessen: J. Ricker'sche Verlagsbuchhandlung.

Groos, K. (1930). *Die Spiele der Tiere* (3., umgearb. Aufl., Orig. 1896). Jena: Gustav Fischer.

Grunwald, M. (2001). Begriffsbestimmungen zwischen Psychologie und Physiologie. In M. Grunwald & L. Beyer (Hg.), *Der Bewegte Sinn. Grundlagen und Anwendungen zur haptischen Wahrnehmung* (S. 1–14). Basel: Birkhäuser.

Grunwald, M. (Ed.) (2008). *Human haptic perception – basics and applications.* Boston: Birkhäuser.

Grunwald, M. & Gertz, H.-J. (2001). Störungen der haptischen Wahrnehmung bei Anorexia nervosa. In M. Grunwald & L. Beyer (Hg.), *Der Bewegte Sinn. Grundlagen und Anwendungen zur haptischen Wahrnehmung* (S. 135–150). Basel: Birkhäuser.

Grunwald, M. & Krause, F. (2001). Haptik-Design im Fahrzeugbau. In M. Grunwald & L. Beyer (Hg.), *Der Bewegte Sinn. Grundlagen und Anwendungen zur haptischen Wahrnehmung* (S. 171–176). Basel: Birkhäuser.

Guski, R. (1987). *Lärm. Wirkungen unerwünschter Geräusche.* Bern: Huber.

Guski, R. (1996). *Wahrnehmen – ein Lehrbuch.* Stuttgart: Kohlhammer.

Hagner, M. (2001). Psychophysiologie und Selbsterfahrung. Metamorphosen des Schwindels und der Aufmerksamkeit im 19. Jahrhundert. In A. & J. Assmann (Hg.), *Aufmerksamkeiten. Archäologie der literarischen Kommunikation VII* (S. 241–263). München: Fink.

Halberstadt, J. & Rohdes, G. (2003). It's not just average faces that are attractive: computer-manipulated averageness makes birds, fish, and automobiles attractive. *Psychonomic Bulletin and Review, 10(1)*, 149–156.

Hall, E. T. (1976). *Die Sprache des Raumes.* Düsseldorf: Schwann. (Orig. 1966).

Halligan, P. W., Hunt, M., Marshall, J. C., Wade, D. T. (1996). When seeing is feeling: aquiered synaesthesia or phantom touch? *Neurocase, 2,* 21–29.

Halpern, A. R. (2001). Cerebral substrates of musical imagery. In R. J. Zatorre & I. Peretz (Eds.), *The biological foundations of music* (pp. 179–192). New York: The new Academy of Science.

Handel, S. (1989). *Listening. An introduction to the perception of auditory events.* London/Cambridge, Mass.: Bradford/MIT Press.

Hanke, G. (1995). *Olfaktorik im Design.* (Dipl.-Arbeit 1993, Hg. v. d. Kunsthochschule Berlin-Weißensee). Berlin: KHB.

Hardin, C. L. (1998). Basic color terms and basic color categories. In W. G. K. Backhaus, R. Kliegel & J. S. Werner (Eds.), *Color vision. Perspectives from different disciplines* (pp. 207–217). Berlin: de Gruyter.

Harrison, J. E. & Baron-Cohen, S. (1997a). Synaesthesia: a review of psychological theories. In S. Baron-Cohen & J. E. Harrison (Eds.), *Synaesthesia. Classic and contemporary readings* (pp. 109–122). Oxford: Blackwell.

Harrison, J. E. & Baron-Cohen, S. (1997b). Synaesthesia: an introduction. In S. Baron-Cohen & J. E. Harrison (Eds.), *Synaesthesia. Classic and contemporary readings* (pp. 3–16). Oxford: Blackwell.

Hasan, M. A. & Thaut, M. H. (2004). Statistical analysis of finger tapping with a periodic external stimulus. *Perceptual and Motor Skills*, Vol. 99 (2), 643–661.

Hass, H. (1987). *Wie der Fisch zum Mensch wurde. Sternstunden der Entwicklung unseres Körpers*. München: Universitas.

Hassebrauck, M. & Niketta, R. (Hg.) (1993). *Physische Attraktivität*. Göttingen: Hogrefe.

Hatt, H. (1994). „Es stinkt mir gewaltig" oder was Gerüche verraten. *DFG Mitteilungen*, 4/94.

Hatt, H. (1996). Chemosensibilität, Geruch und Geschmack. In J. Dudel, R. Menzel & R. F. Schmidt (Hg.), *Neurowissenschaft. Vom Molekül zur Kognition* (S. 297–316). Berlin: Springer.

Hatwell, Y. (2003). Intermodal coordinations in children and adults. In Y. Hatwell, A. Streri & E. Genatz (Eds.), *Touching for Knowing. Cognitive psychology of haptic manual perception* (pp. 207–219). Amsterdam: John Benjamins Publishing.

Hatwell, Y., Streri, A. & Genatz, E. (Eds.) (2003). *Touching for Knowing. Cognitive psychology of haptic manual perception*. Amsterdam: John Benjamins Publishing.

Hatwell, Y. & Marinez-Sarrochi, F. (2003). The tactile reading of maps and drawings, and the access of blind people to works of art. In Y. Hatwell, A. Streri & E. Genatz (Eds.), *Touching for Knowing. Cognitive psychology of haptic manual perception* (pp. 255–273). Amsterdam: John Benjamins Publishing.

Hau, S. (2002). Vom Traum zum Traumbild. Über das Zeichnen von Träumen. In S. Hau, W. Leuschner & H. Deserno (Hg.), *Traum-Expeditionen* (S. 183–200). Tübingen: edition discord.

Hauser, M. D. (1996). *The evolution of Communication*. London: Bradford.

Hauskeller, M. (1995). *Atmosphären erleben. Philosophische Untersuchungen zur Sinneswahrnehmung*. Berlin: Akademieverlag.

Haverkamp, M. (2006). Auditiv-visuelle Verknüpfungen im Wahrnehmungssystem und die Eingrenzung synästhetischer Phänomene. In J. Jewanski & N. Sidler (Eds.), *Farbe – Licht – Musik. Synästhesie und Farblichtmusik* (S. 31–73). Bern: Peter Lang.

Haxby, J. V., Hoffman, E. A. & Gobbini, M. I. (2000). The distributed human neural system for face perception. *Trends in Cognitive Sciences, 20(6)*, 223–233.

Heider, F. & Simmel, M. (1944). An experimental study of apparent behavior. *American Journal of Psychology, 57*, 243–259.

Heij, A.(1996). *Traumpartner. Evolutionspsychologische Aspekte der Partnerwahl*. Berlin: Springer.

Heindl, I. (2005). Perspektiven einer ästhetisch-kulturellen Ernährungs- und Gesundheitsbildung – Intelligenz in den Sinnen. In D. v. Engelhardt & R. Wild (Hg.), *Geschmackskulturen. Vom Dialog der Sinne bei Essen und Trinken* (S. 262–277). Frankfurt/M.: Campus.

Hekkert, P., Snelders, D. & van Wieringen, P. C. W. (2003). ‚Most advanced, yet acceptable‘: Typicality and novelty as joint predictors of aesthetic preference in industrial design. *British Journal of Psychology, 94*, 111–124.

Held, R. (1986). Plastizität sensorisch-motorischer Systeme. In *Wahrnehmung und visuelles System* (pp. 200–208). Heidelberg: Spektrum der Wissenschaft.

Held, P., Kugemann, W. F. & Vollmer, J. (1987). Trainingsmaterialien visuelle Wahrnehmung. In W. F. Kugemann & W. Toman (Hg.), *Studienmaterial FIM-Psychologie*. Erlangen: Universität Erlangen-Nürnberg.

Hellbrück J. & Ellermeier, W. (2004). *Hören: Physiologie, Psychologie und Pathologie* (2., aktual. Aufl.). Göttingen: Hogrefe.

Hellbrück, J. & Fischer, M. (1999). *Umweltpsychologie.* Göttingen: Hogrefe.

Hellbrück, J. & Guski, R. (2005). Lärm. In D. Frey & C. Graf Hoyos (Hg.), *Psychologie in Gesellschaft, Kultur und Umwelt* (S. 361–367). Weinheim: Beltz.

Heller, M. A. (2003). Haptic perceptual illusions. In Y. Hatwell, A. Streri & E. Genatz (Eds.), *Touching for Knowing. Cognitive psychology of haptic manual perception* (pp. 161–171). Amsterdam: John Benjamins Publishing.

Hellpach, W. (1977). *Geopsyche. Die Menschenseele unter dem Einfluß von Wetter und Klima, Boden und Landschaft* (8. Aufl.; Orig. 1911). Stuttgart: Ferdinand Enke.

Henderson, J. M. & Hollingworth, A. (2003). Eye movements, visual memory, and scene representation. In M. A. Peterson and G. Rhodes (Eds.), *Perception of faces, objects, and scenes* (pp. 356–383). Oxford: Oxford University Press.

Henschel, U. & Psihoyos, L. (2004). Das Verlangen nach Berührung. *Geo*, Nr. 6, 114–140.

Hensel, H. (1966). *Allgemeine Sinnesphysiologie. Hautsinne, Geschmack, Geruch.* Berlin: Springer.

Heraeus, S. (1998). *Traumvorstellung und Bildidee: Surreale Strategien der französischen Graphik des 19. Jahrhunderts.* Berlin: Reimer.

Herder, J. G. (1994). *Werke. Bd. 4.* Frankfurt/M.: Deutscher Klassiker Verlag.

Herz, R. S. (2002). Influences of Odors on mood and affective cognition. In C. Rouby, B. Schaal, D. Dubois, R. Gervais & A. Holley (Eds.), *Olfaction, Taste and Cognition* (pp. 160–177). Cambridge: Cambridge University Press.

Hesse, H.-P. (2003). *Musik und Emotion. Wissenschaftliche Grundlagen des Musikerlebens.* Wien: Springer.

Heubach, F. W. (1987). *Das bedingte Leben.* München: Fink.

Heuer, H. & Jäncke, L. (2006). Psychomotorik. In H. Spada (Hg.), *Lehrbuch Allgemeine Psychologie* (S. 553–614) (3., vollst. überarb. u. erw. Aufl.). Bern: Huber.

Hirtz, P., Hotz, A. & Ludwig, G. (2000). *Gleichgewicht.* Schorndorf: Hofmann.

Hobson, J. A. (1988). *The dreaming brain.* New York: Basic Books.

Hobson, J. A. (1990). *Schlaf.* Heidelberg: Spektrum.

Hochberg, J. (1977). Die Darstellung von Dingen und Menschen. In E. H. Gombrich, J. Hochberg & M. Black, *Kunst, Wahrnehmung, Wirklichkeit* (S. 61–114). Frankfurt/M.: Suhrkamp.

Hochberg, J. (1983). Form perception. Experience and explanations. In P. C. Dodwell & T. Caelli (Eds.), *Figural synthesis* (pp. 1–30). Hillsdale, NJ: Erlbaum.

Hochberg, J. & Brooks, V. (1962). Pictorial recognition as an unlearned ability: A study of one child's performance. *American Journal of Psychology, 75*, 624–628.

Hochberg, J. & Brooks, V. (1978). The perception of motion pictures. In E. C. Carterette and M. P. Friedman (Eds.), *Perceptual ecology* (pp. 259–304) (Handbook of perception, vol. X). New York, N. Y.: Academic Press.

Hoffman, D. D. (1998). *Visuelle Intelligenz. Wie die Welt im Kopf entsteht.* Stuttgart: Klett-Cotta.

Hoffmann, J. (1993). *Vorhersage und Erkenntnis. Die Funktion von Antizipationen in der menschlichen Verhaltenssteuerung und Wahrnehmung.* Göttingen: Hogrefe.

Holle, B. (2000). *Die motorische und perzeptuelle Entwicklung des Kindes* (Nachdr. d. 4. Aufl.). Weinheim: Beltz.

Holley, A. (2002). Cognitive aspects of olfaction in perfumer practice. In C. Rouby, B. Schaal, D. Dubois, R. Gervais & A. Holley (Eds.), *Olfaction, Taste and Cognition* (pp. 16–26). Cambridge: Cambridge University Press.

Holmes, N. P. & Spence, Ch. (2006). Beyond the body schema: visual, prosthetic, and technological contributions to bodily perception and awareness. In G. Knoblich, I. M. Thronton, M. Grosjean & M. Shiffar (Eds.), *Human body perception from the inside out* (pp. 15–64). New York: Oxford University Press.

Holodynski, M. (2006). *Emotionen – Entwicklung und Regulation.* Heidelberg: Springer Medizin.

Hopf, S. (1984). Bindung an Sozialpartner und unbelebte Objekte bei Primaten. – Einige neue Befunde. In Ch. Eggers (Hg.), *Bindung und Besitzdenken beim Kleinkind* (S. 15–28). München: Urban & Schwarzenberg.

Hornbostel, E. M. v. (1986). Melodischer Tanz. Eine musikpsychologische Studie. In E. M. v. Hornbostel, *Tonart und Ethos. Aufsätze zur Musikethnologie und Musikpsychologie* (S. 76–85) (Chr. Kaden u. E. Stockmann, Hg.). Leipzig: Reclam. (Orig. 1903).

Howes, D. (2003). *Sensual Relations. Engaging the senses in culture and social theory.* Ann Arbour: Univ. of Michigan Press.

Howes, D. (Ed.) (2005). *Empire of the senses. The sensual culture reader.* Oxford: Berg.

Huber, G. (1999). *Psychiatrie* (6. Aufl.). Stuttgart: Schattauer.

Hudson, W. (1960). Pictorial depth perception in subcultural groups in Africa. *Journal of Social Psychology, 52*, 183–208.

Humphrey, N. (1999). Cave art, autism, and the evolution of the human mind. *Journal of Consciousness Studies, 6(6–7)*, 116–123.

Hunt, H. T. (1989). *The multiplicity of dreams.* New Haven: Yell University Press.

Hurlbert, A. (2002). Color in context: contrast and constancy. In D. Roberts (Ed.), *Signals and Perception. The fundamentals of human perception* (pp. 185–197). Houndmills: Palgrave Macmillan.

Huron, D. (2001). Is music an evolutionary adaptation? In R. J. Zatorre & I. Peretz (Eds.), *The biological foundations of music* (pp. 43–61). New York: The new Academy of Science.

Huxley, A. (2006). *Schöne neue Welt* (63. Aufl., engl. Orig. 1932). Frankfurt/M.: Fischer.

Ingensiep, H. W. (2005). Die Sinne aus evolutionärer und biophilosophischer Sicht. In D. v. Engelhardt & R. Wild (Hg.), *Geschmackskulturen. Vom Dialog der Sinne bei Essen und Trinken* (S. 73–87). Frankfurt/M.: Campus.

Ishibashi, H., Obayahi, S. & Iriki, A. (2004). Cortical Mechanisms of toole use subserved by multisensory integration. In G. A. Calvert, Ch. Spence & B. E. Stein (Eds.), *The handbook of multisensory processes* (pp. 453–462). London: Bradford.

Jabbi, M., Swart, M. & Keysers, Ch. (2007). Empathy for positive and negative emotions in the gustatory cortex. *Neuroimage, 34(4)*, 1744–1753.

Jacob, T. (2002a). The olfactory sensory system. In D. Roberts (Ed.), *Signals and Perception. The fundamentals of human perception* (pp. 297–308). Houndmills: Palgrave Macmillan.

Jacob, T. (2002b). The gustatory sensory system. In D. Roberts (Ed.), *Signals and Perception. The fundamentals of human perception* (pp. 319–330). Houndmills: Palgrave Macmillan.

Jacobsen, Th. & Wolsdorff, Chr. (2007). Does history affect aesthetic preference? Kandinsky's teaching of colour-form correspondence, empirical aesthetics, and the Bauhaus. *The Design Journal, 10(3)*, 16–27.

James, W. (1950). *The principles of psychology* (Orig. 1890). New York: Dover Publications.

Jäncke, L. (2007). Neuroanatomy of the parietal cortex. In F. W. Mast & L. Jäncke (Eds.), *Spatial processing in navigation, imagery and perception* (pp. 135–145). New York: Springer.

Jannerod, M. (2006). *Motor cognition. What actions tell the self.* Oxford: Oxford University Press.

Jansson, G., Bergström, S. S. & Epstein, W. (Eds.) (1994). *Perceiving events and objects.* Hillsdale: Erlbaum.

Janz, D. (1998). Die Epilepsien. Spezielle Pathologie und Therapie (2., unveränd. Aufl.). Stuttgart: Thieme.

Janz, R.-P., Stoermer, F. & Hiepko, A. (Hg.) (2003). *Schwindelerfahrungen. Zur kulturhistorischen Diagnose eines vieldeutigen Symptoms.* Amsterdam: Radopi.

Jaspers, K. (1973). *Allgemeine Psychopathologie.* (9. Aufl.) Berlin: Springer.

Jellinek, J. S. (1994). Die psychologischen Grundlagen der Parfumerie. Eine Neubewertung. In P. Jellinek, *Die psychologischen Grundlagen der Parfumerie* (S. 235–251) (4. erw. Aufl., J. S. Jellinek, Hg.). Heidelberg: Hüthig.

Jellinek, J. S. (1997). *Perfumum. Semiotik und Psychodynamik des Parfums.* Heidelberg: Hüthig.

Jellinek, P. (1994). *Die psychologischen Grundlagen der Parfumerie* (4. erw. Aufl., J. S. Jellinek, Hg.). Heidelberg: Hüthig. (Orig. 1951).

Jewanski, J. & Sidler, N. (Hg.) (2006). *Farbe – Licht – Musik. Synästhesie und Farblichtmusik.* Bern: Peter Lang.

Jilg, S., Piesbergen, Chr., Tunner, W. (1995). Graphischer Ausdruck und Erkennen von Gefühlsqualitäten. *Gestalt Theory, Vol. 17 (4)*, 293–300.

Johnson, P. (Ed.) (1996). *The function of the oblique. The architecture of Claude Parent and Paul Virilio 1963–1969.* London: The Architectural Association.

Johnstone, T. & Scherer, K. R. (2000). Vocal communication of emotion. In M. Lewis & J. M. Haviland-Jones (Eds.), *Handbook of emotions* (2nd ed.) (pp. 220–235). New York: Guilford Press.

Joraschky, P. (1983). *Das Körperschema und das Körper-Selbst als Regulationsprinzipien der Organismus-Umwelt-Interaktion.* München: Minerva.

Jousmäki, V. & Hari, R. (1998). Parchment-skin illusion: sound biased touch. *Current Biology, 8,* R190–R191.

Junker, Th. (2006). *Die Evolution des Menschen.* München: Beck.

Jütte, R. (2000). *Geschichte der Sinne. Von der Antike bis zum Cyberspace.* München: Beck.

Jütte, R. (2007). Drehmaschinen in der Vormodernen Psychiatrie. Vortrag anlässlich der Tagung *Körper, Dinge und Bewegung – wie es dem Gleichgewichtssinn gefällt. Kolloquium zur Psychologie von materieller Kultur und Design,* Halle/Saale, 25. bis 28. Oktober 2007 (Druckfassung in Vorb.).

Kaimitani, Y. & Shimojo, S. (2004). Modulations of visual perception by sound. In G. A. Calvert, Ch. Spence & B. E. Stein (Eds.), *The handbook of multisensory processes* (pp. 141–150). London: Bradford.

Kandinsky, W. (1952). *Über das Geistige in der Kunst* (4. Aufl.; Orig. 1911). Bern: Benteli.

Kandinsky, W. (1955). *Punkt und Linie zu Fläche* (7. Aufl., Orig. 1926). Bern: Benteli.

Kanizsa, G. (1966). Die Erscheinungsweise der Farben. In W. Metzger (Hg.), *Allgemeine Psychologie, 1. Halbband* (S. 161–191) (Handbuch der Psychologie, Bd. 1). Göttingen: Hogrefe.

Kant, I. (1924). *Kritik der Urteilskraft* (6. Aufl.; Orig. 1790). Hamburg: Felix Meiner.

Kant, I. (1983). *Anthropologie in pragmatischer Hinsicht.* Stuttgart: Reclam. (Orig. 1798).

Kanz, R. (2004). Die Anfänge des „guten Geschmacks" in der Kunsttheorie um 1600. In Th. Fischer-Seidel, S. Peters & A. Potts (Hg.), *Perception and the Senses. Sinneswahrnehmung* (S. 83–104). Tübingen: Francke.

Kaplan, R. & Kaplan, S. (1989). *The Experience of nature. A psychological perspective.* Cambridge: Cambridge University Press.

Karnath, H.-O. & Thier, P. (Hg.) (2006). *Neuropsychologie* (2. Aufl.). Heidelberg: Springer Medizin.

Kasper, S. & Möller, H.-J. (Hg.) (2004). *Herbst-/Winterdepression und Lichttherapie.* Wien: Springer.

Katz, D. (1925). *Der Aufbau der Tastwelt.* Leipzig: Johann Ambrosius Barth.

Katz, D. (1930). *Der Aufbau der Farbwelt* (2., völlig umgearb. Aufl. von *Die Erscheinungsweise der Farben und ihre Beeinflussung durch die individuelle Erfahrung*). Leipzig: Johann Ambrosius Barth.

Katz, D. (1953). Über Zeichnungen von Blinden. In Ders., *Studien zur experimentellen Psychologie* (S. 75–115). Basel: Schwabe.

Kaufmann, H. (1943). Die Fünfsinne in der niederländischen Malerei des 17. Jahrhunderts. In H. Tintelnot (Hg.), *Kunstgeschichtliche Studien* (S. 133–157). Breslau: Gauverlag-NS-Schlesien.

Kaufmann-Hayoz, R. & van Leeuwen, L. (2003). Entwicklung der Wahrnehmung. In H. Keller (Hg.), *Handbuch der Kleinkindforschung* (S. 861–894) (3., korr., überarb. u. erw. Aufl.). Bern: Huber.

Kay, P., Berlin, B., Maffi, L. & Merrifield, W. (1997). Color naming across languages. In C. L. Hardin & L. Maffi (Eds.), *Color categories in thought and language* (pp. 21–56). Cambridge: Cambridge University Press.

Kebeck, G. (2006). *Bild und Betrachter. Auf der Suche nach Eindeutigkeit.* Regensburg: Schnell & Steiner.

Keller, H. (2003). *The world I live in* (ed. and introd. by R. Shattuck; Orig. 1908). New York: New York Review Books.

Keller, M. (2004). *Faszination. Licht auf der Bühne* (3., überarb. und aktual. Aufl.). München: Prestel.

Kennedy, J. M. (1982). Haptic pictures. In W. Schiff & E. Foulke (Eds.), *Tactual perception: a sourcebook* (pp. 305–333). Cambridge: Cambridge University Press.

Kennedy, J. M. (1993). *Drawing & the blind. Pictures to touch.* New Haven: Yale Universitypress.

Kennedy, J. M. (1997). How the blind draw. *Scientific American, 277* (Jan.), 76–81.

Kennedy, M. (1995). Von Lüften und Düften in Gebäuden und Städten. In Kunst- und Ausstellungshalle der BRD (Hg.), *Das Riechen. Von Nasen, Düften und Gestank* (S. 150–161). Göttingen: Steidl.

Kerkhoff, G. (2006). Störungen der visuellen Raumwahrnehmung. In H.-O. Karnath & P. Thier (Hg.), *Neuropsychologie* (S. 177–184) (2. Aufl.). Heidelberg: Springer.

Kersten, B. (2005). Visuelle Wahrnehmung, Schönheit und Kunst. In B. Kersten (Hg.), *Praxisfelder der Wahrnehmungspsychologie* (S. 70–89). Bern: Huber.

Kettenmann, B., Hummel, Th. & Kobal, G. (2002). Funktional imaging of olfactory activation in the human brain. In S. A. Simon & M. A. L. Nicolesis (Eds.), *Methods in chemosensory research* (pp. 477–506). Boca Raton: CRC Press.

Kiese-Himmel, Chr. (1998). *Taktil-kinästhetische Störungen. Behandlungsansätze und Förderprogramme.* Göttingen: Hogrefe.

Kimchi, R. (2003). Relative dominance of holistic and component properties in the perceptual organisation. In M. A. Peterson & G. Rhodes (Eds.), *Perception of faces, objects, and scenes* (pp. 235–268). Oxford: Oxford University Press.

Klages, W. (1991). *Der sensible Mensch* (2., durchges. u. erg. Aufl.). Stuttgart: Enke.

Klatzky, R. & Lederman, S. (2003). The haptic identification of everyday life objects. In Y. Hatwell, A. Streri & E. Genatz (Eds.), *Touching for Knowing. Cognitive psychology of haptic manual perception* (pp. 105–122). Amsterdam: John Benjamins Publishing.

Knappmeyer, B. (2004). *Faces in Motion. Psychophysical investigation of the role of facial motion and viewpoint changes for human face perception and its implications for the multi-dimensional face space framework* (Dissertation, Tübingen, 2004). Berlin: Logos.

Knoblich, G., Thronton, I. M., Grosjean, M. & Shiffar, M. (Eds.) (2006). *Human body perception from the inside out.* New York: Oxford University Press.

Knoblich, H., Scharf, A. & Schubert, B. (2003). *Marketing mit Duft* (4. Aufl.). München: Oldenbourg.

Kobbert, M. J. (1986). *Kunstpsychologie.* Darmstadt: WGB.

Koebner, Th. (2003). Schwindel, Sturz, Ekstase. Anmerkungen zum Vertigo-Motiv in der Filmgeschichte. In R.-P. Janz, F. Stoermer & A. Hiepko (Hg.), *Schwindelerfahrungen. Zur kulturhistorischen Diagnose eines vieldeutigen Symptoms* (S. 139–155). Amsterdam: Radopi.

Koelsch, S. & Fritz, T. (2007). Musik verstehen: Eine neurowissenschaftliche Perspektive. In A. Becker & M. Vogel (Hg.), *Musikalischer Sinn. Beiträge zu einer Philosophie der Musik* (S. 237–264). Frankfurt/M.: Suhrkamp.

Kohl, K. (1956). *Zum Problem der Sensumotorik. Psychologische Analysen zielgerichteter Handlungen aus dem Gebiet des Sportes.* Frankfurt/M.: Kramer.

Kohler, I. (1951). *Über Aufbau und Wandlungen der Wahrnehmungswelt.* Wien: Rohrer.

Kohler, I. (1966). Die Zusammenarbeit der Sinne und das allgemeine Adapationsproblem. In W. Metzger (Hg.), *Allgemeine Psychologie* (Handbuch der Psychologie, Bd. 1) (S. 616–655). Göttingen: Hogrefe.

Köhler, W. (1947). *Gestalt psychology. An introduction to new concepts in modern psychology.* New York: Liverlight.

König, O. (1975). *Urmotiv Auge. Neuentdeckte Grundzüge menschlichen Verhaltens.* München: Piper.

Kosslyn, S. M. (1994). *Image and Brain: The resolution of the imagery debate.* London: Bradford.

Kosslyn, S. M. & Thompson, W. L. (2000). Shared mechanisms in visual imagery and visual perception: insights from cognitive neuroscience. In M. S. Gazzaniga (Ed.), *The new cognitive Neuroscience* (pp. 975–985) (2nd ed.). London: Bradford.

Kottenhoff, H. (1961). *Was ist richtiges Sehen mit Umkehrbrillen und in welchem Sinne stellt sich das Sehen um?* Meisenheim am Glan: Anton Hain.

Kracauer, S. (1985). *Theorie des Films. Die Errettung der äußeren Wirklichkeit.* Frankfurt/M.: Suhrkamp (Orig. 1960).

Kreitler, H. & Kreitler, S. (1980). *Psychologie der Kunst.* Stuttgart: Kohlhammer.

Kruse, P. & Wulff, H. J. (2006). Andere Zustände. In K. Jasper & W. Unterberger (Hg.), *Kino im Kopf. Psychologie und Film* (S. 107–113). Berlin: Bertz & Fischer.

Kückelhaus, H. & zur Lippe, R. (1982). *Entfaltung der Sinne. Ein „Erfahrungsfeld" zur Bewegung und Besinnung.* Frankfurt/M.: Fischer.

Kügler, J. (Hg.) (2000). *Die Macht der Nase. Zur religiösen Bedeutung des Duftes. Religionsgeschichte – Bibel – Liturgie*. Stuttgart: Verlag katholisches Bibelwerk.

Küller, R. (1990). Licht, Farbe und menschliches Verhalten. In L. Kruse, C.-F. Graumann & E.-D. Lantermann (Hg.), *Ökologische Psychologie. Ein Handbuch in Schlüsselbegriffen* (S. 614–619). München: Psychologie Verlags Union.

Küller, R. (1991). Environmental assessment from a neuropsychological perspective. In T. Gärnling & G. W. Evans (Eds.), *Environment, cognition, and action. An integrated approach* (pp. 111–147). Oxford: Oxford University Press.

Küller, R., Ballal, S., Laike, Th., Mikellides, B. & Tonello, G. (2006). The impact of light and colour on psychological mood: a cross-cultural study of indoor work environments. *Ergonomics, Vol. 49, No. 14*, 1496–1507.

Kunst- und Ausstellungshalle der BRD (Hg.) (1995). *Das Riechen. Von Nasen, Düften und Gestank*. Göttingen: Steidl.

Kunst- und Ausstellungshalle der BRD (Hg.) (1996). *Geschmacksache*. Göttingen: Steidl.

Kunstforum International, 159 (2002). Essen und Trinken I.

Kunstforum International, 160 (2002). Essen und Trinken, Teil II.

Küppers, H. (1992). *Schule der Farben*. Köln: DuMont.

Lackner, J. R. (1988). Some proprioceptive influences on the perceptual representation of body shape and orientation. *Brain, 111*, 281–297.

Làdavas, E. & Farnè, A. (2006). Multisensory representation of peripersonal space. In G. Knoblich, I. M. Thronton, M. Grosjean & M. Shiffar (Eds.), *Human body perception from the inside out* (pp. 89–104). New York: Oxford University Press.

Lagny, M. (2005). Tenir débout dans l'image: le sens d'équilibre. In A. Autelitano, V. Innocenti & V. Re (Eds.), *I cinque sensi del cinema/The five senses of cinema* (pp. 187–195). Udine: Forum.

Laing, D. G., Doty, R. L. & Breipohl, W. (Eds.) (1991). *The human sense of smell*. Berlin: Springer.

Langegger, F. (1983). *Doktor, Tod und Teufel. Vom Wahnsinn und von der Psychiatrie in einer vernünftigen Welt*. Frankfurt/M.: Suhrkamp.

Langenmaier, A.-V. (Hg.) (1993). *Der Klang der Dinge. Akustik – eine Aufgabe des Design*. München: Schreiber.

Langguth, H. (2002). Einführung in die Geschichte und Systematik des Klangdesign: Materialsammlung zum Klangdesign. In P. Luckner (Hg.), *Multisensuelles Design. Eine Anthologie* (S. 105–116). Halle/Saale: Burg Giebichenstein.

Lawless, H. (1991). Effects of odors on mood and behaviour: aromatherapy and related effects. In D. G. Laing, R. L. Doty & W. Breipohl (Eds.), *The human sense of smell* (pp. 361–384). Berlin: Springer.

Le Breton, D. (2006). *La saveur du monde. Une anthropologie des sens*. Paris: Métailié.

le Guérer, A. (1995). „Ist der moderne Mensch geruchsbehindert?" In Kunst- und Ausstellungshalle der BRD. (Hg.), *Das Riechen. Von Nasen, Düften und Gestank* (S. 37–47). Göttingen: Steidl.

le Guérer, A. (1992). *Die Macht der Gerüche. Eine Philosophie der Nase*. Stuttgart: Klett-Cotta.

Leder, H. (2002). *Explorationen in der Bildästhetik. Vertrautheit, künstlerischer Stil und der Einfluss von Wissen als Determinanten von Präferenzen bei der Kunstbetrachtung*. Lengerich: Pabst.

Leder, H., Belke, B., Oeberst, A. & Augustin, D. (2004). A model of aesthetic appreciation and aesthetic judgements. *British Journal of Psychology, 95*, 489–508.

Leder, H. & Belke, B. (2007). Art and cognition: Cognitive processes in art appreciation. In v. P. Petrov, C. Martindale & P. Locher (Eds.), *Evolutionary and neurocognitive approaches to aesthetics, crativity and the arts* (pp. 149–163). Amityville, NY: Baywood.

Lederman, S. J. & Klatzky, R. L. (2004). Multisensory texture perception. In G. A. Calvert, Ch. Spence & B. E. Stein (Eds.) (2004). *The Handbook of Multisensory Processes* (pp. 107–122). *London: Bradford.*

LeDoux, J. (1998). *Das Netz der Gefühle. Wie Emotionen entstehen.* München: Hanser

Lehwald, J. (2006). Auditives Orientieren im Raum und seine Störungen. In H.-O. Karnath & P. Thier (Hg.), *Neuropsychologie* (S. 185–196) (2. Aufl.). Heidelberg: Springer.

Lenay, Ch., Gapenne, O., Hanneton, S., Marque, C. & Genouëlle, Chr. (2003). Sensory substitution: limits and perspectives. In Y. Hatwell, A. Streri & E. Genatz (Eds.) (2003). *Touching for Knowing. Cognitive psychology of haptic manual perception* (pp. 275–292). Amsterdam: John Benjamins Publishing.

Lenggenhager, B., Tadi, T., Metzinger, Th. & Blanke, O. (2007). Video ergo sum: Manipulating bodily self-consciousness. *Science, 317 (5841),* 1096–1099.

Leroi-Gourhan, A. (1980). *Hand und Wort. Die Evolution von Technik, Sprache und Kunst.* Frankfurt/M.: Suhrkamp. (Orig. 1964/65)

Lewald, J. (2006). Auditives Orientieren im Raum und seine Störungen. In H.-O. Karnath & P. Thier (Hg.), *Neuropsychologie* (S. 185–196) (2. Aufl.). Heidelberg: Springer.

Lewkowicz, D. & Turkewitz, G. (1980). Cross-modal equivalence in early infancy: auditory-visual intensity matching. *Developmental psychology, 16,* 597–607.

Lidwell, W., Holden, K. & Butler, J. (2004). *Design: 100 Prinzipien für erfolgreiche Gestaltung.* München: Stiebner.

Liebelt, U. (Hg.) (1990). *Museum der Sinne. Bedeutung und Didaktik des originalen Objekts im Museum.* Hannover: Sprengel Museum Hannover.

Liedloff, J. (1980). *Auf der Suche nach dem verlorenen Glück.* München: Beck. (Orig. 1977).

Lilly, J. C. (1988). *Das tiefe Selbst.* Basel: Sphinx.

Lipps, Th. (1897). *Raumästhetik und geometrisch-optische Täuschungen.* Leipzig: Barth.

Lipps, Th. (1903). *Ästhetik. Psychologie des Schönen und der Kunst* (1. Teil: Grundlegung der Ästhetik). Hamburg: Voss.

Livingstone, M. (2002). *Vision and art: the biology of seeing.* New York: Harry N. Abrams.

Llinás, R. R. (2001*). I of the Vortex. From Neurons to self.* London: Bradford.

Logothetis, N. K. (2006). Neuronale Implementierung der Objekt- und Gesichtserkennung. In H.-O. Karnath & P. Thier (Hg.), *Neuropsychologie* (S. 117–127) (2. Aufl.). Heidelberg: Springer.

Logue, A. W. (1995). *Die Psychologie des Essens und Trinkens.* Heidelberg: Spektrum.

Lohmar, D. (2008*). Phänomenologie der schwachen Phantasie. Untersuchungen der Psychologie, Cognitive Science, Neurologie und Phänomenologie zur Funktion der Phantasie in der Wahrnehmung.* Doderecht: Springer. In F. W. Mast & L. Jäncke (Eds.), *Spatial processing in navigation, imagery and perception* (pp. 353–368). New York: Springer.

Lorenz, K. (1982). *Vergleichende Verhaltensforschung. Grundlagen der Ethologie.* München: dtv. (Orig. 1978).

Luckner, P. (Hg.) (2002). *Multisensuelles Design. Eine Anthologie.* Halle/Saale: Burg Giebichenstein.

Lukrez (1957). *Über die Natur der Dinge.* Berlin: Aufbau.

Lupton, E. & Miller, J. A. (Hg.) (1994). *Dreieck, Quadrat und Kreis. Bauhaus und Design-Theorie heute*. Basel: Birkhäuser.

Luthe, W. (Hg.) (1965). *Autogenes Training*. Stuttgart: Thieme.

Lyon, I. (2002). Proprioception. In D. Roberts (Ed.), *Signals and Perception. The fundamentals of human perception* (pp. 255–264). Houndmills: Palgrave Macmillan.

Mach, E. (1987). *Die Analyse der Empfindungen und das Verhältnis des Physischen zum Psychischen*. (Nachdr. d. 9. Aufl.). Darmstadt: Wissenschaftliche Buchgesellschaft (Orig. 1886).

Makaluso, E. & Driver, J. (2004). Functional imaging evidence for multisensory spatial representations and cross-modal attentional interactions in the human brain. In G. A. Calvert, Ch. Spence & B. E. Stein (Eds.), *The handbook of multisensory processes* (pp. 529–548). London: Bradford.

Mallot, H. A. (2006). Raumorientierung und kognitive Karten. In H.-O. Karnath & P. Thier (Hg.), *Neuropsychologie* (S. 153–159) (2. Aufl.). Heidelberg: Springer.

Marks, L. E. (1975). On colored-hearing synesthesia: cross-modal translations of sensory dimensions. *Psychological Bulletin, 82*(3), 303–331.

Marks, L. E. (1978). *The unity of senses. Interrelations among the modalities*. New York: Academic Press.

Marks, L. E. (2004). Cross-modal interactions in speeded classification. In G. A. Calvert, Ch. Spence & B. E. Stein (Eds.), *The handbook of multisensory processes* (pp. 85–105). London: Bradford.

Martindale, C. (1999). Peak shift, prototypicality and aesthetic experience. *Journal of Consciousness Studies, 6*(6–7), 52–54.

Martinez, D., Lohs, K. & Janzen, J. (1989). *Weihrauch und Myrrhe*. Stuttgart: Wissenschaftliche Verlagsgesellschaft.

Mast, F. (2005). Raumwahrnehmung: Störungen, Diagnostik und Rehabilitation. In B. Kersten (Hg.), *Praxisfelder der Wahrnehmungspsychologie* (S. 90–107). Bern: Huber.

Mast, F. W., Bamert, L. & Newby, N. (2007). Mind over matter? Imagined body movements and their neuronal correlates. In F. W. Mast & L. Jäncke (Eds.), *Spatial processing in navigation, imagery and perception* (pp. 353–368). New York: Springer.

Mattingley, J. B. & Rich, A. N. (2004). Behavioral and brain correlates of multisensory experience in synesthesia. In G. A. Calvert, Ch. Spence & B. E. Stein (Eds.), *The handbook of multisensory processes* (pp. 851–865). London: Bradford.

Maur, K. v. (1985). *Vom Klang der Bilder. Die Musik in der Kunst des 20. Jahrhunderts*. München: Prestel.

Maurer, D. (1997). Neonatal synaesthesia: implications for the processing of speech and faces. In S. Baron-Cohen & J. E. Harrison (Eds.), *Synaesthesia. Classic and contemporary readings* (pp. 224–242). Oxford: Blackwell.

Maurer, D. & Mondloch, C. J. (2005). Neonatal Synesthesia: a reevaluation. In L. C. Robertson & N. Sagiv (Eds.), *Synesthesia. Perspectives from cognitive neuroscience* (pp. 193–213). Oxford: Oxford University Press.

Mausfeld, R. (2007). Zur Natur der Farbe: Die Organisationsweise von „Farbe" im Wahrnehmungssystem. In J. Steinbrenner & S. Glasauer (Hg.), *Farben. Betrachtungen aus Philosophie und Naturwissenschaften* (S. 332–361). Frankfurt/M.: Suhrkamp.

McAngus-Todd, N. & Cody, F. (2000). Vestibular responses to loud dance music: A physiological basis of the „rock and roll threshold". *Journal of the acoustical Society of America*, vol. 107 (1), 496–500.

McCloud, S. (1994). *Comics richtig lesen*. Hamburg: Carlsen.

McGinty, D. J. (1985). Physiological equilibrium and the control of sleep states. In D. J. McGinty, R. Drucker-Colín, A. Morrison & P. L. Parmeggiani (Eds.), *Brain mechanisms of sleep* (pp. 361–384). New York: Raven Press.

McKone, E. & Robbins, R. (2007). Evidence rejects the experience hypothesis: Reply to Gauthier & Bukach. *Cognition, 103*(2), 331–336.

McLuhan, M. (1994). *Die magischen Kanäle. Understanding media*. Dresden: Verlag der Kunst. (Orig. 1964).

Meier-Ploeger, A. (2005). Sinnesschulung bei Kindern. In D. v. Engelhardt & R. Wild (Hg.), *Geschmackskulturen. Vom Dialog der Sinne bei Essen und Trinken* (S. 248–261). Frankfurt/M.: Campus.

Meisenheimer, W. (2004). *Das Denken des Leibes und der architektonische Raum* (2. Aufl.). Köln: Walther König.

Meltzoff, A. N. & Borton, R. W. (1979). Intermodal matching by human neonates. *Nature, 282*, 403–404.

Menninger-Lerchenthal, E. (1935). *Das Truggebilde der eigenen Gestalt*. Berlin: S. Karger.

Menninghaus, W. (2007). *Das Versprechen der Schönheit*. Frankfurt/M.: Suhrkamp.

Merleau-Ponty, M. (1966). *Phänomenologie der Wahrnehmung*. Berlin: De Gruyter. (Orig. 1945).

Mesulam, M.-M. (2000). Attentional networks, confusional states and neglect syndromes. In M.-M. Mesulam (Ed.), *Principles of behavioural and cognitive neurology* (pp. 174–256). Oxford: Oxford University Press.

Metzger, W. (1966). Figural-Wahrnehmung. In W. Metzger (Hg.), *Allgemeine Psychologie* (Handbuch der Psychologie, Bd. 1) (S. 693–744). Göttingen: Hogrefe.

Metzinger, Th. (2003). *Being no one. The self-model theory of subjectivity*. Cambridge, MA: MIT Press.

Metzinger, Th. (o. J.). *Die Selbstmodell-Theorie der Subjektivität: Eine Kurzdarstellung in sechs Schritten*. Online-Resource, zugänglich über die Homepage von Th. Metzinger an der Universität Mainz.

Meyer, S. (2001). *Produkthaptik. Messung, Gestaltung und Wirkung aus verhaltenswissenschaftlicher Sicht*. Wiesbaden: Dt. Univ.-Verl.

Michaelis, R. (1992). Zur Entwicklung der haptisch-taktilen Modalität bei Kindern. In P. Sulzer (Hg.), *Architektur zum Anfassen* (S. 22–29) (arcus, Heft 19). Köln: R. Müller.

Michaelis, R. (1999). Vom Greifen zum Begreifen? In M. Wehr & M. Weinmann (Hg.), *Die Hand. Werkzeug des Geistes* (S. 209–225). Heidelberg: Spektrum.

Michaelis, R. (2003). Motorische Entwicklung. In H. Keller (Hg.), *Handbuch der Kleinkindforschung* (S. 815–859) (3., korr., überarb. u. erw. Aufl.). Bern: Huber.

Michotte, A., Thinès, G.-L. & Crabbé, G. (1966). Die amodalen Ergänzungen von Wahrnehmungsstrukturen. In W. Metzger (Hg.), *Allgemeine Psychologie* (Handbuch der Psychologie, Bd. 1) (S. 978–1002). Göttingen: Hogrefe.

Miell, D., MacDonald, R. & Hargreaves, D. J. (Eds.) (2005). *Musical communication*. Oxford: Oxford University Press.

Mikunda, Chr. (2002). *Kino spüren. Strategien der emotionalen Filmgestaltung*. Wien: WUV.

Miller, R. J. (2007). Another slant on the oblique effect in drawings and paintings. *Empirical Studies of the Arts, 25*(1), 41–61.

Millerson, G. (1991). *The technique of lighting for television and film* (3rd ed.). Oxford, MA: Focal Press.

Moholy-Nagy, L. (1968). *von material zu architektur*. Mainz: Florian Kupferberg. (Faksimile der Ausg. v. 1929).

Moles, A. A. (1985). Kitsch als ästhetisches Schicksal der Konsumgesellschaft. In H. Pross (Hg.), *Kitsch. Soziale und politische Aspekte einer Geschmacksfrage* (S. 31–37). München: List.

Moles, A. A. (1972). *Psychologie des Kitsches*. München: Hanser.

Montagu, A. (1992). *Körperkontakt. Die Bedeutung der Haut für die Entwicklung des Menschen* (7. Aufl.). Stuttgart: Klett-Cotta. (Orig. 1971).

Montepare, J. M. & Zebrowitz-McArthur, L. A. (1988). A cross-cultural comparison of impressions crated by age-related variations in gait. *Journal of Nonverbal Behavior, 17*(1), 55–68.

Moore, B. C. J. (2003). *An introduction to the psychology of hearing* (5th ed.). London: Academic Press.

Morris, D. (1972). *Liebe geht durch die Haut. Die Naturgeschichte des Intimverhaltens*. München: Droemer Knaur.

Morris, D. (1993). *Körpersignale: Vom Scheitel bis zum Kinn*. München: Heyne. (Orig. 1986).

Morris, W. N. (1989). *Mood. The frame of mind*. New York, N. Y.: Springer.

Morrison, E. R., Gralewski, L., Campbell, N. & Penton-Voak, I. S. (2007). Facial movement varies by sex and is related to attractiveness. *Evolution and Human Behavior, 28*(3), 186–192.

Mottron, L., Limoges, E. & Jelenic, P. (2003). Can a cognitive deficit elicit an exceptional ability? A case of savant syndrome in drawing abilities: Nadia. In C. Code, C.-W. Wallesch, Y. Joanette & A. R. Lecours (Eds.), *Classic cases in neuropsychology* (Vol. 2.) (pp. 323–340). Hove: Psychology Press.

Mühleis, V. (2005). *Kunst im Sehverlust*. München: Fink.

Münch, Th. & Eibach, M. (2005). Musik und Medien. In R. Oerter & Th. H. Stoffer (Hg.), *Spezielle Musikpsychologie* (Enzyklopädie der Psychologie) (S. 461–524). Göttingen: Hogrefe.

Münsterberg, H. (1996). *Das Lichtspiel. Eine psychologische Studie*. Wien: Synema. (Orig. 1916).

Münz, L. (1934). Die Plastischen Arbeiten Blinder und ihre Bedeutung für das Raumvertändnis der Gestalt und Raumvorstellung des Blinden. In L. Münz & V. Löwenfeld, *Plastische Arbeiten Blinder* (S. 9–98). Brünn: Rohrer.

Murray, C. D., Bowers, J. M., West, A. J., Pettifer, S. & Gibson, S. (2000). Navigation, wayfinding, and place experience within a virtual city. *Presence. Teleoperators and Virtual Environments, 9* (5), 435–447.

Müsseler, J. (2008). Visuelle Wahrnehmung. In J. Müsseler (Hg.), *Allgemeine Psychologie* (S. 15–57) (2., neubearb. Aufl.). Heidelberg: Spektrum.

Myers, D. G. (2005). *Psychologie*. Heidelberg: Springer.

Nasar, J. L. (Ed.) (1988). *Environmental aesthetics. Theory, research, and applications*. Cambridge: Cambridge University Press.

Naumann, F. (2006). *Schöne Menschen haben mehr vom Leben. Die geheime Macht der Attraktivität*. Frankfurt/M.: Fischer.

Naumann-Beyer, W. (2003). *Anatomie der Sinne im Spiegel von Philosophie, Ästhetik, Literatur*. Wien: Böhlau.

Neumann, G. (2005). Theater der Sinne. Daniel Spoerri und das Szenario der Eat-Art. In D. v. Engelhardt & R. Wild (Hg.), *Geschmackskulturen. Vom Dialog der Sinne bei Essen und Trinken* (S. 205–217). Frankfurt/M.: Campus.

Newberg, A., D'Aquili, E. & Rause, V. (2001). *Why God wont go away.* New York: Ballantine Books.

Newell, F. N. (2004). Cross-modal object recognition. In G. A. Calvert, Ch. Spence & B. E. Stein (Eds.) (2004). *The Handbook of Multisensory Processes* (pp. 123–140). *London: Bradford.*

Niedenthal, P. M., Barsalou, L. W., Ric, F. & Krauth-Gruber, S. (2005). Embodiement in the acquisition and use of emotion knowledge. In L. F. Barrett, P. M. Niedenthal & P. Winkielman (Eds.), *Emotion and consciousness* (pp. 21–50). New York, N. Y.: Guilford Press.

Nielsen, T. A. (1993). Changes in the kinesthetic content of dreams following somatosensory stimulation of leg muscles during REM sleep. *Dreaming, 3*(2), 99–113.

Norberg-Schulz, Chr. (1982). *Genius Loci. Landschaft, Lebensraum, Landschaft.* Stuttgart: Klett-Cotta.

Norman, D. (1989). *Die Dinge des Alltags. Gutes Design und Psychologie für Gebrauchsgegenstände.* Frankfurt/M.: Campus. (Orig. 1988).

Noë, A. (2004). *Action in perception.* Cambridge, MA: MIT Press.

Nunn, J. A., Gregory, L. J. Brammer, M., Williams, S. C. R., Parslow, D. M., Morgan, M. J., Morris, R. G., Bullmore, E. T., Baron-Cohen, S. & Gray, J. A. (2002). Functional magnetic resonance imaging of synesthesia: activation of V4/V8 by spoken words. *Nature Neuroscience, 5* (4), 371–375.

Ohloff, G. (1992). *Irdische Düfte – himmlische Lust: eine Kulturgeschichte der Duftstoffe.* Basel: Birkhäuser. (auch Insel TB 1996).

Ohloff, G. (2004). *Düfte Signale der Gefühlswelt.* Zürich: Helvetica Chimica Acta.

Okada, H. , Matsuoka, K. & Hatakeyama, T. (2005). Individual differences in the range of sensory modalities experienced in dreams. *Dreaming, 15*(2), 106–115.

Oman, Ch. (2007). Spatial orientation and navigation in microgravity. In F. W. Mast & L. Jäncke (Eds.), *Spatial processing in navigation, imagery and perception* (pp. 209–247). New York: Springer.

Oswald, I. (1962). *Sleeping and waking.* Amsterdam: Elsevier.

Overbeeke, K. & Forlizzi, J. (2006). Creativity and Design: What the established teaches us. In P. Locher, C. Martindale & L. Dorfman. (Eds.), *New directions in aesthetics, creativity and the arts* (pp. 137–150). Amityville, N. Y.: Baywood.

Paech, A. (2000). Das Aroma des Kinos. Filme mit der Nase gesehen: Vom Geruchsfilm und Düften und Lüften im Kino. In I. Schenk (Hg.), *Erlebnisort Kino* (S. 68–80). Marburg: Schüren.

Pallasmaa, J. (2005). *The eyes of the skin. Architecture and the senses.* Chichester: Wiley-Academy.

Panksepp, J. (1998). *Affective Neuroscience.* New York: Oxford University Press.

Panksepp, J. (2000). Emotions as natural kinds within the mammalian brain. In M. Lewis & J. M. Haviland-Jones (Eds.), *Handbook of Emotions* (pp. 137–156) (2nd ed.). New York, N. Y.: Guilford Press.

Panksepp, J. & Bernatzky, G. (2002). Emotional sounds and the brain: the neuro-affective foundations of musical appreciation. *Behavioural Processes, 60*, 13–155.

Panofsky, E. (1927). Die Perspektive als „symbolische Form". In F. Saxl (Hg.), *Vorträge der Bibliothek Warburg, 1924–1925* (S. 258–330). Leipzig: Teubner.

Papoušek, H. (2003). Anfang und Bedeutung der menschlichen Musikalität. In H. Keller (Hg.), *Handbuch der Kleinkindforschung* (S. 965–991) (3., überarb. u. erw. Aufl.). Bern: Huber.

Papoušek, M. & Papoušek, H. (2003). Stimmliche Kommunikation im Säuglingsalter als Wegbereiter der Sprachentwicklung. In H. Keller (Hg.), *Handbuch der Kleinkindforschung* (S. 927–963) (3., überarb. u. erw. Aufl.). Bern: Huber.

Paquin, N. (1992). The frame as a key to visual perception. In G. C. Cupchik & J. László (Eds.), *Emerging visions of the aesthetic process. Psychology, semiology and philosophy* (pp. 37–47). Cambridge: Cambridge University Press.

Perkowitz, S. (1998). *Eine kurze Gesichte des Lichts. Zur Erforschung eines Mysteriums.* München: dtv.

Perret, D., Benson, P. J., Hietanen, J. K., Oram, M. W. & Dittrich, W. H. (1995). When is a face a face? In R. Gregory, J. Harris, P. Heard & D. Rose (Eds.), *The artful eye* (pp. 95–124). Oxford: Oxford University Press.

Perrett, D. I., May, K. A. & Yoshikawa, S. (1994). Facial shape and judgements of female attractiveness. *Nature, 368,* 239–242.

Persinger, M. A. (1987). *Neuropsychological basis of God beliefs.* New York: Praeger.

Peterson, M. A. & Rhodes, G. (Eds.) (2003). *Perception of faces, objects, and scenes.* Oxford: Oxford University Press.

Petrić, V. (1981). A theoretical-historical survey: film and dreams. In V. Petriç (Ed.), *Film & dreams. An approach to Bergman* (pp. 1–50). South Salem, N. Y:. Redgrafe.

Pfeifer, M. (1997). *Der Weihrauch. Geschichte, Bedeutung, Verwendung.* Regensburg: Pustet.

Pfleiderer, M. (2006). *Rhythmus. Psychologische, theoretische und stilanalytische Aspekte populärer Musik.* Bielefeld: transcript.

Phillips, M. L. & Heining, M. (2002). Neural Correlates of emotion Perception: From faces to taste. In C. Rouby, B. Schaal, D. Dubois, R. Gervais & A. Holley (Eds.), *Olfaction, Taste and Cognition* (pp. 196–208). Cambridge: Cambridge University Press.

Piaget, J. (1988). *Das Weltbild des Kindes.* München: dtv. (Orig. 1926).

Piderit, Th. (1867). *Wissenschaftliches System der Mimik und Physiognomik.* Detmold: Klingenberg'sche Buchhandlung.

Pirenne, M. H. (1970). *Optics, paintings & photograpy.* Cambridge: Cambridge University Press.

Plessner, H. (1980). *Anthropologie der Sinne* (Ges. Schriften III). Farnkfurt/M.: Suhrkamp.

Podoll, K. (2007). Migräneaura, Synästhesie und künstlerische Inspiration. In K. Clausberg, E. Bisanz & C. Weller (Hg.), *Ausdruck, Ausstrahlung, Aura. Synästhesie der Beseelung im Medienzeitalter* (S. 185–196). Bad Honnef: Hippocampus.

Puisais, J. (1996). Der Geschmack und das Kind. In Kunst- und Ausstellungshalle der Bundesrepublik Deutschland (Hg.), *Geschmacksache* (S. 191–202). Göttingen: Steidl.

Pylyshyn, Z. (2003). *Seeing and visualizing: It's not what you think.* London: Bradford.

Raab, J. (2001). *Soziologie des Geruchs. Über die soziale Konstruktion olfaktorischer Wahrnehmung.* Konstanz: UVK.

Raffaseder, H. (2002) *Audiodesign.* München: fv Fachbuchverlag Leipzig/Hanser.

Raij, T. & Jousmäki, V. (2004). MEG studies of cross-modal integration and plasticity. In G. A. Calvert, Ch. Spence & B. E. Stein (Eds.), *The handbook of multisensory processes* (pp. 515–528). London: Bradford.

Ramachandran, V. S. (1995). 2-D or not 2-D – that is the question. In R. Gregory, J. Harris, P. Heard & D. Rose (Eds.), *The artful eye* (pp. 249–267). Oxford: Oxford University Press.

Ramachandran, V. S. (2005). *Eine kurze Reise durch Geist und Gehirn.* Reinbek bei Hamburg: Rowohlt. (Orig. 2003).

Ramachandran, V. S. & Balkeslee, S. (2001). *Die blinde Frau, die sehen kann.* Reinbek: Rowohlt.

Ramachandran, V. S. & Hirstein, W. (1999). The science of art: A neurological theory of aesthetic experience. *Journal of Consciousness Studies, 6*(6–7), 15–55.

Ramachandran, V. S. & Hubbard, E. M. (2001). Synaesthesia – a window into perception, thought and language. *Journal of consciousness studies, 8*(12), 3–34.

Ramachandran, V. S. & Hubbard, E. M. (2003). The phenomenology of Synaesthesia. *Journal of consciousness studies, 10*(8), 49–57.

Ramachandran, V. S. & Hubbard, E. M. (2005). The emergence of the human mind: some clues from synesthesia. In L. C. Robertson & N. Sagiv (Eds.), *Synesthesia. Perspectives from cognitive neuroscience* (pp. 147–190). Oxford: Oxford University Press.

Ramachandran, V. S., Hubbard, E. M. & Butcher, P. A. (2004). Synesthesia, cross-activation, and the foundation of neuroepistemology. In G. A. Calvert, Ch. Spence & B. E. Stein (Eds.), *The handbook of multisensory processes* (pp. 867–883). London: Bradford.

Rank, O. (1998). *Das Trauma der Geburt und seine Bedeutung für die Psychoanalyse* (Nachdruck der Ausg. v. 1924). Gießen: Psychosozial-Verlag.

Rasmussen, S. E. (1995). *Experiencing architecture* (25. Aufl.). Cambridge: MIT Press. (Orig. 1959).

Rausch, E. (1966). Das Eigenschaftsproblem in der Gestalttheorie der Wahrnehmung. In W. Metzger (Hg.), *Allgemeine Psychologie* (Handbuch der Psychologie, Bd. 1) (S. 866–953). Göttingen: Hogrefe.

Rechtschaffen, A. & Buchignani, C. (1992). The visual appearance of dreams. In J. S. Antrobus & M. Bertini (Eds.), *The neuropsychology of sleep and dreaming* (pp. 143–155). Hillsdale, NJ: Lawrence Erlbaum.

Reed, C. R. (2002). What is the body schema? In A. N. Meltzhoff & W. Prinz (Eds.), *The imitative mind. Development, evolution, and brain bases* (pp. 233–243). Cambridge: Cambridge University Press.

Reed, C. R., Stone, V. & McGlodrick, J. E. (2006). Not just posturing: configural processing of the human body. In G. Knoblich, I. M. Thronton, M. Grosjean & M. Shiffar (Eds.), *Human body perception from the inside out* (pp. 229–258). New York: Oxford University Press.

Reinsch, D. (1993). Ein Stadtplan der Gerüche: München hat die erste Duftkarte Deutschlands. *Bauwelt, 84*(32), 1688–1690.

Reisberg, D. (Ed.) (1992). *Auditory Imagery.* Hillsdale, NJ: Erlbaum.

Restat, J. (1999). *Kognitive Kinästhetik. Die modale Grundlage der amodalen Raumkognition.* Lengerich: Pabst Science Publishers.

Révész, G. (1938). *Die Formenwelt des Tastsinnes* (Formästhetik und Plastik der Blinden, Bd. 2). Haag: Martinus Nijhoff.

Rhodes, G., Halberstadt, J., Jeffery, L. & Palermo, R. (2005b). The attractiveness of average faces is not a generalized mere exposure effect. *Social Cognition, 23*(3), 205–217.

Rhodes, G., Hickford, C. & Jeffery, L. (2000). Sex-typicality and attractiveness: Are supermale faces super-attractive? *British Journal of Psychology, 91*(1), 125–140.

Rhodes, G., Lee, K., Palermo, R., Weiss, M., Yoshikawa, S., Clissa, P., Williams, T., Peters, M., Winkler, C. & Jeffery, L. (2005a). Attractiveness of own race, other race and mixed-race faces. *Perception, 34*(3), 319–340.

Richter, K. (1999). *Die Herkunft des Schönen. Grundzüge einer evolutionären Ästhetik*. Mainz: Zabern.

Riedl, M. (2008). *Alltagsberührungen in Paarbeziehungen: empirische Bestandsaufnahme eines sozialwissenschaftlich vernachlässigten Kommunikationsmediums*. Wiesbaden: VS-Verlag.

Rigotti, F. (2003). *Philosophie in der Küche*. München: Beck.

Rittelmeyer, Chr. (1994). *Schulbau positiv gestalten. Wie Schüler Farben und Formen erleben*. Wiesbaden: Bauverlag.

Rittelmeyer, Chr. (2007). Der Gleichgewichtssinn in der Architekturwahrnehmung. Vortrag anlässlich der Tagung *Körper, Dinge und Bewegung – wie es dem Gleichgewichtssinn gefällt. Kolloquium zur Psychologie von materieller Kultur und Design*, Halle/Salle, 25. bis 28. Oktober 2007 (Druckfassung in Vorb.).

Ritter, H. (1999). Götz von B. und der Datenhandschuh. In M. Wehr & M. Weinmann (Hg.). *Die Hand. Werkzeug des Geistes* (S. 113–139). Heidelberg: Spektrum.

Ritter, J. (1974). Landschaft zur Funktion des Ästhetischen in der modernen Gesellschaft. Ders., *Subjektivität* (S. 140–163). Frankfurt/M.: Suhrkamp. (Orig. 1963).

Rizzolatti, G., Fogassi, L. & Gallese, V. (2000). Cortical mechanisms subserving object grasping and action recognition: A new view on the cortical motor functions. In M. S. Gazzaniga (Ed.), *The new cognitive Neuroscience* (pp. 539–552) (2nd ed.). London: Bradford.

Rizzolatti, G. & Sinigaglia, C. (2008). *Empathie und Spiegelneurone. Die biologische Basis des Mitgefühls*. Frankfurt/M.: Suhrkamp.

Robert, F. & Robert, J. (2007). *Gesichter*. Hildesheim: Gerstenberg.

Roberts, D. (Ed.) (2002). *Signals and Perception. The fundamentals of human perception*. Houndmills: Palgrave Macmillan.

Robertson, L. C. & Sagiv, N. (Eds.) (2005). *Synesthesia. Perspectives from cognitive neuroscience*. Oxford: Oxford University Press.

Rock, I. (1985). *Wahrnehmung. Vom visuellen Reiz zum Sehen und Erkennen*. Heidelberg: Spektrum.

Rodek, B., Meerwein, G. & Mahnke, F. H. (1998). *Mensch – Farbe – Raum*. Leinfelden: A. Koch.

Röder, B. & Rössler, F. (2001). Vergleich haptischer Wahrnehmungsleistungen zwischen blinden und sehenden Personen. In M. Grunwald & L. Beyer (Hg.), *Der Bewegte Sinn. Grundlagen und Anwendungen zur haptischen Wahrnehmung* (S. 89–98). Basel: Birkhäuser.

Roe, A. W., Pallas, S. L., Kwon, Y. H. & Sur, M. (1990). Visual projections routed to the auditory pathway in ferrets: Receptive fields of visual neurons in primary auditory cortex. *Journal of Neuroscience, 12*(9), 3651–3664.

Roederer, J. G. (2007). *Physikalische und psychoakustische Grundlagen der Musik* (3., überarb. u. erw. Aufl.). Berlin: Springer.

Rolls, E. T. (2002). The cortical representation of taste and smell. In C. Rouby, B. Schaal, D. Dubois, R. Gervais & A. Holley (Eds.), *Olfaction, Taste and Cognition* (pp. 367–388). Cambridge: Cambridge University Press.

Rolls, E. T. (2004). Multisensory neuronal convergence of taste, somatosensory, visual, olfactory, and auditory inputs. In G. A. Calvert, Ch. Spence & B. E. Stein (Eds.), *The handbook of multisensory processes* (pp. 311–331). London: Bradford.

Rolls, E. T. (2005). *Emotion explained*. Oxford: Oxford University Press.

Ropar, D. & Mitchell, P. (2002). Shape constancy in autism: The role of prior knowledge and perspective cues. *Journal of Child Psychology and Psychiatry, 43*(5), 647–653.

Rosenkranz, K. (1990). *Ästhetik des Hässlichen.* Leipzig: Reclam. (Orig. 1853).

Rousseau, J.-J. (1985). *Emil oder Über die Erziehung.* (7. Aufl. in der Übersetzung von L. Schmidt; Orig. 1762). Paderborn: Schöningh.

Rübel, D., Wagner, M. & Wolff, V. (2005). *Materialästhetik. Quelltexte zu Kunst, Design und Architektur.* Berlin: Reimer.

Rubin, E. (1921). *Visuell wahrgenommene Figuren. Studien in psychologischer Analyse.* København: Gyldendalske Boghandel.

Rudofski, B. (1987). *Sparta/Sybaris. Keine neue Bauweise, eine neue Lebensweise tut Not.* Salzburg: Residenz.

Russel, J. A. (1988). Affective appraisals of environments. In J. L. Nasar (Ed.), *Environmental aesthetics. Theory, research, and applications* (pp. 120–129). Cambridge: Cambridge University Press.

Rutter, D. R. (1987). *Communicating by telefone.* Oxford: Pergamon Press.

Sack, M. (1992). *Alltagssachen.* Wien: Brandstätter.

Sacks, O. (1990). *Stumme Stimmen. Reise in die Welt der Gehörlosen.* Reinbek: Rowohlt.

Sacks, O. (1994). *Migräne.* Reinbek: Rowohlt. Sacks, O. (1997).

Sacks, O. (1996). Neurological Dreams. In Deirdre Barrett (Ed.). *Trauma and dreams* (pp. 212–216). Cambridge, MA: Harvard University Press.

Sacks, O. (1997). Wunderkinder. In Ders., *Eine Anthropologin auf dem Mars. Sieben paradoxe Geschichten* (S. 264–337). Reinbek: Rowohlt.

Sacks, O. (2008). *Der einarmige Pianist. Über Musik und das Gehirn* (5. Aufl.). Reinbek: Rowohlt.

Santian, K. & Lacey, S. (2007). Cross-modal involvement of visual cortex in tactile perception. In F. W. Mast & L. Jäncke (Eds.), *Spatial processing in navigation, imagery and perception* (pp. 119–134). New York: Springer.

Schaal, B., Soussignan, R. & Marlier, L. (2002). Olfactory cognition at the star of life: The perinatal shaping of selective odor responsiveness. In C. Rouby, B. Schaal, D. Dubois, R. Gervais & A. Holley (Eds.), *Olfaction, Taste and Cognition* (pp. 421–440). Cambridge: Cambridge University Press.

Schafer, R. M. (1988). *Klang und Krach. Eine Kulturgeschichte des Hörens.* Frankfurt/M.: Athenäum. (Orig. 1977).

Schafer, R. M. (1993). Soundscape – Design für Ästhetik und Umwelt. In A.-V. Langenmaier (Hg.), *Der Klang der Dinge. Akustik – eine Aufgabe des Design* (S. 10–27). München: Schreiber.

Schawelka, K. (2007). *Farbe. Warum wir sie sehen, wie wir sie sehen.* Weimar: Verlag der Bauhaus-Universität.

Schievelbusch, W. (1992). *Licht, Schein und Wahn. Auftritte der elektrischen Beleuchtung im 20. Jahrhundert.* Berlin: Ernst & Sohn.

Schiff, W. & Foulke, E. (Eds.) (1982). *Tactual perception: a sourcebook.* Cambridge: CUP.

Schifferstein, H. N. J. & Hekkert, P. (Eds.). (2008). *Product experience.* San Diego: Elsevier.

Schilder, P. (1942). *Mind: Perception and thought in their constructive aspects.* Freeport, N.Y.: Books for libraries press.

Schleidt, M. (1989). Die humanethologische Perspektive: Die Menschliche Frühentwicklung aus ethologischer Sicht. In H. Keller (Hg.), *Handbuch der Kleinkindforschung* (S. 15–29). Berlin: Springer,.

Schlemmer-James, M. (2006). *Schnittmuster. Affektive Reaktionen auf variierte Bildschnitte bei Musikvideos* (Dissertation, TU Berlin, 2005). Hamburg: LIT.

Schmidt, H. J. & Beauchamp, G. K. (1992). Human olfaction in infancy and early childhood. In M. J. Serby & K. L. Chobor (Eds.) *Science of olfaction* (pp. 378–395). New York: Springer.

Schmitz, H. (1969). *Der Gefühlsraum*. (System der Philosophie Bd. 3, 2. Teil). Bonn: Bouvier.

Schmitz, H. (1998). *Der Leib, der Raum und die Gefühle*. Ostfildern: edition tertium.

Schmitz-Maibauer, H. H. (1976). *Der Stoff als Mittel anmutungshafter Produktgestaltung: Grundzüge einer Materialpsychologie*. Köln: Hanstein.

Schneider, W. (1995). *Sinn und Un-Sinn. Architektur und Design sinnlich erlebbar gestalten*. Leinfelden-Echterdingen: Konradin.

Schögler, B. & Trevarthen, C. (2007). To sing and dance together: from infants to jazz. In S. Bråten (Ed.), *On being moved. From mirror neurons to empathy* (pp. 281–302). Amsterdam: John Benjamins Publishing.

Schöne, W. (1954). *Über das Licht in der Malerei*. Berlin: Gebr. Mann.

Schönfelder, V. (2008). Virtuelle Realität zum Anfassen. *Gehirn & Geist*, Heft 7–8, 56–63.

Schönhammer, R. (1989). *Der Walkman. Eine phänomenologische Untersuchung*. München Kirchheim.

Schönhammer, R. (1991). *In Bewegung. Zur Psychologie der Fortbewegung*. München: Quintessenz.

Schönhammer, R. (1995). *Das Leiden am Beifahren. Frauen und Männer auf dem Sitz rechts*. Göttingen: Vandenhoeck & Rupprecht.

Schönhammer, R. (1998). Raumerleben: Befinden und Atmosphäre. In Kultursekretariat NRW, Gütersloh (Hg.), *STAD(t)T-Art. Kunst in 56 homöopathischen Dosen* (Bd. 2) (S. 10–16). Bielefeld: Kerber.

Schönhammer, R. (1999a). Was die an Frauen gerichtete Autowerbung lehrt. In A. Flade & M. Limbourg (Hg.), *Frauen und Männer in der mobilen Gesellschaft* (S. 49–62). Opladen: Leske & Budrich.

Schönhammer, R. (1999b). Psyche, Körper, Dinge – Eine existentielle Perspektive. In U. Fuhrer & I. E. Josephs (Hg.), *Persönliche Objekte, Identität und Entwicklung* (S. 170–189). Göttingen: Vandenhoeck & Rupprecht.

Schönhammer, R. (1999c). Rezepte für atmosphärische Wirkung. In M. Götz (Hg.), *Der Tabasco-Effect. Wirkung der Form, Formen der Wirkung* (S. 231–236). Basel: Schwabe.

Schönhammer, R. (2000). Kunstpsychologie. In J. Straub, A. Kochinka und H. Werbik (Hg.), *Psychologie in der Praxis* (S. 799–812). München: dtv.

Schönhammer, R. (2001). Haptische Wahrnehmung und Design. In M. Grunwald & L. Beyer (Hg.), *Der Bewegte Sinn. Grundlagen und Anwendungen zur haptischen Wahrnehmung* (S. 151–160). Basel: Birkhäuser.

Schönhammer, R. (2004a). *Fliegen, Fallen, Flüchten. Zur Psychologie intensiver Träume*. Tübingen: dgvt-Verlag.

Schönhammer, R. (2004b). Mit Arnheim im Kino. In Ch. Allesch & O. Neumaier (Eds.), *Rudolf Arnheim oder die Kunst der Wahrnehmung* (S. 87–96). Wien: WUV.

Schönhammer, R. (2004c). *Telefon-Design. Der Körper des Fernsprechers*. Kerken: buchloaden (E-Book; zugänglich über den Volltextserver „Virtuelle Fachbibliothek Psychologie" der Universitäts- und Landesbibliothek Saarbrücken).

Schönhammer, R. (2005a). Der Raumsinn angesichts bewegter Bilder. In M. Ott. & E. Uhl (Hg.), *Denken des Raumes in den Zeiten der Globalisierung* (S. 152–158). Münster: LIT.

Schönhammer, R. (2005b). Human „sense of space", moving images and architecture. In R. Weber & M. A. Amann (Eds.), *Aesthetics and architectural composition. Proceedings of the Dresden international symposium of architecture 2004* (pp. 299–303). Mammendorf: pro Literatur (überarb. Fassung m. Filmbsp. zugänglich über den Volltextserver „Virtuelle Fachbibliothek Psychologie" der Universitäts- und Landesbibliothek Saarbrücken).

Schönhammer, R. (2007). Film und Traum – Die besondere Beziehung der „Siebten Kunst" zu unwillkürlichen mentalen Bildern. In Chr. Allesch & M. Schwarzbauer (Hg.), *Die Kultur und die Künste* (S. 71–79). Heidelberg: Universitätsverlag Winter (zugänglich über den Volltextserver „Virtuelle Fachbibliothek Psychologie" der Universitäts- und Landesbibliothek Saarbrücken).

Schröger, E., Kaernbach, Chr. & Schönwiesner, M. (2008). Aditorische Wahrnehmung und multisensorische Verarbeitung. In J. Müsseler (Hg.), *Allgemeine Psychologie* (S. 59–100) (2., neubearb. Aufl.). Heidelberg: Spektrum.

Schuster, M. (1990). *Psychologie der bildenden Kunst. Eine Einführung.* Heidelberg: Asanger.

Schuster, M. (1996). *Fotopsychologie. Lächeln für die Ewigkeit.* Heidelberg: Springer.

Schuster, M. & Ameln-Haffke, H. (Hg.) (2006). *Museumspsychologie.* Göttingen: Hogrefe.

Schwaninger, A. (2005). Objekterkennung und Signaldetektion: Anwendungen in der Praxis. In B. Kersten (Hg.), *Praxisfelder der Wahrnehmungspsychologie* (S. 108–132). Bern: Huber.

Schwartz, S. & Maquet, P. (2002). Sleep imaging and the neuropsychological assessment of dreams. *Trends in Cognitive Sciences, 6*(1), 23–30.

Schwartz, S., Dang-Vu, T. T., Ponz, A., Duhoux, S. & Maquet, P. (2005). Dreaming: A neuropsychological view. *Schweizer Archiv für Neurologie und Psychiatrie, 156*(8), 426–439.

Schwarzer, G., Zauner, N. & Corell, M. (2003). Face processing during the first decade of life. In G. Schwarzer & H. Leder (Eds.), *The development of face processing* (pp. 55–68). Göttingen: Hogrefe & Huber.

Schwender, C. (2006). *Medien und Emotion. Evolutionsbiologische Bausteine einer Medientheorie* (2., akt. Aufl.). Wiesbaden: Deutscher Universitäts-Verlag.

Schyns, P. G. & Gosselin, F. (2003). Diagnostic use of scale information for componential and holistic recognition. In M. A. Peterson & G. Rhodes (Eds.), *Perception of faces, objects, and scenes* (pp. 120–145). Oxford: Oxford University Press.

Scott, R. (2002). Interaction between the senses: vision and the vestibular system. In D. Roberts (Ed.), *Signals and Perception: The fundamentals of human perception* (pp. 355–364). Houndmills: Palgrave Macmillan.

Seikowski, K. & Gollek, S. (2001). Sexualität und haptische Wahrnehmung. In M. Grunwald & L. Beyer (Hg.), *Der Bewegte Sinn. Grundlagen und Anwendungen zur haptischen Wahrnehmung* (S. 241–250). Basel: Birkhäuser.

Sekuler, R., Sekuler, A. B. & Lau, R. (1997). Sound alters visual motion perception. *Nature, 385,* 308.

Seligman, M. E. P. & Yellen, A. (1987). What is a dream? *Behav. Res. Ther., 25*(1), 1–24.

Semper, G. (1851). *Die vier Elemente der Baukunst. Ein Beitrag zur vergleichenden Baukunde.* Braunschweig: Vieweg.

Seyler, A. (2003). *Wahrnehmen und Falschnehmen. Praxis der Gestaltpsychologie.* Frankfurt/M.: Anabas.

Shepard, R. N. (1984). Ecological constraints on internal representation: resonant kinematics of perceiving, imagining, thinking and dreaming. *Psychological Review, 91*(4), 417–447.

Shepard, R. N. (1991). *Einsichten und Anblicke. Illusion und Wahrnehmungskonflikte in Zeichnungen.* Heidelberg: Spektrum.

Shepherd, G. M. (2004). Implications of recent research on olfaction for the neural basis of flavour in humans: Challenges and opportunities. In K. D. Deibler & J. Delwiche (Eds.), *Handbook of flacor characterization* (pp. 93–104). New York: Marcel Denker.

Shusterman R. (1994). *Kunst Leben. Die Ästhetik des Pragmatismus.* Frankfurt/M.: Fischer.

Shusterman R. (2005). *Leibliche Erfahrung in Kunst und Lebensstil.* Berlin: Akademie. (Orig. 2000).

Siegel, R. K. (1979/80). Dizziness as an altered state of consciousness. *J. of altered states of consciousness, 5*(2), 87–107.

Siegel, R. K. (1995). *Rauschdrogen: Sehnsucht nach dem künstlichen Paradies.* Frankfurt/M.: Eichborn.

Simmel, G. (1983). *Soziologie. Untersuchungen über die Formen der Vergesellschaftung* (6. Aufl.). Berlin: Duncker & Humblot. (Orig. 1908).

Simmen, J. (1990). *Vertigo. Schwindel in der modernen Kunst.* München: Klinkhardt u. Biermann.

Simons, D. J., Mitroff, S. R. & Franconeri, S. L. (2003). Scene perception: what we can learn from visual integration and change detection. In M. A. Peterson and G. Rhodes (Eds.), *Perception of faces, objects, and scenes* (pp. 335–355). Oxford: Oxford University Press.

Singer, W. & Ricard, M. (2008). *Hirnforschung und Meditation. Ein Dialog.* Frankfurt/Main: Suhrkamp.

Slunecko, Th. (2007). Balancieren – eine Einladung zur Übergegensätzlichkeit. Vortrag anlässlich der Tagung *Körper, Dinge und Bewegung – wie es dem Gleichgewichtssinn gefällt. Kolloquium zur Psychologie von materieller Kultur und Design*, Halle/Salle, 25. bis 28. Oktober 2007 (Druckfassung in Vorb.).

Smith, J. D. (1992). The auditory halluzinations of schizophrenia. In D. Reisberg (Ed.), *Auditory Imagery* (pp. 151–178). Hillsdale, NJ: Erlbaum.

Smith, L. F. & Smith, J. K. (2006). The nature and growth of aesthetic fluency. In P. Locher, C. Martindale & L. Dorfman. (Eds.), *New directions in aesthetics, creativity and the arts* (pp. 47–58). Amityville, N. Y.: Baywood.

Sobchack, V. (2004). *Carnal Thoughts. Embodiment and moving image culture.* Berkeley: Univ. of California Press.

Soentgen, J. (1997). *Das Unscheinbare. Phänomenologische Beschreibungen von Stoffen, Dingen und fraktalen Gebilden.* Berlin: Akademie.

Solso, R. L. (2003). *The psychology of Art and the evolution of the conscious brain.* Cambridge, MA: MIT Press.

Sontag, S. (1980). *Über Fotografie.* Frankfurt/M.: Fischer.

Southworth, M. (1969). The sonic environment of cities. *Environment and Behavior, 1*(1), 49–70.

Spence, Ch. (2002). Multisensory integration, attention and perception. In D. Roberts (Ed.), *Signals and Perception. The fundamentals of human perception* (pp. 345–354). Houndmills: Palgrave Macmillan.

Spence, Ch. & McDonald, J. (2004). The cross-modal consequences of exogenous spatial orienting of attention. In G. A. Calvert, Ch. Spence & B. E. Stein (Eds.), *The handbook of multisensory processes* (pp. 3–25). London: Bradford.

Spitzer, M. (2003). *Musik im Kopf. Hören, Musizieren, Verstehen und Erleben in neuronalen Netzwerken.* Stuttgart: Schattauer.

Sprinkhardt, K. P. (1982). *Kognitive Ästhetik*. Mittenwald: Mäander.

Stein, B. E. & Meredith, M. A. (1993). *The merging of senses*. Cambridge, MA: MIT Press.

Steinbrenner, J. & Glasauer, S. (2007). *Farben. Betrachtungen aus Philosophie und Naturwissenschaften*. Frankfurt/M.: Suhrkamp.

Stevenson, R. J. & Boakes, R. A. (2004). Sweet and sour smells: learned synesthesia between the senses taste and smell. In G. A. Calvert, Ch. Spence & B. E. Stein (Eds.), *The handbook of multisensory processes* (pp. 69–83). London: Bradford.

Stevenson, R. J. & Case, T. I. (2004/5). Olfactory dreams: Phenomenology relationship to volitional imagery and odor identification. *Imagination, Cognition and Personality, 24*(1), 69–90.

Stiles, P. G. (1927). *Dreams*. Cambridge: Harvard University Press.

Stoddart, M. (1990). *The scented ape. Biology and culture of human odour*. Cambridge: Cambridge University Press.

Stoddart, M. (1997). The human axillary organ: Evolution of an olfactory adornment. In G. Salvadori (Ed.). *Olfaction and taste. A century for the senses* (pp. 230–241). Carol Stream: Allured.

Stoering, P. (2006). Blindsehen. In H.-O. Karnath & P. Thier (Hg.), *Neuropsychologie* (S. 97–103) (2. Aufl.). Heidelberg: Springer.

Storch, M., Cantieni, B., Hüther, G. & Taschner, W. (2006). *Embodiement. Die Wechselwirkung von Körper und Psyche verstehen und nutzen*. Bern: Huber.

Strauch, I. & Meier, B. (2004). *Den Träumen auf der Spur*. (2., vollst. überarb. u. erg. Aufl.). Bern: Huber.

Straus, E. (1956). *Vom Sinn der Sinne. Ein Beitrag zur Grundlegung der Psychologie* (2., verm. Aufl.). Berlin: Springer.

Straus, E. (1960). Formen des Räumlichen. Ihre Bedeutung für die Motorik und die Wahrnehmung. In *Psychologie der menschlichen Welt. Gesammelte Schriften von Erwin Straus* (S. 141–178). Berlin: Springer. (Orig. 1930).

Streri, A. (2003a). Manual exploration and haptic perception in infants. In Y. Hatwell, A. Streri & E. Genatz (Eds.). *Touching for Knowing. Cognitive psychology of haptic manual perception* (pp. 51–66). Amsterdam: John Benjamins Publishing.

Streri, A. (2003b). Intermodal relations in infancy. In Y. Hatwell, A. Streri & E. Genatz (Eds.). *Touching for Knowing. Cognitive psychology of haptic manual perception* (pp. 191–206). Amsterdam: John Benjamins Publishing.

Stummerer, S. & Habelsreiter, M. (2005). *Food Design. Von der Funktion zum Genuß*. Wien: Springer.

Suk, H.-J. (2006). *Color and emotion. a study on the affective judgement across media and in relation to visual stimuli* (Dissertation, Universität Mannheim, 2006). Online-Resource, zugänglich über die Universitätsbibliothek Mannheim.

Sulzer, P. (Hg.) (1992). *Architektur zum Anfassen* (arcus, Heft 19). Köln: R. Müller.

Süß, G. (2006). *Sound Subjekts. Zur Rolle des Tons im Film und Computerspiel*. Trier: wvt.

Süßkind, P. (1985). *Das Parfum. Die Geschichte eines Mörders*. Zürich: Diogenes.

Sütterlin, Chr. (1995). Kunst und Ästhetik. In W. Schievenhövel, Chr. Vogel, G. Vollmer & U. Opolka (Hg.), *Gemachte und gedachte Welten. Der Mensch und seine Ideen* (S. 95–119). Stuttgart: Thieme.

Symons, D. (1993). The stuff that dreams aren't made of: Why wake-state and dream-state sensory experiences differ. *Cognition, 47*, 181–217.

Tan, E. (1996). *Emotion and the structure of narrative film. Film as an emotion machine.* Mahwah, N. J.: Erlbaum.

Tanaka, J. W. & Farah, M. J. (2003). The holistic representation of faces. In M. A. Peterson and G. Rhodes (Eds.), *Perception of faces, objects, and scenes* (pp. 53–74). Oxford: Oxford University Press.

Tanizaki, J. (1993). *Lob des Schattens: Entwurf einer japanischen Ästhetik* (8. Aufl.). Zürich: Manesse. (Orig. 1933).

Tarr, M. J. (2003). Visual object recognition. Can a single mechanism suffice. In M. A. Peterson and G. Rhodes (Eds.), *Perception of faces, objects, and scenes* (pp. 176–211). Oxford: Oxford University Press.

Tellenbach, H. (1968). *Geschmack und Atmosphäre.* Salzburg: O. Müller.

Tellenbach, H. (1987). Schmecken und Riechen – Geschmack und Atmosphäre. In Ders., *Psychiatrie als geistige Medizin* (S. 291–296). München: Verlag für angewandte Wissenschaft.

Tembrock, G. (1996). *Akustische Kommunikation bei Säugetieren.* Darmstadt: Wissenschaftliche Buchgesellschaft.

Teuteberg, H. J. (1996). Zur kulturwissenschaftlichen Phänomenologie der täglichen Malzeit. In Kunst- und Ausstellungshalle der Bundesrepublik Deutschlang (Hg.), *Geschmacksache* (S. 65–86). Göttingen: Steidl.

Thaut, M. H. (2005). Rhythm, human temporality, and brain function. In D. Miell, R. MacDonald & D. J. Hargreaves (Eds.), *Musical communication* (pp. 177–191). Oxford: Oxford University Press.

Thayer, R. E. (1996). *The origin of everyday moods. Managing energy, tension, and stress.* Oxford: Oxford University Press.

Thayer, S. (1982) Social touching. In W. Schiff & E. Foulke (Eds.), *Tactual perception: a sourcebook* (263–333). Cambridge: Cambridge University Press.

Thévoz, M. (1997). Vorwort: Marcel Réja, Entdecker der Kunst der Verrückten. In Ch. Eissing-Christophersen & D. Le Parc (Hg.), *Marcel Réja: Die Kunst bei den Verrückten* (S. 1–13). Wien: Springer.

Thompson, P. (1980). Margaret Thatcher: A new illusion. *Perception, 9*(4), 483–484.

Tomasello, M. & Carpenter, M. (2007). Shared intentionality. *Developmental Science, 10(1),* 121–125.

Trever-Roper, P. (2001). *Der veränderte Blick. Über den Einfluß von Sehfehlern auf Kunst und Charakter.* München: dtv.

Truax, B. (2001). *Acoustic communication* (2nd ed.). Westport, CT: Ablex.

Tunner, W. (1999). *Psychologie und Kunst. Vom Sehen zur sinnlichen Erkenntnis.* Wien: Springer.

Uexkülls, J. v. & Kriszat, G. (1970). *Streifzüge durch die Umwelten von Tieren und Menschen. Ein Bilderbuch unsichtbarer Welten* (Orig. 1934). Frankfurt/M.: Fischer.

Ullmer, B. & Ishii, H. (2005). Token+constraint systems for tangible interaction with digital information. *ACM Transactions on Computer Human Interaction, 12*(1), 81–118.

Ungerer, D. (1992). Die Wahrnehmung der Füße. In P. Sulzer (Hg.), *Architektur zum Anfassen* (S. 56–62) (arcus, Heft 19). Köln: R. Müller.

Utitz, E. (1972/1914). *Grundlegung der allgemeinen Kunstwissenschaft.* München: Wilhelm Fink.

Vaissière, J. (2005). Perception of Intonation. In D. B. Pisoni & R. E. Remez (Eds.), *The handbook of speech perception* (pp. 236–263). Oxford: Blackwell.

Van der Castle, R. L. (1994). *Our dreaming Mind.* New York: Ballintine Books.

Van Toller, S. (2002). Taste perception. In D. Roberts (Ed.) *Signals and Perception. The fundamentals of human perception* (pp. 331–341). Houndmills: Palgrave Macmillan.

Van Toller, S. & Dodd, G. H. (Eds.) (1992). *Fragrance. The Psychology and Biology of perfume.* London: Elsevier.

Vartanian, O. & Goel, V. (2004a). Emotion pathways in the brain mediate aesthetic preference. *Bulletin of Psychology and the arts, 5*(1), 37–42.

Vartanian, O. & Goel, V. (2004b). Neuroanatomical correlates of aesthetic preference for paintings. *Bulletin of Psychology and the arts, 5*(1), 37–42.

Virilio, P. (1978). *Fahren, Fahren, Fahren …* Berlin: Merve.

Vischer, R. (1927). Über das optische Formgefühl: Ein Beitrag zur Ästhetik. In Ders., *Drei Schriften zum ästhetischen Formproblem* (S. 1–44). Halle/Saale: Max Niemeyer. (Orig. 1872).

Vitruvius, P. M. (1964). *Vitruvii de architectura libri decem. Zehn Bücher über Architektur.* Darmstadt: WGB.

Vroomen J. & de Gelder, B. (2004). Perceptual effects of cross-modal stimulation: Ventriloquism and the Freezing phenomenon. In G. A. Calvert, Ch. Spence & B. E. Stein (Eds.), *The handbook of multisensory processes* (pp. 141–150). London: Bradford.

Vroon, P., van Amerongen, A., de Vries, H. (1996). *Psychologie der Düfte. Wie Gerüche uns beeinflussen und verführen.* Zürich: Kreuz.

Wagener, U. (2000) *Fühlen, Tasten, Begreifen. Berührung als Wahrnehmung und Kommunikation.* Oldenburg: Bibliotheks- u. Informationssystem der Universität Oldenburg.

Wagenmann, S. & Schönhammer, R. (1994). *Mädchen und Pferde. Psychologie einer Jugendliebe.* München: Quintessenz.

Waldenfels, B. (2000). *Das leibliche Selbst. Vorlesungen zur Phänomenologie des Leibes* (R. Giuliani, Hg.). Frankfurt/M.: Suhrkamp.

Walsh, R. (2005). Can synaesthesia be cultivated? Indications from surveys of Meditators. *Journal of Consciousness Studies, 12*(4–5), 3–34.

Walter, U. (1997). *In 90 Minuten um die Erde.* Würzburg: Stürtz.

Warren, D. B. (1982). The development of haptic perception. In W. Schiff & E. Foulke (Eds.), *Tactual perception: a sourcebook* (pp. 82–129). Cambridge: Cambridge University Press.

Watanabe, K. & Shimojo, S. (1998). Attentional modulation in perception of visual motion events. *Perception, 27*(9), 1041–1054.

Waubke, N. V. (1992). Oberflächen unter physikalisch-technischen Aspekten. In P. Sulzer (Hg.), *Architektur zum Anfassen* (S. 63–67) (arcus, Heft 19). Köln: R. Müller.

Werner, H. (1953). *Einführung in die Entwicklungspsychologie* (4., durchges. Aufl.). München: Ambrosius Barth.

Werner, H. (1966). Intermodale Qualitäten (Synästhesien). In W. Metzger (Hg.), *Allgemeine Psychologie* (Handbuch der Psychologie, Bd. 1) (S. 278–303). Göttingen: Hogrefe.

Whyte, J. (2002). *Virtual reality and the built environment.* Oxford: Architectural press.

Wierlacher, A. (2005). Was heißt, die Augen essen mit? Kulturwissenschaftliche und naturwissenschaftliche Betrachtungen über die Rolle des Sehsinns beim Essen. In D. v. Engelhardt & Wild, R. (Hg.), *Geschmackskulturen. Vom Dialog der Sinne bei Essen und Trinken* (S. 129–143). Frankfurt/M.: Campus.

Wiese, H. (Hg.) (1996). *Die Metaphysik des Lichtes. Der Kameramann Henri Alekan.* Marburg: Schüren.

Wilder, J. (1931). Zwangslachen mit Erektion als epileptisches Äquivalent (nebst Beobachtungen über Beziehungen von Erektionen zum Fliegen). *Der Nervenarzt, 4*(2), 75–83.

Wilson, D. A. & Stevenson, R. J. (2006). *Learning to smell. Olfactory perception from neurobiology to behavior.* Baltimore: John Hopkins University Press.

Wilson, F. R. (2000). *Die Hand. Geniestreich der Evolution.* Stuttgart: Klett-Cotta.

Wilson, M. (2006). Covert Imitation: How the body schema acts as a prediction device. In G. Knoblich, I. M. Thronton, M. Grosjean & M. Shiffar (Eds.), *Human body perception from the inside out* (pp. 211–228). New York: Oxford University Press.

Wippich, W. (2001). Implizite und explizite Gedächtnisleistungen. In M. Grunwald & L. Beyer (Hg.), *Der Bewegte Sinn. Grundlagen und Anwendungen zur haptischen Wahrnehmung* (S. 61–76). Basel: Birkhäuser.

Witte, W. (1966). Haptik. In W. Metzger (Hg.), *Allgemeine Psychologie* (Handbuch der Psychologie, Bd. 1) (S. 498–517). Göttingen: Hogrefe.

Wohlschläger, A. & Prinz, W. (2006). Wahrnehmung. In H. Spada (Hg.), *Lehrbuch Allgemeine Psychologie* (S. 25–114) (3., vollst. überarb. u. erw. Aufl). Bern: Huber.

Wolfe, J., Kluender, K. R., Levi, D. M., Bartoshuk, L. M., Hetz, R. S., Klatzky, R. L., Lederman, S. J. (2006). *Sensation and perception.* Sunderland, M.A.: Sinauer Associates.

Wölfflin, H. (1991*). Kunstgeschichtliche Grundbegriffe. Das Problem der Stilentwicklung in der neueren Kunst* (18. Aufl.). Basel: Schwabe (Orig. 1915).

Wölfflin, H. (1999). *Prolegomena zu einer Psychologie der Architektur* (Dissertation, München, 1886). Berlin: Gebr. Mann.

Woodward, S., Tauber, E. S., Spielmann, A. J., Thorpy, M. J. (1990). Effects of otolithic vestibular stimulation on sleep. *Sleep, 13*(6), 533–537.

Wyatt, T. D. (2003). *Pheromones and animal behaviour. Communication by smell and taste.* Cambridge: Cambridge University Press.

Yin, R. K. (1969). Looking at upside-down faces. *Journal of Experimental Psychology, 81*(1), 141–145.

Zahavie, A. & Zahavie, A. (1998). *Signale der Verständigung. Das Handicap-Prinzip.* Frankfurt/ M.: Insel.

Zaidel, D. W. (2005). *Neuropsychology of art. Neurological, cognitive, and evolutionary perspectives.* Hove: Psychology Press.

Zajonc, A. (1994). Die *gemeinsame Geschichte von Licht und Bewußtsein.* Reinbek bei Hamburg: Rowohlt.

Zeki, S. (1999). *Inner vision. An exploration of art and the brain.* Oxford: Oxford University Press.

Zellner, D. A. & Kautz, M. A. (1990). Color affects perceived odor intensity. *Journal of Experimental Psychology: Human Perception and performance, 16,* 391–397.

Zeuch, U. (2000). *Umkehr der Sinneshierarchie. Herder und die Aufwertung des Tastsinns seit der frühen Neuzeit.* Tübingen: Niemeyer.

Zglinicki, F. v. (1979). *Die Wiege; volkskundlich – kulturgeschichtlich – kunstwissenschaftlich – medizinhistorisch. Eine Wiegen-Typologie mit 500 Abbildungen.* Regensburg: Pustet.

Ziemke, T., Zlatev, J. & Frank R. M. (Eds.) (2007). *Body, Language and Mind* (Vol.1: Embodiment). Berlin: de Gruyter.

Zihl, J. (2006). Zerebrale Reizerscheinungen. In H.-O. Karnath & P. Thier (Hg.), *Neuropsychologie* (S. 84–87) (2. Aufl.). Heidelberg: Springer.

Zillmann, D. (2004). Emotionspsychologische Grundlagen. In R. Mangold, P. Vorderer & G. Bente (Hg.), *Lehrbuch der Medienpsychologie* (S. 101–128). Göttingen: Hogrefe.

Zimmer, A. (2001). Gestaltpsychologische Ansätze zur Analyse der haptischen Wahrnehmung. In M. Grunwald & L. Beyer (Hg.), *Der Bewegte Sinn. Grundlagen und Anwendungen zur haptischen Wahrnehmung* (S. 77–88). Basel: Birkhäuser.

Zimmer, R. (1997). „Vom Ganzen zu den Teilen" oder vom „Sinneseindruck zur Wahrnehmung". In J. Albertz (Hg.), *Wahrnehmen und Wirklichkeit – Wie wir unsere Umwelt sehen, erkennen und gestalten* (S. 41–79). Berlin: Freie Akademie.

Zimmer, R. (2001). *Handbuch der Sinneswahrnehmung. Grundlagen einer ganzheitlichen Erziehung* (9. Aufl.). Freiburg: Herder.

Zuckerman, M. (Ed.) (1983). *Biological bases of sensation seeking.* Hillsdale, N.J.: Erlbaum.

Zumthor, P. (2006). *Atmosphären. Architektonische Umgebungen. Dinge um mich herum.* Basel: Birkhäuser.

Zumthor, P., Beer, I., Mathieu, J., Maracci, M., Hungerbühler, R., Morici, L., Wunderle, S. & Maus, K. (2006). *Wieviel Licht braucht der Mensch, um leben zu können und wieviel Dunkelheit?* Zürich: vdf Hochschulverlag an der ETH Zürich.

Zwimpfer, M. (1994). *2d. Visuelle Wahrnehmung.* Basel: Niggli.

Zwisler, R. (2001). Haptische Wahrnehmung in der Mensch-Maschine-Interaktion. In M. Grunwald & L. Beyer (Hg.), *Der Bewegte Sinn. Grundlagen und Anwendungen zur haptischen Wahrnehmung* (S. 161–170). Basel: Birkhäuser.

Abbildungsverzeichnis

Alle Illustrationen für dieses Buch wurden von Claudia Maiwald erstellt. Die Nutzungsrechte liegen bei facultas.wuv (für dieses Buch) und bei der Illustratorin. – In folgenden Fällen orientieren sich die Skizzen an benennbaren Vorbildern:

S. 12: Uexküll & Kriszat, 1970 – S. 23: Lackner, 1988 – S. 40 oben: Wolfe et al., 2006 – S. 43: Fotografie in Moholy-Nagy, 1968/1929 – S. 47: Fotografie und Schema in Cahusac, 2002 – S. 48: Campenhausen, 1993 – S. 56: Kennedy, 1982 – S. 57 links: Katz, 1953 – S. 58: Kennedy, 1997 – S. 77: Homepage von Axel Bossert – S. 78 links: Fotografie in Rock, 1985 – S. 78 rechts: Schema in Rock, 1985 – S. 79: mehrere Abbildungen in E. J. Gibson, 1969 – S. 90: Burdach, 1988 – S. 91 links: P. Jelinek, 1994/1954 – S. 91 rechts: J. S. Jelinek, 1997 – S. 93: nach Fotografien von R. Soussignan et al., reproduziert in Schaal, Soussignan & Marlier, 2002 – S. 99: Wyatt, 2003 – S. 102: Titel (graphisch verfremdete Fotografie) Giedion, 1985/1929 – S. 103: Stoddart, 1990 – S. 114: nach Fotografien von J. E. Steiner reproduziert in Logue, 1995 – S. 127 unten: Verlauf der Bahnen, insbesondere der mittleren Bahn (im Orig.: „ventro-dorsale Bahn") nach Gallese, 2007 – S. 133: Held, Kugemann & Vollmer, 1987 – S. 134: Ramachandran, 1995 – S. 137: Gegenfurtner, 2006b – S. 138: Goldstein, 2002 – S. 140 ganz oben links: Hoffman, 1998 – S. 140 zweite und dritte von oben: Mausfeld, 2007 – S. 145 links oben: Grafik nach G. Kanizsa in Guski, 1996 – S. 145 Mitte: Rubin, 1921 – S. 145 links unten: Arnheim, 1978 – S. 146: Guski, 1996 – S. 152: Metzger, 1966 – S. 156: Tarr, 2003 – S. 157: Brunswik & Reiter, 1937 – S. 170: frontales Foto und Schema einer ¾ Ansicht in Goldstein, 2002 – S. 185: Mach, 1987/1886 sowie Gibson, 1982 – S. 190 oben: Schröger, Kaernbach & Schönwiesner, 2008 – S. 190 unten: Wo- und Was-Bahn nach Goldstein, 2008 – S. 192: Lewald, 2006 – S. 230 oben: Köhler, 1947 – S. 230 unten: Kobbert, 1986; Jilk, Piesbergen & Tunner, 1995, sowie unveröff. Daten des Autors – S. 234 oben: Ramachandran & Hubbard, 2005

Auflösung zu den Farb- und Gefühlskritzeln, S. 230:
1 = Rot; 2 = Gelb; 3 = Grün; 4 = Violett; A = Freude; B = Trauer; C = Wut; D = Angst

Register

In diesem Register werden neben Sachbegriffen nur ausgewählte Namen genannt. – Kursive Seitenzahlen beziehen sich auf Abbildungen. Kursive Begriffe stehen für „siehe auch".

A

Abgrund 77, 79, 84, 168

Abwendung 27, 86, 108, 116, 120
- ▶ *Eskapismus*

Achselhöhle (Axilla), Achselgeruch 98ff

Action-Sounds 212

Adaptation **32**, 88, 112, 130, 137, 139, 174

Aerobic 30, 72

Affektabstimmung ▶ Gefühl

Afferenzen 20, 24, 46, 68, 160, 191
- ▶ *bottom up Prozesse*

Reafferenz 50, 54

Affordanz 62, **147**
- ▶ *Aufforderungscharakter*

Ageusie 113

Aicher, O. 63

Akkomodation 169, 170, 184

Akoasmen 216

Akrobatik 30, 83, 183

Aktualgenese 147

Akustikdesign 205, 209, 210f, 213f
- ▶ *Action-Sounds*, ▶ *Loops*

Alberti, L. B. 102, 168, 172

Alkohol-Delirium 54, 215f

Alloästhesie 114

Alter (Sensibilitätsminderung)
- Altersschwerhörigkeit 196
- Gleichgewichtssinn 72
- gustatorisch 113
- olfaktorisch 94
- taktil 64

Alzheimersche Krankheit 44, 180

Ambivalenz (Zwiespältigkeit)
- als ästhetisch wirksame Reizeigenschaft 240
- Ästhetik der chemischen Sinne 87
- Bewertung von Körpergerüchen 100
- Bewertung von Lichtbildern 183
- Hedonik der Selbstberührung 48

Ames' Raum 170, *170*

amodale Farben 136, **140**, *140*, 175

amodale Figuren (subjektive Konturen) 140, **145**, *145*

amodale Verarbeitungsstufe 53
- ▶ *transmodale Qualitäten*

amodale W. ▶ Tunnel-Effekt

Amoore, J. E. 90

Amplitude 195, 196, 197,

Amygdala 88, *89*, *110f*, 111, *127*, *222*, 232, 239
- ▶ *limbisches System*

angeborener auslösender Mechanismus (AAM) 162, 243

Angemessenheits-Hypothese ▶ intermodale Beeinflussung

Animismus 37, 132, 151, 152, 206, 213, 237

Anosmie 95, 113, 251

anschauliche Transparenz 140, *140*

Anstrengung 19, 200
- mentale 176, 178, 185, 208

Aphrodisiaka 119

apollinisch 241

Architektur 13, 28, 30f, 44, 78–80, 83, 102f, 151, 250f
- ▶ *Treppe*, ▶ *Innenraumgestaltung*, ▶ *Raumakustik*
- auditive Atmosphäre 204f, 250f
- „Bauen mit Licht" 135f
- bemalte Glasfenster gotischer Kathedralen 132
- Lichtinszenierung in Bühnenbildern 131

Aristoteles 26

Arnheim, R. 57, 58, 79, 80, 142, 151, 167, 171, 237

Aroma
- ▶ *Riechen* ▶ *Schmecken*
- abh. vom Schmecken 113, 115
- abh. vom Sehen 116, 231
- abh. vom Spüren 115f
- Beschreibung in Weinkarten 90
- Vanillearoma versüßt 112, 231

Aromatherapie 95

Arousal 35, 208
  ▶ *Wachheitsregulation*
Assoziationsareale
  auditorische 192
  mulimodale 222
  somatosensorische 22
  visuelle 127
Ästhetik
  Ä. der Gegenseitigkeit 246
  Ä. der Homöostase 241
  Ä. von unten vs. Ä. von oben 241
  Ä. , neue empirische 241
Ästhetisches Erleben 29–31, 41–3, 60–2,
  102–8, 113–20, 128–36, 159–69, 199–204,
  238–52
  ▶ *Architektur,* ▶ *Kunst,* ▶ *Lust/Unlust,*
  ▶ *Mitbewegung,* ▶ *Sexualität*
Atmo 120, **204**, 212, 217
Atmosphäre 14, **249–252**
  A. d. Dämmerung 135, 251
  auditive A. 204f, 209, 211
  bedrohliche A. 103
  dramatische A. 133
  dumpfe A. 214
  lebendige A. 144, 204, 206, 209, 211, 249,
    251
  persönliche A. 101f
  religiöse A. 103
  Riechen 101–3
  soziale A. 204, 209, 211, 249
  unheimliche A. 81
  Verwöhnatmosphäre 95
  visuell vermittelt 44, 108, 120, 130, 133,
    135, 152, 185, 217
atmosphärische Kunst 185, 251
atmosphärisches Spüren **36f**, 43, 46

Atmung 19, 22, 28, 77, 81, 86, 93, 95, 200
Attraktion, körperliche 86, 159–66, 212, 243,
  247
Attrappenversuche 243
Audiometrie 195
auditive W. ▶ Hören
auditives Streaming, auditive Szenenanalyse 193ff
auditorischer Kortex
  assoziativer *190*, 192

primärer *191*, 191, *222*, 222f
  sekundärer *190*, 192
Auditory Icons 214
Aufforderungscharakter 15, 65, 147
Aufmerksamkeit 19, 174–8, 183, 192, 203,
  206, 213, 223, 234, 239
  ästhetisches Erl. 30, 183, 203, 213, 239f,
    246, 248f, 251f
  Flow 246
  geteilte A. 184
  Mimik 92, 158, 162
  Neuheit 53, 209
  pathologische A. 216
  selektive A. 178, 183, 195
  Training 28f
  unwillkürliche A. 35, 132, 149, 152, 154,
    184, 192, 203, 205f, 210, 212, 214, 225,
    229
  willkürliche A. 24, 32, 135, 172, 177, 205,
    239
aufrechter Gang
  ▶ *Gehen*
  Befreiung der Hände 62
  Balance 67f, 76
  Geruchssinn 87
aufsteigendes retikuläres Erregungssystem
  (ARAS; Erregung = Arousal) 46, 68, 75,
  126, 180, 181f, 191, 223, 229, 238
  ▶ *Arousal,* ▶ *formatio reticularis*
Augenbewegung 154, 176f, 179, 184
  Blicksteuerung 70, 223
  Fixieren 70, 71, 73, 137, 154, 175, 176f,
    224
Augengruß 162
Augenlid 205
Aura
  ▶ *Epilepsie,* ▶ *Licht,* ▶ *Migräne*
  der Dinge 250
  persönliche Geruchsaura 101
Ausdruck 27f, 31, 230
  ▶ *Gefühl,* ▶ *Mimik*
  Bewegungsstil 165
  Haltung 164
  Kopfbewegung 163
  von abstrakten Bildern, Plastiken, Design-
    objekten, Bauwerken 28, 31, 58, 62,
    151, 236f

Ausfüllmechanismus 137, 175, 182
Augustinus 168
Ausräuchern 103
Außenohr *189*, 189, 193
Autismus/Savants 172
autogenes Training 28
Automobil 26, 46, 73, 76, 83, 106, 131, 143,
  151, 161, 165f, 224
  Beifahrer 26
  Cabriolet 46
  Highway-Trance 73
Automobilwerbung 166
autonomes Nervensystem 68, 81
  ▶ *vegetative Körperfunktionen*

B
Bad, warmes 19, 29, 39, 47, 244
  ▶ *Sonnenbad,* ▶ *Luftbad*
Badekultur, Sauna, Wechselbäder 36, 47, 241
Balance 30
  ▶ *Gleichgewichtssinn*
Bandweite/-breite 196, 197
  breitbandiger Schall 193, 203
Baron-Cohen, S. 234, 236
Basalkerne 239
Basilarmembran *190*, 190
Bauchredner-Effekt 193, 226
Baudelaire, Ch. 233
Bauhaus 43, 166, 236, 244
Beauvoir, S. de 39
Bauwerke, Baukunst ▶ *Architektur*
Bedienelemente 63–5, 165f
Beduftung 99, 103, 105–7
Behne, K.-E. 236
Beleuchtungslicht 132
Beleuchtungsverhältnisse **134–6**, 139, 171,
  204, 242, 244, 250
Belohnungszentren 48, 202, **239**
Bense, M. 242
Berlyne, D. E. 239, 240f, 247, 252
Berührung ▶ taktile W. ▶ haptische W.
Beschleunigungswahrnehmung 67f, 73–6,
  206, 213
Betzhold-Brücke-Phänomen 141
Bewegung 13, **18–120**, 191, 240
  ▶ *Atmosphäre,* ▶ *Augenbewegung,*

  ▶ *Ausdruck,* ▶ *Ereignis-/Geschehniswahr-
nehmung,* ▶ *fruchtbarer Moment,*
  ▶ *Funktionslust,* ▶ *Handeln* ▶ *Kinästhesie,*
  ▶ *Kommunikation,* ▶ *Mitbewegung,*
  ▶ *Musik,* ▶ *Spuren,* ▶ *Tanz*
  auditive W. im Dienst der Eigenbewegung 194f, 213
  auditive W. von 188, 193–5, 197–207,
  211f
  beim auditiven W. 193, 213
  auditiv-visuelle Konflikte beim W.
  von B. 226f
  ▶ *McGurk-Effekt*
  visuelle W. im Dienst der Eigenbewegung 168f, 173–4
  visuelle W. von 124f, 128, 132f, **146–53**,
  154, 169, 221, 239
  beim visuellen W. 146f, 169–74, 178–80
  spielerische 144, 152f, 245
  neuronale Basis der Ästhetik von B. 239f
  rhythmische 30, 61, 62, 73, 75–7, 79, 198,
  200f, 240
Bewegungskrankheiten 65, 72–5
  ▶ *Umkehrbrillen*
Bewegungsparallaxe 169f
Bewegungs-Sonifikation 201
Bewegungsspuren 230
Bewegungsstil 150
  ▶ *Lichtpunkt-Paradigma*
  Lebensalter 164
  weiblich vs. männlich 163f, 165
Bewertung 166–8
  ▶ *Geschmack*
Bewusstseinszustand, veränderter 46, 47, 73,
  75–8, 95f, 103, 129, 234, 240
  ▶ *Ekstase,* ▶ *Traum*
Biederman, I. 148
Bild(medien), Bildwahrnehmung 30f, 130–2,
  134f, 146, 151f, 154, 155f, 157–73, 176,
  180f, 182, 182–4, 205, 227, 239, 243f, 251
  ▶ *Film,* ▶ *Foto,* ▶ *Kunst,* ▶ *Verbildlichung,*
  ▶ *virtuelle Realität*
  ägyptische Methode 167
  Augendarstellungen 155
  Leuchten im Bild 132
  Perspektive 57f, 169f, 172f

Sendelicht vs. Beleuchtungslicht 132
Röntgenbilder 148
taktil-haptische (Blinde und
    Bilder) 56–9
Umrisszeichnungen 56
Veränderungsblindheit 177
Verdeckung 58, 146
bildgebende Verfahren ▶ Hirnbilder
Bildschirme 74, 82, 131
Bildtelefone 210
bimodale Zellen (multisensorische Neu-
    rone) 36, 222, 223, 239
binaurales Hören **192**, 192f
Bindungsproblem 128, **221f**, 239
binokulare Parallaxe, binokulare Dispari-
    tät 146, 169
Binswanger, L. 205, 249
Bioenergetik 29, 30
Biofeedback 29, 30
Bio-Wetter 250
Bipolares W. 34
Birkhoff, G. D. 242
bitter 90, 110–5
    bittersüß 113
    Mimik 92f, *114*
Blau ▶ Farbe
blauer Lotos (blaue Wasserlilie) 96
Blendung 130, 131, 133
Blick
    böser 154
    stechender 205
    tastender 61
Blickstrahl-Theorie 154
Blinde 33, 35, 40, 50–62, 80, 97, 170, 174,
    203, 206, 223, 251
    ▶ *Blindsehen,* ▶ *Raumsinn der Blinden*
    experimentelle Blindheit 36, 188, 207
Blinder Fleck *125*, 126, 173, 175, *175*
Blindsehen (blind sight) 173, 174,
Blitze 133, 151, 227, 227
Boden 41, 45, 68, 70, 72, 77, 79, 168, 198, 204
Böhme, G. 250
Bogengänge *67*, 67, *191*
Bomarzo (schwindelerregende Architektur in
    der Parkanlage von B.) 79
bottom up Prozesse 20, 148, 248
    ▶ *Afferenzen*

Braille-Schrift 40, 59, 223
Brocasches Areal *190*, 192, 195
Buba & Tiki 229, 235
Bücher, K. 200
Bühler, K. 131, 134, 245
bulbus olfactorius ▶ Riechkolben
Bungeejumping 76
Buntheit 120, 133, **144**, 231
Burke, E. 27, 42, 76, 113, 115, 135, 162, 242
Buytendijk, F. J. J. 14

C
Carpenter-Effekt 30
Cartesianismus 23
Change Blindness ▶ Veränderungsblindheit
Charles-Bonnet-Syndrom 182, 216
Chiasma opticum 126, *127*
Chills beim Musikhören 202
Chromophobie 144
Ciaroscuro 135
Classen C. 98, 105
Clynes, M. 200
Cochlea (Hörschnecke) 67f, *189ff*, 190f, 192
Cochleariskern *190f*, 191
Cocktailparty-Phänomen 195, 205
collative Variablen 240f
Colliculi inferiores *127*, *190f*, 191
Colliculi superiores 126, *127*, *190f*, 191, *222*,
    223
Comics 84, 154
common code 148
Computer 64, 213f
    ▶ *virtuelle Realität*
    Blinde u. Computer 59
Computeranalogie 166
Computer-Maus 26, 64
Computerspiele ▶ Videospiele
Conchen 88, *89*
Corpus geniculatum laterale (seitlicher Knie-
    körper) 126, *127*
Cortisches Organ *190*, 190f
Cowboystiefel 165
crossmodal ▶ intermodale Beeinflussung
Csikszentmihalyi, M. 166, 246
Cybersickness 74f
Cyberspace ▶ virtuelle Realität
Cytowic, R. 45, 235

D

da Vinci, L. 131, 176

Dämmerung 125, 130, 135f, 137, 141, 143, 251

Darwin, Ch. 160

Daumen, opponierender 50

Denken 65, 151, 173
  ▸ *top down Prozesse*
  inneres Sprechen 208, 215
  Metaphern 235
  räumliches D. 58, 80f, 179

depictive imagery 179

Depressionen ▸ Gefühl

Descartes, R. 23

Design, Gestaltung 42f, 44–7, 56–9, 62–5, 76f, 83, 92, 118, 130–6, 143f, 151, 158f, 161, 165f, , 224
  ▸ *Akustikdesign,* ▸ *Architektur,*
  ▸ *Bauhaus,* ▸ *Innenraumgestaltung,*
  ▸ *materielle Kultur,* ▸ *Olfaktorik-Design,*
  ▸ *Raumakustik*

Desorientierung 69, 74f, 81, 84, 169

Deufelhard, P. 163, 165

Dewey, J. 30, 201, 245

Dingwahrnehmung
  ▸ *Materialqualität,* ▸ *materielle Kultur*
  ästhetisch 41–4, 60–2, 80, 83f, 86f, 96, 105–7, 113f, 116–8, 119f, 133–6, 143f, 151–3, 161, 165–7, 203f, 213f, 222, 239, 240–4, 249–51
  auditiv 40, 188f, 192, 193f, 196, 203–7, 211–4
  gustatorisch 113–8, 119
  haptisch 50f, 54f, 60–5
  multisensorisch 40, 44, 45, 61,115–8
  olfaktorisch 86, 90–4, 96, 105–8
  taktil 39–47
  transmodal 52f, 222, 227, 229f, 238f
  visuell 28, 54f, 60–2, 128, 133–6, 139f, 141–9, 151, 161, 165–7, 173–8
  visuell-vestibulär 31, 80, 83f

dionysisch 241

Disco, Diskothek 35, 191, 207f, 210, 248

Displays
  ▸ *Bildschirme*
  bildlich 166
  hörbar 214

spürbar 59, 63f

Dissanayake, E. 247

Dissoziation von bewusstem Sehen und Agieren 173–5

Döring, A. 245

Doppelbilder 176

Doppelblitz-Illusion ▸ intermodale Beeinflussung

Doppler-Effekt 193

dorsaler Pfad ▸ Wo-Bahn

Drogen
  psychoaktive 44, 75, 81, 95, 98, 103, 129, 180, 232f, 235
  körpereigene 44, 202, 239
  mechanische 75–78, 83f, 208 (laute Musik) 241

Dürer, A. 181

Duftklassifikationen 90f

Durchschnittseffekt (Gefälligkeit von Durchschnittsgesichtern) ▸ Prototypen-Effekt

E

Earcons 214

Ebbinghaussche Täuschung 173, *173*

Echolot 205

Efferenzen 20, 50, 54, 68, 88, 190f
  ▸ *top down Prozese*
  efferente Hemmung 20

Efferenzkopie 50, 54

Einfühlungstheorie/-ästhetik 14, **30**, 65, 79, **151**, 158, 239, 246

Eigenhelligkeit („Leuchtkraft" der Farbtöne) 138, 141, 142, 228,

Eingeweide, innere Organe, viszerale W. 19f, 27, 68

Einschlafbilder (hypnagoge Bilder) 82, 153, 180, 216

Ekel-Mimik ▸ Gefühl

Ekstase 77, 82, 83, 129, 200, 208, 240, 241, 246, 248

Embodiment 13
  ▸ *Denken,* ▸ *Gefühl,* ▸ *Sensomotorik,*
  ▸ *Somatopsychologie,* ▸ *Empathie,*
  ▸ *Einfühlungstheorie,* ▸ *Mitbewegung,*
  ▸ *Spiegelneurone*

empathische Schmerzwahrnehmung **44**, 65, 225

empathische visuell-taktile Synästhesie 45, **225**, 233
Enaktives Wahrnehmen 13
▸ *Handeln*
Endorphine 47, 202, 239
Engeempfindung 28, 201
Engpässe 168
Entfernungshinweise/-wahrnehmung 57, 149
Entfernungshören 193
visuelle Entfernungshinweise **169f**, 172, 179
Entspannen, Entspannung 19, 38, 47, 108, 115, 201, 231, 241f, 248
Entspannungstank 25
Entspannungstechniken 28f, 209
Epilepsie 44, 95, 98, 129, 180, 182, 233, 235, 248
eingeschränkte Anfallsformen (partiell komplexe Anfälle) 215
epileptische Aura 54, 98, 215, 240
Epiphanie 103, 247
Ereignis-/Geschehniswahrnehmung 32, 35, 188, 194, 205–7, 211f, 215, 224, 227
▸ *Orientierungsreaktion*
Ergonomie 62
kognitive E. 64
erhaben, das Erhabene (the sublime) 31, 76, 113, 133, 135, 163, 201, 242
Erinnerung ▸ *Vorstellung*
Erkennungsschwelle
▸ *Maskierung*
Geruch 88, 106
Geschmack (spezifische Geschmacksschwelle) 112
Erkunden (exploratives Verhalten) 32–4, 43, 50–3, 54, 61, 108, 179,
Erleichterung der Wahrnehmung
▸ *Einfrierphänomen,* ▸ *Karikatureffekt,* ▸ *Prototypeneffekt*
Erl. d. W. als Test für Synästhesie 234
Erl. d. W. bei Bildern für Blinde 59
Erl. der Musikauffassung durch Körperbewegungen der Aufführenden 199f
Erl. der Objektwahrnehmung durch Entfernungshinweise 150
Erl. der visuellen W. durch Farbe 138, 145
Erl. d. W. durch Kubismus 166

Hören des Grundtones durch Obertöne 197
Erl. d. W. wirkt ästhetisch 160, 243f, 245
Ersatzhandlung 38, 211
Ersatzobjekt(e) 38
▸ *Kuscheldecke*
Erschwernis der Wahrnehmung
▸ *Rätselhaftigkeit*
wirkt ästhetisch 244
erworbene visuell-taktile Synästhesie **225**, 233
Erzählung, Roman 31, 183
Erziehung der Sinne ▸ *Sensibilisierung*
Eskapismus 211
Esoterik, esoterisch 103, 250
Ethnographie, Kulturanthropologie 28f, 83, 104, 246
▸ *Naturvölker*
Ethologie (Verhaltensbiologie) 14, 243
Eustachische Röhre *189*
Evolution 28, 76, 86f, 99f, 114, 143f, 146, 202, 242f, 247
Evolutionspsychologie 243
Exkremente, Kot 42f, 90, 93f, 97, 100
▸ *Fäkalgeruch*
exploratives Verhalten ▸ *Erkunden*
Exterozeption 20, 34

F
Fahrrad 29, 36, 72–4, 165, 214
Fahrzeuge, Fortbewegungsmittel 29, 73f, 76f, 82f, 165, 169, 211, 213f, 250f
▸ *Automobil,* ▸ *Fahrrad*
Fäkalgeruch 90, 93f, 97, 100
Fallen 76f, 79, 83, 201
▸ *Abgrund,* ▸ *visuelles Kliff,* ▸ *Jahrmarkt,* ▸ *Traum*
Farbe
▸ *Buntheit,* ▸ *Eigenhelligkeit („Leuchtkraft" der Farbtöne),* ▸ *Graustufen,* ▸ *Helligkeit*
additive Farbmischung 140, *140*
Blau 130, 137f, 140–4, 169, 228, 236 138, 141, 142, 228,
Gedächtnisfarben 139
Gelb 137f, 140–4, 228, 230, 236
Grün 90, 137–43, 230, 234

Helligkeit (Lightness, Unbuntart; bei
ungesättigten Farben) 141
kalte Farben 135, 138
metamere Farben 137, 140
optische Farbmischung (partitive Farb-
mischung) 141
Rot 116, 130, 137–44, 170, 228, 230, 234,
236
Sättigung (Chroma, Unbuntgrad) **141**,
181
subtraktive Farbmischung 140, *140*
Violett 142, 228, 230
warme Farben 45, 135, 142, 228
Farbenblindheit 128, 138
Farbgestaltung 45, 144
Farbkonstanz **139**, 171
Farbkreis 140
Farbmodul (V4) 223, 235
Farbnamen 138, 234
Farbton (Buntart, Hue) 134, 138, **141**, 142f
Fauna 86, 125, 167, 204, 243
Fechner, G. Th. 240, 241
Feldabhängigkeit/-unabhängigkeit 78
Feldenkrais Methode 29, 30
Fernbedienung ▶ Teleoperation
Fernblau 143 ▶ Luftperspektive
Fernblick **168**, 182, 204, 249
Fernsehen (TV) 65, 105, 160, 184, 211
Fernsinne, Distanzsinne 35, 86, 124
Fettgeschmack 122, 114, 118
Feuer 86, 133, 142,
Feuerwerk 133, 182, 245
Figur & Grund 145f, 149f, 152, 153, 194, 252
filling in ▶ Ausfüllmechanismus
Film (Kino) 30, 44, 71, 75, 84, 132, 183f, 185,
205, 248, 250
    ▶ *Atmo*, ▶ *Foto*, ▶ *Morphing*, ▶ *Schauspie-*
ler, ▶ *stroboskopische Bewegung*, ▶ *Stumm-*
film
    Animationsfilm 149f, 171
    Beleuchtung 131, 135
    Hautreize 46
    Imax-Kinos 74
    Kamerabewegung 74f, 84, 177, 183f
    Orientierung 169
    Ton 188, 193, 197, 204, 207, 211f, 226f
    Schnitt 184

    unidentifizierbarer Schall 188
    subjektive Kamera, point of view shot 75
    185
    Riechkino 105f
    Traum 181
    Verfolgungsjagd 75
    Zeitlupe 183, 185, 207
Film noir **135**, 229
Finger 22f, 34, 43f, 48, 50f, 55f, 58, 116, 200
    ▶ *Hand*, ▶ *Daumen*
Fingerlutschen 38
Fingernagel 63
Fingerspitzen 33, 34f, 40, 55, 63f, 221
Flavour-/Flavorforschung 112, 117
Flehmen 99
Flimmerfusionsschwelle ▶ intermodale
Beeinflussung
Flimmerskotome 185
Flow 245–7, 247f
fluency 160
    ▶ *Erleichterung der Wahrnehmung*
Flug-/Fahrsimulatoren 74f, 213
Flusser, V. 244
Fooddesign 118
force-feedback 63
formatio reticularis, retikuläres System 20,
46, 68, *68*, 75, *89*, 89, *110f*, 126, *127*, 130,
180-2, *190f*, 191, *222*, 223, 229, 234, 238
    ▶ *Arousal*
Formkonstanz 170f, 172, 182
Fotografie 58, 132, 146, 150, 157, 159, 160,
166, 169, 172, 177, 183, 184f
Fötus 37, 51
Fourieranalyse 196
fovea centralis 125, *125*, 135
Franke, H. W. 242
Freezing-Phänomen (Einfrier-Phänomen)
    ▶ intermodale Beeinflussung
Fremdenfeindlichkeit 94, 104
    ▶ *Neophobie*, ▶ *Neugier, kulturelle*
Frequenz
    Schallschwingungen 46, 188, 189ff, 193f,
196, 197, 205, 229
    elektromagnetische Strahlung 125, 130,
136–40,
Freud, S. 87, 119, 180

Frontallappen (Stirnlappen) *21*, 22, *68*, *127*,
    179, *190*, 191f, *222*, 239
fruchtbarer Moment 131, 151, 163, 183
Fühlen ▸ Spüren ▸ Gefühl
Fülle 61f, 120, 242, 250, 251
Funktionslust 19, 30, **245–8**
fusiforme Windung 128, 156, 157

G

Galton, F. 160
Gamingsickness 74f
Gänsehaut 202
Ganzfeld 84, **133**, 228
Gebetsketten, 48, 62
Geborgenheit, Sicherheit 39, 92, 94, 101, 117,
    204
Gebrauch, intuitiver 214
    ▸ *Usability*
Gebrauchsanleitung 64
Gebrauchsspuren 65
Gedächtnis 148, 167
    ▸ *Vorstellung*, ▸ *Loci-(Merk-)Technik*
    eidetisches G. 178
    episodisches G. 96
    explizites G. 55
    externes visuelles G. 177, 183
    Geruchsgedächtnis (Proust-Efekt) 96
    implizites G. 55
    visuelles Langzeitgedächtnis für Umge-
        bungen 177
Gedächtnisfarben 139
Gedächtnistastung 42
Gefühl, Affekt, Emotion, Stimmung 19, 26,
    27f, 31f, **37–9**, 41f, 46, 61, 89, 91–8, 104–
    7, **116–8**, 120, 124, 126, **128–36**, **141–4**,
    150f, 157f, 161–4, 181, **198–202**, 204,
    206–9, 211f , **230f**, 235, 241–52
    ▸ *Ausdruck*, ▸ *Bewertung*, ▸ *limbisches Sys-*
        tem, ▸ *Lust*, ▸ *Mitbewegung*, ▸ *Sexuali-*
        tät, ▸ *Stimme*, ▸ *Vitalqualität*
    Affektabstimmung 198f, 201f, 243, 246,
        248
    Angst 24, 28, 39, 44f, 76f, 81, 92, 135,
        150f, 154, 158, 169, 188, 198, 225,
        229f, 246
    Angstlust 77
    Depression 19, 27, 95, 98, 128, 249

Einsamkeit 206
Ekel 42, 47, 73, 90, 92–5, 98, 101, 105,
    106, 108, 114, 116, 120, 199
Ekel-Mimik **92**, **93**, *93*, 116, 199
Fröhlichkeit, Euphorie 19, 27, 82, 133,
    151, 199, 202, 206, 230, 239
Geburtrauma 39
Gleichgewichtssinn 72, 80–4
Leichtigkeit 28
Misstrauen 206
Schwere 28
Sehnsucht 210
Stimmung vs. Gefühl 27, 250f
Stimmungsregulation 201f, 211
    religiöse G. 103, 129
Traurigkeit 19, 27f, 150f, 198f, 202, 217,
    230
Vertrauen 118, 135
Wut 27, 133, 150f, 158, 201, 230
Gefühlssynästhesie, 232f, 235
Gegenlicht 130f, 132
Gehen 29f, 68f, 73, 76f, 79, 82f, 168, 194f 204
    ▸ *aufrechter Gang*, ▸ *Trittsicherheit*,
    ▸ *Walkman*
    ästhetisches Erlebnis 30, 246
    Stil 150, 164
    Treppen 29f, 76, 79, 82, 246
Gehörgang 189, *189*, 193
Gehörknöchelchen (Hammer, Amboß, Steig-
    bügel) *189*, 189–91
Gehörschäden 207f
    ▸ *Schwerhörigkeit*
Gehry, F. O. 79
Geisterbahn 36
Gelb ▸ *Farbe*
Gelenke 20, 24, 50, 69, 150
    ▸ *Propriozeption*
Gemeingefühl, Hintergrundgefühle 19
Geone **148**, 166
Geräusche 35, 40, 117, 183, 188–95, 196f,
    203–9, 211–7, 226f, 229, 231, 250
    Nahrungsaufnahme 116
    Vibration 46f, 214
Geräuschkulisse 193f
Geruchslandschaft ▸ *Smellscape*
Geruchsprisma 90, *90*

Geschmack, Geschmacksurteil (im uneigentlichen Sinn) 117, 143, 222, 238, 239, 243, 244
Geschmacksknospen 110
Geschmackspapillen 110, 112
Gesichterschönheit 159–64, 243
Gesichtsausdruck 92, 108, 157f, 162–4, 199, 221
Gesichtsfeld, peripheres ▶ peripheres Sehen
Gesichtsfeldausfälle 174, 185
Gesichtsmodul 155–7
Gesichtsmodus (holistisches vs. konfiguratives Wahrenehmen) 155–7
Gespenster 37, 63, 82, 129
Gestaltfaktoren/-gesetzte 13, **145–7**, 150–2, 159, 194
   ▶ *gute Gestalt*
   Faktor der durchgehenden Kurve (Gesetz des glatten Verlaufs) 147, 151f, *152*
   Faktor der Erfahrung (der objektiven Einstellung) 147
   Faktor der Geschlossenheit 147
   Faktor der Gleichartigkeit (Ähnlichkeit) 147, 194
   Faktor der Nähe 147, 194
   Faktor der Symmetrie 150
     ▶ *Symmetrie*
   Faktor des gemeinsamen Schicksals 147, 152, 194
Gestaltkreislehre 14
Gestaltpsychologie 58, 142, 145–8, 151f, 159, 229, 237, 251f
gestimmter Raum 249
Gibson, J. J. 14, 32, 55, 147, 171, 184, 171
Giesz, L. 244,
Glanz 46, **131f**, 132, 136
   Augen 154, 162
   Metallglanz 131
   Spiegelglanz 131
   Vegetation 167
   Wasseroberflächen 143
Glanzlichter/-punkte in Bildern 132, 146
Glanzpapier 131, 136
Gleichgewichtsorgan 20, 22, *67*, 67–9, 72f, 74, 77f, 81, *189*, 190, *191*, 206, 208, 221
Gleichgewichtssinn 14, 31, 65, **65–84**, 174, 221f

Glitzern 132
   Vegetation 167
   Wasseroberflächen 143
Gombrich, E. H. 158
Graustufen, Grautöne 137, 142, 228
   Schwarz 129, 131, 135, 137f, 140, 142, 144, 154, 229
   Weiß 133, 135, 137–42, 144, 228f
Greebles *156*, 156f
Greifen **50–66**, 173
   ▶ *haptische W.*
Griffe 62f
Groos, K. 14, 151, 245, 247
Gropius, W. 63
Größenkonstanz 170, 172
Grundriss 59
Grundton einer Lautsphäre 203
Grundton eines Klangs 196, 197
Grunwald, M. 37
Grün ▶ Farbe
Gummihand-Illusion **23**, 44, 225
Gustatorische W. ▶ Schmecken
gustofaziale Reflexe 92f, **114**
gute Gestalt („Gesetz der guten Gestalt") 147
Gyroskope 76

H
Haar
   taktile W. 35, 36
   Geruchsträger 94, 100
   Visualisierung von Duft, Atmosphäre 108
   Lichtaura 131
Haardesign 161
   Indikator von Gesundheit 164
Habitat 140, 167–9
Habituation 32
Hadid, Z. 79
Hall, E. T. 38
Halluzinationen 133
   ▶ *Pseudohalluzinationen*
   auditiv 179, 215f
   Gleichgewichtssinn 81f
   haptisch, kinästhetisch 54
   olfaktorisch 98
   taktil 44, 45
   visuell 129, 180f, 182

Hand 18, 20, 23, 25f, 32–4, 39f, 42, 44, 45, 48,
    50–65, 116, 171, 178, 179, 224–6
    ▸ Finger, ▸ Handschuhe, ▸ Handwerk
    Lesehand 33
    Rechtshänder 192
Handeln, Handlung (Akteur, Aktion, agie-
    ren) 18, 19, 25, 47, 51, 60, 64f, 128, 147–
    153, 156, 165f, 169f, 173f, 182f, 184, 185,
    192, 195, 199, 202, 206, 208f, 211f, 214,
    217, 223, 248
    ▸ Interaktion, ▸ Teleoperation, ▸ Werkzeug
Handlungsrückmeldung 50, 201, 204, 212
Handlungsunfähigkeit 74
    übertriebenes Agieren in Theater u.
    Stummfilm 183
Handhaben 33, 50, 60, 116
    ▸ intuitiver Gebrauch, ▸ Usability
Handicap-Theorie 162f
handlich 51, 61, 165,
Handschmeichler 62
Handschuhe 46, 63, 64
Handwerk 62, 64,
haptische W. 20, 32, 40, 46f, **50–66**, 107, 112,
    115f, 119, 170, 171, 119, 221, 223, 226,
    235
    ▸ Greifen, ▸ Propriozeption, ▸ Mund,
    ▸ Spüren
Harlow, H. F. 37
Harmonische 194, 196
Haschisch 95
Hass, H. 107, 115
Hatt, H. 97, 98
Hautempfindungen 32–49
    ▸ Juckreiz, ▸ Schmerz, ▸ Temperatur-
    wahrnehmung
Head, H. 22
Hedonik, hedonische Qualität ▸ Lust, Unlust
Helligkeit
    ▸ Dämmerung, ▸ Farbe, ▸ Kontrast,
    ▸ Leuchten, ▸ Licht, ▸ Schatten
    als transmodale Qualität 130, 228f, 232
    Physiologie der Helligkeitsempfindung
    137, 143, 228f
Helligkeitskonstanz 128, 138, **139**, 140, 171
Hellpach, W. 96, 98, 129, 251
Henning, H. 90
Herder, J. G. 60f, 231

Hering, E. 131
Hexenschaukel 70, *70*
High-Key-Beleuchtung 135
Hippocampus 88, *89*
Hirnbilder 97, 178, 221, 222, 239
Hirnstamm ▸ Stammhirn
Hirnströme (EEG) 37, 201, 221, 222, 240
    Messung an einzelnen Neuronen 128, 221
Hobson, J. A. 181
Hochberg, J. 157f, 171, 172
Hochpassfilterung, akustische 196
Holmes, N. P. 22, 29
Hopper, E. 251
Hörbahn 191
    absteigende 192
Hören, Gehör 13f, 22, 35f, 50, 53f, 59, 63, 69f,
    80, 91, 124, **188–217**, 221–33, 241, 243,
    246, 248–52
Hörigkeit 205
Horizontale 53, 79, 127
Hornbostel, E. M. v. 199, 200
Hörnerv *189f*, 191
Hörschnecke ▸ Cochlea
Hörzellen (Haarzellen, Stereozilien) 190
Hüllkurve 196
Husserl, E. 23
Hyperaktivität 77
Hyperbinding 234
Hyperventilation 95
hypnagoge Bilder ▸ Einschlafbilder
Hypogeusie 113
Hypothalamus *68*, 69, 88f, *89*, *110f*, 111, 126,
    130, 239

I

Identifizieren
    ▸ Dingwahrnehmung, ▸ Tarnung
    auditiv 188, 193–5, 198, 203–5
    haptisch 50–3, 54–60
    olfaktorisch 88–92, 97, 108
    taktil 32, 34, 35f, 40f, 44, 45
    visuell 134, 138–40, 143, 147f, 150, 154–9,
    163
Ideo-Real-Efekt 30
i-Gesicht 27
Ikonographie ▸ Verbildlichung
Ilinx 77

Image
   von Parfums 92
   als Teil von Fooddesign 118
Imagery Debatte 179
   ▶ *Vorstellung*
Immersion **46**, 63, **75**
Informationsästhetik 242
Infraschall 188
Innenohr *67*, 70–3, 75, 78ff, 84, *189f*, 189ff,
   208, 221
Innenraumgestaltung 44, 45f, 62f, 83, 102,
   106f, 118, 130f, 136, 143f
   ▶ *Möbel*
Insula 69, 92, 111
Interaktion 151, 154, 157, 160, 182f, 246
   ▶ *Ausdruck,* ▶ *Kommunikation*
Interfaces ▶ Bedienelemente, ▶ Display
Interior Design ▶ Innenraumgestaltung
intermodale Beeinflussung 79, 229, 235,
      ▶ *Aroma,* ▶ *Gummihand-Illusion,*
      ▶ *McGurk-Effekt,* ▶ *multisensorisch,* ▶ *peri-
      personaler Raum,* ▶ *Pinocchio-Illusion,*
      ▶ *transmodale Qualitäten,* ▶ *Synästhesie,*
      ▶ *visual capture*
   Angemessenheits-Hypothese 226f
   Doppelblitz-Illusion 227
   Einfrier-Phänomen **227**, 228, 229
   Flimmerfusionsschwelle 227
   Pergamenthaut-Illusion 40
   Prellball-Effekt 227
   sensorisch-tonisch Theorie 229f, 234f
   visuell induzierte Berührungserlebnisse
      43-5, 224f
Internet 59, 105, 149, 211
Interozeption 20
Intonation 198f, 202, 217
Invarianz 171
„Irrenschleudern" 78
Isophone **196**, 197, 229

J
Jahrmarkt 29, 70, 77f
   ▶ *Geisterbahn*
James, W. 27, 44, 225
James-Lange-Theorie 27
Jellinek J. S. 90, *91*, 92

Johansson, G. 150
Juckreiz 19, 32
Julia-Roberts-Effekt 162

K
Kandinsky, W. 236
kanonische Ansichten 165f
kanonische Neurone 65, **128**, 148, 166

Kant, I. 31, 50, 61, 64, 65, 75, 101, 104, 124,
   160, 161, 164, 205, 206, 245
Kanten, sichtbare 145, 168
Kargheit 120, 250
Karikatur-Effekt 157f, 162, 176
kategoriale Wahrnehmung
   auditiv 189
   visuell 158f, 169
Katz, D. 34, 36, 37, 43, 55, 131, 132, 134, 135
Kavalierstart 76
Kebeck, G. 132, 182
Keller, H. 97
Kennertum 161, 244, 249
   Gastronomie 117, 120
   Weinkenner 90, 120
Kinästhesie **20**, 54, 62, 69–71, 79f
   ▶ *Gleichgewichtssinn,* ▶ *Propriozeption*
Kindchenschema 162, 164, 242
Kinetosen ▶ Bewegungskrankheiten
Kippfigur
   taktil 34
   visuell 145f, 153f
Kitsch 47, 113, 130, **244**
Kitzelempfindung 20, 32, 34, 47f, 60, 180
Klages, W. 97
Klang 130, 192, **196**, 197, 205, 208, 211, 214,
   231f, 234, 236, 250
Klangfarbe 196
Klangwahrnehmung und Artikulationsmoto-
   rik 195, 201, 229f
Klatsch 39, 199
Klee, P. 80, 236
Kleidung 29, 41, 45f, 131, 144, 165
   ▶ *Mode*
Kleinhirn 20, *21*, 68, 68, *190*, 191
Klettverschluss 64
Klimaanlagen

Beduftung 103, 106
Maskierung von störendem Schall 209
Knopf, Knopfloch 64
Kobbert, M. J. 141, 142
Köhler, W. 229, 230, 235
Kokain 44, 239
Kollision ▶ looming
Kommunikation ▶ Ausdruck, ▶ Lippenbewe-
    gungen, ▶ Protokommunikation, ▶ Stim-
    me, ▶ Telefon
Komplexität 146, 192, 240–2
Komputationale Theorie **148**, 166
Konsistenz 51, 52, 70, 116
    ▶ *Boden,* ▶ *Materialqualität*
Kontraste
    Gerüche 90
    Helligkeit und Farbe 128, 131, 132, 144,
        145, 150, 154, 176, 229
Kontrolle, Kontrollverlust 26, 77, 209
    ▶ *Ekstase*
Konvergenz 169, 170, 184
Konzentration (mental) 28f, 48, 136, 177,
        185, 208, 213, 217, 233, 246, 248
Konzentration
    von Duftstoffen 88, 91, 94, 106
    von Geschmacksstoffen 112f, 115,
Kopfhörer 212f
Kopfschmerz 73, 95, 106
Körper 13f, 18–84, 124, 174, 224f
    ▶ *Bewegung,* ▶ *Funktionslust,* ▶ *Gefühle,*
    ▶ *Gesichter,* ▶ *Handlung,* ▶ *Lokalisierung,*
    ▶ *Orientierung,* ▶ *Parietallappen,* ▶ *Senso-*
    motorik, ▶ *Sexualität,* ▶ *Tanz,* ▶ *Tonus,*
    ▶ *Traum,* ▶ *Vitalempfindung*
    affektive Wirkung von Rot 143
    Aromatherapie 95
    Ästhetik, Attraktion 159–66, 242f
    außerkörperliche Erlebnisse 81
    bei d. Filmwahrnehmung 184
    beim Riechen 92
    beim Schmecken 114–7
    Doppelgängererlebnisse 81f
    Erlebnisse unheimlicher Nähe 81
    Hören 188, 195, 198–202, 204
    Lärm 208–9
    Schauspieler 30, 160, 162, 212
    Somästhetik 30

Tarnung 134, 150
Tierphysiognomien 158
Voyeurismus 182f
Körperbild ▶ Körperfühlbild, ▶ Körper-
    schema
Körperfühlbild 23, 36f
    ▶ *Körpergefühl*
Körpergefühl 19–84
    ▶ *Spüren, Gespür,* ▶ *haptische W.*
Körpergeruch, Parfümierung 94, 98–102
Körperkontakt 37–9
Körperpflege, soziale 39, 199
Körperschema 22–6, 37, 72
    ▶ *Körperbild,* ▶ *Phantomglieder,*
    ▶ *Werkzeuggebrauch*
Körperselbst 26, 36
Körpersprache ▶ Ausdruck
Korsagen 243
Krabbelkinder 79, 93
Kreitler, H. 142, 241
Kreitler, S. 142, 241
kreuzmodal ▶ intermodale Beeinflussung
Kriszat, G. 15
Kultur 13f, 38f
    akustisches Produktdesign 213
    Arbeitsgesänge 200
    Augendarstellungen/-mythologien 154f
    Bäderkultur 36
    Beleuchtung 136
    Berührung, Distanzkultur, Nähekultur 38f
    Bewertung von Riechen & Schmecken 87
    Bildungsnormen 238
    Farbpräferenzen 142–4
    Farbwahrnehmung/-namen 138
    Fernblick 168
    Freikörperkultur 46
    Geruchspräferenzen 93f, 104f
    Geruchs-Sensibilität 90, 104f
    Geruchsträume, Trauminkubation 97f
    Gesang, Musik 202
    Geschmack, Stilpräferenz, Kitsch 243f
    Gestaltwahrnehmung 147
    Hörmedien 210–3
    indigene Kulturen, Naturvölker 38, 97f,
        104f
    Kochkulturen 116–20
    Körperästhetik 164f

Körperwahrnehmung 23, 28f
Lautsphären 203f
materielle Kultur 13, 29, 45–7, 62–5, 72,
    82f, 116–8, 149, 204
Perspektive 172f
Protokonversation & Akkulturation 198
Sexualität und Ästhetik 247
kulturelle Neugier 117
Kulturgeschichte 28, 36, 62–5, 82f, 87, 102–5,
    117f, 128f, 138, 142–4, 154f, 168, 198–
    200, 202–4
Mittelalter 131, 132, 168
Renaissance 132, 168, 172, 251
Vor-/Frühgeschichte 44, 62, 83, 132, 167,
    173
Wahrnehmungsstile 168
Kulturkritik
Berührungstabu 52, 60f
haptische Unterforderung 64f
Hörenmedien, Schizophonie 210f
Körperwahrnehmung 28
Riechen & Schmecken 104f, 119f
Sehen, Distanzsinne 13, 28, 52, 60f, 64f,
    124
Kunst 13, 26, 29ff, 36, 65, 83f, 87, 124, 141,
    148, 161, 166f, 205, 217, 200, 232, 236,
    238–50
    ▶ Architektur, ▶ Ausdruck, ▶ Bild, ▶ Kitsch,
    ▶ Museum
abstrakte, ungegenständliche Malerei 58,
    220, 236f
Achselhöhlen 100
Animismus 151
Betrachter im Bild 184f
Ciaroscuro-Malerei 135
Dämmerung 135
Eatart 119f
Farbe 144
fruchtbarer Moment 31, **151**, 163
Geisteskrankheit 167
Geruchskunst 107
Glanz 132
Ikonenmalerei, Goldgrund 131
Impressionismus 185
Karikatur („alle K. ist Karikatur") 243
Kochkunst 117f

Kubismus 166f
Künstler-Sehstörungen 185
Landschaftsdarstellung 168
Lichtkunst 132f, 153
Maler-Modelle 183
Mobiles 153
Mona Lisa 176, 185
Nebel 133
Opart 84
Perspektive 172
Plastik, Bildhauerei 31, 60–2
religiöse Kunst 131
Steinzeit 173
Stil 79, 83, 135, 161, 239, 249
Stil, linearer vs. malerischer 251
Symmetrie 61, 80, 161
Synästhesie 232, 236f
Theater 133, 150
Tierdarstellungen 158
Traum 181
„Urkunst" 240
Volkskunst 144
Kunstkopftechnik 213
Kuscheldecke (security blanket) 38

L
Labialisierung 199
Lächeln 27, 92, 114, 154, 155, 157, 158, 162,
    176, 231
    ▶ i-Gesicht, ▶ Mona Lisa
Lagewahrnehmung 23, 68, 69
Landkarte 59
Landmarken ▶ Wegzeichen
Landschaftsgestaltung
Landschaftswahrnehmung/-ästhetik
Hören 203f, 243, 251
Riechen 86, 94, 251
Sehen 132, 133, 135, 143, 167f, 169, 184,
    243, 249, 251
Langeweile 161, 244, 246
Lärm 191, 196, 204, 207–10, 214, 229
    ▶ Rock'n'Roll-Schwelle, ▶ Verkehrs-
    geräusche
Lärmtaubheit 208
laterale Hemmung **126**, 126, 137
Laufband 71, 74

Lauflernhilfen 72
Laufrad 72
Lautsphäre 203–5. 206f, 210f
Hifi vs. Lofi 203
Lautstärke, Lautheit 188, 191, 196, 197, 207–9, 211, 228f, 235, 238
▸ Phon, ▸ Sone
Lavalampe 144, 171
Lebensmittel ▸ Nahrungsmittel
Lebensweise ▸ Kultur
Leib (vs. Körper) 23f
Lennep, D. J. van 14
Lessing, G. E. 31
Leuchtkraft (von Lichtquellen) 228f
„Leuchtkraft" (von Farbtönen) ▸ Eigenhelligkeit
Leuchtreklame 132, 152, 153
Libeskind, D. 79
Licht 125–36, 145
▸ Farbe, ▸ Helligkeit
Aura 130
Ausbreitungsgeschwindigkeit 223, 226
Traum 180, 181
Lichtdusche 128
Lichterketten 152
Lichtmagie 132
„Lichtmaterie" 131
Lichtpathos, Lichtmystik 130f
Lichtpunkt-Paradigma (Point-light-Paradigma) 150
Lightkost 118
Lilly, J. C. 25
Limbisches System 22, 68, 69, 88f, 89, 110f, 111, 126, 202, 222, 222f, 235, 238–40
Linearperspektive ▸ Perspektive
Lippen 22, 33, 35, 51, 116, 119
Artikulation 199
Lippenlesen 194, 221, 222
Lippenschnalzen 197
Lipps, Th. 14, 151
Livingstone, M. 176, 185
Loci-(Merk-)Technik 179
Locke, J. 52
Lokalisierung
▸ Orientierung
auditiv 191–3, 195, 197, 203, 213, 216
Körpergefühl, Berührung 20, 23–6, 48, 84

multisensorisch 223, 224
visuell 127, 128, 174
visuell vs. auditiv 193, 226f
Looming 149, 168
Loops 212
Lorenz, K. 14, 242, 245, 247
Loroi-Gourhan, A. 88
Lowen, A. 29
Low-Key-Beleuchtung 135
Lücken im sehen ▸ Ausfüllmechanismus
Luftbad 46
Luftperspektive ▸ Perspektive
Luftverbesserer 104, 106
Lust/Unlust, Hedonik 238–248, 250f
▸ Attraktion
Hören 116, 197–9, 202, 207f
Licht 128–31
Riechen 91–5, 101, 105
Schmecken 113f, 116, 119
Spüren 36–9, 41–3, 47f, 61f
luzide Träume 181f, 216

M
Machbänder 126
Macula 125
Madeleine-Episode 96
Magersucht 37
Makrosmaten 86
Malerei ▸ Kunst
Maluma & Takete 151, 229f, 235
Mandelkern ▸ Amygdala
männlich, Männer 39
Farbenblindheit 138
Geruchssensibilität 94
Geruchsträume 97
körperl. Attraktion zw. den Geschlechtern 164f, 243, 247
männliche Gesichter 163f
männlicher Achselschweiß 99
Parfum 91
Reaktion auf weibliche Gerüche 97, 99f, 102
sexuelle Erregbarkeit 39, 248
Wertschätzung von Gegenständen 166
Marionetten-Effekt 26, 225
Marktforschung für Düfte 94, 101, 104
Marr, D. 148

Maskierung
  auditiv 196, 209
  olfaktorisch 103, 104
  visuell 154 (Sonnenbrille) 164 (Bart)
Massage 34, 35, 39, 95
  Säuglingsmasage 38, 72
Massagegeräte 46
Materialästhetik 41–3, 131
Materialqualität 40–3, 45f, 55, 171, 205
  ▸ Textur
McGurk-Effekt 194, 221, 222
Mechanorezeptoren 20, 32, 41
Medien (im allg. Sprachgebrauch) 13, 46, 59f,
  63–5, 74f, 83f, 100, 105–8, 120, 130f, 132,
  158, 182–5, 204f, 210–14, 217, 244
  ▸ Computer, ▸ Fernsehen, ▸ Film,
  ▸ Fotografie, ▸ Schallkonserven, ▸ Telefon,
  ▸ Virtuelle Realität
Medien (im abstrakten Sinn) 48, 63, 119
  ▸ materielle Kultur, ▸ Werkzeug
Medien, Medium (Luft, Wasser etc.) 36, 47,
  130f, 133–6, 188
  ▸ Milieu
Meditation 28, 129, 233, 240, 241
medulla oblongata ▸ verlängertes Rücken-
  mark
Melancholie 129, 142
  ▸ Gefühl
Melatonin 126, 130
Melodie, Melodik 198–202, 215, 231
  Sprachmelodie 199, 221, 230
mentales Rotieren 179
mere-exposure 160
Merk-/Wirkwelt 15, 169
  ▸ Habitat, ▸ Handeln
Merkmalsintegration 148
  ▸ Bindungsproblem
Merleau-Ponty, M. 14,
Migräne 95, 98
Migräneaura 180, 182, 185, 215, 233, 235
Mikrosmaten 86
Milieu 86, 94, 102–7, 116, 120, 156, 249–52
  ▸ Atmosphäre, ▸ Medium
Mimik 27, 30, 92f, 108, 116, 157f, 160, 163f,
  176, 195, 198f, 205, 212
  ▸ Ausdruck, ▸ gustofaziale Reflexe
  ▸ Lächeln

visuelle Ekelinduktion 92, 116
  weinerliches Gesicht 92
Mischlingsgesichter 164
Mitbewegung, Mitbewegungsästhetik 14, 28,
  30, 75, 79, **151**, 152f, 158, 163, 195, 199,
  205, 246, 250,
Mittelalter 128, 131, 132, 168,
Mittelhirn 21, 22, 191, 223
Mittelmaßschönheit 160–2, 241
Mittelohr 189, 189ff
Möbel 29, 42, 43, 45, 156
  schwingende 76
Mobiles 153
Mobiltelefon 46, 208, 214, 224
Mode 144, 161, 247
  ▸ Kleidung
Moholy-Nagy, L. 43, 166
Moles, A. 244
Molyneux, W. 52
Molyneuxproblem **52**, 171, 235
Mona Lisa 162, **176**, 185
monaurales Hören 192f, 194
Morphing **158f**, 171, 189
Morris, D. 39
Moschus 90, 94, 100
most advanced, yet acceptable (MAYA-Prin-
  zip) 161
Motherese 198
Motion capture 150
mp3-Player ▸ Walkman
Müller-Lyer-Täuschung 53, 53, 170
multisensorisch/-modal 14, 22, 44, 47, 70,
  110, 111, 115–8, 120, 174, 214, 220–37,
  239, 246
  ▸ bimodale Zellen ▸ intermodale Beein-
  flussung, ▸ transmodale Qualitäten
multisensorischer vestibulärer Kortex 68, 69,
  222
Mund 51–3, 86, 92f, 99, 115f, 119, 120
  ▸ Lippen, ▸ Zunge
  visuelle W. des M. 153–5, 157f, 162, 176
Mundgefühle 114, 116, 221
Museum 238, 241, 248f
Musik 31, 87, 107, 192, 199–202, 205, 207–
  13, 215–7, 236, 240, 241, 243
  Film 183, 211f
  Klang 196

Musikerkrämpfe 64
Programmmusik 211
Taubheit 35
Muskeln, Muskulatur 20, 23f, 26, 28f, 30, 31,
    34, 50, 62, 63, 68f, 71, 75, 115, 158, 163ff,
    169, 190, 191, 221, 222, 248
    ▸ Propriozeption
Muttermilch 117
Muzak 210
Mystery **168**, 244

N

Nahrungsmittel 86, 91, 100, 113–20
    ▸ Fauna, ▸ Vegetation, ▸ Wasser
Nahsinne 35, 86
    Ultra-Nahsinn 86
Naomi-Campell-Effekt 164
Nase, Nüstern 86–8, 93, 99, 100, 108, 111,
    153, 156, 184
    ▸ Aristotelische Täuschung, ▸ Pinocchio-
    Effekt
    Mimik 92, 108
    zugehaltene 93, 115
Natur 13
    ▸ Animismus, ▸ natürliche Ressourcen
    -ästhetik 135, 152, 167–9, 243
    Farben 143
    -geräusche 204, 207, 211
    -gerüche 108
    natürliche Beleuchtung 134
    Zersetzungsprodukte 42, 43
natürliche Ressourcen ▸ Fauna, ▸ Licht,
    ▸ Vegetation, ▸ Wärme, ▸ Wasser
Naturvölker 37f, 97f, 104f, 151, 234
Navigation 59
    ▸ Orientierung
Nebel 108, 133, 244, 251
Negentropie 246
Neophobie 117, 120
Nervus vestibularis 67, 68
Nervus vestibulocochlearis 67, 68, 189,
Netzhaut 61, 65, 70, 71, 88, 125, 125–7, 130,
    135, 137, 148, 149, 169, 170, 175, 180, 192
Neugeborene 37, 51–3, 93, 114, 145, 195, 198
    ▸ Säuglinge
Säugetiere 79
Neugier 244

kulturelle 104
Neuheit 241
    ▸ Überraschung
Neurogenese 88
neuronale Anpassungsfähigkeit (neuronale
    Plastizität)
    im sensorischen Homunculus 27, 33
    Rekrutierung von „Arealen anderer
    Sinne" 223
Neuropathie, periphere sensorische 24, 26
Neuroprothese, visuelle 60
„Nichtschmecker" 112f
niedere Sinne 18, 87, 116f, 244
Nimbus 131
Nucleus tractus solitarius 110f

O

obere(r) Olive(nkern) 190f, 191
Oberflächensensibilität 20
    ▸ Hautempfindungen, ▸ taktile Wahr-
    nehmung
Obertöne 197
Objektwahrnehmung ▸ Dingwahrnehmung
oblique effect ▸ Schräge-Effekt
Ohrenklingeln ▸ Tinnitus
Ohrmuschel 189, 189, 193
Ohrwurm 215
ökologische Validität 112
ökologischer Ansatz ▸ Umweltperspektive in
    der Psychologie
Okzipitallappen (Hinterhauptslappen) 21, 80,
    126–8, 127, 148, 174, 190, 192, 222
Oldies 96
Olfaktorik-Design 102f, **105–7**,
olfaktorische Region 88
olfaktorische W. ▸ Riechen
orbitofrontaler Kortex 89, **89**, **111**, 116, 222,
    222, 239
Ordnung als ästhetischer Reiz 61, 144, 242
orientierter Raum 249
Orientierung 59f, 69, 72, 74f, **80f**, 82, 84, 86,
    105, **167f**, 174, 179, 184, **203–5**, 222, 243,
    249
    ▸ Aufmerksamkeit, ▸ Lagewahrnehmung,
    ▸ Richtungshören
Orientierungslaut einer Lautsphäre 203

Orientierungsreaktion **35**, 68, 89, 126, 132, 149, 177, 184, 191f, 212f
Osgood, C. E. 251
Otolithenorgane ▸ Statolithenorgane

P
Panofsky, E. 172
Paradiesvorstellungen 167
paradoxer Schlaf **54**, 75, 82
Pareidolien **153**, 180, 182
Parfumeure 87, 90, 96f, 107
Parfum-Marketing 92, 100, 101f, 108
Parietallappen (Schläfenlappen) 21, 22, 37, 68, 69, 80f, *127*, 127f, 148, 157, *222*, 222, 239
Parietoinsulärer vestibulärer Kortex (PIVC) 69, *68*
Parkinsonsche Krankheit 44, 180, 200
Parosmien 98
Partnerwahl 99f, 161, 163, 164, 243
  ▸ *Attraktion*
Partnerwerbung 99
Passagiersituation 29, 73
Patina 65
Pergamenthaut-Illusion ▸ intermodale Beeinflussung
peripersonaler Raum 36, **224f**
peripheres Sehen 70, 125, 135, 149, 173, 175f, 185
Perky-Effekt 178
Perspektive
  ▸ *Bild*
  Linearperspektive 57f, 169, *170*
  Luftperspektive 169
perzeptive, perzeptuelle Deprivation 84, **133**, 180,
perzeptuelles Lernen 148
perzeptuelles Problemlösen 244
Pest, Pestärzte 103, *103*
Petrarca 168
Phänomenologie 13, 23f, 249
Pheromone, Sexualpheromone 98–100
Phi-Phänomen ▸ stroposkopische Bewegung
Phon 197
physiognomische Urteile 157, 158, 206
Piaget, J. 58, 65, 151
Pick, A. 22

Pilotenausbildung 73
Pinocchio-Illusuion *23*, *23*, 69
piriformer Kortex 88
Plastik (Kunststoff) 42f
Plastiken, Skulpturen 31, 60–2, 205, 239, 243, 247
  ▸ *fruchtbarer Moment*
Platon 117
Plötzlichkeit 227, 229
Po, knackiger 164
Ponzo Täuschung 170, *170*
posttraumatisches Belastungssyndrom 98
Prägnanztendenz 146f
prämotorische Areale 21, 22, 128, 151, 215, *222*, 223, 239
Präzedenzeffekt 197
Prellball-Effekt (bouncing ball effect) ▸ intermodale Beeinflussung
primärer auditorischer Kortex *190f*, 191, 222
primärer gustatorischer Kortex *110f*, 111
primärer olfaktorischer Kortex 88, *89*
primärer visueller Kortex (V1) 126, *127*, 148, 174, 180, *222*
primäres/r motorisches/r Areal/Kortex 21, 22, 64
primäres/r somatosensorisches/r Areal/Kortex 21, *22*, 22, 48, 222, 225
Primärschall 204
  ▸ *Präzedenzeffekt*
Primaten ▸ Tiervergleiche
priming **160**, 201, 243
Prinz, W. 148, 174
Programmmusik ▸ Musik
progressive Muskelentspannung 28
Propriozeption 20f, 24ff, 50, 69f, 169, 198, 221
  ▸ *Gelenke,* ▸ *haptische W.,* ▸ *Kinästhesie,* ▸ *Körperbild,* ▸ *Körperschema,* ▸ *Muskeln,* ▸ *Sehnen*
Prosodie 198f
  ▸ *Intonation*
Prosopagnosie 156
Prospect-Refuge-Theorie 168
Prothese 25
  taktile Sehprothese 59f
  visuelle Neuroprothese 60
Protokonversation 198

Protomusik 199
Prototypen-Effekt 160
Proust-Effekt 96
Proxemik **38f**, 101
pruning 235
Pseudohalluzinationen **179**, 215
Psychose 44, 48
Purkinje-Phänomen 141

R

Radio 194, 203, 210f, 212
Ramachandran, V. 25, 44, 175, 234, 235, 243, 244, 247
Rank, O. 39
Rätselhaftigkeit 161, 166, 167, 176, 236, 240
Räucherstäbchen-Atmosphäre 103
Rauhigkeit, auditive 197
Raumakustik 204f
Raumbeduftung 102f, 106
Raumfrequenz, niedrig vs. hoch 176
Raumsinn der Blinden **35**, 205
Rauschen, weißes 197
Regression 39, 211
Reich, S. 29
Reifröcke 165, 243
Reißschwenk 177
Reliefs (Ertasten von) 37, 55, 55–8
religiöse Bilderwelten 83, 131, 132
religiöse Gefühle 103, 129
religiöse Rituale 77, 95, 103,
Renaissance ▸ Kulturgeschichte
Resonanz 194, 196
    im Gehörgang 189
    neuronale Synchronizität 221
    mit dem Milieu 251
    Stimme und Gefühl 199
Retinotopie 126
retronasales Riechen ▸ Riechen
Rhythmus
    hörbarer 198, 200f, 240
    sichtbarer 79, 212
    spürbarer 30, 35, 62, 73, 75f, 77, 79, 240
Riechen 13f, 80,70, **85–120**, 124, 167, 192, 214, 231, 238, 234, 251
    retronasales 115
Riechhirn 88f, *89*, 111
Riechkolben 88, *89*

Nebenriechkolben 99
Riechkulturen 104f
Riechschleimhaut 88, 93
Richtungshören 189, 191, **192f**, 224, 226
Riechzellen (in der Riechschleimhaut) 88, *89*
Ritter, J. 168
Roch'n'Roll-Schwelle 208
rod & frame (Stab & Rahmen) 78, *78*
Rolandisches Operculum 202
Roller 72, 73
Rosenkranz, K. 42
Rot ▸ Farbe
Rubinscher Becher *145*, 145f, 153
Rückwärtsprojektion (backward projection) 148

S

Sacculus *67*, 67f
Sack, M. 63
Sacks, O. 172, 173, 182, 185
Sakkaden 173, 176f
sakkadische Suppresision **177**, 184
salzig 110–2, 114, 115
Sanduhr-Figur 165
Sartre, J. P. 39
sauer 90, 108, 110–2, 114, 115

Säuglinge 37f, 52f, 72, 75f, 93f, 138, 149, 154, 195, 198, 223, 235, 242, 246
    ▸ *Neugeborene*
Schafer, M. 203, 210, 211
Schalldruckpegel 197, 208, 209
Schallkonserven 211f
Schallschatten *192*, 193
schalltote Räume 25
    ▸ sensorische Deprivation
Schallwellen 188
scharfes, zentrales Sehen 125, 135
Schatten 132, *134*, **134**, **135**, 138, 139, 153, 176
Schaukel(n) 36, 72, 75–7
Schaukelstuhl 76
Schauspieler 30, 160, 212
Schievelbusch, W. 129
Schizophonie 210,
Schizophrenie 36, 54, 95, 98, 180, 215
    ▸ *Psychose*

Schlaf
 ▸ *Einschlafbilder,* ▸ *Traum*
 Ammenschlaf 217
 REM-Phase/-Schlaf 48, **54**, 181f, 216
 Nicht-REM-Schlaf 216
 Schlaflabor 75, 97, 181
 Schlafstörungen 208
Schlaf-Wach-Rhythmus 126, 128, 130
Schlaganfallpatienten 48, 178, 224
Schmarsow, A. 80
Schmecken, Geschmack 13f, 45, **86f**, 89, 92f,
 97, **110–20**, 124, 231, 233
Schmeckzellen 110
Schmerz 19f, 24, 29, 32–4, 46, 231
 ▸ *Kopfschmerz*
 auditive Schmerzgrenze 229
 Nervus trigeminus 93
 Phantomschmerz 25
 Plazebo 33
 visuell induzierter 44, 65, 225
Schmerz-Lust 47, 239, 242
Schmerztherapie 29, 33, 46
Schmitz, H. 24, 28, 249f
Schnappschuss 183
Schnittstellen (von Mensch und Ma-
 schinen) 64, 214
 ▸ *Displays,* ▸ *Griffe*
Schöne, W. 128, 132
Schönheit 160–5, 187, 238, 242, 246
 ▸ *Dingwahrnehmung,* ▸ *Kitsch,*
 ▸ *Landschaftswahrnehmung*
Schräge 79
Schräge-Effekt 79
Schreck-Reaktion 36, 44, 47, 68, 76, 82, 89,
 96, 149, 163, 168, 191, 213, 214, 239, 242
Schulterpolster 165, 243
Schultz, J. H. 28
Schwarz ▸ *Graustufen*
Schwebegefühl 24, 81f, 83, 180, 208
Schwebung 197
Schwenk ▸ *Film*
Schwerelosigkeit 74, 79, 82
Schwerhörigkeit 196, 206, 216
Schwerkraft 67–9, 73f, 78f
Schwindel 69, 73f, 77, 79, 81–4, 95, 221
Segway 76

Sehnen 20, 24, 34, 50, 69, 221
 ▸ *Propriozeption*
Sehnerv 60, *125*, 125f, *127,*
sekundäre visuelle Areale (V2, V3, V4) *127,*
 139, 148, *222,* 223, 235
sekundärer auditorischer Kortex *190,* 192,
 222
sekundärer gustatorischer Kortex *110f,* 111
sekundärer somatosensorischer Kortex 222,
 225
Selbstberührung 38, **47f**, 62, 225
Selbstberührungseffekt **48,** *48,* 225
Selektive Aufmerksamkeit ▸ *Aufmerksamkeit*
semantisches Priming 201
semiabstrakte Klangobjekte 214
Sendelicht 132
sensation seeker/ing 77, 239
Sensibilisierung
 ▸ *Training*
 d. Körperwahrnehmung 28f
 Riechpädagogik 107f
 Schmeckpädagogik 120
Sensibilitätsmessung ▸ *Audiometrie,* ▸ Zwei-
 punkteschwelle
Sensibilitätsminderung, altersbedingt ▸ *Alter*
Sensomotorik 14, 20, 22, 28, 51, 64f, 67–84,
 116, 167, 178–80, 198, 202, 213, 231, 236,
 246, 248
 sensomotorische Intelligenz 64f
sensorische Deprivation **24, 25,** 133, 180,
 216, 233
 ▸ *perzeptuelle Deprivation*
sensutonisch ▸ *Tonus,* ▸ *Vitalempfindung*
Sentimentalität 244
Sexualität 19, 30, 38f, 47f, 61, 65, 86f, 98–100,
 119f, 239, 247f
 Cyber-Sex 46
Shusterman, R. 30
Sichbalgen 38, 48
Sich-Lausen 39, 199
Sichtschutz 143, 167
Siebbein 88
Signallaut (Lautsphäre) 203
Simulatorsickness 74f
simultaner Farbkontrast 126, **137,** 145, 175
Simultankontrast **126,** 132, 136, **137,** 140, 145

Sinustöne 196, 197
Smellscape 86, 94, 103f, 108
Smily-Effekt 162, **176**
Sneaker 165
Sniffman 105
Somatopsychologie 27
   ▸ *Bewegung,* ▸ *Denken,* ▸ *Gefühl*
somatosensorischer Homunculus 21, *22*, **22**,
   25, 33, 64, 111, *222*, 222, 225
somatoviszerale W. 19f
Sone 197
Sonne 125, 128–32, 134, 142
Sonnenbad 36, 46
Sonnenbrille als Maske 134
Soundscape ▸ Lautsphäre
Soziologie des Geschmacks 244
Space-Motion-Sickness 74
Speisekarte 118
spezifisches System (Somatosensorik) 20
Spiegelneurone 30, 65, **128**, 151, 192, 195,
   239, 246
Spiel 30, 144, 152f, 207, 245f
   ▸ *Videospiel*
   Ballspiele 227
   Drehspiele 77
   Raufspiele 38, 48
Sprache
   ▸ *Stummfilm,* ▸ *Telefon*
   Beschreibbarkeit von Handlungen 64
   Beschreibbarkeit von Düften/Aromen 90,
      107, 120
   Farbnamen 138
   inneres Sprechen 208, 215f
   Intonation, Prosodie, Sprachmelodie 198f,
      221, 230
   kategoriale W. von Lauten 189
   Lärm vs. Sprachverstehen 208
   linker Kortex 192
   motorische Th. des Sprachverstehens 195
   Muttersprache 189, 198
   Protokonversation 198
   sprachrelevante Schallfrequenzen 189,
      196, 229
   und Denken, Vorstellen 173, 179
   vocal grooming 199
   Vokale 229
Spuren 167

Spüren, Gespür 19–84, 115f, 124, 198, 151,
   221, 224f, 250
   ▸ *Berührung,* ▸ *Gleichgewichtssinn,*
   ▸ *haptische W.,* ▸ *Milieu,* ▸ *Medium,*
   ▸ *taktile W.*
Stäbchenzellen *125*, 125f, 135, 137, 141, 143
Stabilität der visuellen Umwelt bei Eigenbe-
   wegung 70f
   ▸ *Vektion*
Stadt/-planung, städtisches Leben 76f, 94,
   101f, 105, 203f, 207, 210, 249f
Stallgeruch 94, 104
Stammhirn (Hirnstamm) 20, *21*, 35, 46, 68,
   110f, 126, *127*,130, 181, 191, 208, 223,
   229, 238
Stapediusreflex 191
Statolithenorgane 67
Sterlac 26
Stille 206, 207, 211
   surreale bei experimenteller Taubheit 207
Stimme, stimmliche Kommunikation 35,
   116, 189, 194f, **197–9**, **201f**, 204–11,
   215–7, 221, 230, 231, 243, 247
   Klagelaute 202
Stöckelschuhe 165
Stoddart, M. 99, 100
Stoffwechsel 86, 114
Straus, E. 14, 205
Strauss, R. 201
Striatum (Streifenkörper) 239
Stroop-Effekt 234, *234*
stroposkopische Bewegung
Stummfilm **211f**, 218, 227
subjektive Konturen **145**, 152
Suggestion 28, 98
Sukzessivkontrast 136, **137**
„Superschmecker" 112, 114
suprachiasmatischer Kern 126, *127*
süß 90, 96, 110–5, 221, 231, 233, 242, 344
   Mimik *93*, *114*
Süßkind, P. 92, 106
Swingo 76f
Sylvische Furche 191
Symmetrie 31, 61, **80**, 145, **149f**, 161, 164
Synästhesie, synästhetische W. 14, 45, 98,
   212, 216, 220, 223, 225, **231–7**

▶ *empathische visuell-taktile Synästhesie,*
▶ *erworbene visuell-taktile Synästhesie,*
▶ *intermodale Beeinflussung,* ▶ *transmodale Qualitäten*
Begriffssynästhesie 232
Entwicklungssynästhesie 232
erworbene S. 232
Gefühlssynästhesie 231, 232
gelernte S. 231
genuine S. 232
Graphem-Farbe-Synästhesie 231, 234
ideopathische S. 232
Wahrnehmungssynästhesie 232
Synchronizität
autitiv-visuell 194f, 226f
neuronale 221, 239f, 248
Synchronisierung von Handlungen, Gefühlen 200, 202, 227, 246, 248

T
tachistoskopische Darbietung 228
taktile W. **20–2**, **32–49**, 50–2, 54–6, 59f, 62–5, 107, 112, 115f, 119, 191, 221, **223–5**, 235
▶ *empathische Schmerzwahrnehmung,*
▶ *empathische visuell-taktile Synästhesie,*
▶ *erworbene visuell-taktile Synästhesie,*
▶ *peripersonaler Raum*
taktil-haptische Täuschungen
Aristotelische Täuschung 40, *40*
Größen-Gewichts-Täuschung 51, *51*
Müller-Lyer-Täuschung 53, *53*
Webersche Täuschung 41
Vertikalen-Täuschung 53, *53*
Tangible Design 46
Tanz 30, 83, 152, 183, 199ff, 217, 240, 245, 248
Tarnung 134, 150, 155
Tastaturen 131
Tastsinn ▶ taktile W., ▶ haptische W.
Taubheit 35, 80, 97, 205, 206f, 216, 227, 251
experimentelle 188, 195, 206f
kortikale Veränderungen (Plastizität) 223
Lärmtaubheit 208
Technik 13, 83
▶ *materielle Kultur,* ▶ *Medien,* ▶ *tracking*
Beleuchtungstechnik 131
Beduftungstechnik 107
Kinoton 226

Kunstkopftechnik 213
Lebensmitteltechnik 118
Nachrichtentechnik 242
Selbstamputation durch T. 83
Übertragungstechnik, Telefon 196
Telefon 208f, 210f, 215
▶ *Mobiltelefon*
Bildtelefon 210
Teleoperation 50, 63, 66
Tellenbach, H. 119, 249
Temperaturwahrnehmung 22, 24, 32–4, 36, 41, 93, 115, 207, 231
Temporallappen (Schläfenlappen) *21*, *68*, *127*, 128, 155f, 191, *222*, 235
Territorialverhalten 86, 101, 209
Texturen 40, 51, 61, 116, 146f, 167, 168, 221
Texturgradient 169
T-Figur 165
Thai Chi 28
Thalamus *68*, 69, *89*, 89, *110f*, 126, *190*, 191f,
Thatcherisierung **155**, *155*, 156
Theater 131, 133, 183, 212, 248
Thermorezeptoren 20
Thermosensibilität ▶ Temperaturwahrnehmung
Tiefensensibilität 20, 34
▶ *autogenes Training,* ▶ *Bioenergetik,*
▶ *Biofeedback,* ▶ *Feldenkrais Methode,*
▶ *Eingeweide,* ▶ *haptische W.,* ▶ *progressive Muskelentspannung,* ▶ *Propriozeption,*
▶ *somatoviszerale W.,* ▶ *Thai Chi,* ▶ *Yoga*
Tiefpassfilterung
akustisch 196
optisch 176
Tiervergleiche
akustische Signale 197f
Farbwahrnehmung 138
Riechen 86ff, 98f
Spüren 36, 37–9
Hunde 88, 99, 104, 159
Insekten 86, 98
Primaten 37–9, 50, 86, 138, 198
Säugetiere allg. 79, 86f, 99, 138, 198, 248
Vertebraten 98, 99
Tinbergen, N. 243
Tinnitus 208, 216
Tod 120, 183, 207

Tonart 202
Tonhöhe 196, 197, 214, 228f, 232
Tonotopie, tonotope Ordnung 191
Tonus, tonisch 129f, 231, 234
top down Prozesse 20, 148, 172, 190
  ▸ *Efferenzen*
Totstellreflex 149
tracking 213
Tractus solitarius 110
Tragetuch 76
Training
  bei Blindsehen 174f
  berufl. T. d. Geruchsinns 105
  berufl. T. d. visuellen Systems 148
  d. Gleichgewichtssinns 72, 77
  d. haptischen Wahrnehmens 55
  d. Riechens bei Anosmie 95
  d. taktilen Sensibilität 30, 43
  trainierter Geruchssinn und Traum 97f
Transkraniale magnetische Stimulation
  (TMS) 33, 178
transmodale Qualitäten 53f, 90, 130, 205,
  223, **228–31**, 232, 234–7
  ▸ *Buba & Tiki,* ▸ *intermodale Beeinflus-*
  sung, ▸ *Maluma & Takete,* ▸ *Synästhesie*
Traum 75, 87
  ▸ *Einschlafbilder,* ▸ *luzide Träume*
  auditive T. 216f
  Berührung 44f
  Bewegungsalpträume 54
  durch Duftreize angeregte T. 97
  Flug-, Schwebe-, Fallträume 76, 82f, 180
  Körpererleben 24, 54
  Riech-/Schmeckträume 97f
  strahlendes Licht 129, 180
  Tagträume 62, 153
  Träume Blinder 97
  Trauminkubation 97
  visuelle Qualität 180f
Treisman, A. 148
Treppen 29f, 76, 79, 82, 168, 246
  Rolltreppe 29
trigeminale Chemorezeption (allgemeiner
  chemischer Sinn) 20, **93**, 96, 115
Trittsicherheit 168
  auditiv **194f**, 227
Trommelfell 191

Tunnel-Effekt **152**, 159
Turell, J. 133
Tykwer, T. 106

U
Überblick, Übersicht 167f, 182, 251
Überraschung 35f, 47, 79, 158, 240f
Übertreibung 167, 158, 212, 243
Uexküll, J. v. 14, 15
Ultraschall 188
umami 111, 114
Umkehrbrillen 74f, 155, 156, **174**
Umweltbewertung/-qualität 86, 95, 102f, 135,
  143f, 167–9, 188, 203–5, 207–10, 213f,
  249–52
  ▸ *Paradiesvorstellungen*
Umweltperspektive in der Psychologie 14f,
  32, 146–9, 188
Universalien, universell 28, 93, 100, 130, 138,
  147, 164, 198
Unschärfe
  ▸ *peripheres Sehen*
  auditive Lokalisierung 193
  Dämmerung 135
  Visualisierung von Atmosphäre 108
unspezifisches System (Somatosensorik) 20,
  46
Unterschiedsschwelle beim Riechen 88
Usability 64, 166
  ▸ *Gebrauch, intuitiver*
Utitz, E. 245, 247
Utriculus **67**, 67f

V
Vaginalgeruch 97
Vegetation 142f, 149, 152, 167, 204, 243
vegetative Körperfunktionen 89f
Vektion 70
ventraler Pfad ▸ Wie-Bahn
Ventriloquismus ▸ Bauchredner-Effekt
ventro-dorsaler Pfad 128, *128*
Veränderungsblindheit 177f
Verbildlichung (Ikonographie)
  Fühlen, Spüren 18, 65
  Gleichgewichtssinn 83f
  Hören 217
  Riechen, Geruch 100, 107, 108

Schmecken 120
Sehen 184f
Synästhesie 236f
Vergenzbewegung ▶ Konvergenz
Verkehrsgeräusche 196, 203f, 207f
verlängertes Rückenmark (medulla oblonga-
    ta) 20, *21*, *110f*, 110
Verstärker, primäre 116, 119
Vertikale 78–80, 127, 147
subjektive V. 78f
Vertikalen-Täuschung 53, *53*
Vertrautheit 55, 101, 161, 164, 243f, 244
vestibulärer Kortex *68*, 69
vestibuläres Organ ▶ Gleichgewichtsorgan
Vestibulariskerne *68*, 68
Vestibulo-okulärer-Reflex 70
Vibration 20, 23, 26, 32f, 35, 46f, 59, 63, 69,
    75, 188, 214
Vibrationsalarm 46, 214
Videoamateure 184
Videoclip 212
Videospiele 65, 74f, 212
Violett ▶ Farbe
virtuelle Realität (VR) 50, 63, 74f, 81, 169,
    213
Vischer, R. 14, 151
Visionen 129, 181
    ▶ *Halluzination,* ▶ *Synästhesie*
Viskosität und Aroma 116
visual capture, visuelle Dominanz 55f, 226
    ▶ *Gummihand-Illusion*
visuelle Reizerscheinungen (Halluzintionen),
    180, 182, 229
visuelle Täuschungen
    ▶ *Ames' Raum,* ▶ *Müller-Lyer-Täuschung,*
    ▶ *Ponzo Täuschung,* ▶ *Vertikalen-*
    Täuschung
viszerale W. 19
    ▶ *Eingeweide,* ▶ *Tiefensensibilität,*
    ▶ *vegetative Körperfunktionen*
Vitalempfindung 50, 104, 129f, 251
Vitalqualität (Teilhabe am Leben) 95, 206f,
    251
viuselles Kliff **79**, *79*, 168
vocal grooming 199
vomeronasales Organ 99, *99*
Vorstellung, Erinnerung 31, 40, 116f, 158

    ▶ *autogenes Training,* ▶ *Gedächtnis,*
    ▶ *Meditation,* ▶ *Traum*
auditive 200, 215
haptische 53f, 60–2
olfaktorische 96–8
taktile 43f
visuelle 178–82
visuelle Körperbilder 23f, 28
Voyeurismus 182, 212
    ▶ *Bild,* ▶ *Zuschauer*

W
Wachheitsregulation 20, 35, 44, 68, 77, 81,
    89, 95f, 126, 130, 181, 191f, 223, 229
    ▶ *Arousal,* ▶ *formatio reticularis,* ▶ *Weck-*
    geräusche
Wahrnehmungsschwelle (unspezifische Reiz-
    schwelle)
    ▶ *sakkadische Suppression*
    Riechen 88, 106 112
    Geschmack 112
Walkman (und Nachfolgegeräte) 212f
Wärme 19, 28, 29, 34–9, 41–3, 47, 244
    warme Farben 45, 135, 142, 143, 228
Warnung
    auditiv 192, 198, 208, 214, 216
    olfaktorisch 86
    Schmerz 20
    taktil 36, 45, 47
    visuell 61, 149, 168
Was-Bahn
    visuell 126–8, *127*, 139, 157, 179
    auditorisch *190*, 192
Wasser
    Hören 188, 203, 204, 243
    Spüren 34, 36, 41, 46, 70
    Riechen (Feuchtigkeit) 102
    Sehen 132, 142f, 152, 167
Wasserbetten 43, 75
Weber, E. H. 41
Weckgeräusche 217
Wegintegration 80
Wegzeichen 81, 169, 179
weiblich, Frauen
    Ansprechbarkeit auf chillende Musik 202
    Bedürfnis nach Zärtlichkeit vs. Sexu-
    alität 39

gehäuftes Auftr. v. Synästhesien 232
Geruchssensibilität 94
Geruchsträume 97
körperl. Attraktion zw. den Geschlech-
    tern 164f, 243, 247
Parfumierung 100, 102
sexuelle Erregbarkeit 248
weibliche Gesichter & Mimik 162–5
Wertschätzung von Gegenständen 166
zyklusabhängige Bew. von männl.
    Achselschweiß 99
Weiß ▸ Graustufen
Weiteempfindung 28, 201
Weizsäcker, V. v. 14
Werbung 44, 65, 83, 92, 100, 101, 108, 118,
    120, 131, 132, 149, 159, 166
Werkzeuggebrauch 26, 62–4, 165, 223–5
Wertheimer, M. 152
Wiege 75f
Wind 36, 203, 207
Windrichtung und Stadtplanung 102
Winterdepression (SAD, Seasonal Affective
    Disorder) 128
Witelo 128
Witkin, H. A. 78
Wo/Wie-Bahn
    auditorisch 190, 192
    visuell 126–8, 127, 157, 173, 179
Wohlgefallen, interesseloses 245, 247f
Wohlgeruch 92, 94, 96, 102f
Wohnräume 44, 45f, 102, 104, 209, 211
Wölfflin, H. 135, 251
Wundt, W. 231, 240

Y
Yoga 28, 72
    ▸ *Körper,* ▸ *Meditation*

Z
Zäpfchenzellen *125,* 125f, 135, 137, 138, 142,
    143
Zapping 184
Zauberer 178
Zeitlupe ▸ Film
Zeki, S. 139, 239
Zen-Buddhismus 241
    ▸ *Meditation*
Zirbeldrüse (Epiphyse) 126, 130
Zunge 22, 51, 86, *110,* 110–5, 119, 197f, 222
Züngeln 99
Zungenspitze 33, 35
Zuschauer 30, 46, 74, 84, 106, 183f, 248
Zuwendung 37f
    aktiv 27, 92, 162, 192, 217, 223f
    passiv 48, 183
Zwei-Punkte-Schwelle 33
Zwiespältigkeit ▸ Ambivalenz
Zwischenhirn *21,* 22, 126, 130, 191